产品质量监督管理系统

国家质检总局信息中心　组编

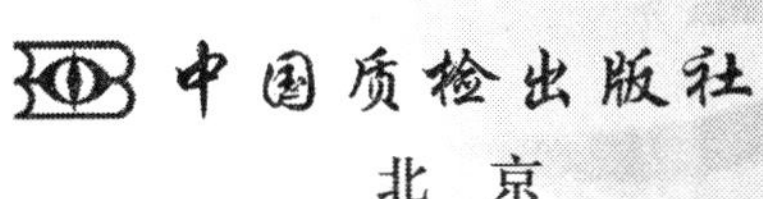

北　京

图书在版编目(CIP)数据

产品质量监督管理系统/国家质检总局信息中心组编．—北京：中国质检出版社，2011.10

金质工程(一期)应用系统培训教材/张明主编

ISBN 978-7-5026-3500-8

Ⅰ.①产… Ⅱ.①国… Ⅲ.①产品质量—质量监督—管理信息系统—中国—技术培训—教材 Ⅳ.①F273.2

中国版本图书馆CIP数据核字(2011)第194501号

内容提要

本书主要介绍了"金质工程"(一期)中的产品质量监督管理系统的主要功能说明与操作使用指南。该系统的功能主要包括工业产品生产许可证管理、监督抽查、质检机构管理、机动车安检机构管理、产品质量申诉等。该系统分为总局及省局两级平台布署，总局系统功能侧重介绍产品质量监督管理业务的监管及相关资源的查询、统计与分析；省级系统功能主要介绍产品质量监督业务的开展、办理、监管监控及查询、统计、分析等功能的应用说明。

读者对象：主要面对"金质工程"(一期)产品质量监督管理系统的使用人员和维护管理人员。

中国质检出版社出版发行

北京市朝阳区和平里西街甲2号(100013)

北京市西城区三里河北街16号(100045)

网址：www.spc.net.cn

总编室：(010)64275323　发行中心：(010)51780235

读者服务部：(010)68523946

中国标准出版社秦皇岛印刷厂印刷

各地新华书店经销

*

开本 787×1092　1/16　印张 15.75　字数 386 千字

2011年12月第一版　2011年12月第一次印刷

*

定价　55.00元

本册编写	赵梓钧	李　涛	彭　军	张　亮	周　斌
	范武凌	田金芳	林　杰	姜亚楠	申占伟
	王　灿	靳先军	郑孝青	沈佳节	

前言

“金质工程”是国家电子政务建设的一个重要工程，是国家发展改革委按照基本建设项目的要求正式立项批准，中央办公厅、国务院办公厅以17号文件形式正式确定的工程项目。“金质工程”包含质量技术监督、检验检疫、认证认可、标准化和WTO通报评议咨询五大块业务。其中，质量技术监督部分应用系统所占的比例最大，涵盖了质量信用、计量管理、特种设备、质量监督、食品监管、执法打假及行政许可和信息服务等多项内容；检验检疫部分涵盖了重点商品的电子监管和备案审批、行政许可和信息服务等方面的系统，这些系统已经在部分地方局开始应用。

金质工程在总体设计上具有鲜明的特点。首先，它是一个有机的整体，不同的业务子系统有机地结合在一起。在系统运行过程中，不同业务子系统实现了业务数据资源的高度共享。其次，它是一个实时的应用系统，上下级机构之间可实行数据的实时交换，可实现各地数据实时汇总上报到总局，为统计分析、数据挖掘和行政监察等很多方面的应用奠定了基础。第三，它是一个资源高度共享的系统。组织机构代码、产品分类代码等基础数据全国共享，保证了数据的一致性，也保障了业务数据的规范性。

金质工程也是一个很好的具有顶层设计理念的信息系统工程。顶层设计的方法论包括了三个方面的内容：一是技术架构的规划和设计；二是应用架构的规划和设计；三是运行和维护体系的规划和设计等。

金质工程的技术架构的规划和设计是非常优秀的，它采用的是总集成、总标准和总分总的技术路线，总集成设计和开发金质工程的总体技术架构，总标准规划与建设金质工程整体工程的标准体系，各个应用系统开发团队在总集成的技术架构之下完成应用系统的开发与实施，并且总集成商的技术集成开发框架在近3年的系统开发和实施中得到了充分的检验和完善，已经形成了一个较稳定的系统集成框架平台。

金质工程的应用架构的规划和设计由各个应用开发团队和总局业务司局与地方业务管理部门合作完成，前期的业务调研与需求分析也渗透了我们业务主管部门的心血和付出，体现了应用系统的开发与业务管理的融合与协同。

金质工程的运维体系也在逐步建立和完善之中，总集成和应用开发团队的技术力量还在帮助我们运维系统和推广与完善应用。

为了金质工程的进一步推广应用，也为了使得业务部门和基层的业务管理人员能够更加深入的理解和使用金质工程的应用系统，我们组织编写了这套培训教材，以便帮助基层的信息化技术管理人员能够顺利安装和部署金质工程的集成框架，维护系统的应用环境；帮助基层的业务管理人员使用这套系统管理业务和处理日常工作，提升管理部门的业务管理水平、提升其公众服务能力和监管效能，也帮助我们的业务管理部门提高工作效率和工作质量。

国家质检总局信息中心

2011．9

目　　录

1 系统综述

1.1 系统功能综述

1.1.1 工业产品生产许可证管理

1.1.1.1 日常监督检查

（1）业务概述

对获得工业产品生产许可证的企业实施日常监督检查，并将日常监督检查的结果上报国家局。

（2）功能使用范围

本业务的使用方包括质检总局（查询）、省局、市局、县局。

1.1.1.2 生产许可证年度监督检查

（1）业务概述

取得生产许可证企业每年应提出年度自查报告。

该业务将生产许可证企业每年提出的年度自查报告录入系统并上报国家局。

（2）功能使用范围

本业务的使用方包括质检总局（查询）、省局、市局。

1.1.1.3 审查工作监督检查

（1）业务概述

对企业核查工作质量进行监督检查，并将监督检查结果录入系统。

（2）功能使用范围

本业务的使用方包括质检总局（查询）、审查中心。

1.1.1.4 委托加工备案

（1）业务概述

委托企业委托被委托企业加工某产品，该产品如果是实行生产许可证制度管理的产品，委托企业和被委托企业必须分别到所在地省级许可证办公室申请备案。委托企业先申请备案，委托企业所在地省级许可证办公室记录相关信息；根据委托省份质监局意见，被委托企业再申请备案。

（2）功能使用范围

本业务的使用方包括质检总局（查询）、省局、市局（查询）、县局（查询）。

1.1.1.5 审查员注册

（1）业务概述

申请注册人员向省级许可证办公室或审查机构提出注册申请，许可证办公室或审查机构向国家提交申请，国家审查中心对省局或审查部提出的申请进行审核、办结。

（2）功能使用范围

本业务的使用方包括省局、审查部、国家审查中心、质检总局。

1.1.1.6 审查员晋级

（1）业务概述

符合晋级条件的审查员，可向省级许可办公室或审查机构申请晋级，省级许可办公室或审查机构向国家局提交该申请，国家审查中心对省局或审查部提出的晋级申请进行审核，质检总局进行审批。

（2）功能使用范围

本业务的使用方包括省局、审查部、国家审查中心、质检总局。

1.1.1.7 审查员期满换证

（1）业务概述

符合换证条件的审查员应当在期满前 3 个月内向省级许可证办公室或审查机构申请换证，许可证办公室或审查机构向国家提交申请，国家审查中心对省局或审查部提出的期满换证申请进行审核，质检总局进行审批。

（2）功能使用范围

本业务的使用方包括省局、审查部、国家审查中心、质检总局。

1.1.1.8 审查员管理

（1）业务概述

省局或者审查部对审查员培训考核的情况进行录入、保存。

质检总局或审查中心对审查员的补领注销情况进行录入、保存。

（2）功能使用范围

本业务的使用方包括省局、审查部、国家审查中心、质检总局。

1.1.1.9 审查员教师管理

（1）业务概述

国家审查中心受全国许可证办公室的委托，将取得审查员教师资格的审查员录入系统。

（2）功能使用范围

本业务的使用方包括审查中心、质检总局（查询）、省局（查询）、审查部（查询）。

1.1.1.10 技术专家备案

（1）业务概述

国家审查中心将具有资格的技术专家录入系统。

（2）功能使用范围

本业务的使用方包括审查中心、质检总局（查询）、省局（查询）、审查部（查询）。

1.1.1.11 检验机构管理

（1）业务概述

检验机构向所在省局或产品审查部提出承担发证检验任务的申请，省局或审查部向国家局提交申请，审查中心对省局或产品审查部上报的检验机构申请进行审核，质检总局进行批准。

（2）功能使用范围

本业务的使用方包括省局、审查部、国家审查中心、质检总局。

1.1.1.12 审查机构管理

（1）业务概述

审查中心记录审查机构的信息。

（2）功能使用范围

本业务的使用方包括国家审查中心、质检总局（查询）。

1.1.1.13 工业产品生产许可证核发管理

（1）业务概述

查询工业产品生产许可证核发情况。

（2）功能使用范围

本业务的使用方包括质检总局。

1.1.2 监督抽查

1.1.2.1 监督抽查（质检总局、省局）

（1）业务概述

国家（省）监督抽查分为两种，分别是定期实施的国家（省）监督季度抽查和不定期实施的国家（省）监督专项抽查。定期实施的国家（省）监督季度抽查每季度开展一次，国家（省）监督专项抽查根据产品质量状况及出现质量安全突发事件随时不定期组织实施。

国家（省）制定抽查计划，下发给质检机构，质检机构进行抽查检验后将结果上报国家局（省局）。或者是由质检机构向国家（省）提出抽查申请，国家（省）审批以后，质检机构进行抽查检验，并将检验结果上报国家局（省局）。

（2）功能使用范围

本业务的使用方包括质检总局、省局、质检机构。

（3）流程逻辑

编制抽查计划：编制抽查计划流程，如图 1-1 所示。

1.1.2.2 后处理（质检总局、省局、市局）

（1）业务概述

接收到监督抽查不合格生产企业数据后，省局（市局）及时进行复查，并将复查结果记录下来。

（2）功能使用范围

本业务的使用方包括质检总局、省局、市局。

（3）流程逻辑

后处理：后处理流程，如图 1-2 所示。

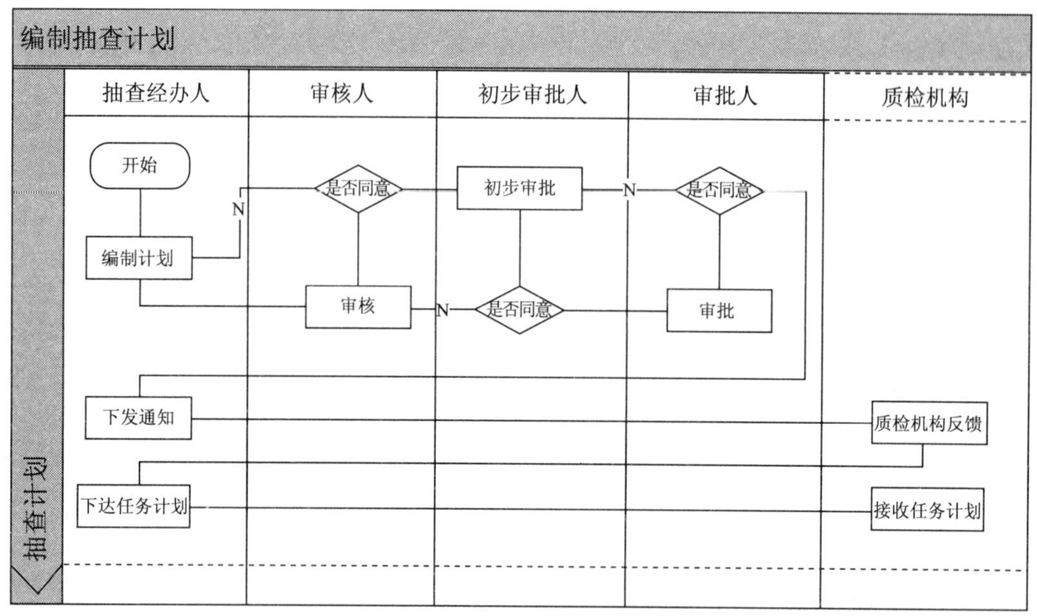

图1-1　编制抽查计划流程图

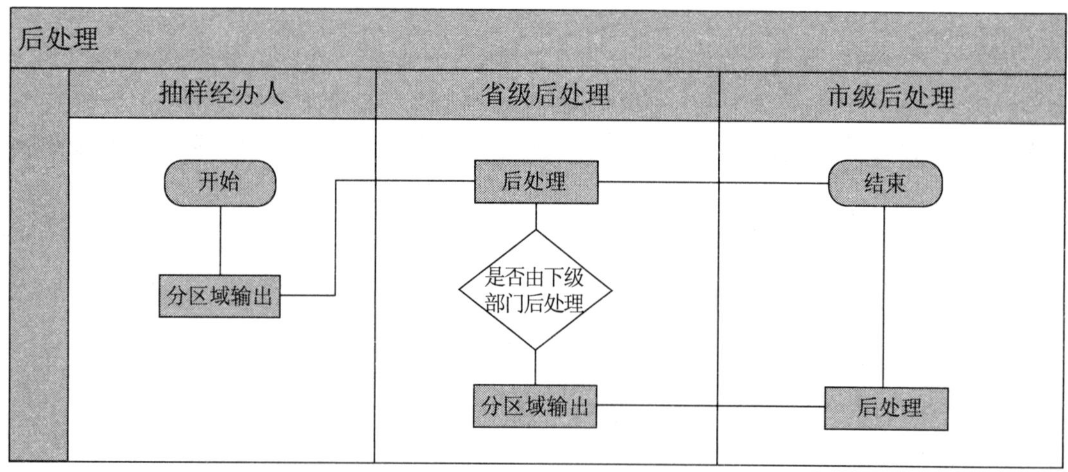

图1-2　后处理流程图

1.1.3　产品质量申诉

1.1.3.1　业务概述

产品质量申诉处理是根据《产品质量申诉处理办法》，为保护消费者、用户和企业的合法权益，对消费者、用户提出的产品质量申诉进行处理。产品质量申诉采用产品质量争议调解方式处理。产品质量争议的调解由被申诉人所在地县、市质量技术监督部门管辖，上级质量技术监督部门有权处理下级质量技术监督部门管辖的产品质量争议。

1.1.3.2　功能使用范围

本业务的使用方包括总局申诉中心。

1.1.3.3 流程逻辑

产品质量申诉：产品质量申诉流程，如图 1－3 所示。

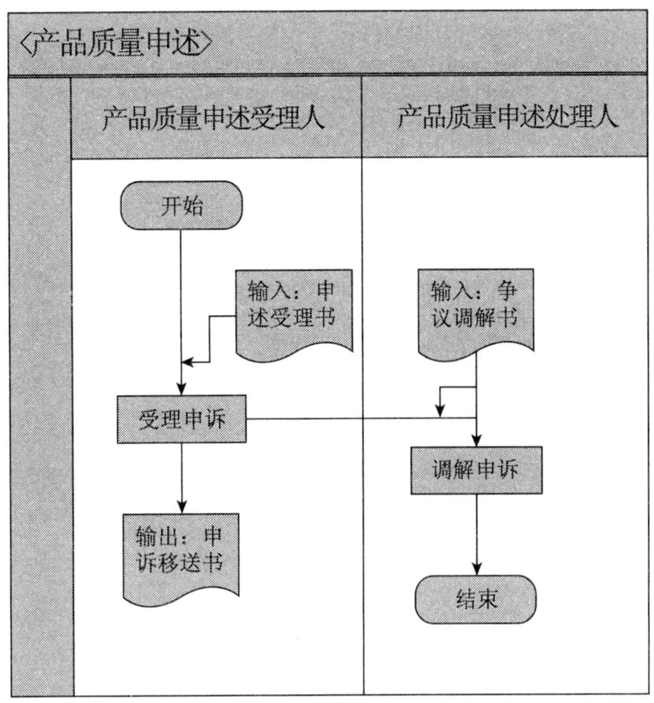

图 1－3 产品质量申诉流程图

1.1.4 国家免检业务

1.1.4.1 免检产品目录确定

（1）业务概述

省局向质检总局反馈免检目录征求意见，质检总局汇总免检目录征求意见，根据本年度情况和免检目录反馈情况制定本年度免检产品目录。

（2）功能使用范围

本业务的使用方包括质检总局、省局。

（3）流程逻辑

产品质量申诉：产品质量申诉流程，如图 1－4 所示。

1.1.4.2 免检企业申报管理

（1）业务概述

企业向省局提交免检申请。省局根据企业提交的申请组织初审、复审，把符合免检要求的企业上报质检总局。质检总局对各省局上报的免检企业进行审核、复核，复核后公示，根据公示情况确定最终免检企业名单。

（2）功能使用范围

本业务的使用方包括质检总局、省局、企业。

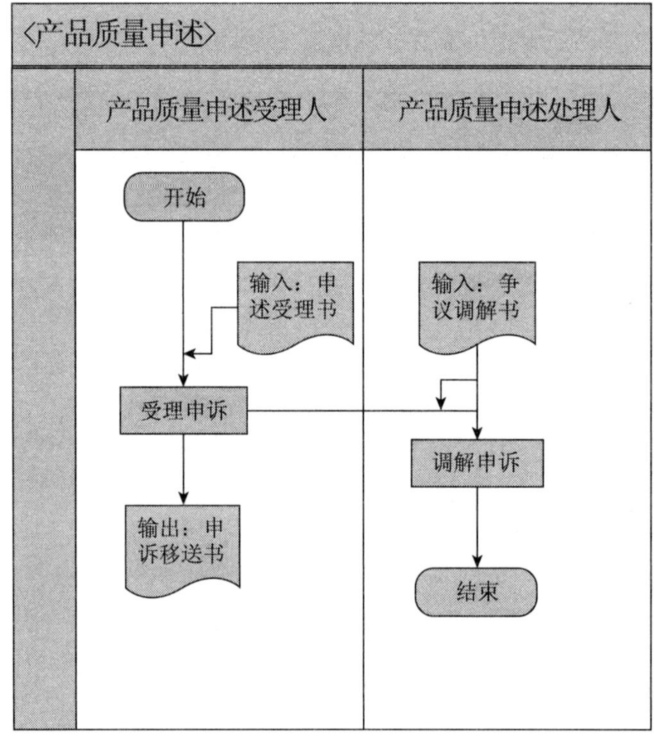

图1-4　产品质量申诉流程图

（3）流程逻辑

免检申报管理（省局）：免检申报管理（省局）流程，如图1-5和图1-6所示。

1.1.4.3　免检产品重新申报

（1）业务概述

免检产品免检有效期满后可重新申报。重新申报的工作流程与新的免检申报基本相同。

（2）功能使用范围

本业务的使用方包括质检总局、省局、企业。

（3）流程逻辑

免检申报管理（咨询）：免检申报管理（咨询）流程，如图1-7和图1-8所示。

1.1.4.4　免检企业产品质量年报、经济发展情况统计管理

（1）业务概述

免检产品生产企业应每年向所在地的省级局报告一次免检产品的质量状况报告、经济发展情况统计报告。省级局汇总企业报告后上报国家局。

（2）功能使用范围

本业务的使用方包括质检总局、省局、企业。

（3）流程逻辑

产品质量年报、经济发展情况统计管理（省局）：产品质量年报、经济发展情况统计管理（省局）流程，如图1-9所示。

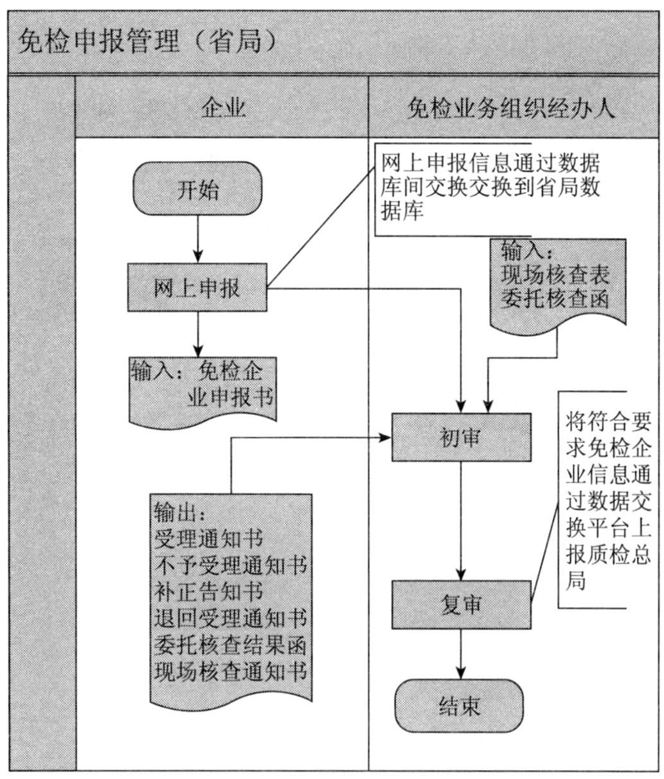

图1－5 免检申报管理（省局）流程图

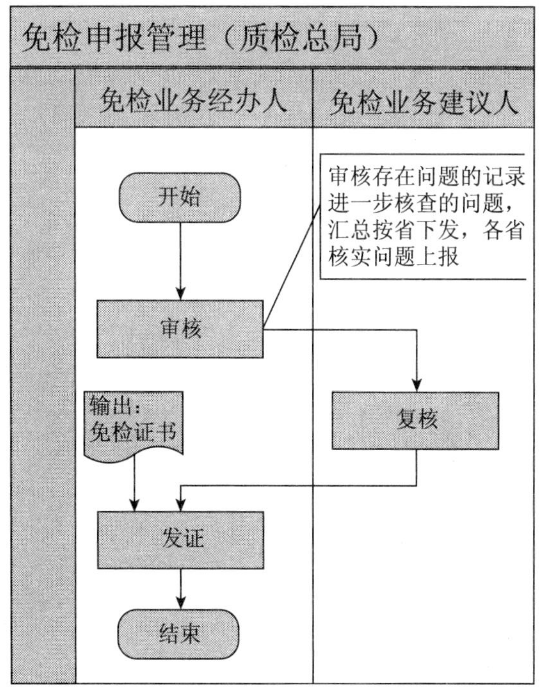

图1－6 免检申报管理（省局）流程图

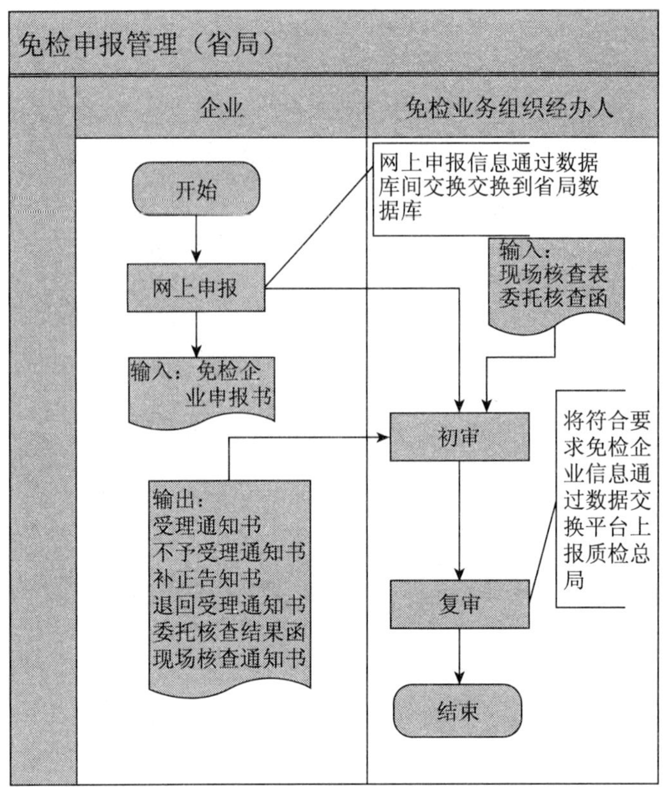

图1－7　免检申报管理（咨询）流程图

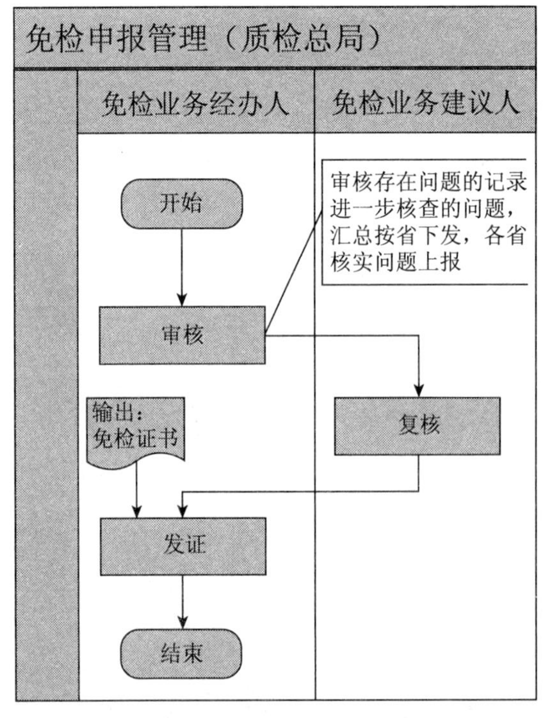

图1－8　免检申报管理（咨询）流程图

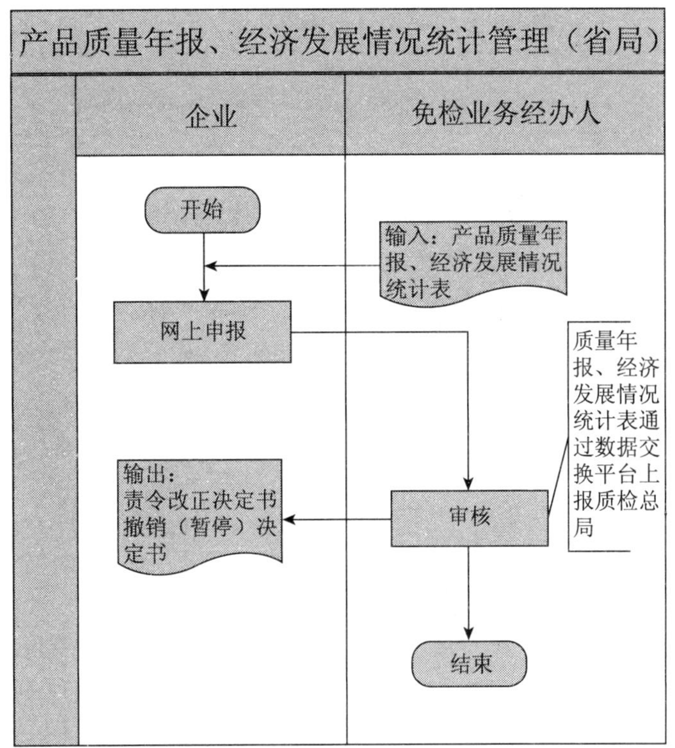

图1-9 产品质量年报、经济发展情况统计管理（省局）流程图

1.1.4.5 免检企业影响质量方面重大调整管理

（1）业务概述

免检产品生产条件、执行标准或组织结构发生重大变化时，企业向所在省局申报。省局接到企业报告后，进行分析研究确定影响程度，如果上述变化可能引起产品质量不稳定的，应当立即组织进行现场核查，必要时可以开展产品质量监督抽查，现场核查、监督抽查发现存在问题的，应当责令企业限期整改，做出整改处理。

（2）功能使用范围

本业务的使用方包括质检总局、省局、企业。

（3）流程逻辑

免检企业影响质量方面重大调整（省局）：免检企业影响质量方面重大调整流程（省局），如图1-10所示。

1.1.4.6 免检企业产品免检范围变更

（1）业务概述

免检有效期内，免检企业的组织、生产、经营状况发生变化，企业向所在省局提交免检产品免检范围变更申请，省局审查变更申请后上报质检总局，质检总局审批变更申请，审批通过的打印免检证书。

（2）功能使用范围

本业务的使用方包括质检总局、省局、企业。

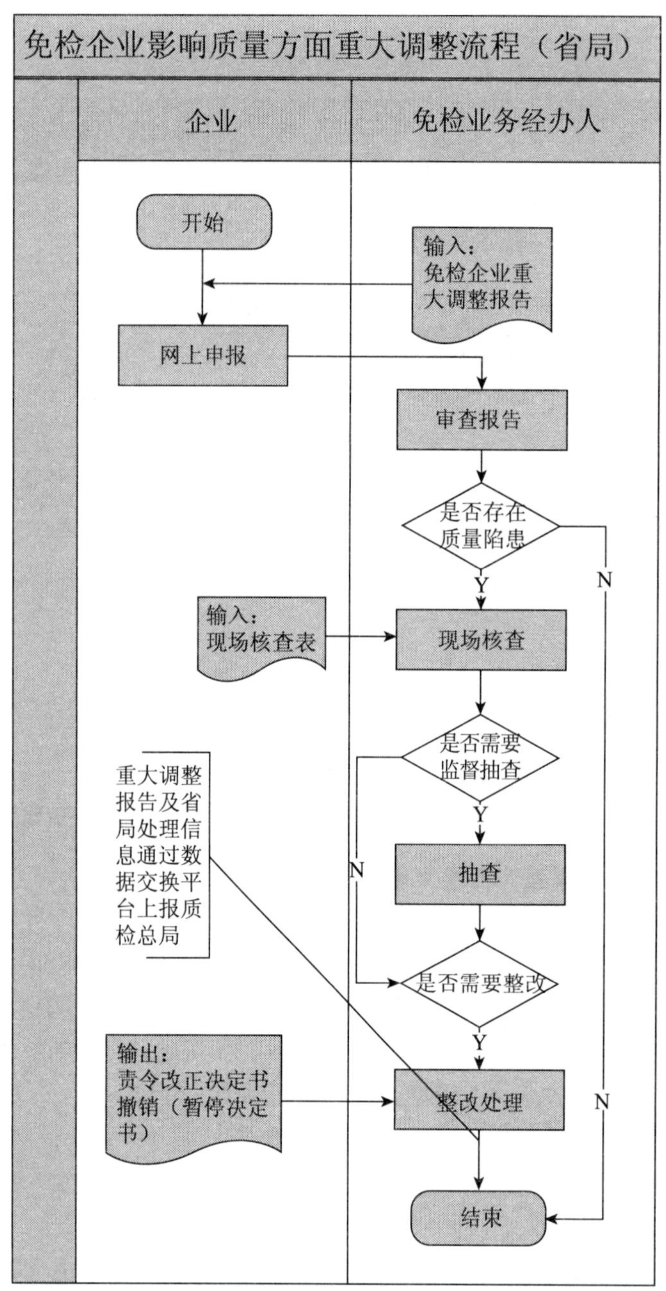

图1-10　免检企业影响质量方面重大调整流程（省局）

（3）流程逻辑

免检企业免检范围变更申请（省局）：免检企业免检范围变更申请（省局）流程，如图1-11所示。

免检企业免检范围变更申请（质检总局）：免检企业免检范围变更申请（质检总局）流程，如图1-12所示。

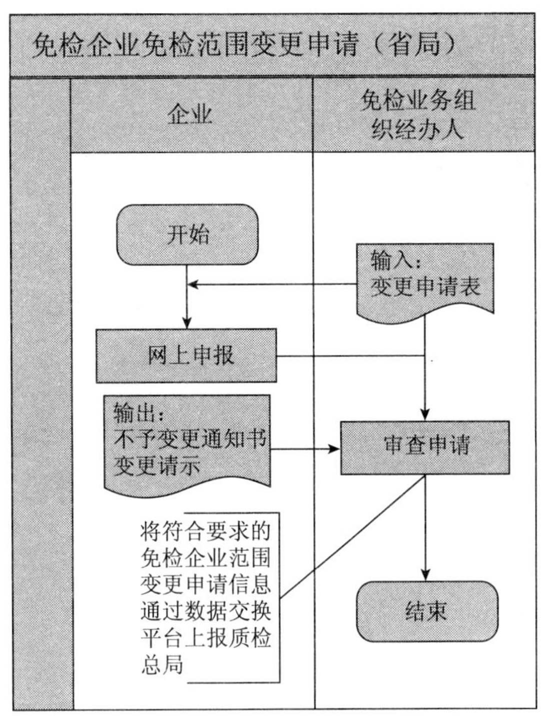

图1－11 免检企业免检范围变更申请（省局）流程图

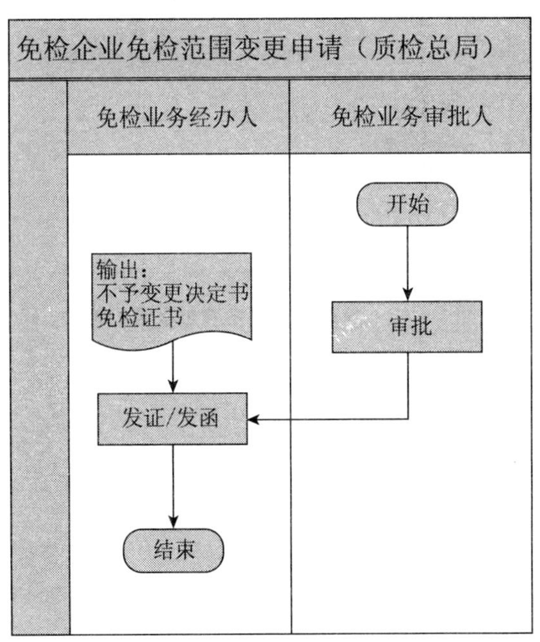

图1－12 免检企业免检范围变更申请（质检总局）流程图

1.1.4.7 社会舆论对免检企业的监督反馈

（1）业务概述

用户、消费者有权对免检产品进行监督，可针对免检产品的质量问题向生产或经销企业所在地省级局进行申诉和举报，也可直接向质检总局进行申诉和举报。省级局或质检总局对申诉和举报进行调查处理，根据情况可委托下级机构调查处理的，录入处理结果。省级以下质量技术监督部门接到关于免检产品质量的申诉和举报，应及时向省级局报告，由省级局调查处理。

（2）功能使用范围

本业务的使用方包括质检总局、省局。

（3）流程逻辑

免检企业社会监督反馈：免检企业社会监督反馈流程，如图 1－13 所示。

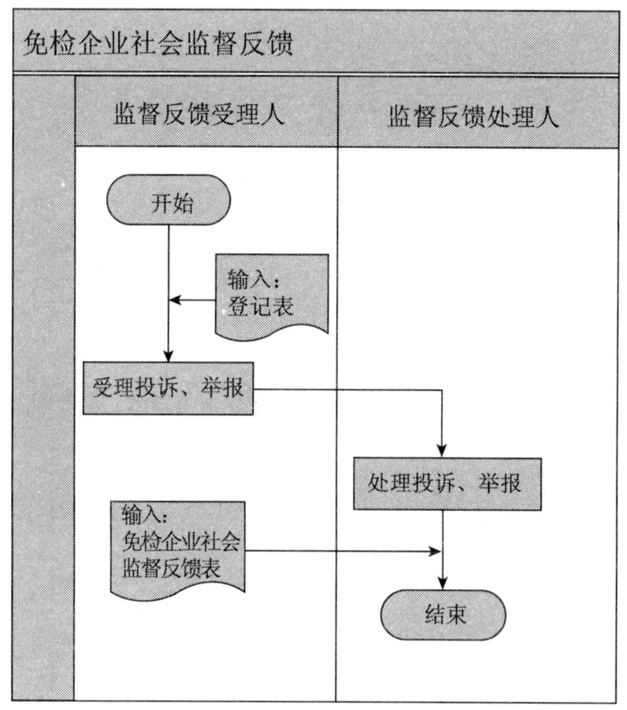

图 1－13　免检企业社会监督反馈流程图

1.1.5　机动车安检机构管理

1.1.5.1　安检机构基本信息上报

（1）业务概述

安检机构向质量技术监督局汇报安检机构基本信息，各级质量技术监督局可对本部门行政管理范围内安检机构上报的基本信息和实施监督检查的信息查询统计。

（2）功能使用范围

本业务的使用方包括总局、省局、市局、县局、安检机构。

（3）流程逻辑

安检机构基本信息上报：安检机构基本信息上报流程，如图 1－14 所示。

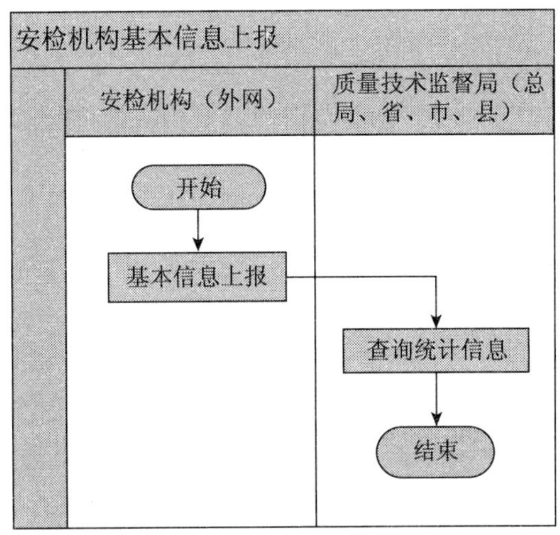

图1－14 安检机构基本信息上报流程图

1.1.5.2 安检机构年度工作报告

(1) 业务概述

安检机构每年向主管部门提交年度工作报告，主管质量技术监督局审查安检机构提交的年度工作报告，通过主管部门审查后将其存档。

(2) 功能使用范围

本业务的使用方包括总局、省局、市局、县局、安检机构。

(3) 流程逻辑

安检机构年度工作报告：安检机构年度工作报告流程，如图1－15所示。

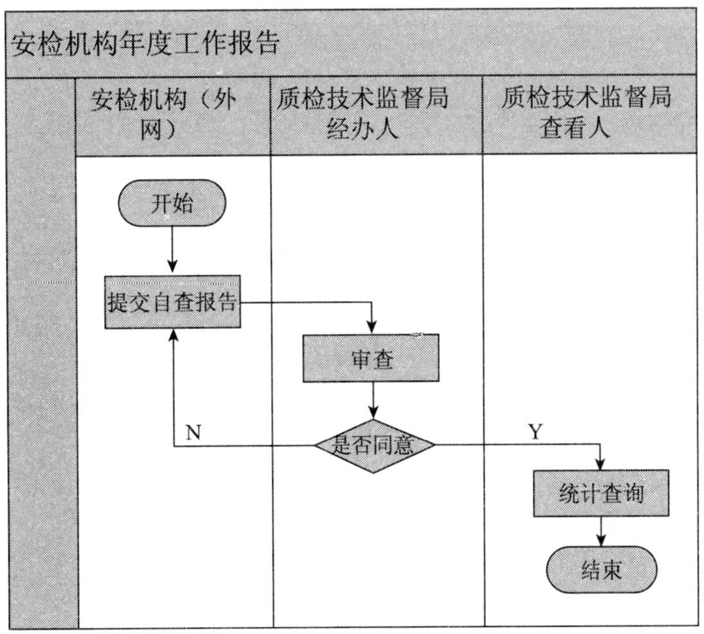

图1－15 安检机构年度工作报告流程图

1.1.5.3 安检机构监督检查

(1) 业务概述

质量技术监督局组织监督检查对辖区范围内的安检机构进行实地检查，并对监督检查过程中出现的问题进行处理。

(2) 功能使用范围

本业务的使用方包括各级质量技术监督局。

(3) 流程逻辑

质检机构监督检查：质检机构监督检查流程，如图1－16所示。

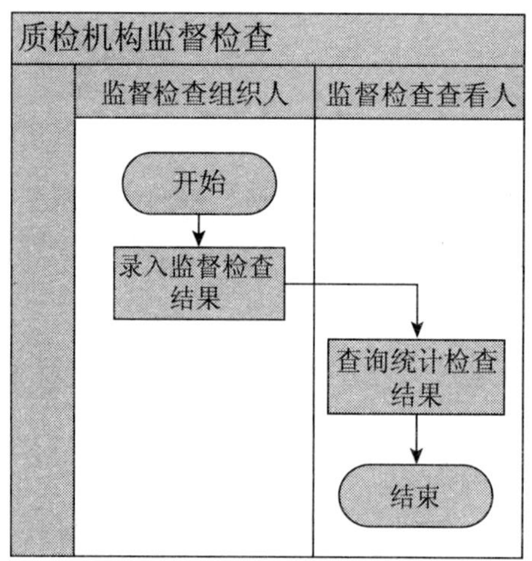

图1－16 质检机构监督检查流程图

1.1.5.4 安检机构对比试验

(1) 业务概述

安检机构上报对比试验结果。

(2) 功能使用范围

本业务的使用方包括总局、省局、市局、县局、安检机构。

(3) 流程逻辑

安检机构比对试验：安检机构比对试验流程，如图1－17所示。

1.1.5.5 安检机构投诉管理

(1) 业务概述

个人或单位对检验结果提出异议，可以向此检验机构的主管部门或上级行政管理部门提出投诉，本级质量技术监督局受理投诉，并对投诉进行处理。

(2) 功能使用范围

本业务的使用方包括总局、省局、市局、县局。

(3) 流程逻辑

安检机构投诉管理：安检机构投诉管理流程，如图1－18所示。

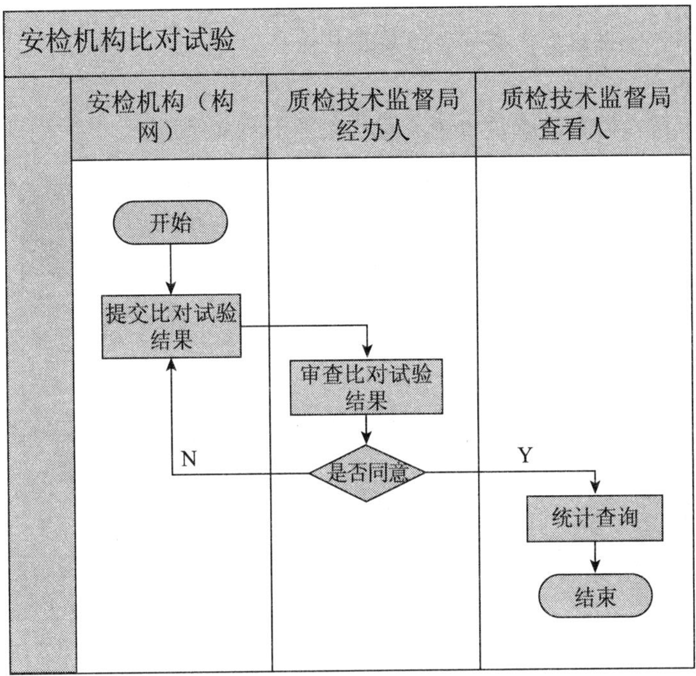

图1－17　安检机构比对试验流程图

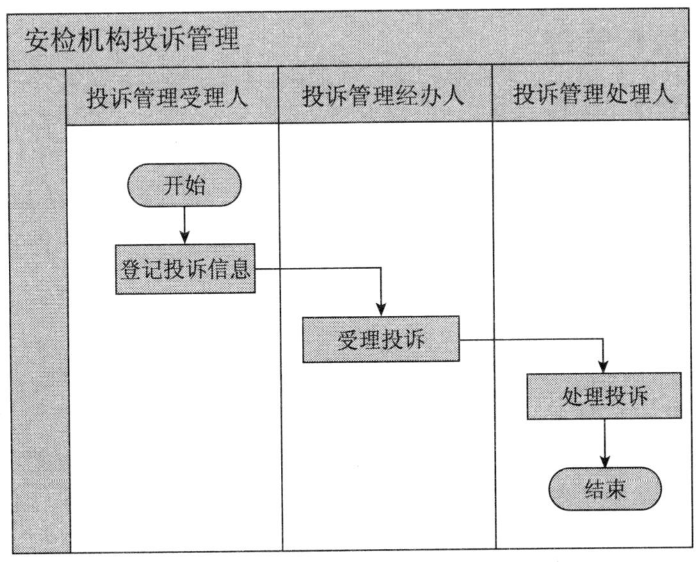

图1－18　安检机构投诉管理流程图

1.1.5.6　监督审查员申请与管理

（1）业务概述

安检机构人员向省局（总局）申请常规（特殊）监督审查员，省局（总局）对安检机构人员的常规（特殊）监督审查申请进行审核，审核通过发审查员上岗证书。对监督审查员进行定期/不定期考核，根据结果决定是否同意继续聘用。

(2) 功能使用范围

本业务的使用方包括总局、省局、安检机构。

(3) 流程逻辑

监督审查员申请：监督审查员申请流程，如图 1-19 所示。

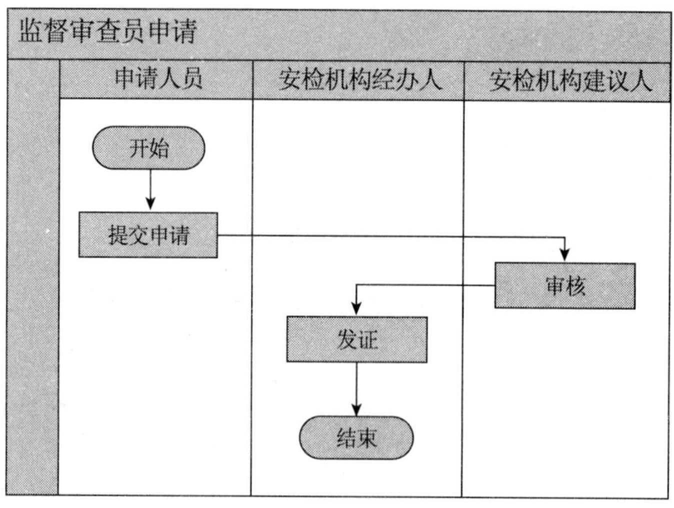

图 1-19 监督审查员申请流程图

1.1.6 质检机构管理

1.1.6.1 质检机构基本信息上报

(1) 业务概述

质检机构向质量技术监督局汇报质检机构基本信息（人员、设备、业务等），各级质量技术监督局可对本部门行政管理范围内质检机构上报的基本信息进行掌握和监督管理。

(2) 功能使用范围

本业务的使用方包括总局、省局、市局、县局、质检机构。

(3) 流程逻辑

质量检验机构基本信息上报：质量检验机构基本信息上报流程，如图 1-20 所示。

1.1.6.2 质检机构年度工作报告

(1) 业务概述

质检机构每年向主管部门提交年度工作报告，主管质量技术监督局审查质检机构提交的年度工作报告，年度工作报告通过主管部门审查后将存档。

(2) 功能使用范围

本业务的使用方包括总局、省局、市局、县局、质检机构。

(3) 流程逻辑

质检机构年度工作报告：质检机构年度工作报告流程，如图 1-21 所示。

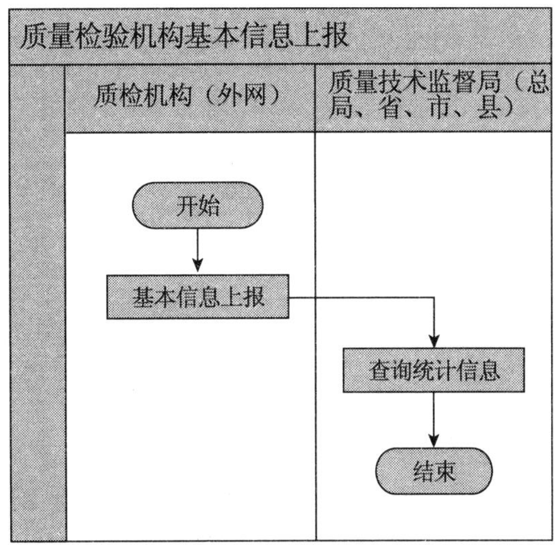

图 1－20 质量检验机构基本信息上报流程图

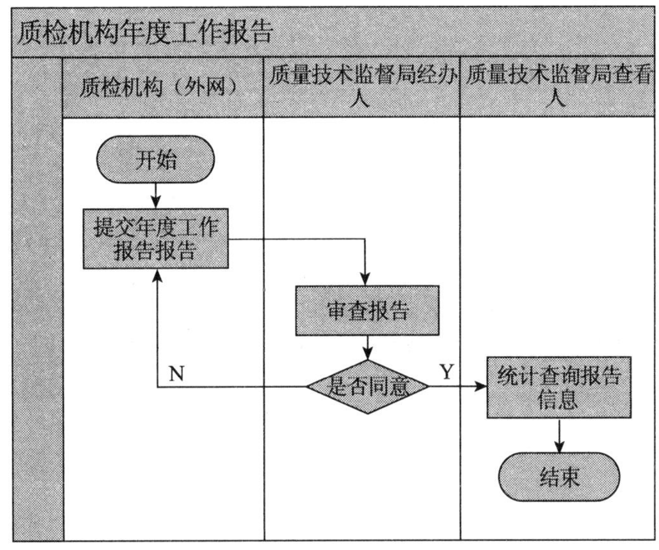

图 1－21 质检机构年度工作报告流程图

1.1.6.3 质检机构监督检查

（1）业务概述

质量技术监督局组织监督检查，对辖区范围内的质检机构进行实地检查，并对监督检查过程中出现的问题进行处理。

（2）功能使用范围

本业务的使用方包括各级质量技术监督局。

（3）流程逻辑

质检机构监督检查：质检机构监督检查流程，如图 1－22 所示。

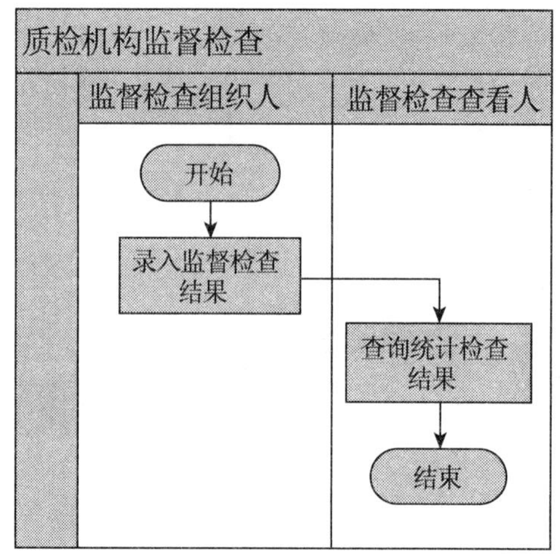

图 1－22　质检机构监督检查流程图

1.1.6.4　质检机构对比试验

（1）业务概述

质检机构上报对比试验机构结果。

（2）功能使用范围

本业务的使用方包括总局、省局、市局、县局、质检机构。

（3）流程逻辑

质检机构年度工作报告：质检机构年度工作报告流程，如图 1－23 所示。

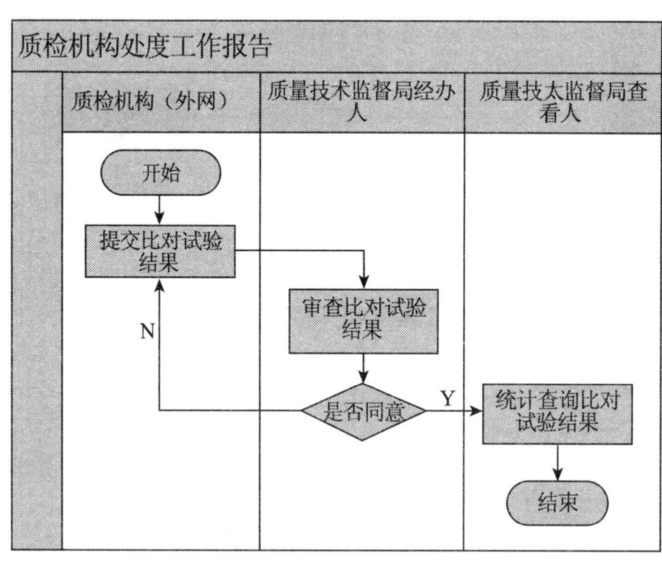

图 1－23　质检机构年度工作报告流程图

1.1.6.5　质检机构投诉管理

（1）业务概述

个人或单位对检验结果提出异议，可以向此检验机构的主管部门或上级行政管理部门提出投诉，本级质量技术监督局受理投诉，并对投诉进行处理。

（2）功能使用范围

本业务的使用方包括总局、省局、市局、县局。

（3）流程逻辑

质检机构投诉管理：质检机构投诉管理流程，如图 1－24 所示。

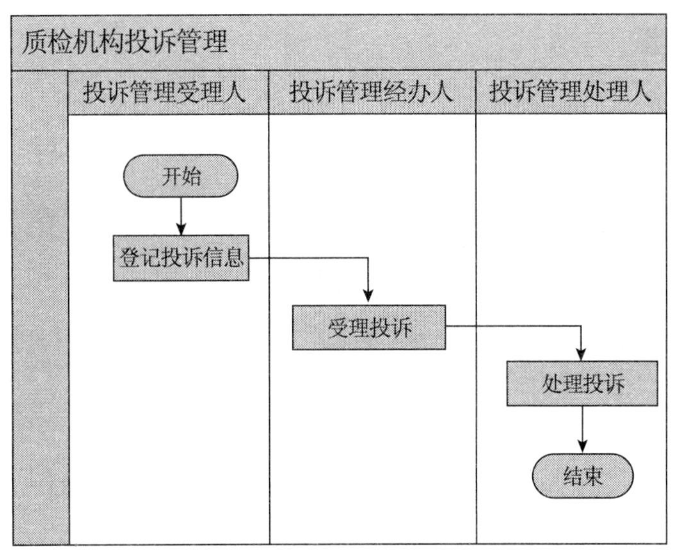

图 1－24 质检机构投诉管理流程图

1.2 说明

1）注意事项的标注。本书中大部分章节都会涉及一些注意事项，用来帮助解决一些常见的问题以及疑难，或者提出一些中肯的意见，在本书中用“注：”提示。

2）涉及按钮的地方，均用【 】表示，如【增加】按钮。

3）“?”——通用帮助按钮，点击该按钮弹出一个对话框，可以从中选择相应的信息；

4）“*”——必填项标志，表示为必须填写的信息标志。

1.3 术语

1）新建任务：用户新发起一个任务，即作为新建一个任务。

2）待办任务：任务到达某用户所对应的环节后，即作为该用户的待办任务。

3）已办任务：用户对任务进行处理并发送其他环节后，该任务转为用户的已办任务。

4）办结任务：整个任务结束后转为用户的办结任务。

1.4 相关设置

1.4.1 IE 版本要求

IE 浏览器要求版本号在 6.0.2900 以上。

1.4.2 IE 设置

单击“工具”->“Internet 选项”->“常规/Internet 临时文件”->设置：将“检查所存网页的较新版本”设置为“每次访问此页时检查”，如图 1-25 所示。

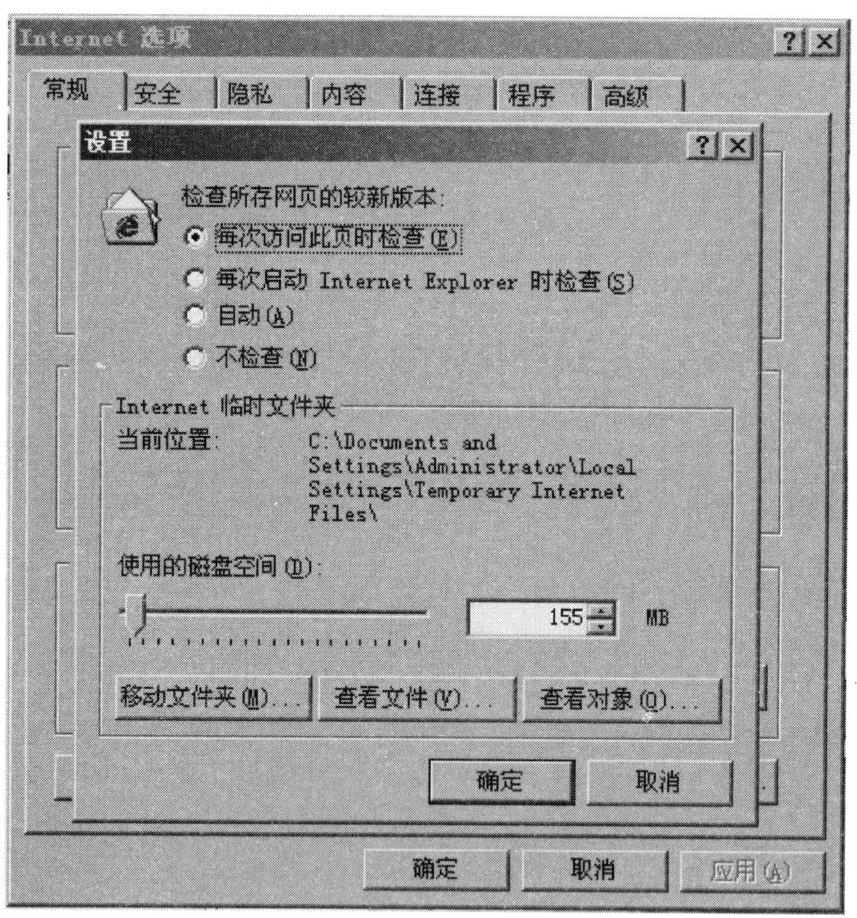

图 1-25 IE 设置

1.4.3 选择信任站点

单击“工具”->“Internet 选项”->“安全”->“受信任的站点”->“站点”，看到如图 1-26 所示的可信站点对话框，将登录地址输入区域中，点击【确定】即可。

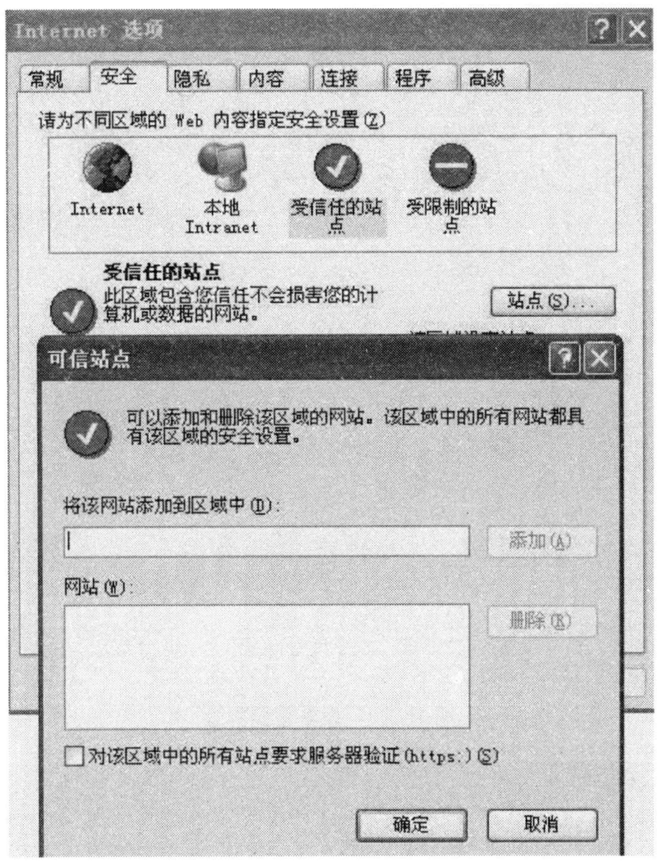

图1－26　选择信任站点

1.4.4　系统登录地址

http：//220. 194. 5. 14/zjzjdomain（具体地址以实际系统地址为准）。

1.4.5　系统登录要求

打开IE浏览器，在地址栏输入http：//220. 194. 5. 14/zjzjdomain，回车后，系统显示，如图1－27所示。

使用系统管理员角色登录系统，可以看到全部的菜单项。

使用该系统之前系统管理员为每个用户都已经分配了相应的用户名和密码，在这里需要将用户名和密码分别填在相应位置，点击【登录】按钮即可。

由于每个用户的使用权限不同，登录后看到的界面也不同，本手册将按照权限分配来说明系统的使用。

以用户名为“总局经办人”，密码为“1”为例，在登录界面，输入用户名密码，点击【登录】按钮，登录后界面如图1－28所示，左侧显示登录人的身份、登录时间和菜单列表，右侧显示【首页】、【我的桌面】和【退出系统】三个快捷操作按钮，如图1－28所示。

图1-27　系统登录界面

图1-28　系统登录后界面

1.5　通用操作

1.5.1　菜单选择

以选择“工业产品生产许可管理”菜单为例:

登录系统后，用鼠标点击“工业产品生产许可管理”菜单（或点击菜单前的“+”号），可以看到下级菜单“许可证机构管理”，如图1-29所示，用鼠标点击“许可证机构管理”菜单（或点击菜单前的“+”号），可看到下级菜单“审查机构管理”，点击“审查机构管理”菜单，可以看到下级菜单“维护审查机构”，如图1-30所示。

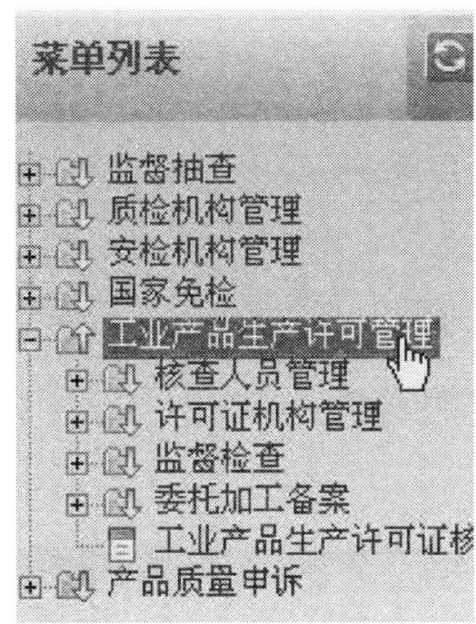

图1－29 菜单选择操作

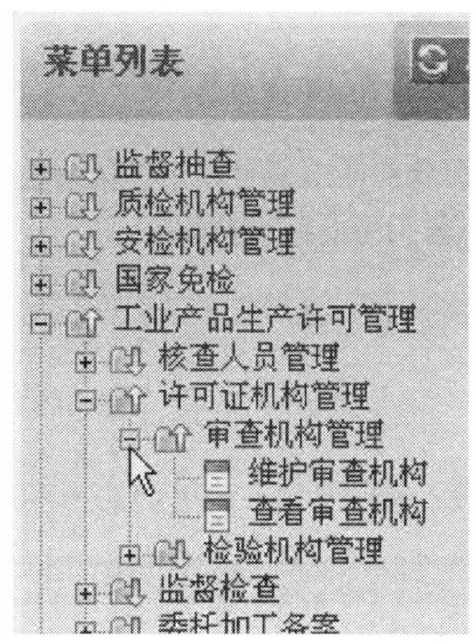

图1－30 菜单选择操作

用鼠标单击“维护审查机构”菜单，可以在右侧看到审查机构维护列表界面，如图1－31所示。

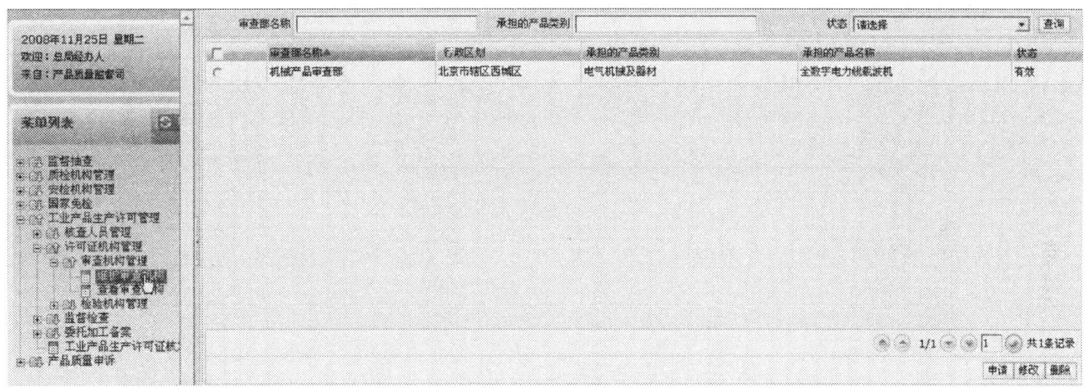

图1－31 列表界面

1.5.2 列表界面记录排序

系统提供了列表界面记录排序功能，排序时的关键字为列表界面显示的字段，系统默认是以第一列的字段为关键字按照从小到大进行排序，以黄色进行标注，▲表示由小到大排序，▼表示由大到小进行排序。

用鼠标点击列表界面的字段名称，即可改变排序的顺序，用鼠标点击列表界面的字段，即可改变排序的关键字。

如图1－31所示的列表界面为例，系统默认是以“审查部名称”字段为关键字，按照字段内容第一个字的汉语拼音由前到后进行排序，“审查部名称”字段以黄色标注，用鼠标点击“审查部名称”字段，改为按照字段内容第一个字的汉语拼音由后到前进行排序。用鼠标点击“承担的产品类别”字段，改为以“承担的产品类别”字段为关键字进行排序，经费由少到多进行排序。

1.5.3 通用帮助的使用

以教师姓名和证书编号两个字段为例，如图1-32所示。

1）使用通用帮助回填数据。

图1-32 通用帮助的使用

点击?，弹出如图1-33所示对话框。

图1-33 通用帮助的使用

选择要添加的记录，点击【确定】按钮后，教师姓名和证书编号两个字段自动回填，如图1-34所示。

图1-34 通用帮助的使用

2）使用通用帮助清除字段内容。

点击通用帮助的?，弹出对话框，点击【清空】，字段内容清空。

3）在通用帮助中查询。

在弹出的通用帮助对话框中，名称字段中输入要查找的姓名，如图1-35所示。

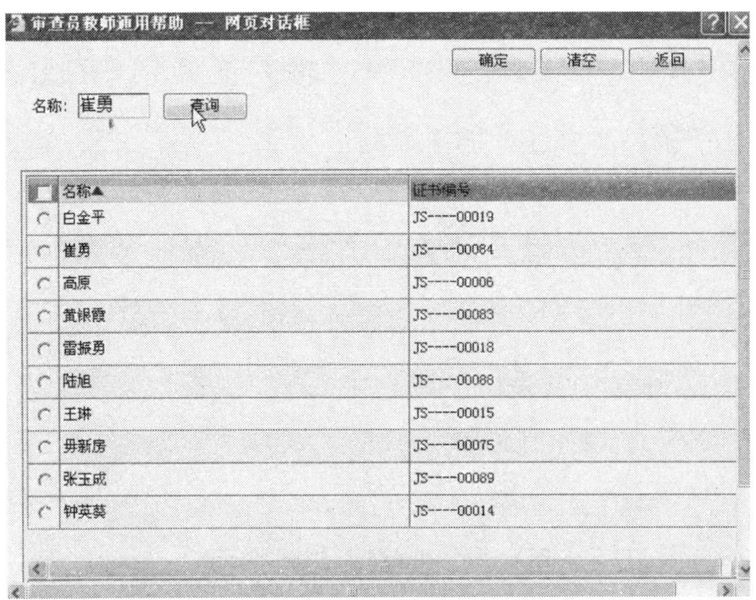

图 1-35　通用帮助的使用

点击【查询】，显示出符合条件的记录，如图 1-36 所示，选择记录，点击【确定】后，即可回填。

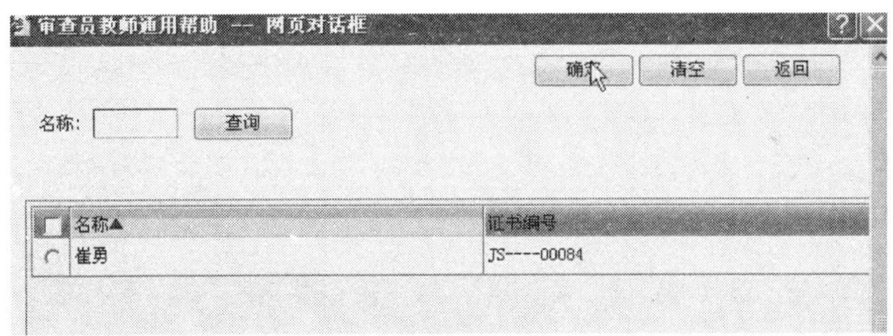

图 1-36　通用帮助的使用

1.5.4　数据窗口的使用

以工作经历数据窗口为例，如图 1-37 所示。

图 1-37　数据窗口的使用

1.5.4.1 在数据窗口中添加记录

点击【增加】按钮，自动添加一条空记录，如图 1 - 38 所示，在空记录中录入数据即可，录入后，点击 ，对号去掉，添加成功。

图 1 - 38 在数据窗口中添加记录

1.5.4.2 在数据窗口中修改记录

选择一条记录，该记录变为可编辑状态，如图 1 - 39 所示，在记录中修改相关内容，点击【修改】按钮，修改成功。

图 1 - 39 在数据窗口中修改记录

1.5.4.3 在数据窗口中删除记录

选择一条记录，点击【删除】按钮，将该记录删除。

1.5.5 附件操作

以相关材料附件为例，如图 1 - 40 所示。

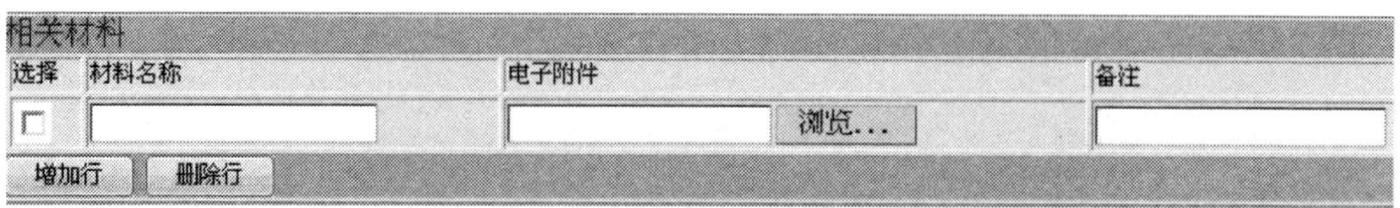

图 1 - 40 附件操作

1）添加附件：点击【浏览】按钮，弹出选择文件对话框，如图 1－41 所示。

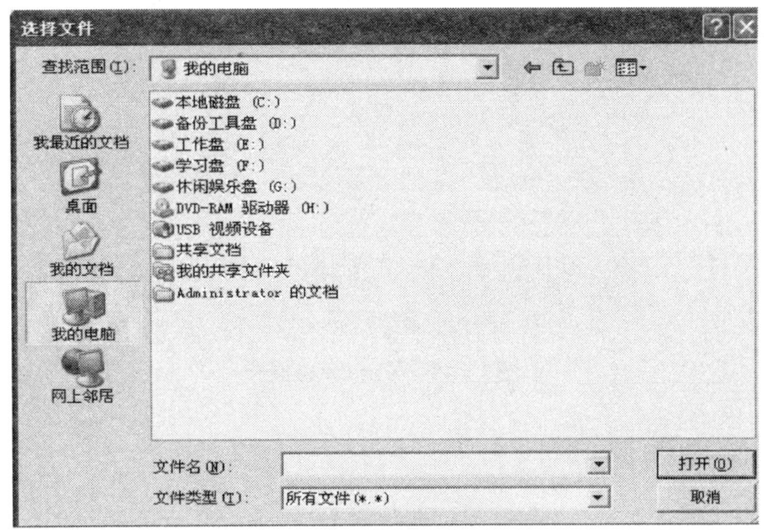

图 1－41　附件操作

选择要添加的文件，点击打开，附件添加成功，如图 1－42 所示。

图 1－42　附件操作

点击【增加行】按钮，增加一行空记录，如图 1－43 所示，点击【浏览】按钮，继续添加附件。

图 1－43　附件操作

2）删除附件：选择一条或多条记录，点击【删除行】按钮，将添加的附件删除。

1.5.6　导出 Excel 操作

在列表界面，点击【导出 Excel】按钮，弹出如图 1－44 所示对话框，点击【打开】按钮，以 Excel 表的形式打开列表界面的内容；点击【保存】按钮，将列表界面的内容以 Excel 表的形式保存到本地；点击【取消】按钮，则取消此次操作。

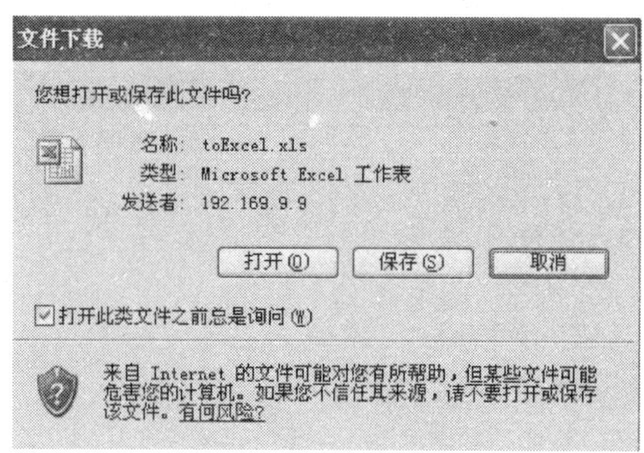

图1-44　导出 Excel 操作

1.5.7　删除操作

删除操作分为两种状态，一种是允许删除状态，一种是不允许删除状态。

1.5.7.1　允许删除状态

选择要删除的记录，点击【删除】按钮，弹出对话框，点击【确定】，则删除记录，点击【取消】，则取消删除操作，如图1-45所示。

图1-45　允许删除状态

1.5.7.2　不允许删除状态

选择要删除的记录，点击【删除】按钮，弹出如图1-45所示对话框，点击【取消】，取消删除操作。点击【确定】，弹出如图1-46所示对话框，点击【确定】，取消删除操作。

图1-46　不允许删除状态

2 业务操作

2.1 工业产品生产许可证管理

2.1.1 核查人员管理

2.1.1.1 审查员教师

使用具有“核查人员管理审核人”角色的用户登录系统，选择“工业产品生产许可管理”菜单下的“核查人员管理”菜单下的“审查员教师”，点击“审查员教师”，可以看到下级菜单“维护审查员教师”、“查看审查员教师”，如图2－1所示。

使用具有“核查人员查看人”角色的用户登录系统，选择“工业产品生产许可管理”菜单下的“核查人员管理”菜单下的“审查员教师”，点击“审查员教师”，可以看到下级菜单“查看审查员教师”，如图2－2所示。

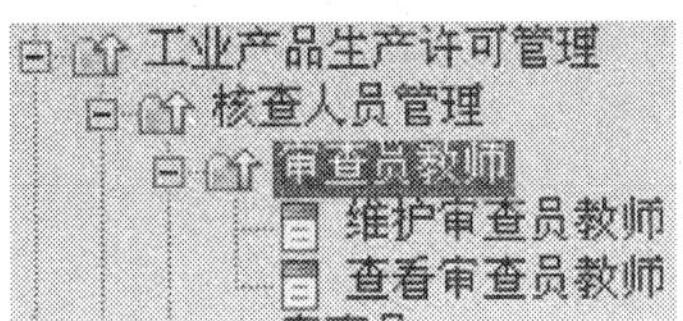

图2－1 审查员教师下级菜单

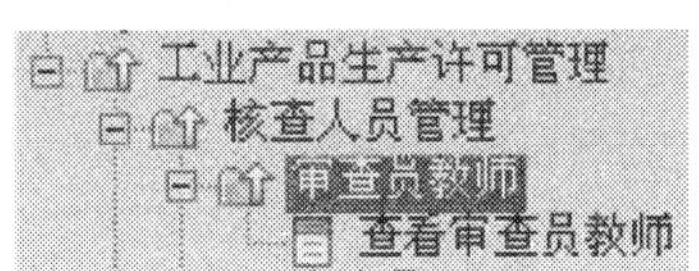

图2－2 审查员教师下级菜单

（1）维护审查员教师

点击“维护审查员教师”菜单，进入列表界面，功能按钮有导出Excel、申请、修改、删除、查询，如图2－3所示。

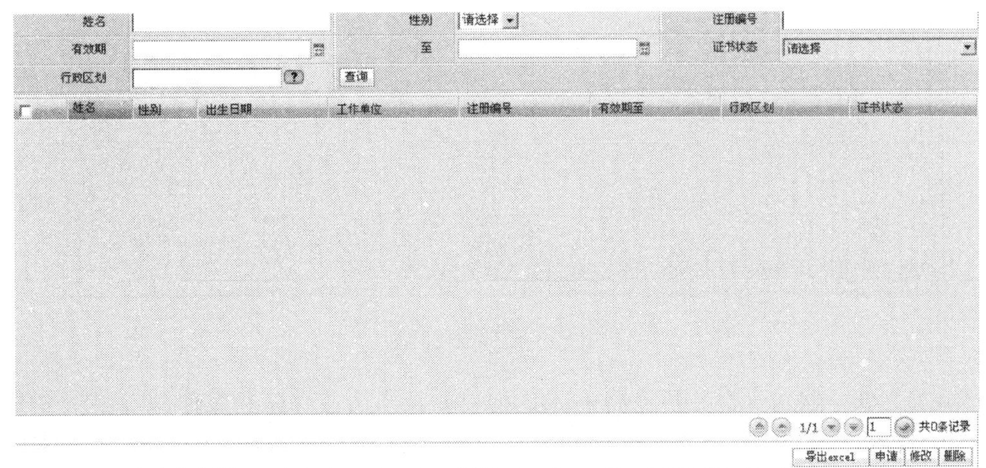

图2－3 维护审查员教师列表界面

1）查询：在列表界面输入查询条件，点击【查询】按钮，进行查询。

2）申请：在列表界面，点击【申请】按钮，进入增加审查员教师界面，功能按钮有保存、下发、返回，如图 2－4 所示。

增加审查员教师

高级审查员证书号	*	姓名	*	高级审查员注册日期	
工作单位	*				
性别	请选择 *	出生日期		照片	暂无图片
民族		职务/职称			
籍贯					
审查员教师证号	*	审查员教师注册日期	*		
行政区划		身份证号码	*		
详细地址	*				
联系电话	*	传真		邮政编码	*
电子邮件	*	其它联系方式		学历/学位	博士研究生 *
毕业院校	*			专业	*
注册文件号	*	有效期至	*	证书状态	无效 *

保存 下发 返回

图 2－4 增加审查员教师界面

在增加界面，上传照片的操作为双击照片区域，弹出图片组件，使用【打开文件】按钮添加照片，如图 2－5 所示。

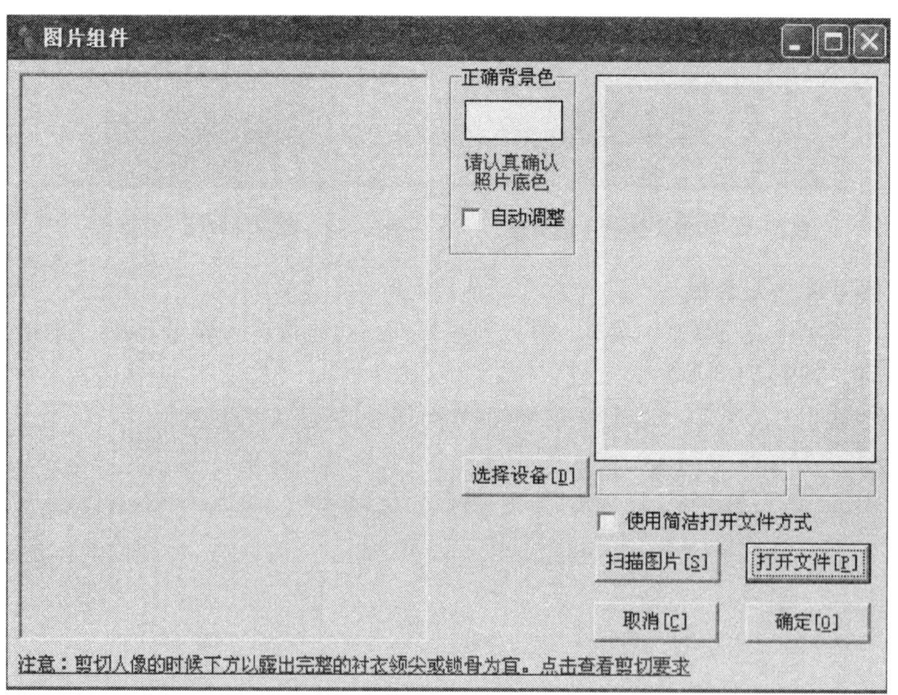

图 2－5 添加照片界面

在增加界面，输入内容（其中带＊的是必填项），点击【保存】按钮，内容成功保存，返回列表界面；点击【下发】按钮，将审查员教师信息下发到省局及审查部，返回列表界面；点击【返回】按钮，返回列表界面，显示如图 2－6 所示。

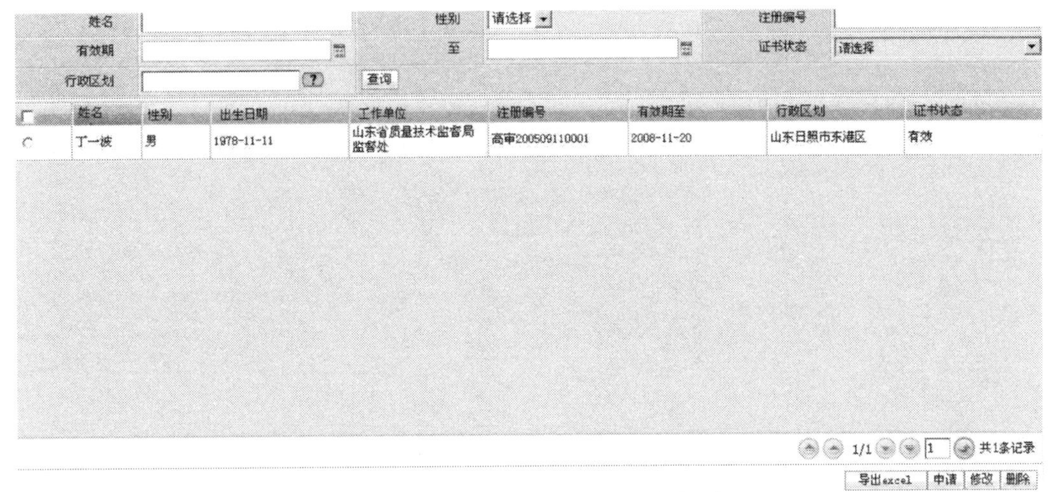

姓名		性别	请选择	注册编号	
有效期		至		证书状态	请选择
行政区划		查询			

	姓名	性别	出生日期	工作单位	注册编号	有效期至	行政区划	证书状态
○	丁一波	男	1978-11-11	山东省质量技术监督局监督处	高审200509110001	2008-11-20	山东日照市东港区	有效

1/1　1　共1条记录

导出excel　申请　修改　删除

图2-6　维护审查员教师列表界面

3）修改：在列表界面，选择一条记录，点击【修改】按钮，进入修改界面，如图2-7所示。

修改审查员教师

高级审查员证书号	高审200509110001	姓名	丁一波	高级审查员注册日期	2005-09-11
工作单位	山东省质量技术监督局监督处				
性别	男	出生日期	1978-11-11	照片	
民族	汉	职务/职称	科长		
籍贯	山东省日照市				
审查员教师证号	审200111200001	审查员教师注册日期	2001-11-20		
行政区划	山东日照市东港区	身份证号码	371102197811110520		
详细地址	山东省济南市历山路228号				
联系电话	13909898876	传真	0531-84108978	邮政编码	250013
电子邮件	dingyibo@163.com	其它联系方式		学历/学位	博士研究生
毕业院校	山东大学			专业	法学
注册文件号	注200809110001	有效期至	2008-11-20	证书状态	有效

保存　下发　返回

图2-7　修改审查员教师界面

在修改界面，修改内容（其中带＊的是必填项），点击【保存】按钮，修改内容成功保存，返回列表界面；点击【下发】按钮，将审查员教师信息下发到省局及审查部，返回列表界面，在“查看审查员教师”中可以看到下发的审查员教师信息；点击【返回】按钮，返回列表界面。

4）删除：在列表界面，选择一条记录，点击【删除】按钮，弹出系统提示对话框，点击“确定”，则删除记录，点击“取消”，则取消删除操作。

5）导出Excel：在列表界面，选择一条记录，点击【导出Excel】按钮，将审查员教师记录以Excel形式导出。

（2）查看审查员教师

点击“查看审查员教师”菜单，进入列表界面，功能按钮有查看、查询，如图2-8

所示。

姓名　　性别 请选择　　注册编号
有效期　　至　　证书状态 请选择
行政区划　　查询

姓名	性别	出生日期	工作单位	注册编号	有效期至	行政区划	证书状态
陈佳琳	女	1982-06-01	贵州省质监局质量处	JS---00043	2009-09-03		有效
丁一波	男	1978-11-11	山东省质量技术监督局监督处	高审200509110001	2008-11-20	山东日照市东港区	有效
高原	男	1954-12-01	中国建筑材料工业协会	JS----00006	2009-09-03		有效
廖雄戈	男	1964-04-01	海南认证审核中心客服部	JS----00044	2009-09-03		有效
陆铭	男	1972-09-01	广西质量技术监督局技术审查中心	JS----00061	2009-09-03		有效
陆旭	男	1957-01-01	水利部水文仪器及岩土工程仪器质量监督建议测试中心	JS----00086	2009-09-03		有效
万青	女	1973-12-01	广东工业产品生产许可证办	JS----00005	2009-09-03		有效
王谦	男	1963-09-01	中广电广播电影电视设计研究院	JS----00113	2009-09-03		有效
冉新房	男	1971-04-01	水利部水工金属结构质量检验测试中心	JS----00075	2009-09-03		有效

1/13　1　共125条记录

查看

图 2-8　查看审查员教师列表界面

1）查询：在列表界面输入查询条件，点击【查询】按钮，进行查询。

2）查看：在列表界面，选择一条记录，点击【查看】按钮，进入查看界面；在查看界面，点击【返回】，返回列表界面。

注：在查看界面，只可查看，不可编辑。

2.1.1.2　技术专家

使用具有“核查人员管理审核人”角色的用户登录系统，选择“工业产品生产许可管理”菜单下的“核查人员管理”菜单下的“技术专家”，点击“技术专家”，可以看到下级菜单“技术专家备案”、“查看技术专家”，如图 2-9 所示。

使用具有“核查人员查看人”角色的用户登录系统，选择“工业产品生产许可管理”菜单下的“核查人员管理”菜单下的“技术专家”，点击“技术专家”，可以看到下级菜单“查看技术专家”，如图 2-10 所示。

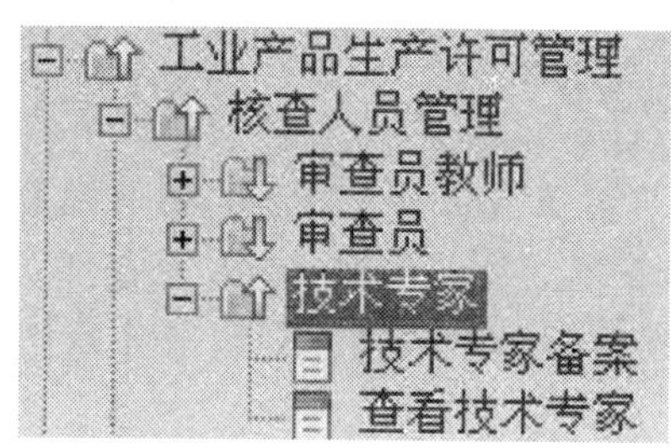

图 2-9　技术专家下级菜单

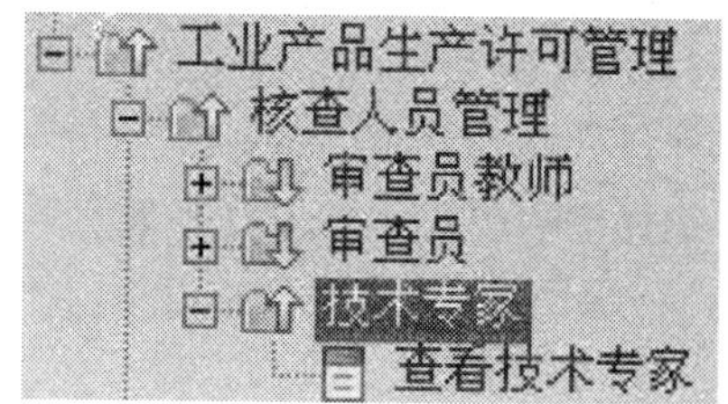

图 2-10　技术专家下级菜单

（1）技术专家备案

点击“技术专家备案”菜单，进入列表界面，功能按钮有增加、修改、删除、查询，如图 2-11 所示。

姓名 | 性别 请选择 | 身份证号码
行政区划 | 审查专业 | 状态 请选择
推荐单位 | 查询

姓名	性别	身份证号码	审查专业	推荐单位	行政区划	状态
边红丽	女	371102197203150520	审查员	税控收款机产品审查部		有效
蔡文	女			江苏省许可证办公室		有效
陈世泽	男			重庆市许可证办公室		有效
陈天君	男			江苏省许可证办公室		有效
陈挺	男			江苏省许可证办公室		有效
陈益云	男			税控收款机产品审查部		有效
丁一明	男	371102198205310520	审查员	山东省许可证办公室	山东济南市历下区	有效
丁泽华	男			江苏省许可证办公室		有效
段斌	男			带肋钢筋审查部		有效
葛立新	女			有色金属产品审查部		有效

1/7 1 共69条记录
增加 修改 删除

图2-11 技术专家备案列表界面

1）查询：在列表界面输入查询条件，点击【查询】按钮，进行查询。

2）增加：在列表界面，点击【增加】按钮，进入增加界面，功能按钮有保存、下发、返回，如图2-12所示。

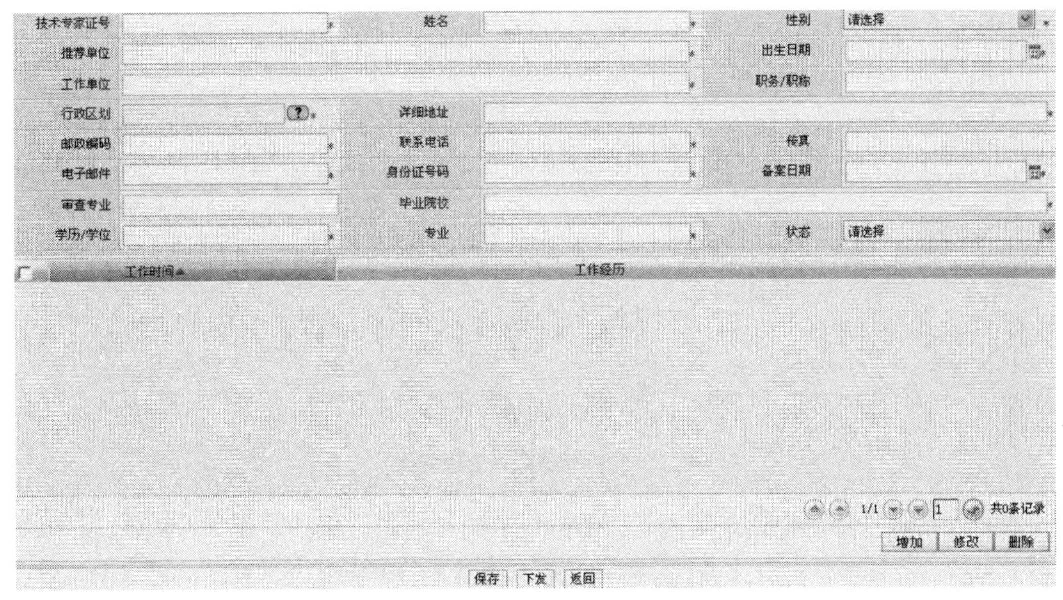

图2-12 增加技术专家界面

在增加界面，输入内容（其中带＊的是必填项），点击【保存】按钮，内容成功保存，返回列表界面；点击【下发】按钮，将技术专家备案信息下发省局及审查部，返回列表界面，在“查看技术专家”中可看到已下发的技术专家备案信息；点击【返回】按钮，返回列表界面，如图2-13所示。

姓名 性别 请选择 身份证号码

行政区划 审查专业 状态 请选择

推荐单位 查询

姓名▲	性别	身份证号码	审查专业	推荐单位	行政区划	状态
边红丽	女	371102197203150520	审查员	税控收款机产品审查部		有效
蔡文	女			江苏省许可证办公室		有效
陈世泽	男			重庆市许可证办公室		有效
陈天君	男			江苏省许可证办公室		有效
陈挺	男			江苏省许可证办公室		有效
陈益云	男			税控收款机产品审查部		有效
丁一明	男	371102198205310520	审查员	山东省许可证办公室	山东济南市历下区	有效
丁泽华	男			江苏省许可证办公室		有效
段斌	男			带肋钢筋审查部		有效
葛立新	女			有色金属产品审查部		有效

1/7 1 共69条记录

增加 修改 删除

图2-13　技术专家备案列表界面

3）修改：在列表界面，选择一条记录，点击【修改】按钮，进入修改界面，如图2-14所示。

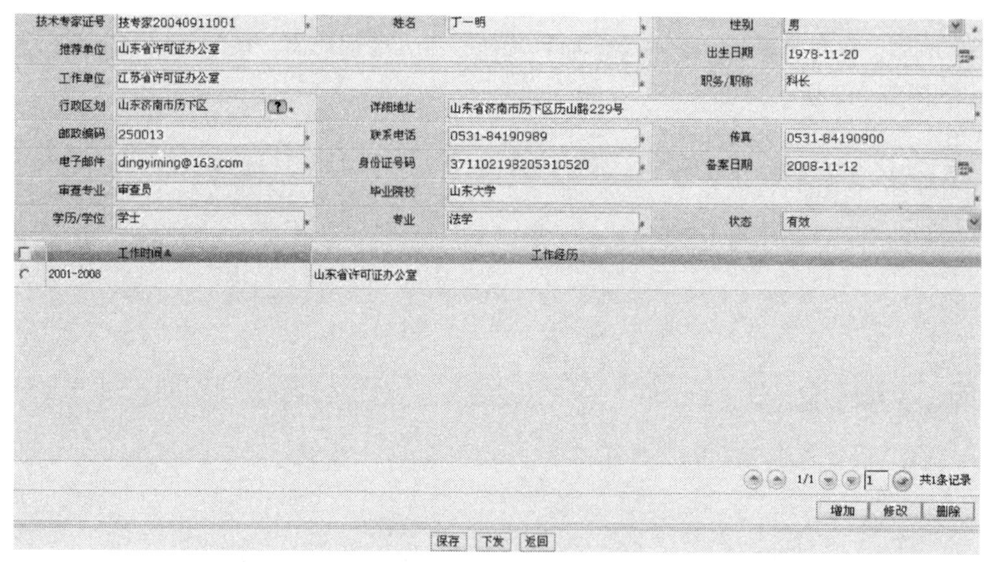

图2-14　修改技术专家界面

在修改界面，修改内容（其中带＊的是必填项），点击【保存】按钮，修改内容成功保存，返回列表界面；点击【下发】按钮，将技术专家备案信息下发省局及审查部，返回列表界面，在“查看技术专家”中可看到已下发的技术专家备案信息；点击【返回】按钮，返回列表界面。

4）删除：在列表界面，选择一条记录，点击【删除】按钮，弹出系统提示对话框，点击【确定】，则删除记录，点击【取消】，则取消删除操作。

（2）查看技术专家

点击“查看技术专家”菜单，进入列表界面，功能按钮有查看、查询，如图2-15所示。

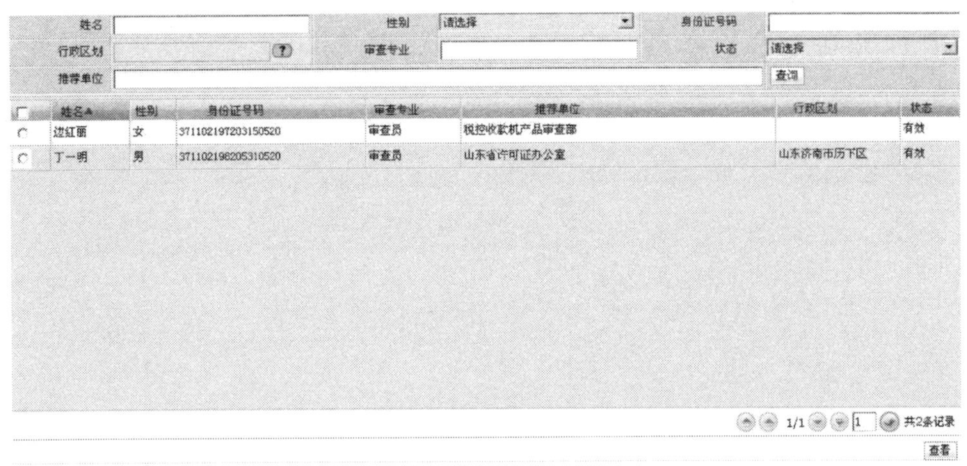

图2－15　查看技术专家列表界面

1）查询：在列表界面输入查询条件，点击【查询】按钮，进行查询。

2）查看：在列表界面，选择一条记录，点击【查看】按钮，进入查看界面；在查看界面，点击【返回】，返回列表界面。

注：在查看界面，只可查看，不可编辑。

2.1.1.3　审查员

（1）审查员培训

使用具有“核查人员管理组织人”角色的用户登录系统，选择“工业产品生产许可管理”菜单下的“核查人员管理”菜单下的“审查员”菜单下的“审查员培训”，点击“审查员培训”，可以看到下级菜单“待办任务”、“已办任务”、“查看培训班”，如图2－16所示。

使用具有“核查人员管理建议人”角色的用户登录系统，选择“工业产品生产许可管理”菜单下的“核查人员管理”菜单下的“审查员”菜单下的“审查员培训”，点击“审查员培训”，可以看到下级菜单“待办任务”、“已办任务”、“查看培训班”，如图2－17所示。

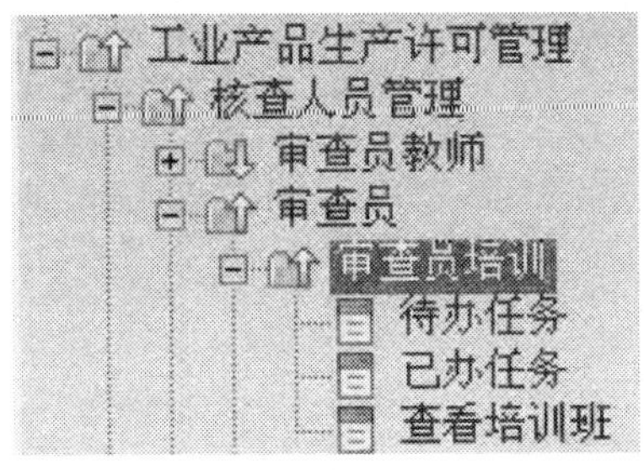

图2－16　审查员培训下级菜单

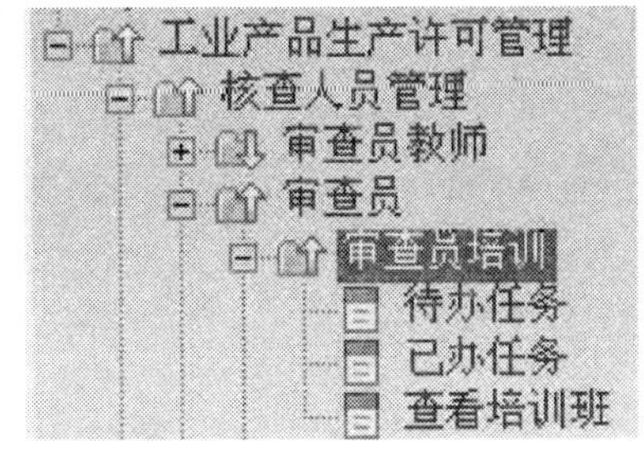

图2－17　审查员培训下级菜单

1）培训申请：使用具有“核查人员管理组织人”角色的用户登录系统，在“审查员培训”菜单下进行相关操作。

a）待办任务：点击“待办任务”，进入列表界面，功能按钮有申请、修改、删除、查询，如图2－18所示。

图2－18 待办任务列表界面

查询：在列表界面输入查询条件，点击【查询】按钮，进行查询。

申请：在列表界面，点击【申请】按钮，进入增加培训班申请界面，功能按钮有保存、上报、返回，如图2－19所示。

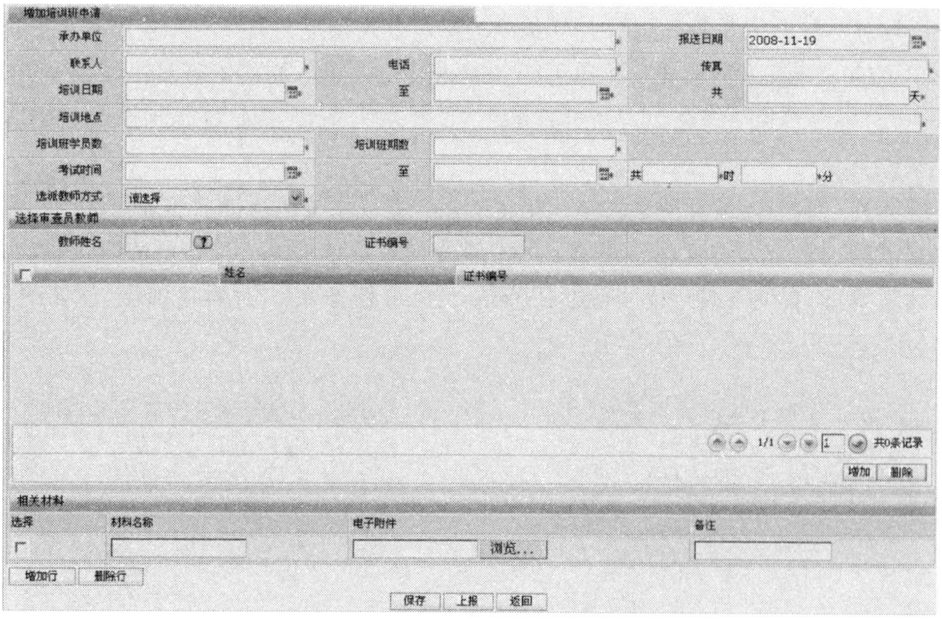

图2－19 增加培训班申请界面

在增加培训班申请界面，输入内容（其中带＊的是必填项），点击【保存】按钮，内容成功保存，返回待办任务列表界面，状态标志字段显示“待上报”，如图2－20所示。

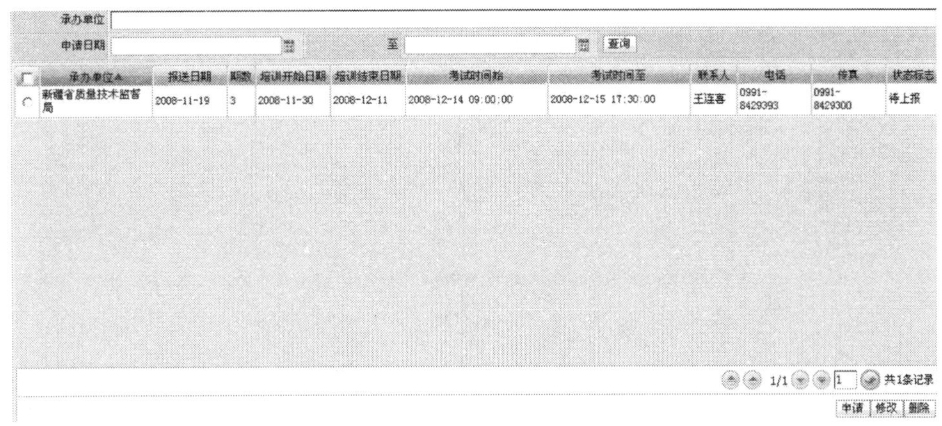

图 2－20　培训班申请列表界面

在增加培训班申请界面，输入内容，点击【上报】按钮，将培训班申请上报国家审查中心，返回待办任务列表界面。在“已办任务”中可以看到已上报的记录。点击【返回】，返回待办任务列表界面。“选择审查员教师”数据窗口操作如下：

点击【教师姓名】字段旁的 ? ，使用通用帮助回填教师姓名和证书编号两个字段，如图 2－21 所示。

图 2－21　选择审查员教师界面

点击【增加】按钮，自动将回填的审查员教师信息添加为一条记录，如图 2－22 所示。

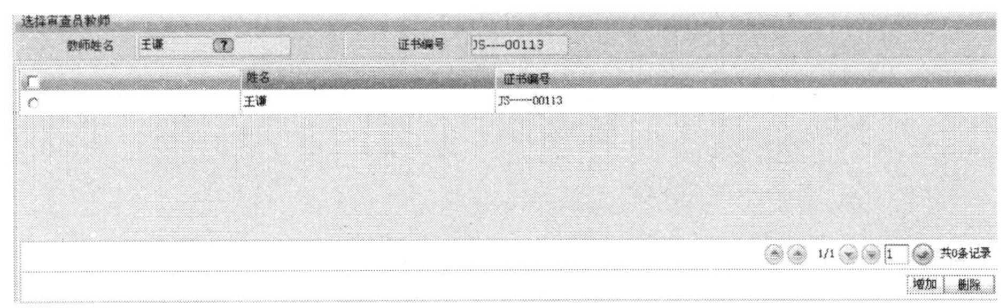

图 2－22　审查员教师列表界面

选择一条添加的记录，点击【删除】按钮，将添加的记录删除。

修改：在列表界面，选择一条记录，点击【修改】按钮，进入修改界面，如图 2－23 所示。

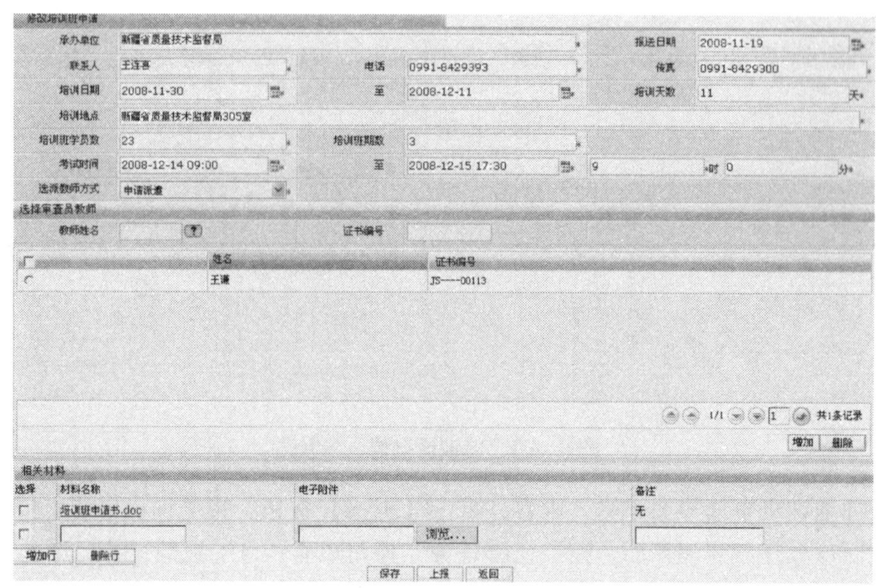

图 2－23　修改培训班申请界面

在修改界面，修改相关内容（其中带＊的是必填项），点击【保存】按钮，修改内容成功保存，返回待办任务列表界面，状态标志字段显示“待上报”；点击【上报】按钮，将培训班申请书上报国家审查中心，返回待办任务列表界面，在“已办任务”中可以看到已上报的记录；点击【返回】，返回待办任务列表界面。

删除：在列表界面，选择一条记录，点击【删除】按钮，弹出系统提示对话框，点击【确定】，则删除记录，点击【取消】，则取消删除操作。

b）已办任务：点击“已办任务”，进入列表界面，状态标志字段显示“待审批”，功能按钮有查看、查询，如图 2－24 所示。

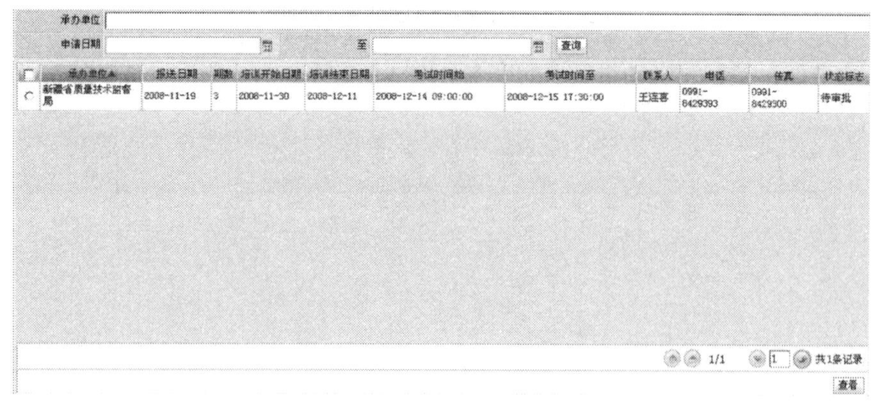

图 2－24　已办任务列表界面

查询：在列表界面输入查询条件，点击【查询】按钮，进行查询。

查看：在列表界面，选择一条记录，点击【查看】按钮，进入查看界面。

注：在查看界面，只可查看，不可编辑。

在查看界面，点击【返回】，返回列表界面。

2）审核培训申请：使用具有“核查人员管理建议人”角色的用户登录系统，在“审查员培训”菜单下进行相关操作。

a）待办任务：点击“待办任务”，进入列表界面，功能按钮有审核、查询，如图2－25所示。

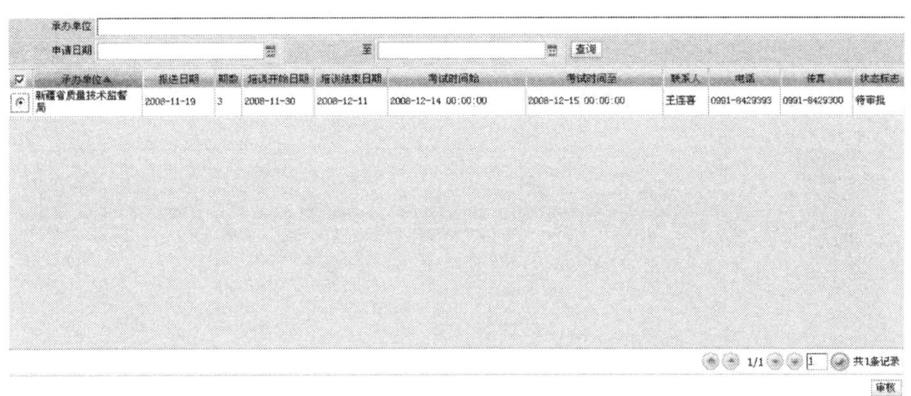

图2－25 待办任务列表界面

查询：在列表界面输入查询条件，点击【查询】按钮，进行查询。

审核：在列表界面，选择一条记录，点击【审核】按钮，进入修改培训班申请界面，培训班申请基本信息可编辑，增加巡视员信息和审核信息，功能按钮有保存、下发、驳回、返回，如图2－26所示。

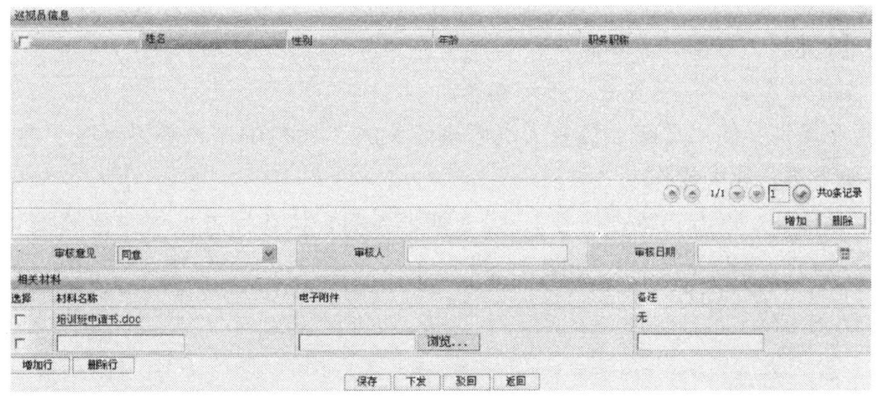

图2－26 审核界面

录入巡视员信息操作如下：

点击【增加】按钮，显示如图2－27所示一条空记录，在空记录中录入即可。

图2－27 增加巡视员信息界面

在修改界面，修改录入相关信息，点击【保存】按钮，修改内容成功保存，返回待办任务列表界面，状态标志字段显示“待审批”；点击【下发】按钮，将培训班申请下发上报单位，返回待办任务列表界面，在“已办任务”中可以看到已下发的记录，状态标志字段显示“待填报”；点击【驳回】按钮，将培训班申请驳回上报单位，返回待办任务列表界面，在“已办任务”中可以看到已驳回的记录，状态标志字段显示“已驳回”；点击【返回】，返回待办任务列表界面。

b）已办任务：点击“已办任务”，进入列表界面，状态标志字段显示“待填报”或“已驳回”，功能按钮有查看、查询，如图2－28所示。

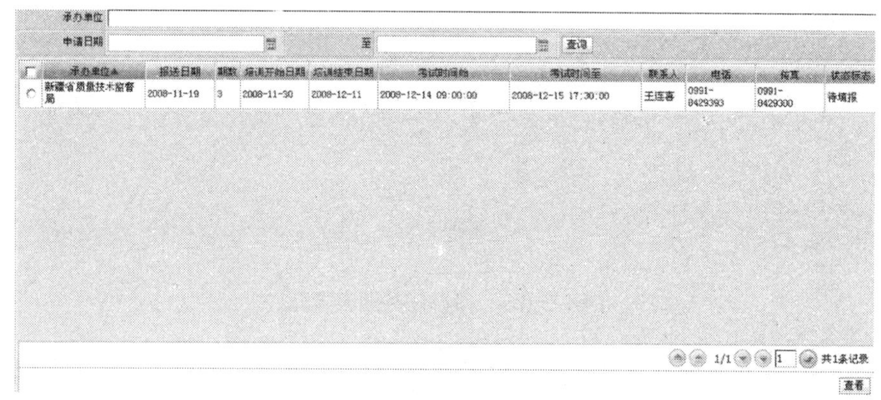

图2－28　已办任务列表界面

查询：在列表界面输入查询条件，点击【查询】按钮，进行查询。

查看：在列表界面，选择一条记录，点击【查看】按钮，进入查看界面；在查看界面，点击【返回】，返回列表界面。

注：在查看界面，只可查看，不可编辑。

3）组织培训：使用具有“核查人员管理组织人”角色的用户登录系统，在“审查员培训”菜单下进行相关操作。

a）待办任务：点击“待办任务”，进入列表界面，状态标志显示“待填报”，功能按钮有申请、修改、删除、查询，如图2－29所示。

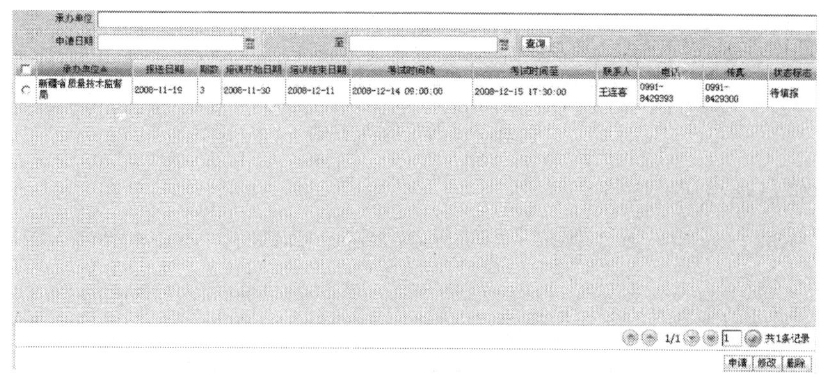

图2－29　待办任务列表界面

选择一条状态标志为“待填报”的记录，功能按钮有查询、填报，如图 2－30 所示。

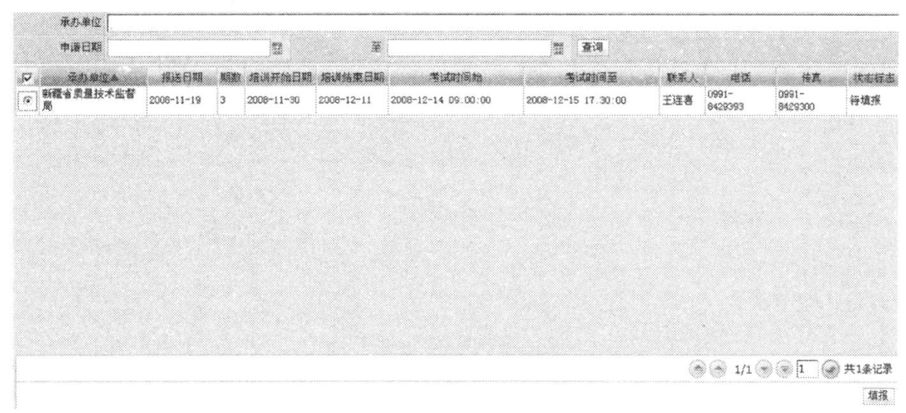

图 2－30　待办任务列表界面

查询：在列表界面输入查询条件，点击【查询】按钮，进行查询。

填报：在列表界面，选择一条状态标志为“待填报”的记录，点击【填报】按钮，进入填报界面，可看到审查员申请、考试考场情况、教师授课情况和查看培训班申请四个 tab 页，功能按钮有保存、培训汇总表、上报、返回，如图 2－31 所示。

图 2－31　填报界面的 tab 页

在审查员申请 tab 页中，可以添加审查员申请信息，功能按钮有申请、修改、删除，如图 2－32 所示。

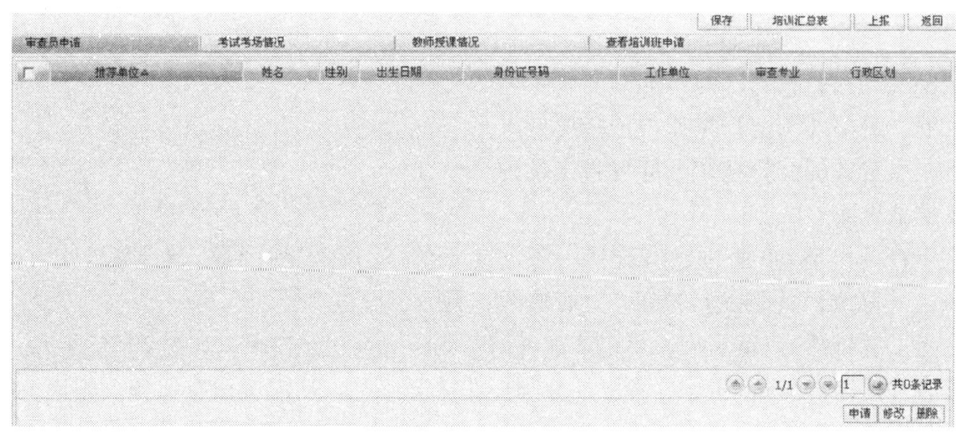

图 2－32　审查员申请列表界面

在审查员申请 tab 页中，点击【申请】按钮，进入如图 2－33 所示的申请界面，功能按钮有导入、保存、返回，在申请界面录入相关内容（其中带 * 的为必填项），点击【保存】按钮，即可添加一条申请数据。

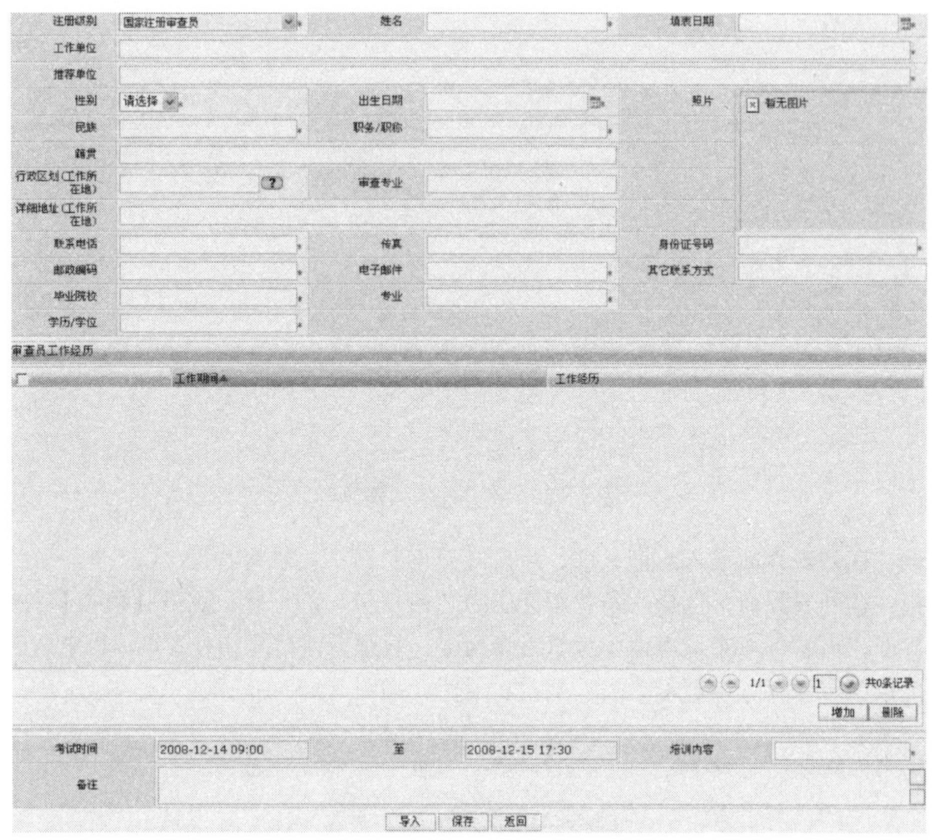

图2－33　审查员申请界面

在申请界面，录入数据可以使用快捷方式【导入】按钮，操作如下：

点击【导入】按钮，弹出如图2－34所示对话框，点击【浏览】按钮，选择要导入的文件，点击【提交】按钮，即可将文件内容导入申请界面。

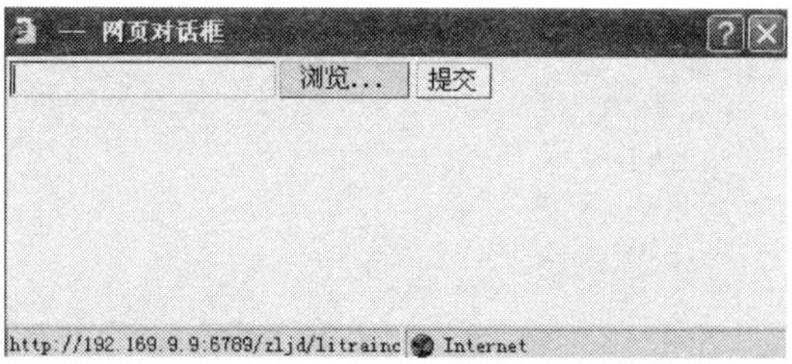

图2－34　导入文件对话框

在审查员申请tab页中，可选择一条记录，点击【修改】、【删除】按钮，进行修改、删除、操作。

在考试考场情况tab页中，可以添加考试考场情况及违纪情况，如图2－35所示。

在教师授课情况tab页中，可添加教师授课情况信息，功能按钮有增加、删除、修改、查看，如图2－36所示。

在教师授课情况tab页中添加授课情况的操作：点击【增加】按钮，弹出如图2－37所示增加审查员教师授课情况对话框，在对话框内输入教师授课情况（其中带＊的为必填项），点击【保存】按钮即可。

在教师授课情况tab页中，可选择一条记录，点击【修改】、【删除】、【查看】按钮，进行修改、删除、查看操作。

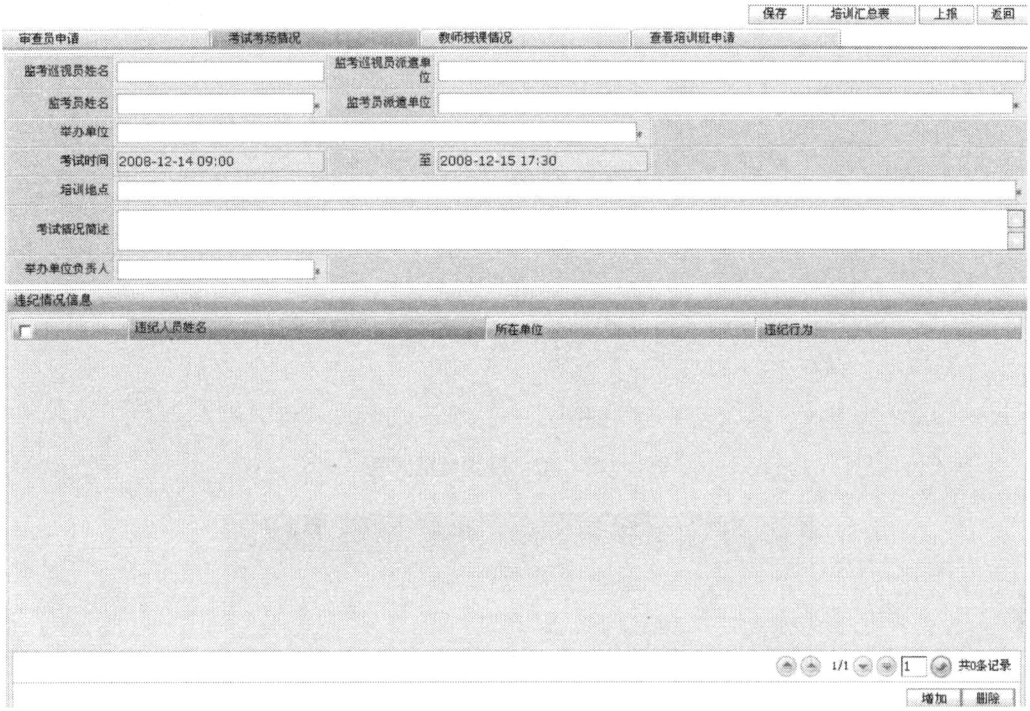

图 2－35　考试考场情况界面

图 2－36　教师授课情况列表界面

在查看培训班申请 tab 页中，可以查看培训班申请相关信息，不可编辑。

在填报界面，录入相关信息（其中带 * 的是必填项），点击【保存】按钮，成功保存，返回待办任务列表界面，状态标志字段显示“待填报”；点击【上报】按钮，将审查员申请上报国家审查中心，返回待办任务列表界面。在“已办任务”中可以看到已上报的记录；点击【培训汇总表】按钮，将培训信息生成汇总表。弹出如图 2－38 所示的对话框，点击【打开】按钮，以 Excel 表的形式打开汇总表，点击【保存】按钮，将 Excel 表保存到本地，点击【取消】，则取消此次操作。

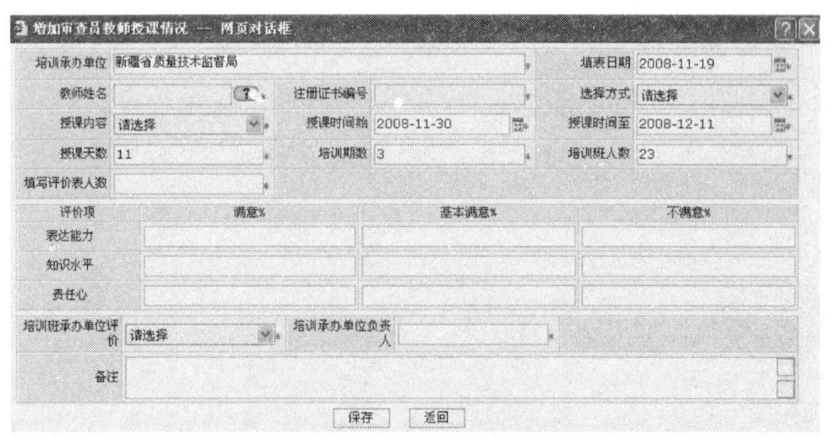

图2-37　教师授课情况界面

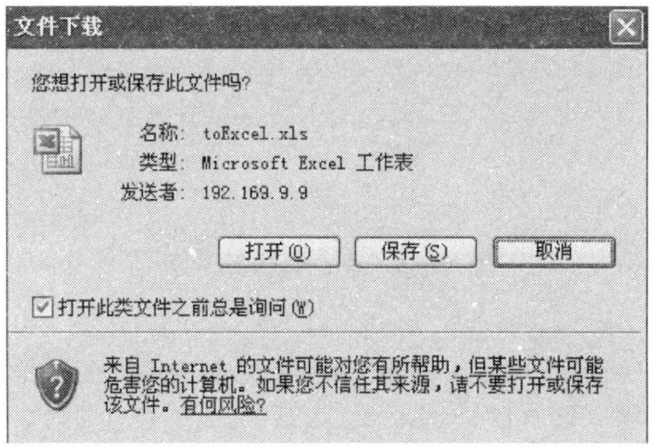

图2-38　文件下载界面

在填报界面，点击【返回】按钮，返回待办任务列表界面。

b）已办任务：点击“已办任务”，进入列表界面，状态标志字段显示“待审核”，功能按钮有查看、查询，如图2-39所示。

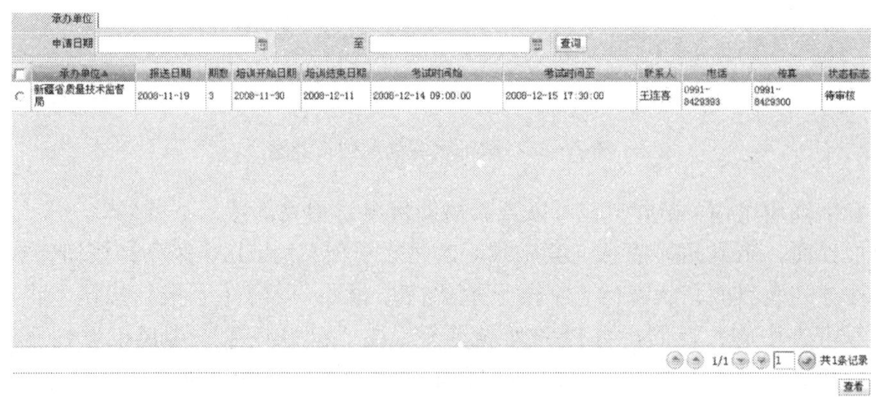

图2-39　已办任务列表界面

查询：在列表界面输入查询条件，点击【查询】按钮，进行查询。

查看：在列表界面，选择一条记录，点击【查看】按钮，进入查看界面；在查看界面，点击【返回】，返回列表界面。

注：在查看界面，只可查看，不可编辑。

4）组织考核：使用具有“核查人员管理建议人”角色的用户登录系统，在“审查员培训”菜单下进行相关操作。

待办任务：点击“待办任务”，进入列表界面，状态标志字段显示“待审核”，功能按钮有审核、查询，如图2－40所示。

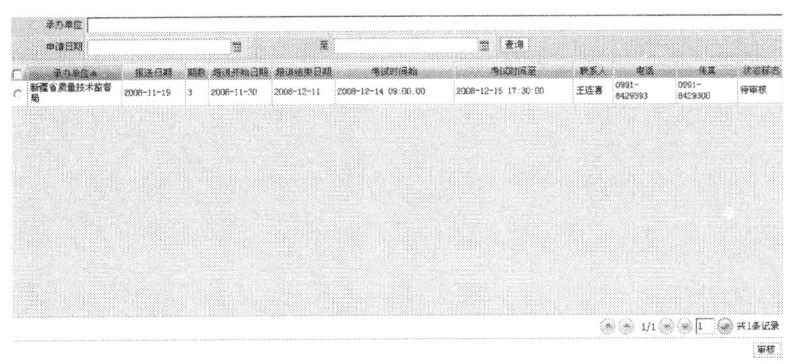

图2－40 待办任务列表界面

查询：在列表界面输入查询条件，点击【查询】按钮，进行查询。

审核：在列表界面，选择一条记录，点击【审核】按钮，进入审核界面，可看到审查员申请、考试考场情况和教师授课情况三个tab页，功能按钮有打印考试合格证书、培训班成绩单、下发、保存、返回，如图2－41所示。

图2－41 审核界面

在审查员申请tab页中，可看到所有的审查员申请记录，功能按钮有生成培训编号、审批，如图2－42所示。

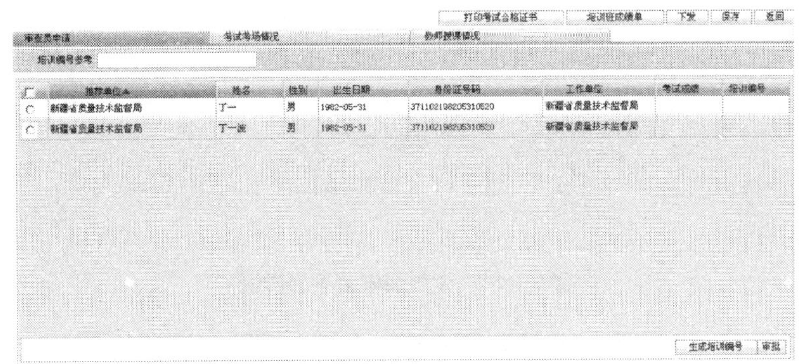

图2－42 审查员申请列表界面

在审查员申请 tab 页中，录入考试成绩和培训编号有如下两种方式。

ⅰ）在审查员申请列表界面，选择一条记录，点击【审批】按钮，进入审批界面，可看到审查员申请基本信息不可编辑，增加了考试成绩和培训编号两个字段，如图 2－43 所示，选择考试成绩并录入培训编号即可。

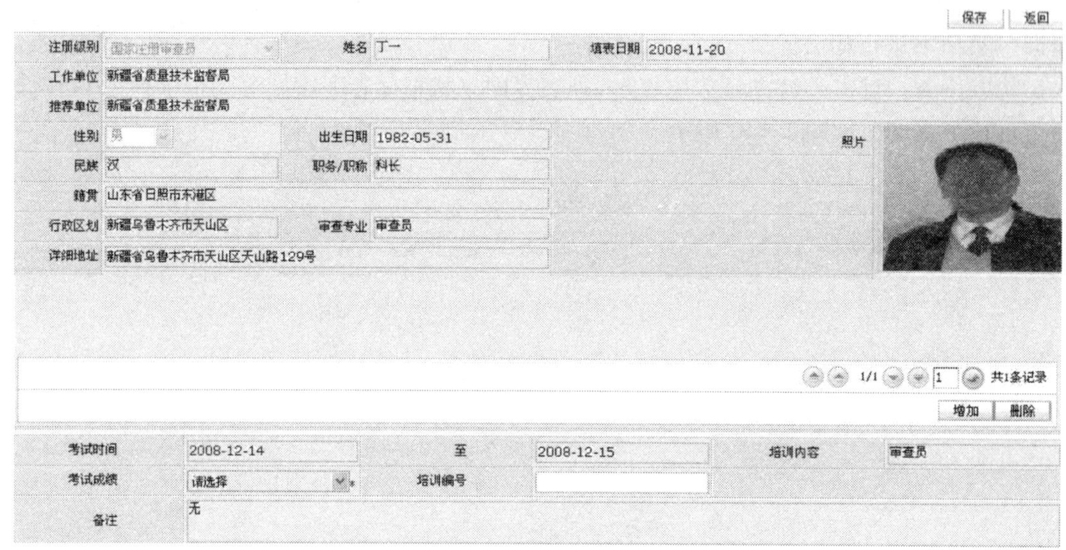

图 2－43　审批界面

ⅱ）在审查员申请列表界面，逐条选择记录，录入考试成绩，在“培训编号参考”字段中录入基准编号信息，例如 SP－00001，点击【生成培训编号】按钮，系统自动给所有考试成绩合格的记录编号，如图 2－44 所示。

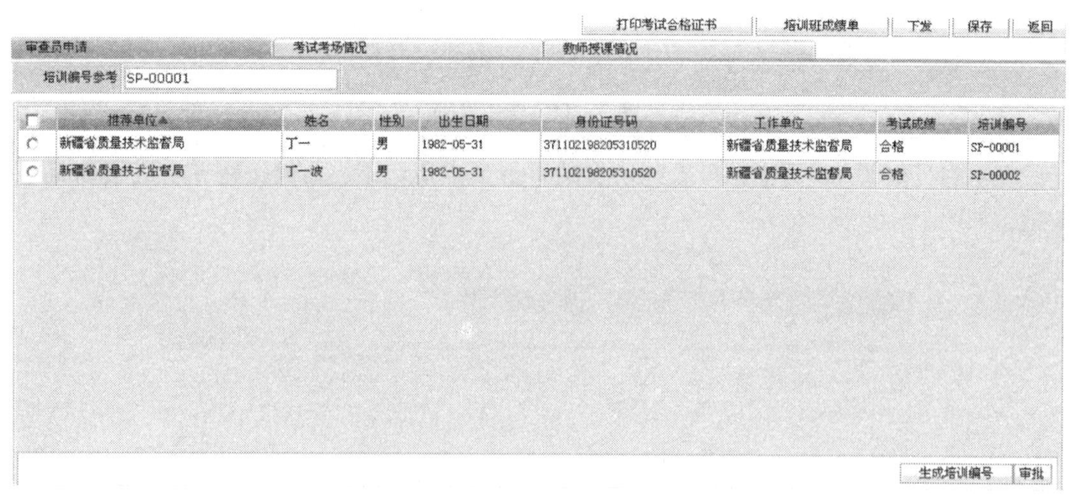

图 2－44　审查员申请列表界面

在考试考场情况 tab 页中，考试考场情况基本信息不可编辑，只可查看，增加审查中心处理意见等相关信息，如图 2－45 所示，需要录入审查中心处理意见和处理日期。

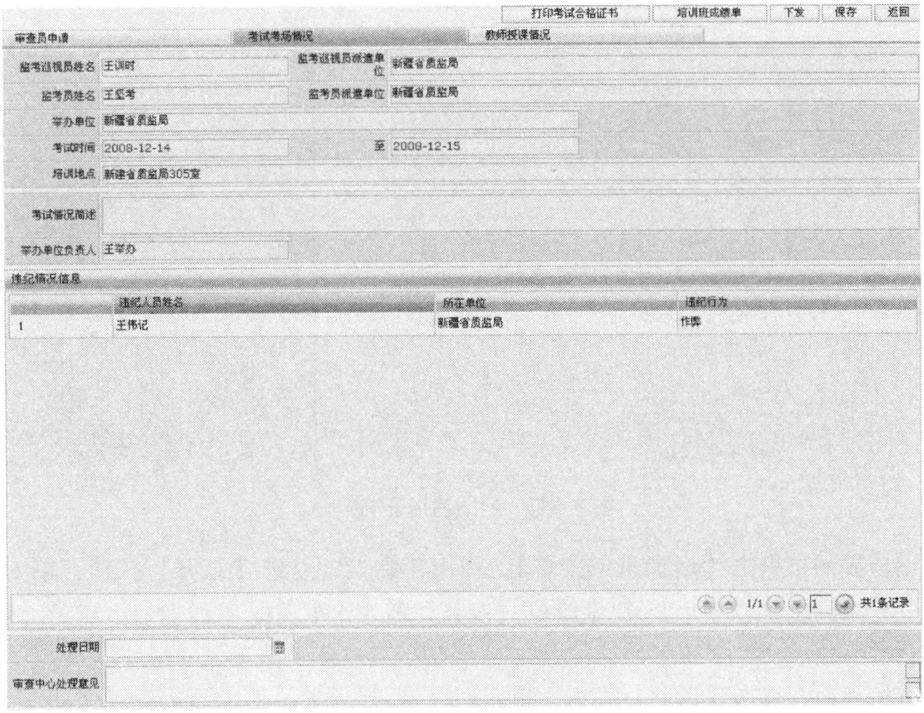

图2－45 考试考场情况界面

在教师授课情况 tab 页中，可看到所有的教师授课记录，如图 2－46 所示。

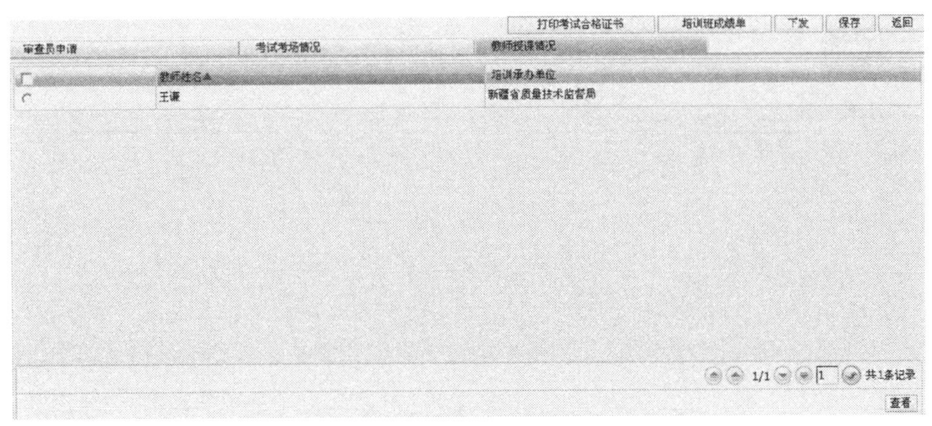

图2－46 教师授课情况列表界面

在教师授课情况 tab 页中，选择一条记录，点击【查看】按钮，弹出如图 2－46 所示的审查员教师授课情况对话框，可查看教师授课的详细信息。

在审核界面，录入相关信息（其中带＊的是必填项），点击【保存】按钮，成功保存，返回待办任务列表界面，状态标志字段仍显示“待审核”；点击【下发】按钮，将审查员培训班申请办结，返回待办任务列表界面。在“查看培训班”中可以看到已办结的任务；点击【打印合格证书】按钮，弹出如图 2－47 所示的打印预览页，打印考试合格证书。

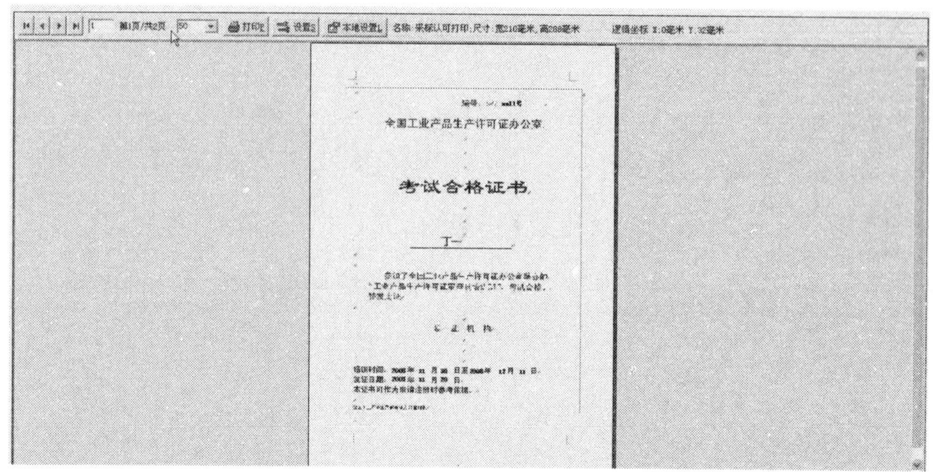

图2-47　打印合格证书界面

在审核界面，点击【培训班成绩单】，弹出对话框，点击【打开】按钮，以 Excel 表的形式打开培训班成绩单，点击【保存】按钮，将 Excel 表保存到本地，点击【取消】，则取消此次操作。

在审核界面，点击【返回】按钮，返回列表界面。

5）查看培训班：使用具有“核查人员管理组织人”或“核查人员管理建议人”角色的用户登录系统点击“查看培训班”，进入列表界面，状态标志字段显示“已办结”，功能按钮有查看、查询，如图2-48所示。

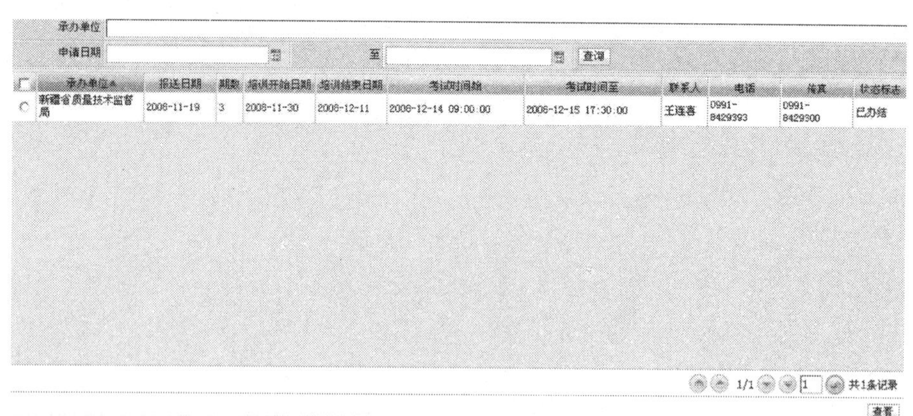

图2-48　查看培训班列表界面

a）查询：在列表界面输入查询条件，点击【查询】按钮，进行查询。

b）查看：在列表界面，选择一条记录，点击【查看】按钮，进入查看界面；在查看界面，点击【返回】，返回列表界面。

注：在查看界面，只可查看，不可编辑。

（2）审查员注册

使用具有“核查人员管理组织人”角色的用户登录系统，选择“工业产品生产许可管理”菜单下的“核查人员管理”菜单下的“审查员”菜单下的“审查员注册”，点击“审查员注册”，可以看到下级菜单“待办任务”、“已办任务”，如图2-49所示。

使用具有“核查人员管理建议人”角色的用户登录系统，选择“工业产品生产许可管理”菜单下的“核查人员管理”菜单下的“审查员”菜单下的“审查员注册”，点击“审查员注册”，可以看到下级菜单“待办任务”，如图2-50所示。

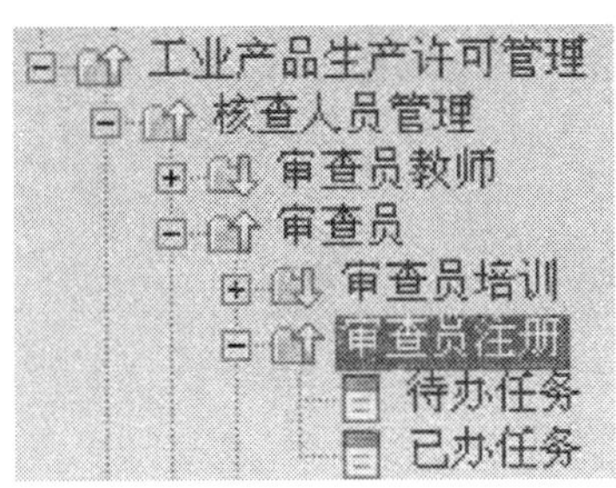

图2-49 审查员注册下级菜单

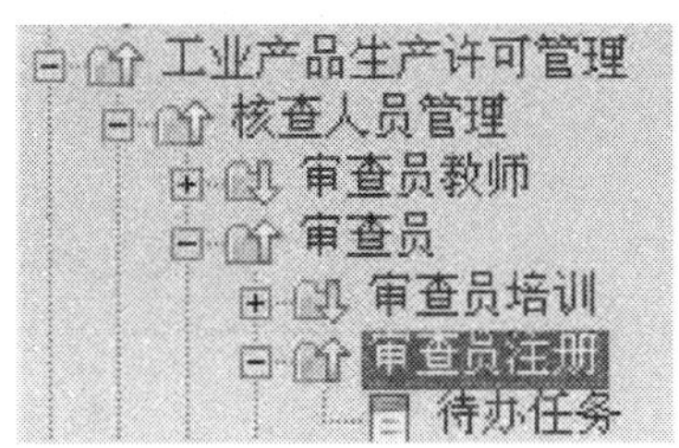

图2-50 审查员注册下级菜单

1）组织注册：使用具有“核查人员管理组织人”角色的用户登录系统，在“审查员注册”菜单下进行相关操作。

a）待办任务：点击“待办任务”，进入列表界面，显示考试成绩合格的审查员申请名单，功能按钮有注册汇总表、注册申请、上报、查看、查询，如图2-51所示。

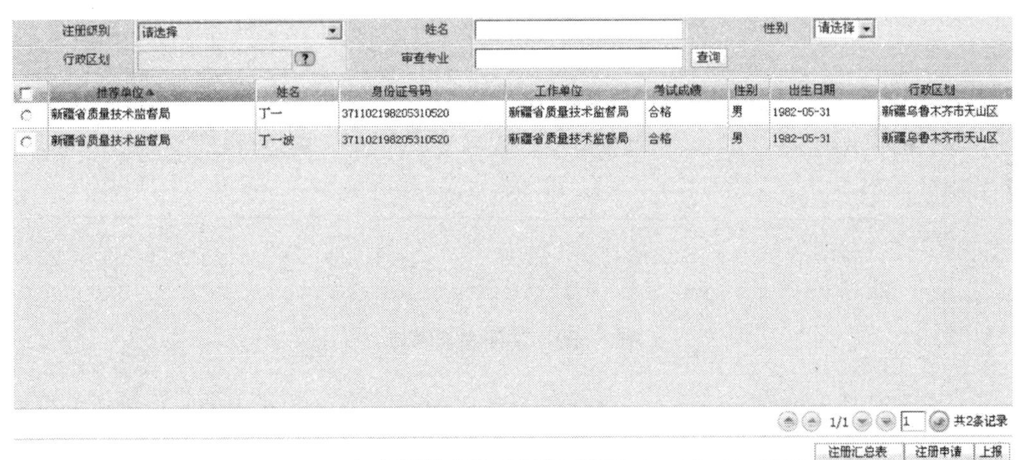

图2-51 待办任务列表界面

查询：在列表界面输入查询条件，点击【查询】按钮，进行查询。

注册汇总表：在列表界面，点击【注册汇总表】，弹出如图2-52所示的对话框，点击【打开】按钮，以Excel表的形式打开审查员注册汇总表，点击【保存】按钮，将Excel表保存到本地，点击【取消】，则取消此次操作。

注册申请：在列表界面，选择一条记录，点击【注册申请】按钮，进入审查员注册申请界面，审查员注册申请基本信息不可编辑，增加工作单位意见等相关信息，如图2-53所示。

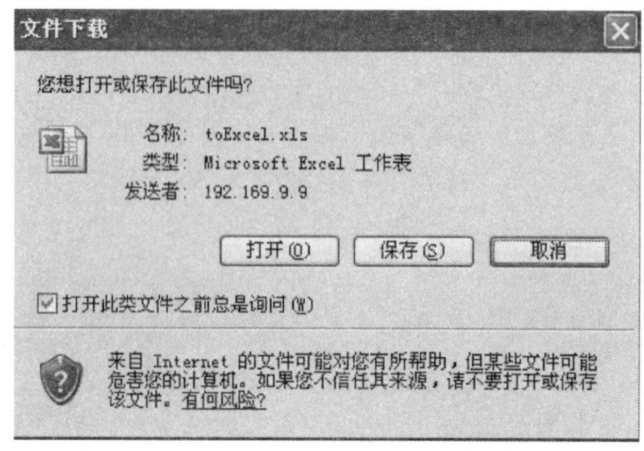

图2－52　文件下载界面

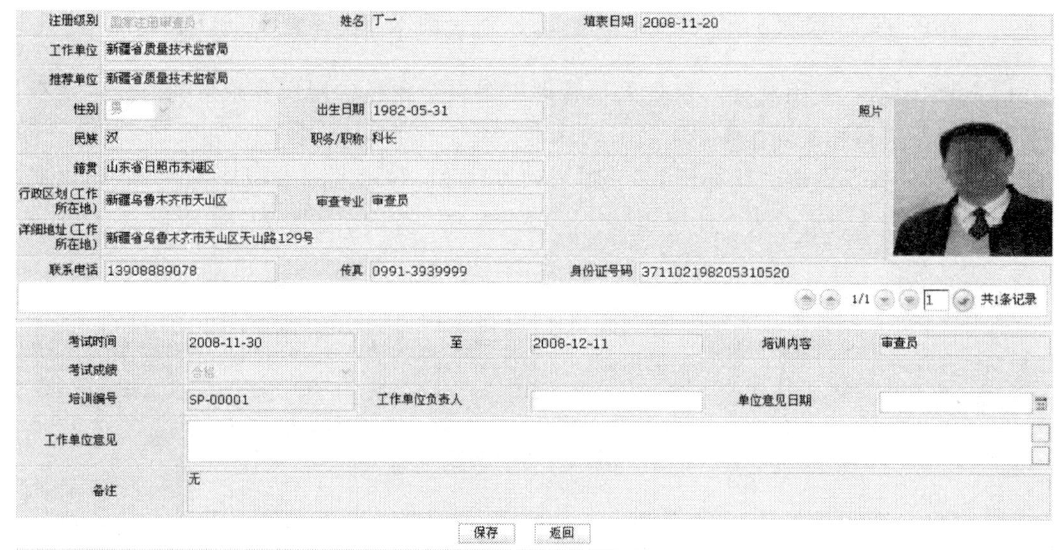

图2－53　注册申请界面

在审查员注册申请界面，录入工作单位意见等相关信息，点击【保存】按钮，将内容成功保存，返回列表界面。

在审查员注册申请界面，点击【返回】按钮，返回列表界面。

上报：在列表界面，点击【上报】按钮，系统自动将列表界面中成绩合格的记录上报总局或审查中心。上报后的记录在“已办任务”中可以看到。

b）已办任务：点击“已办任务”，进入列表界面，功能按钮有查看、查询，如图2－54所示。

查询：在列表界面输入查询条件，点击【查询】按钮，进行查询。

查看：在列表界面，选择一条记录，点击【查看】按钮，进入查看界面；在查看界面，点击【返回】，返回列表界面。

注：在查看界面，只可查看，不可编辑。

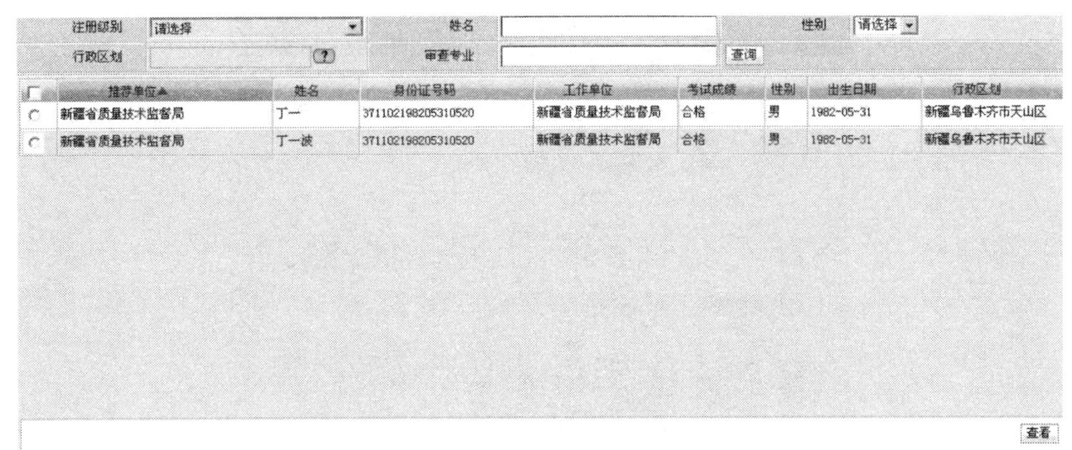

图2－54　已办任务列表界面

2）审核注册：使用具有“核查人员管理建议人”角色的用户登录系统，在“审查员注册”菜单下进行相关操作。

待办任务：点击“待办任务”，进入列表界面，功能按钮有注册审查员名单、审核、查询，如图2－55所示。

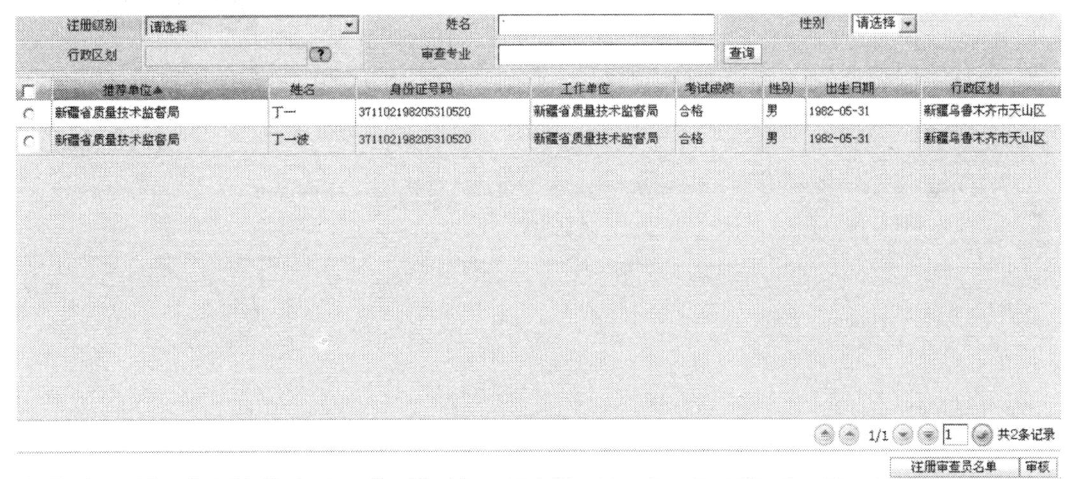

图2－55　待办任务列表界面

查询：在列表界面输入查询条件，点击【查询】按钮，进行查询。

注册审查员名单：在列表界面，点击【注册审查员名单】，弹出如图2－56所示的对话框，点击【打开】按钮，以Excel表的形式打开注册审查员名单，点击【保存】按钮，将Excel表保存到本地，点击【取消】，则取消此次操作。

审核：在列表界面，选择一条记录，点击【审核】按钮，进入审核界面，审查员基本信息不可编辑，增加考评小组、审查中心意见以及审查员证书等相关信息，功能按钮有保存、办结、返回，如图2－57所示。

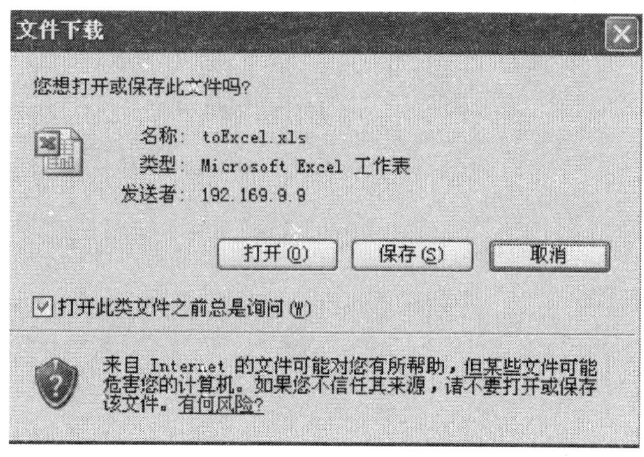

图2－56　文件下载界面

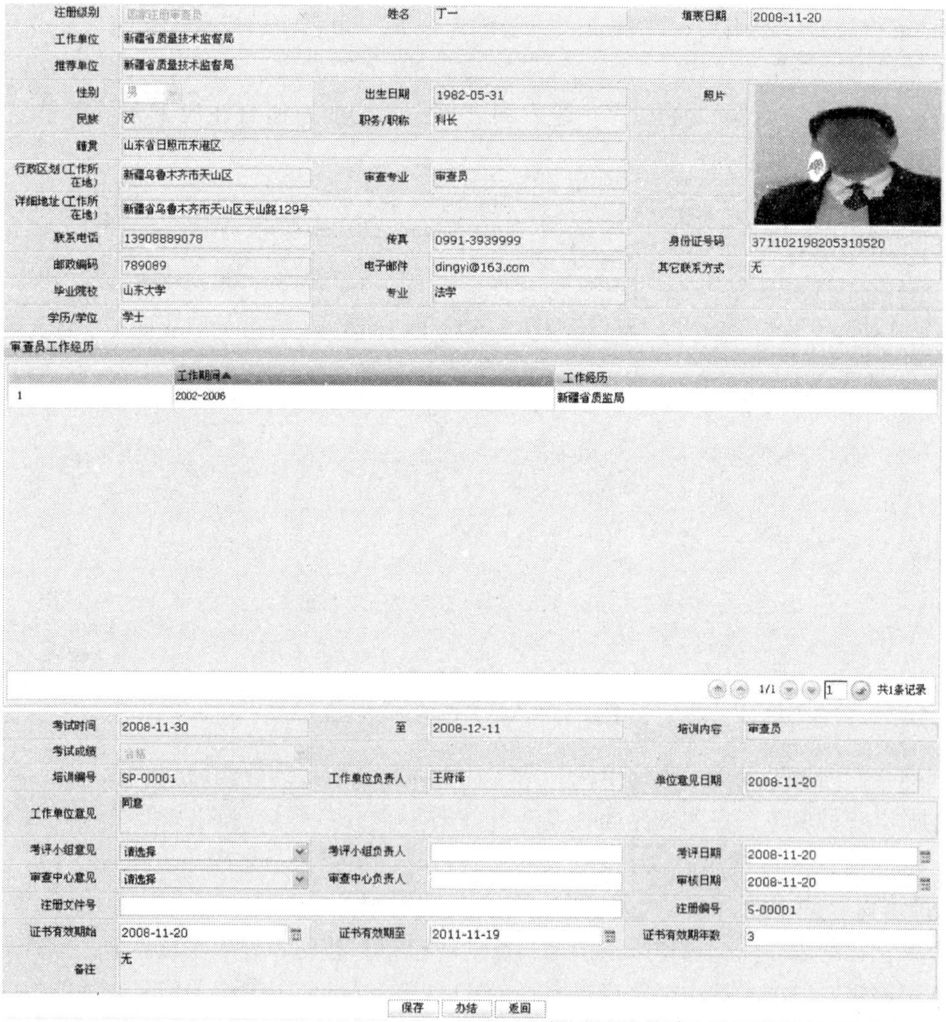

注册级别	国家注册审查员	姓名	丁一	填表日期	2008-11-20
工作单位	新疆省质量技术监督局				
推荐单位	新疆省质量技术监督局				
性别	男	出生日期	1982-05-31	照片	
民族	汉	职务/职称	科长		
籍贯	山东省日照市东港区				
行政区划(工作所在地)	新疆乌鲁木齐市天山区	审查专业	审查员		
详细地址(工作所在地)	新疆省乌鲁木齐市天山区天山路129号				
联系电话	13908889078	传真	0991-3939999	身份证号码	371102198205310520
邮政编码	789089	电子邮件	dingyi@163.com	其它联系方式	无
毕业院校	山东大学	专业	法学		
学历/学位	学士				

审查员工作经历

	工作期间▲	工作经历
1	2002-2006	新疆省质监局

1/1　1　共1条记录

考试时间	2008-11-30	至	2008-12-11	培训内容	审查员
考试成绩	合格				
培训编号	SP-00001	工作单位负责人	王府详	单位意见日期	2008-11-20
工作单位意见	同意				
考评小组意见	请选择	考评小组负责人		考评日期	2008-11-20
审查中心意见	请选择	审查中心负责人		审核日期	2008-11-20
注册文件号				注册编号	S-00001
证书有效期始	2008-11-20	证书有效期至	2011-11-19	证书有效期年数	3
备注	无				

保存　办结　返回

图2－57　审核界面

在审核界面，输入相关信息，点击【保存】按钮，将内容成功保存，返回列表界面。

在审核界面，输入相关信息，点击【办结】按钮，将审查员注册办结，返回列表界面，列表界面无此记录，在“审查员管理”中可以看到此记录。

`在审核界面，点击【返回】，返回列表界面。

（3）审查员期满换证

1）组织期满换证：使用具有“核查人员管理组织人”角色的用户登录系统，选择“工业产品生产许可管理”菜单下的“核查人员管理”菜单下的“审查员”菜单下的“审查员期满换证”，点击“审查员期满换证”，可以看到下级菜单“待办任务”、“已办任务”，如图2－58所示。

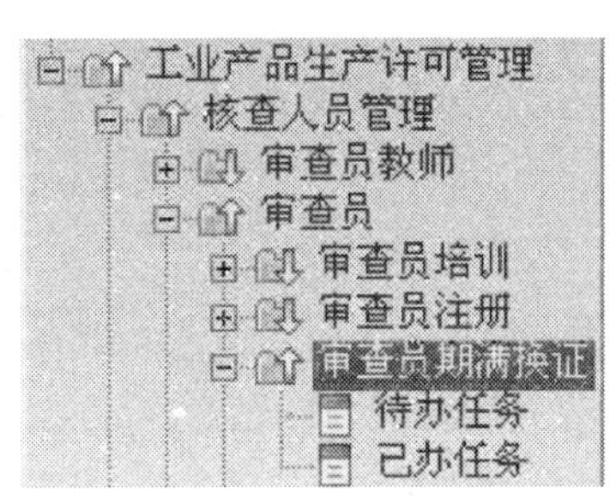

图2－58 审查员期满换证下级菜单

a）待办任务：点击“待办任务”，进入列表界面，功能按钮有期满换证汇总表、上报、申请、修改、删除、查询，如图2－59所示。

查询：在列表界面输入查询条件，点击【查询】按钮，进行查询。

期满换证汇总表：在列表界面，点击【期满换证汇总表】，弹出如图2－60所示的对话框，点击【打开】按钮，以Excel表的形式打开期满换证汇总表，点击【保存】按钮，将Excel表保存到本地，点击【取消】，则取消此次操作。

增加：在列表界面，点击【增加】按钮，进入增加界面，功能按钮有保存、返回，如图2－61所示。

在增加界面，输入内容（其中带＊的是必填项），点击【保存】按钮，内容成功保存，返回列表界面，如图2－62所示。

在增加界面，点击【返回】，返回列表界面。

修改：在列表界面，点击【修改】按钮，进入修改界面，功能按钮有保存、返回，如图2－63所示。

图2－59 待办任务列表界面

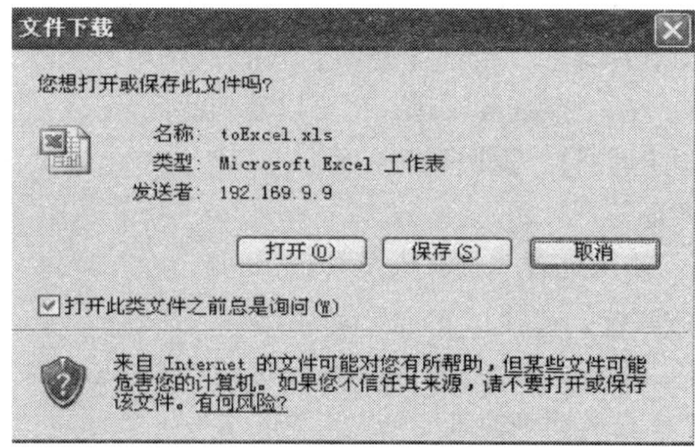

图2-60　期满换证汇总表下载界面

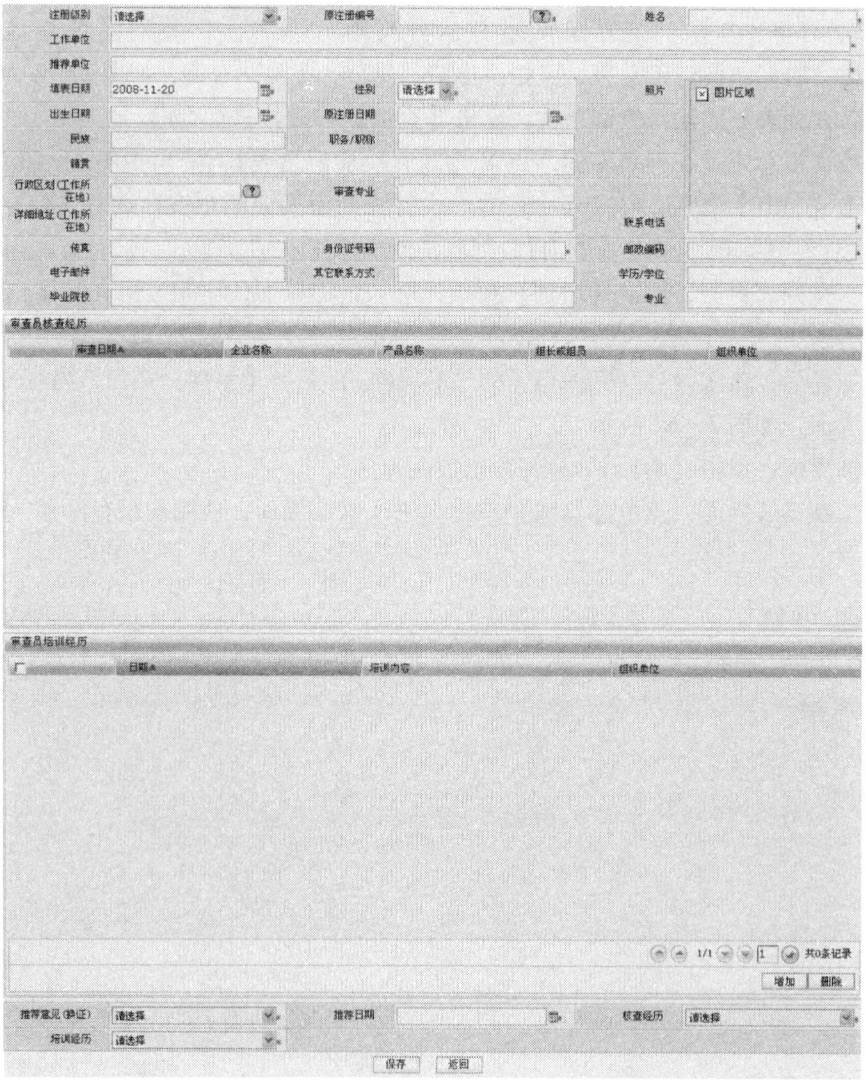

图2-61　增加界面

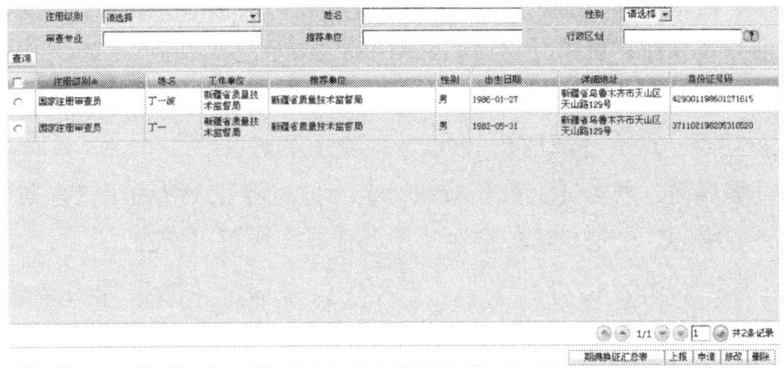

图 2－62　审查员期满换证列表界面

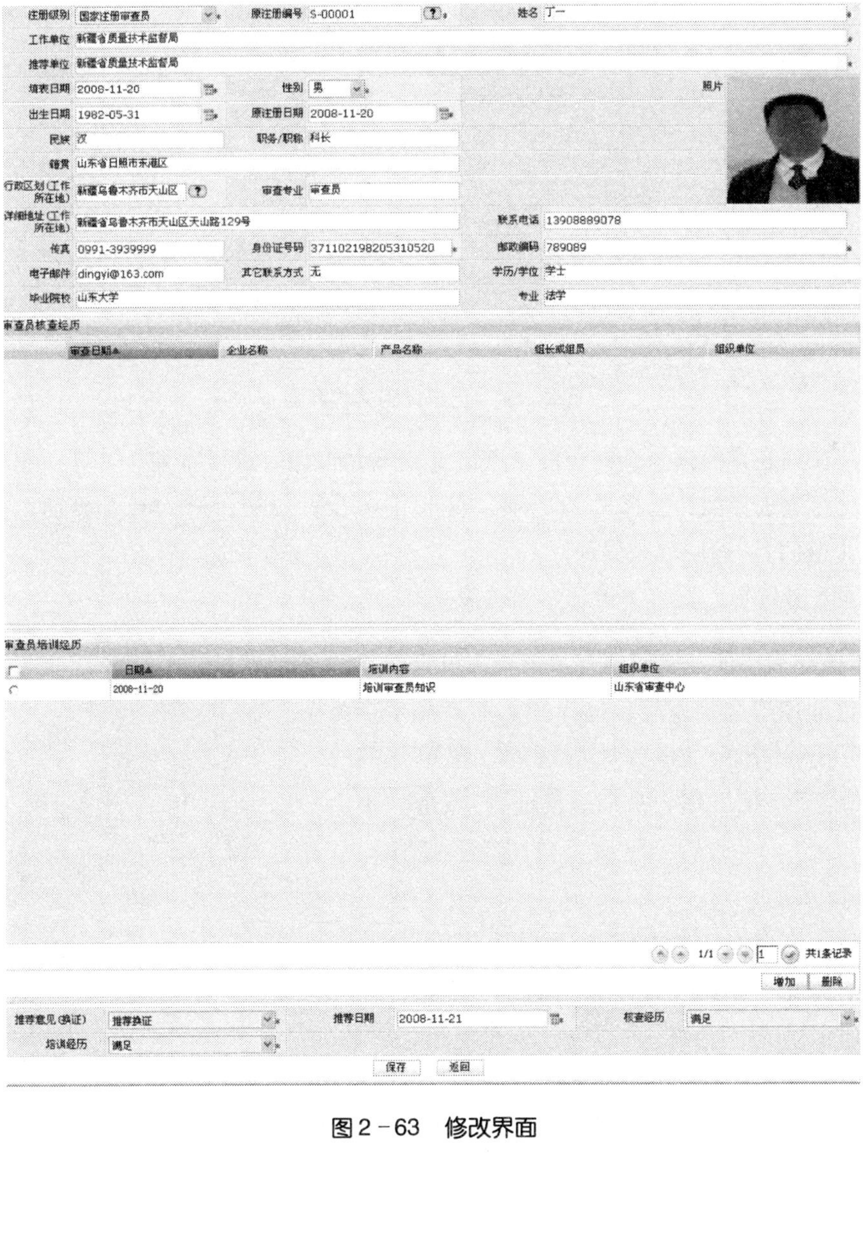

注册级别 国家注册审查员　原注册编号 S-00001　姓名 丁一

工作单位 新疆省质量技术监督局

推荐单位 新疆省质量技术监督局

填表日期 2008-11-20　性别 男　照片

出生日期 1982-05-31　原注册日期 2008-11-20

民族 汉　职务/职称 科长

籍贯 山东省日照市东港区

行政区划(工作所在地) 新疆乌鲁木齐市天山区　审查专业 审查员

详细地址(工作所在地) 新疆省乌鲁木齐市天山区天山路129号　联系电话 13908889078

传真 0991-3939999　身份证号码 371102198205310520　邮政编码 789089

电子邮件 dingyi@163.com　其它联系方式 无　学历/学位 学士

毕业院校 山东大学　专业 法学

审查员核查经历

审查日期▲	企业名称	产品名称	组长或组员	组织单位

审查员培训经历

日期▲	培训内容	组织单位
2008-11-20	培训审查员知识	山东省审查中心

1/1 共1条记录

增加　删除

推荐意见(换证) 推荐换证　推荐日期 2008-11-21　核查经历 满足

培训经历 满足

保存　返回

图 2－63　修改界面

在修改界面，输入修改内容（其中带＊的是必填项），点击【保存】按钮，修改内容成功保存，返回列表界面；点击【返回】，返回列表界面。

删除：在列表界面，选择一条记录，点击【删除】按钮，弹出系统提示对话框，点击【确定】，则删除记录，点击【取消】，则取消删除操作。

上报：在列表界面，点击【上报】按钮，系统自动将列表界面中符合期满换证条件的记录上报国家审查中心。上报后的记录在“已办任务”中可以看到。

b）已办任务：点击“已办任务”，进入列表界面，功能按钮有查看、查询，如图2－64所示。

注册级别 请选择　姓名　性别 请选择
审查专业　推荐单位　行政区划
查询

	注册级别	姓名	工作单位	推荐单位	性别	出生日期	详细地址	身份证号码
○	国家注册审查员	丁一	新疆省质量技术监督局	新疆省质量技术监督局	男	1982-05-31	新疆省乌鲁木齐市天山区天山路129号	371102198205310520
○	国家注册审查员	丁一波	新疆省质量技术监督局	新疆省质量技术监督局	男	1986-01-27	新疆省乌鲁木齐市天山区天山路129号	429001198801271615

查看

图2－64　已办任务列表界面

查询：在列表界面输入查询条件，点击【查询】按钮，进行查询。

查看：在列表界面，选择一条记录，点击【查看】按钮，进入查看界面；在查看界面，点击【返回】，返回列表界面。

注：在查看界面，只可查看，不可编辑。

2）审核期满换证：使用具有“核查人员管理建议人”角色的用户登录系统，选择“工业产品生产许可管理”菜单下的“核查人员管理”菜单下的“审查员”菜单下的“审查员期满换证”，点击“审查员期满换证”，可以看到下级菜单“待办任务”，如图2－65所示。

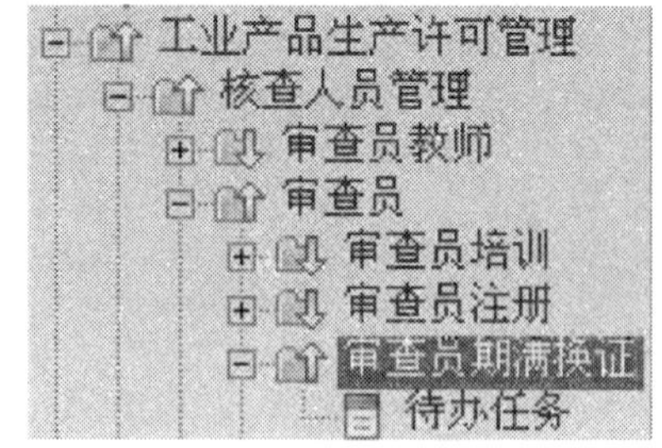

图2－65　审查员期满换证下级菜单

待办任务：点击“待办任务”，进入列表界面，功能按钮有查询、期满换证审查员名单、审批，如图2－66所示。

查询：在列表界面输入查询条件，点击【查询】按钮，进行查询。

期满换证审查员名单：在列表界面，点击【期满换证审查员名单】，弹出如图2－67

所示的对话框，点击【打开】按钮，以 Excel 表的形式打开期满换证审查员名单，点击【保存】按钮，将 Excel 表保存到本地，点击【取消】，则取消此次操作。

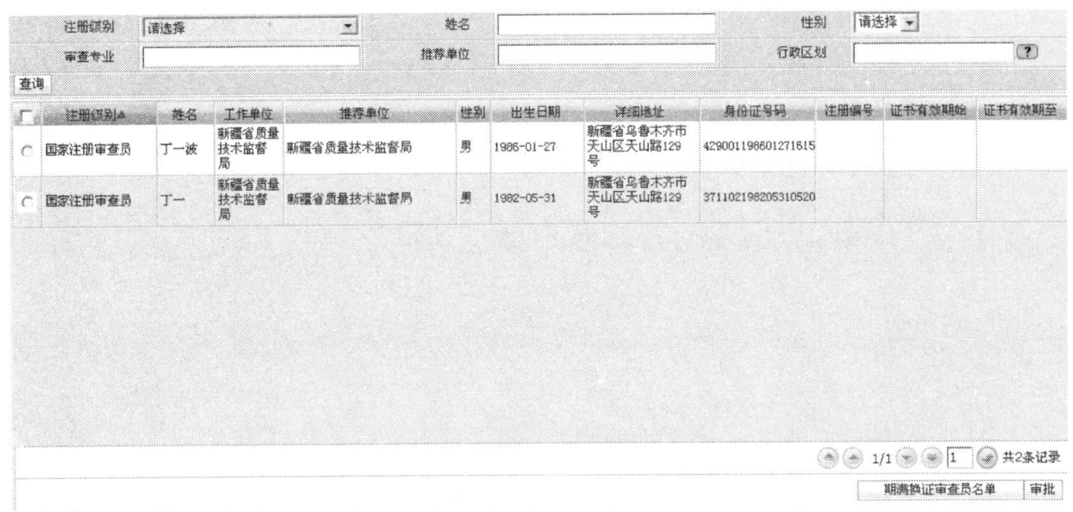

图 2－66　待办任务列表界面

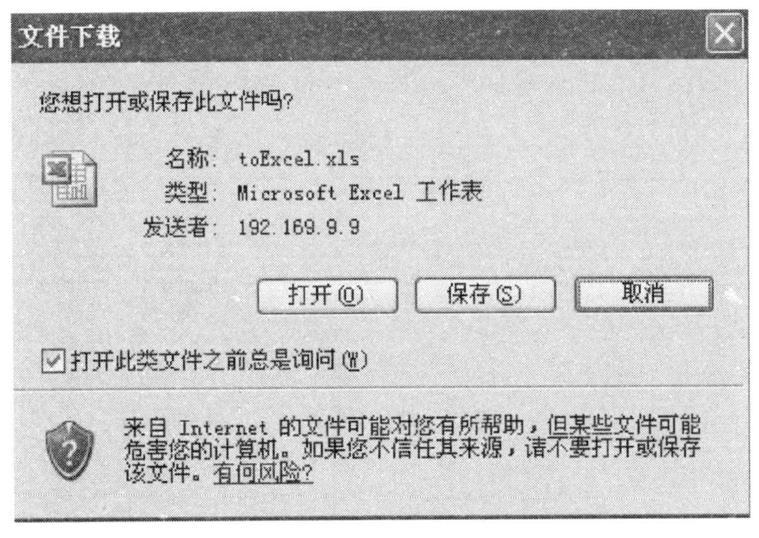

图 2－67　期满换证审查员名单下载界面

审批：在列表界面，选择一条记录，点击【审批】按钮，进入审批界面，审查员期满换证基本信息不可编辑，增加审查中心意见及证书等相关信息，功能按钮有保存、办结、返回，如图 2－68 所示。

在审批界面，输入相关信息（其中带＊的是必填项），点击【保存】按钮，内容成功保存，返回待办任务列表界面，列表界面显示注册编号及证书有效期，如图 2－69所示。

注册级别	国家注册审查员	原注册编号	S-00001	姓名	丁一
工作单位	新疆省质量技术监督局				
推荐单位	新疆省质量技术监督局				
填表日期	2008-11-20	性别	男	照片	
出生日期	1982-05-31	原注册日期	2008-11-20		
民族	汉	职务/职称	科长		
籍贯	山东省日照市东港区				
行政区划(工作所在地)	新疆乌鲁木齐市天山区	审查专业	审查员		
详细地址(工作所在地)	新疆省乌鲁木齐市天山区天山路129号			联系电话	13908889078
传真	0991-3939999	身份证号码	371102198205310520	邮政编码	789089
电子邮件	dingyi@163.com	其它联系方式	无	学历/学位	学士
毕业院校	山东大学			专业	法学

审查员核查经历

审查日期▲	企业名称	产品名称	组长或组员	组织单位

审查员培训经历

	日期▲	培训内容	组织单位
1	2008-11-20	培训审查员知识	山东省审查中心

1/1 1 共1条记录

推荐意见(换证)	推荐换证	推荐日期	2008-11-21	核查经历	满足
培训经历	满足				
审查中心意见	请选择	审查中心负责人		审核日期	
注册文件号				注册编号	
证书有效期始		至			

保存 办结 返回

图2－68 审批界面

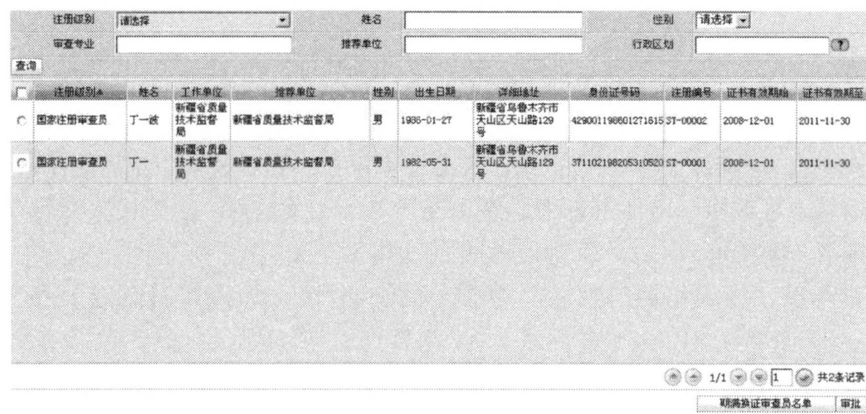

注册级别▲	姓名	工作单位	推荐单位	性别	出生日期	详细地址	身份证号码	注册编号	证书有效期始	证书有效期至
国家注册审查员	丁一波	新疆省质量技术监督局	新疆省质量技术监督局	男	1986-01-27	新疆省乌鲁木齐市天山区天山路129号	429001198601271615	ST-00002	2008-12-01	2011-11-30
国家注册审查员	丁一	新疆省质量技术监督局	新疆省质量技术监督局	男	1982-05-31	新疆省乌鲁木齐市天山区天山路129号	371102198205310520	ST-00001	2008-12-01	2011-11-30

图2－69 审查员期满换证列表界面

在审批界面，输入相关信息，点击【办结】按钮，办结期满换证申请，返回待办任务列表界面，待办任务列表界面无此记录，在“审查员管理”中可查看。

在审批界面，点击【返回】按钮，返回列表界面。

（4）审查员晋级

1）组织晋级：使用具有“核查人员管理组织人”角色的用户登录系统，选择“工业产品生产许可管理”菜单下的“核查人员管理”菜单下的“审查员”菜单下的“审查员晋级”，点击“审查员晋级”，可以看到下级菜单“待办任务”、“已办任务”，如图2－70所示。

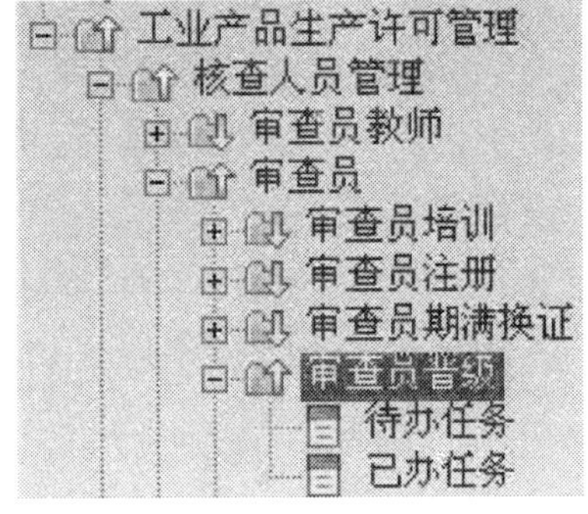

图2－70　审查员晋级下级菜单

a）待办任务：点击“待办任务”，进入列表界面，功能按钮有晋级汇总表、上报、申请、修改、删除、查询，如图2－71所示。

查询：在列表界面输入查询条件，点击【查询】按钮，进行查询。

晋级汇总表：在列表界面，点击【晋级汇总表】，弹出如图2－72所示的对话框，点击【打开】按钮，以Excel表的形式打开晋级汇总表，点击【保存】按钮，将Excel表保存到本地，点击【取消】，则取消此次操作。

申请：在列表界面，点击【申请】按钮，进入申请界面，功能按钮有保存、返回，如图2－73所示。

在申请界面，输入内容（其中带＊的是必填项），点击【保存】按钮，内容成功保存，返回列表界面，如图2－74所示。

在增加界面，点击【返回】，返回列表界面。

修改：在列表界面，点击【修改】按钮，进入修改界面，如图2－75所示。

图2－71　待办任务列表界面

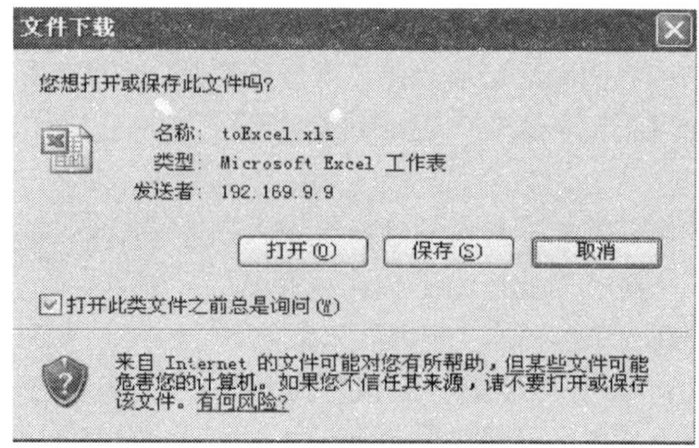

图2-72　晋级汇总表下载界面

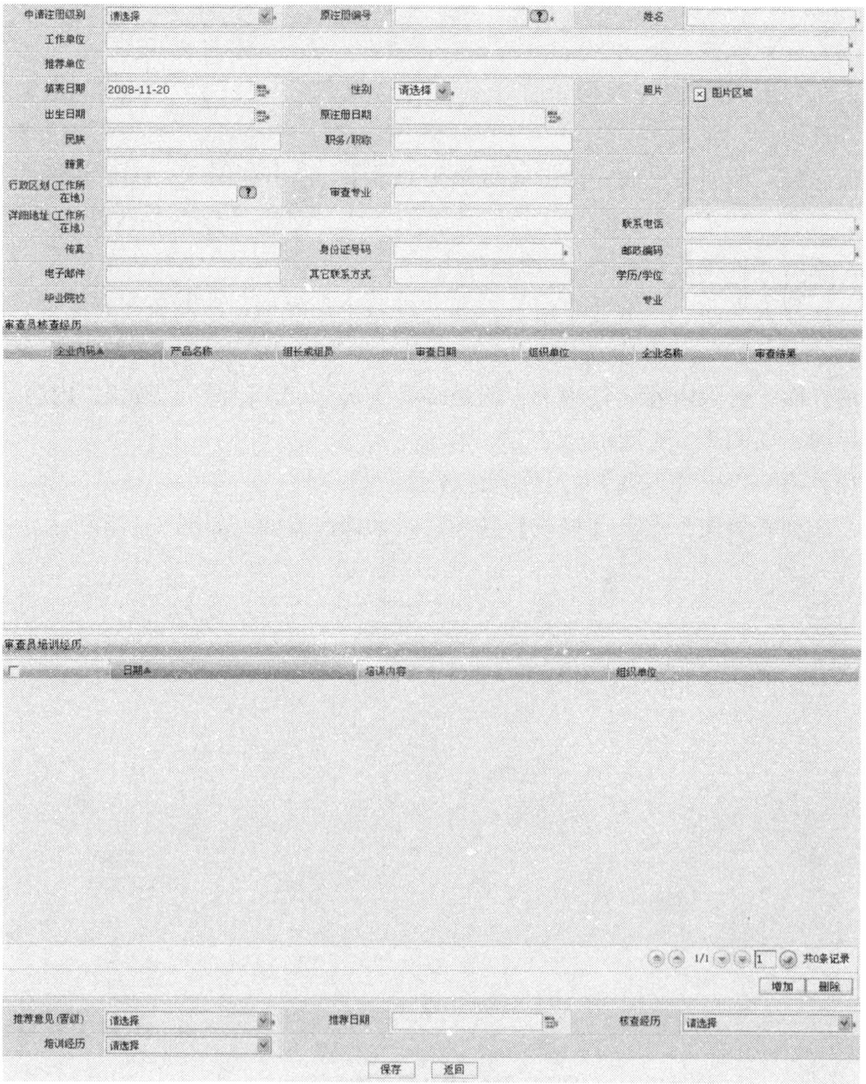

图2-73　申请界面

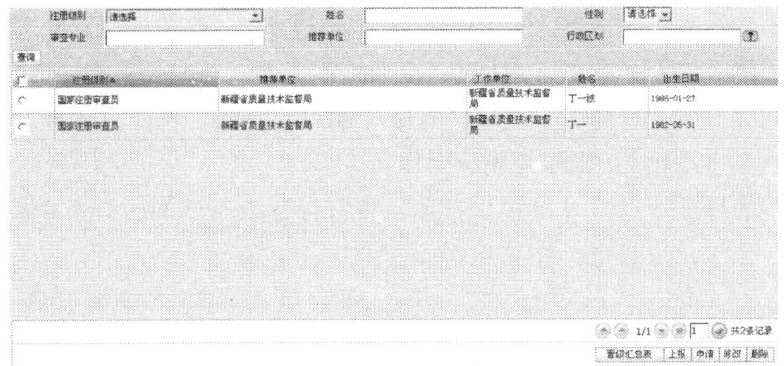

图2-74 审查员晋级列表界面

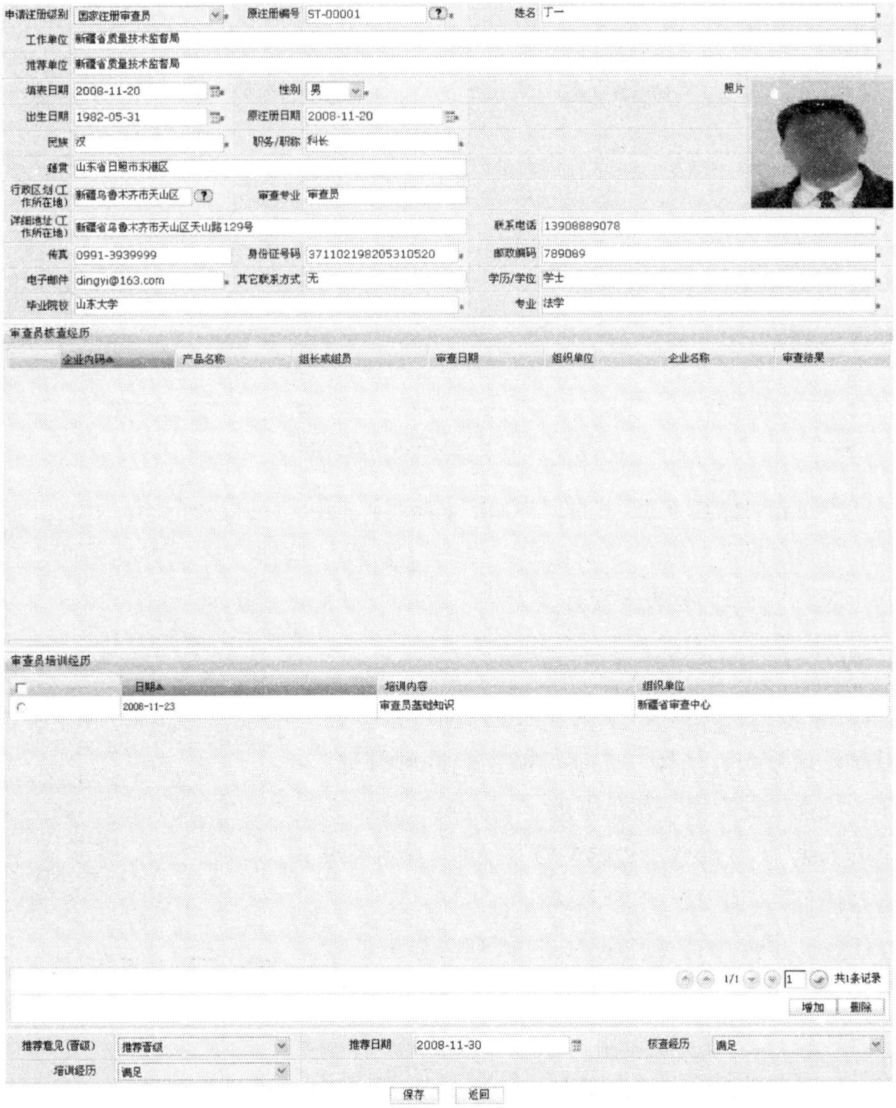

申请注册级别 国家注册审查员 原注册编号 ST-00001 姓名 丁一

工作单位 新疆省质量技术监督局

推荐单位 新疆省质量技术监督局

填表日期 2008-11-20 性别 男 照片

出生日期 1982-05-31 原注册日期 2008-11-20

民族 汉 职务/职称 科长

籍贯 山东省日照市东港区

行政区划(工作所在地) 新疆乌鲁木齐市天山区 审查专业 审查员

详细地址(工作所在地) 新疆省乌鲁木齐市天山区天山路129号 联系电话 13908889078

传真 0991-3939999 身份证号码 371102198205310520 邮政编码 789089

电子邮件 dingyi@163.com 其它联系方式 无 学历/学位 学士

毕业院校 山东大学 专业 法学

审查员核查经历

企业内码	产品名称	组长或组员	审查日期	组织单位	企业名称	审查结果

审查员培训经历

日期	培训内容	组织单位
2008-11-23	审查员基础知识	新疆省审查中心

1/1 1 共1条记录

增加 删除

推荐意见(晋级) 推荐晋级 推荐日期 2008-11-30 核查经历 满足

培训经历 满足

保存 返回

图2-75 修改界面

在修改界面，输入修改内容（其中带＊的是必填项），点击【保存】按钮，修改内容成功保存，返回列表界面；点击【返回】，返回列表界面。

删除：在列表界面，选择一条记录，点击【删除】按钮，弹出对话框，点击【确定】，则删除记录，点击【取消】，则取消删除操作。

上报：在列表界面，点击【上报】按钮，将符合晋级条件的所有审查员晋级申请上报国家审查中心，在“已办任务”中可以看到已上报的记录。

b）已办任务：点击“已办任务”，进入列表界面，功能按钮有查看、查询，如图2－76所示。

注册级别 请选择 姓名 性别 请选择
审查专业 推荐单位 行政区划
查询

	注册级别▲	推荐单位	工作单位	姓名	出生日期
○	国家注册审查员	新疆省质量技术监督局	新疆省质量技术监督局	丁一波	1986-01-27
○	国家注册审查员	新疆省质量技术监督局	新疆省质量技术监督局	丁一	1982-05-31

查看

图2－76　已办任务列表界面

查询：在列表界面输入查询条件，点击【查询】按钮，进行查询。

查看：在列表界面，选择一条记录，点击【查看】按钮，进入查看界面；在查看界面，点击【返回】，返回列表界面。

注：在查看界面，只可查看，不可编辑。

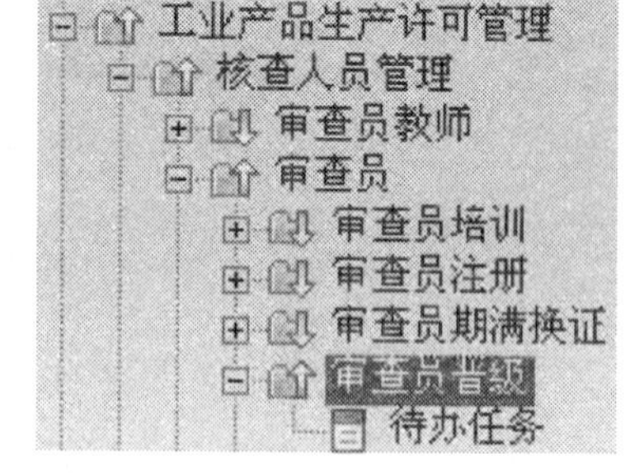

图2－77　审查员晋级下级菜单

2）审核晋级：使用具有“核查人员管理建议人”角色的用户登录系统，选择“工业产品生产许可管理”菜单下的“核查人员管理”菜单下的“审查员”菜单下的“审查员晋级”，点击“审查员晋级”，可以看到下级菜单“待办任务”，如图2－77所示。

待办任务：点击“待办任务”，进入列表界面，功能按钮有查询、审批、晋级审查员名单，如图2－78所示。

查询：在列表界面输入查询条件，点击【查询】按钮，进行查询。

晋级审查员名单：在列表界面，点击【晋级审查员名单】，弹出如图2－79所示的对话框，点击【打开】按钮，以 Excel 表的形式打开晋级审查员名单，点击【保存】按钮，将 Excel 表保存到本地，点击【取消】，则取消此次操作。

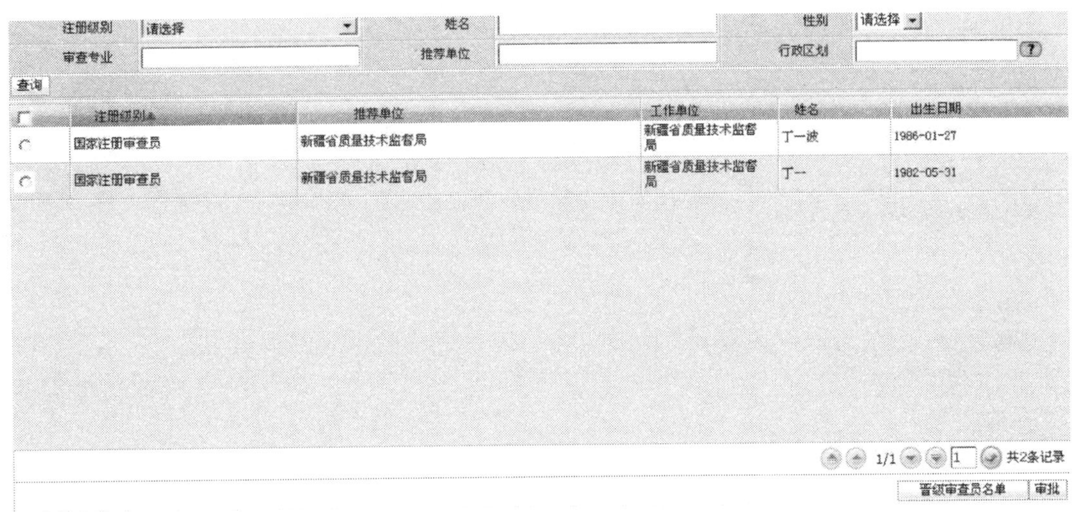

图 2－78　待办任务列表界面

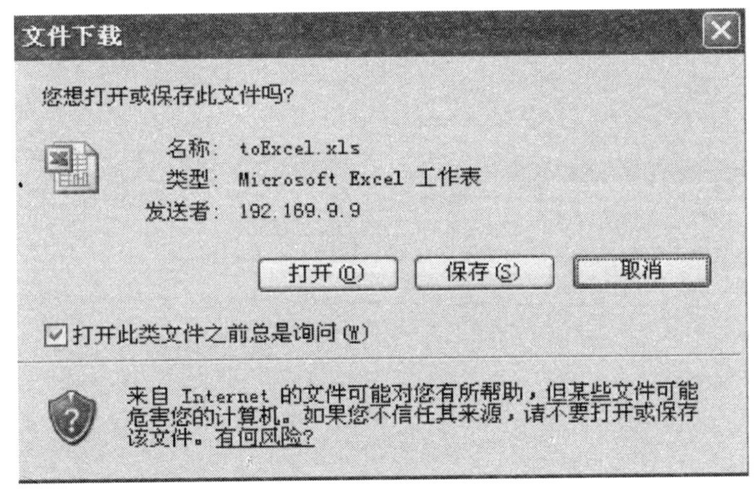

图 2－79　晋级审查员名单下载界面

审批：在列表界面，选择一条记录，点击【审批】按钮，进入审批界面，审查员晋级基本信息不可编辑，增加审查中心意见及证书等相关信息，功能按钮有保存、办结、返回，如图 2－80 所示。

在修改界面，输入相关信息（其中带 * 的是必填项），点击【保存】按钮，修改内容成功保存，返回待办任务列表界面；点击【办结】按钮，办结晋级申请，返回待办任务列表界面，待办任务列表界面无此记录，在“审查员管理”中可查看；点击【返回】按钮，返回列表界面。

申请注册级别	国家注册审查员	原注册编号	ST-00001	姓名	丁一
工作单位	新疆省质量技术监督局				
推荐单位	新疆省质量技术监督局				
填表日期	2008-11-20	性别	男	照片	
出生日期	1982-05-31	原注册日期	2008-11-20		
民族	汉	职务/职称	科长		
籍贯	山东省日照市东港区				
行政区划(工作所在地)	新疆乌鲁木齐市天山区	审查专业	审查员		
详细地址(工作所在地)	新疆省乌鲁木齐市天山区天山路129号			联系电话	13908889078
传真	0991-3939999	身份证号码	371102198205310520	邮政编码	789089
电子邮件	dingyi@163.com	其它联系方式	无	学历/学位	学士
毕业院校	山东大学			专业	法学

审查员核查经历

企业内码▲	产品名称	组长或组员	审查日期	组织单位	企业名称	审查结果

审查员培训经历

	日期▲	培训内容	组织单位
1	2008-11-23	审查员基础知识	新疆省审查中心

1/1 1 共1条记录

推荐意见(晋级)	推荐晋级	推荐日期	2008-11-30	核查经历	满足
培训经历	满足	面试成绩	请选择	总成绩	请选择
审查中心意见	请选择	审查中心负责人		审核日期	
注册文件号				注册编号	
证书有效期始		至			

保存 办结 返回

图2-80 审批界面

(5) 审查员管理

1) 审查员管理-省局、审查部：使用具有“核查人员管理组织人”角色的用户登录系统，选择“工业产品生产许可管理”菜单下的“核查人员管理”菜单下的“审查员”菜单下的“审查员管理”，点击“审查员管理”，可以看到下级菜单“审查员管理”、“查看审查员”，如图2－81所示。

a）审查员管理：点击“审查员管理”，进入列表界面，列表界面显示所有的审查员记录，操作者可录入培训及考核情况并上报国家审查中心或总局，功能按钮有导出Excel、修改、查询，如图2－82所示。

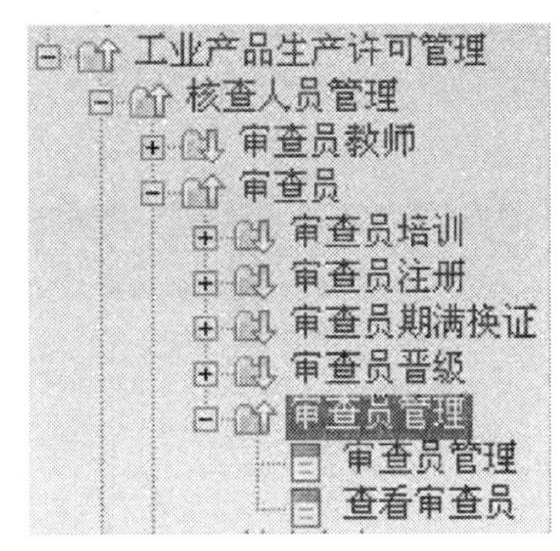

图2－81 审查员管理下级菜单

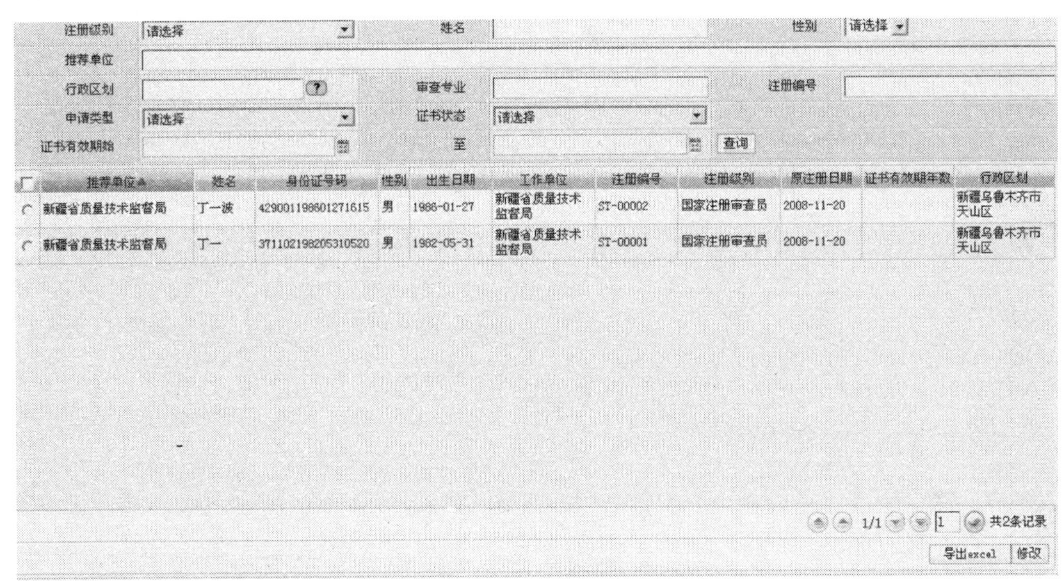

图2－82 审查员管理列表界面

查询：在列表界面输入查询条件，点击【查询】按钮，进行查询。

导出Excel：在列表界面，选择一条记录，点击【导出Excel】按钮，将审查员记录导出。

修改：在列表界面，选择一条记录，点击【修改】按钮，进入修改界面，可看到查看注册审查员、审查员管理、审查经历三个tab页，功能按钮有保存、返回，如图2－83所示。

在查看注册审查员tab页中，查看审查员注册相关信息。

在审查经历tab页中，查看审查员的审查经历。

在审查员管理tab页中，培训经历和考核经历可编辑，补领及注销证书信息不可编辑，如图2－84所示，录入培训及考核情况。点击【增加】按钮，增加一条空记录，在空记录内输入内容，点击【删除】按钮，删除培训经历或考核记录。在录入培训及考核情况的同时，在办结状态字段选择“已办结”或“未办结”，当选择“已办结”时，国家审查中心和总局可以看到培训记录和考核情况，当选择“未办结”时，国家审查中心和总局可不看到培训记录和考核情况。

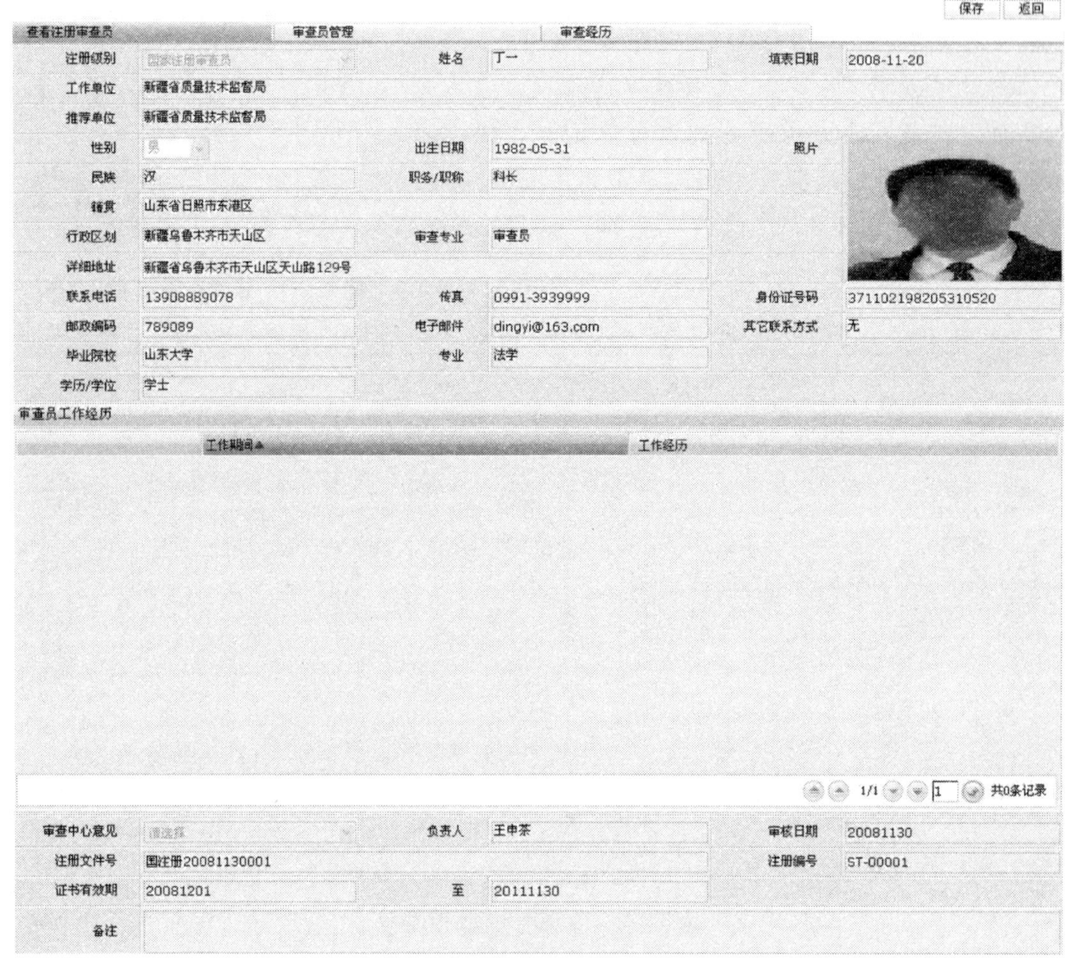

图 2-83　查看注册审查员界面

在修改界面，点击【保存】按钮，修改内容成功保存，返回列表界面。

在修改界面，点击【返回】按钮，返回列表界面。

b）查看审查员：点击“查看审查员”菜单，进入列表界面，列表界面显示所有的审查员记录，功能按钮有查看、查询，如图 2-85 所示。

查询：在列表界面输入查询条件，点击【查询】按钮，进行查询。

查看：在列表界面，选择一条记录，点击【查看】按钮，进入查看界面；在查看界面，点击【返回】，返回列表界面。

注：在查看界面，只可查看，不可编辑。

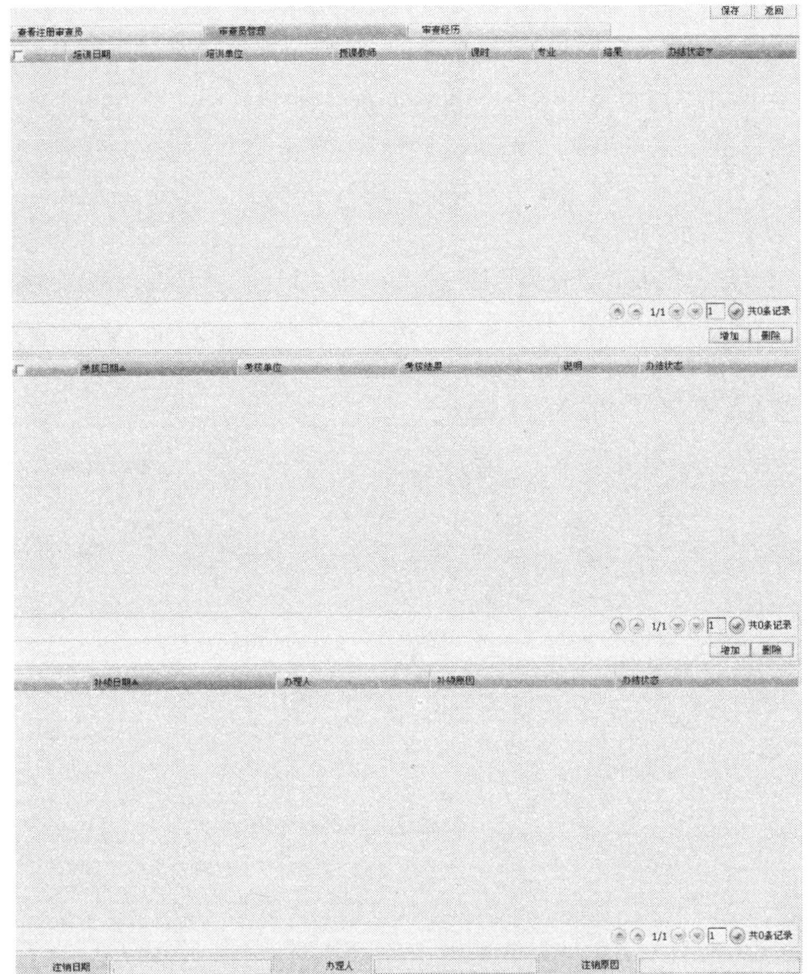

图2-84 审查员管理界面

注册级别 请选择　姓名　性别 请选择
推荐单位
行政区划　审查专业　注册编号
申请类型 请选择　证书状态 请选择
证书有效期始　至　查询

	推荐单位	姓名	身份证号码	性别	出生日期	工作单位	注册编号	注册级别	原注册日期	证书有效期年数	行政区划
	新疆省质量技术监督局	丁一波	429001198601271615	男	1986-01-27	新疆省质量技术监督局	ST-00002	国家注册审查员	2008-11-20		
	新疆省质量技术监督局	丁一	371102198205310520	男	1982-05-31	新疆省质量技术监督局	ST-00001	国家注册审查员	2008-11-20		

1/1 1 共2条记录

查看

图2-85 查看审查员列表界面

2）审查员管理－国家审查中心、总局：使用具有“核查人员管理建议人”角色的用户登录系统，选择“工业产品生产许可管理”菜单下的“核查人员管理”菜单下的“审查员”菜单下的“审查员管理”，点击“审查员管理”，可以看到下级菜单“审查员管理”、“查看审查员”，如图2－86所示。

工业产品生产许可管理
核查人员管理
审查员教师
审查员
审查员培训
审查员注册
审查员期满换证
审查员晋级
审查员管理
审查员管理
查看审查员

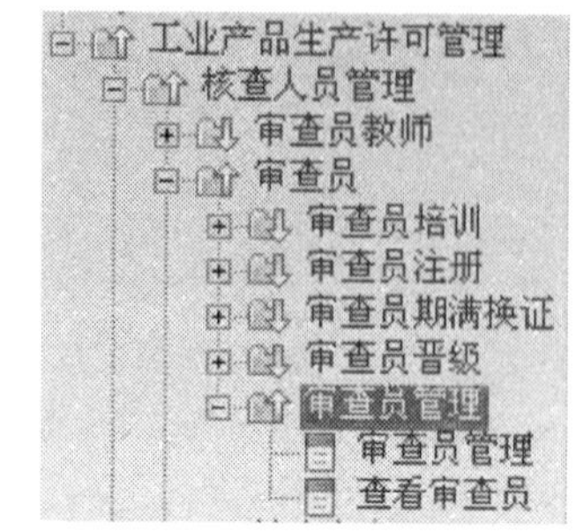

图2－86　审查员管理下级菜单

a）审查员管理：点击“审查员管理”菜单，进入列表界面，列表界面显示所有的审查员记录，操作者可查看审查员信息，并进行补领注销证书操作，功能按钮有导出Excel、修改、查询，如图2－87所示。

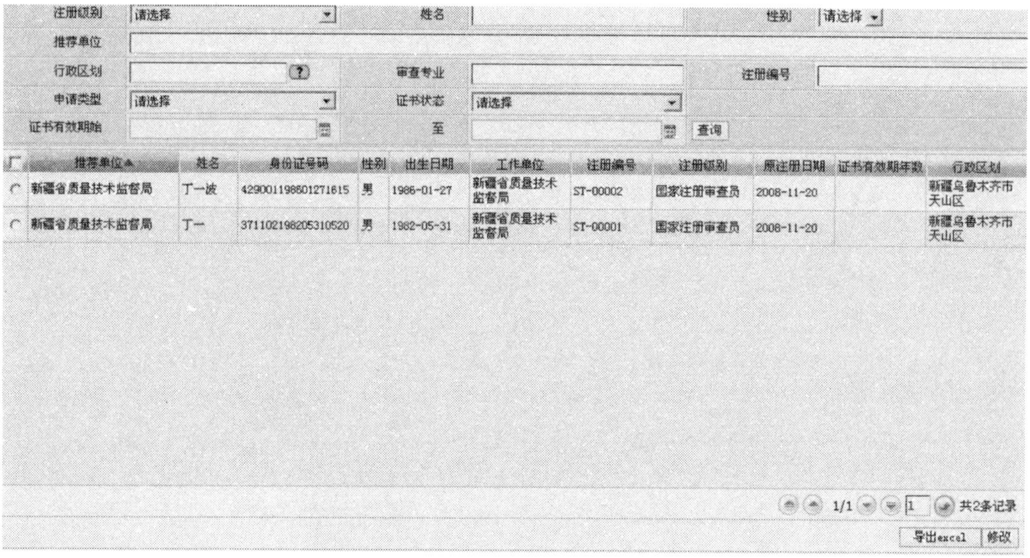

注册级别
请选择
姓名
性别
请选择
推荐单位
行政区划
审查专业
注册编号
申请类型
请选择
证书状态
请选择
证书有效期始
至
查询
推荐单位 姓名 身份证号码 性别 出生日期 工作单位 注册编号 注册级别 原注册日期 证书有效期年数 行政区划
新疆省质量技术监督局 丁一波 429001198601271615 男 1986-01-27 新疆省质量技术监督局 ST-00002 国家注册审查员 2008-11-20 新疆乌鲁木齐市天山区
新疆省质量技术监督局 丁一 371102198205310520 男 1982-05-31 新疆省质量技术监督局 ST-00001 国家注册审查员 2008-11-20 新疆乌鲁木齐市天山区
1/1
共2条记录
导出excel
修改

图2－87　审查员管理列表界面

查询：在列表界面输入查询条件，点击【查询】按钮，进行查询。

导出Excel：在列表界面，选择一条记录，点击【导出Excel】按钮，将审查员记录导出。

修改：在列表界面，选择一条记录，点击【修改】按钮，进入修改界面，可看到查看注册审查员、审查员管理、审查经历三个tab页，其中，查看注册审查员和审查经历两个tab页只可查看不可编辑，在审查员管理tab页中，培训及考核情况只可查看不可编辑，补领及注销证书信息可编辑，功能按钮有保存、返回，如图2－88所示。

在审查员管理tab页，点击【增加】按钮，增加一条空记录，在空记录内输入补领相关信息，点击【删除】按钮，删除补领记录。在录入补领信息的同时，在办结状态字段选择“已办结”或“未办结”，当选择“已办结”时，省局及审查部可以看到补领情况，当选择“未办结”时，省局及审查部看不到补领情况。

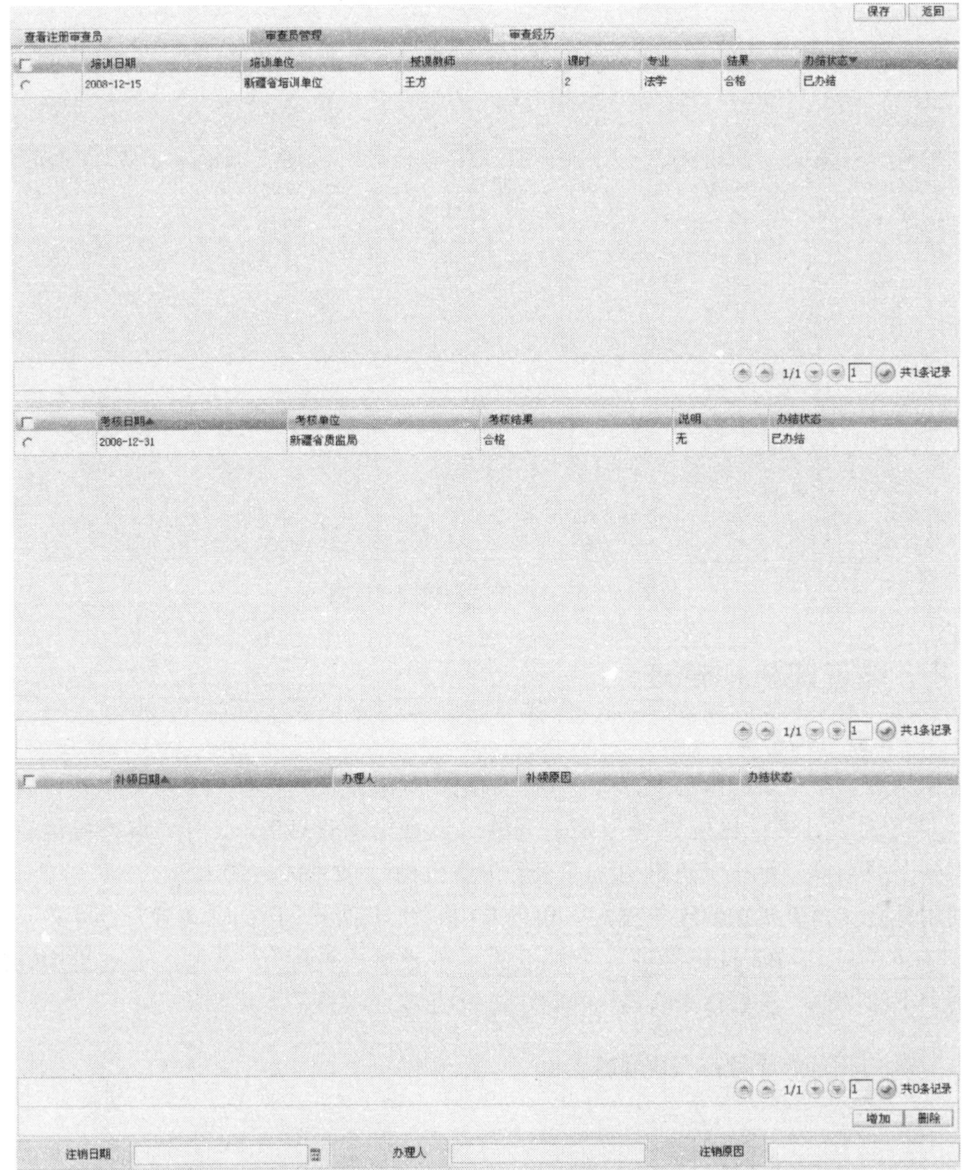

图2-88 审查员管理界面

在修改界面，点击【保存】按钮，成功保存，返回列表界面；点击【返回】按钮，返回列表界面。

b）查看审查员：点击“查看审查员”菜单，进入列表界面，列表界面显示所有的审查员记录，功能按钮有查看、查询，如图2-89所示。

查询：在列表界面输入查询条件，点击【查询】按钮，进行查询。

查看：在列表界面，选择一条记录，点击【查看】按钮，进入查看界面；在查看界面，点击【返回】，返回列表界面。

注：在查看界面，只可查看，不可编辑。

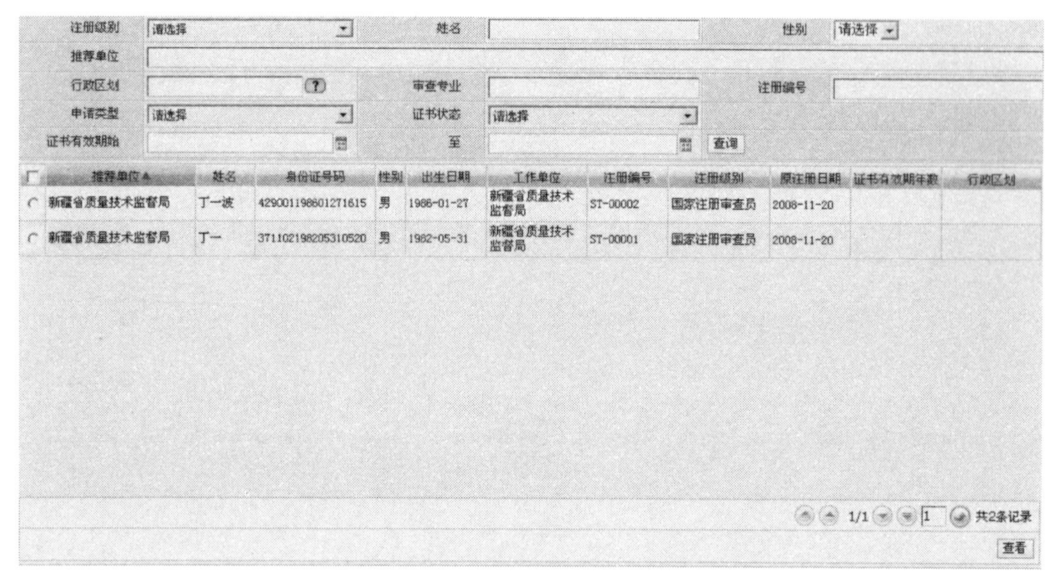

图 2-89 查看审查员列表界面

2.1.2 许可证机构管理

2.1.2.1 审查机构管理

使用具有“审查机构管理经办人”角色的用户登录系统，选择“工业产品生产许可管理”菜单下的“许可证机构管理”菜单下的“审查机构管理”，点击“审查机构管理”，可以看到下级菜单“维护审查机构”、“查看审查机构”，如图 2-90 所示。

使用具有“审查机构管理查看人”角色的用户登录系统，选择“工业产品生产许可管理”菜单下的“许可证机构管理”菜单下的“审查机构管理”，点击“审查机构管理”，可以看到下级菜单“查看审查机构”，如图 2-91 所示。

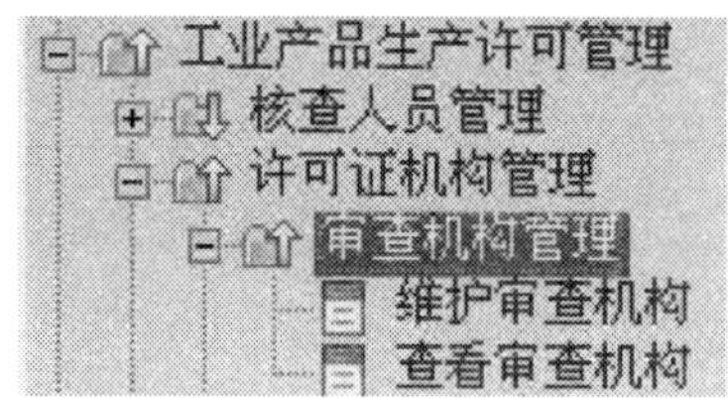

图 2-90 审查机构管理下级菜单

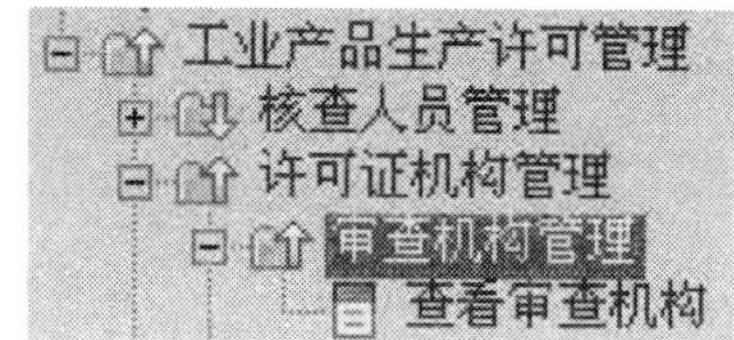

图 2-91 审查机构管理下级菜单

（1）维护审查机构

点击“维护审查机构”菜单，进入列表界面，功能按钮有申请、修改、删除、查询，如图 2-92 所示。

1）查询：在列表界面输入查询条件，点击【查询】按钮，进行查询。

2）申请：在列表界面，点击【申请】按钮，进入增加审查部界面，功能按钮有保存、返回，如图 2-93 所示。

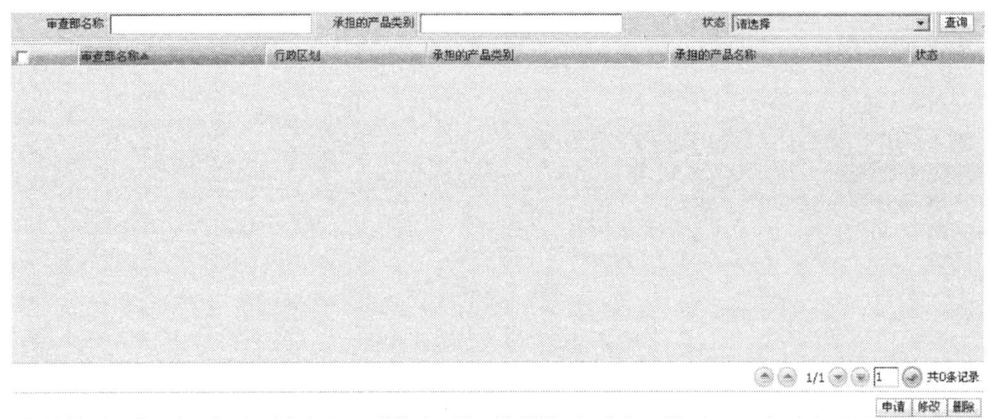

图 2－92 维护审查机构列表界面

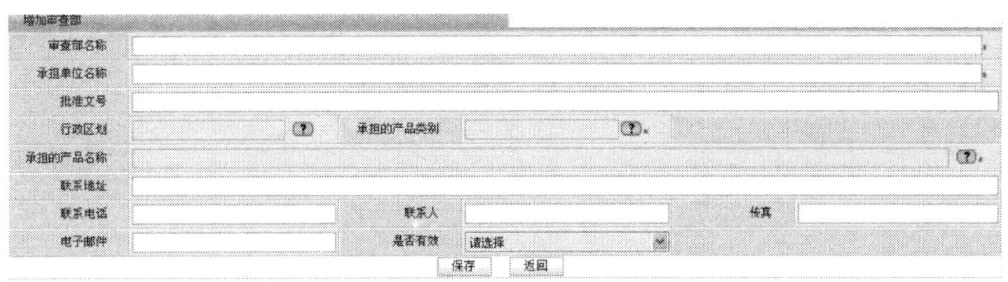

图 2－93 申请界面

在增加界面，输入内容（其中带＊的是必填项），点击【保存】按钮，内容成功保存，返回列表界面，列表界面显示，如图 2－94 所示。

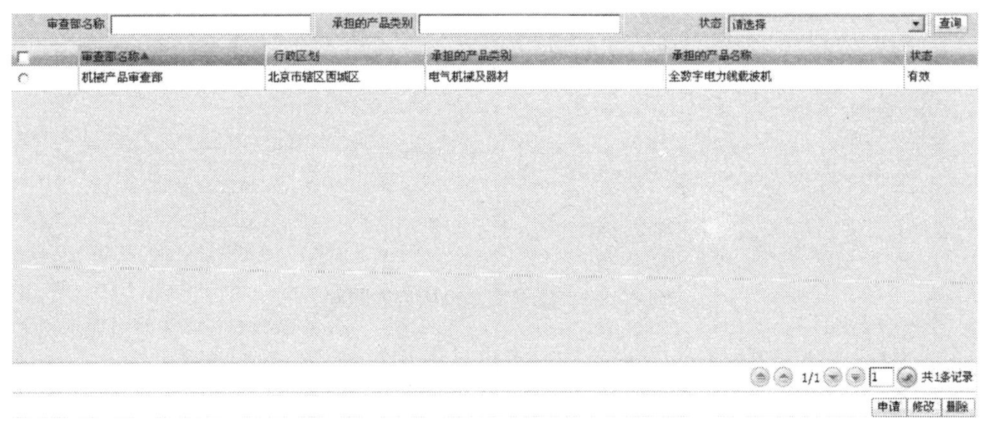

图 2－94 维护审查机构列表界面

在增加界面，点击【返回】，返回列表界面。

3）修改：在列表界面，选择一条记录，点击【修改】按钮，进入修改界面，如图 2－95所示。

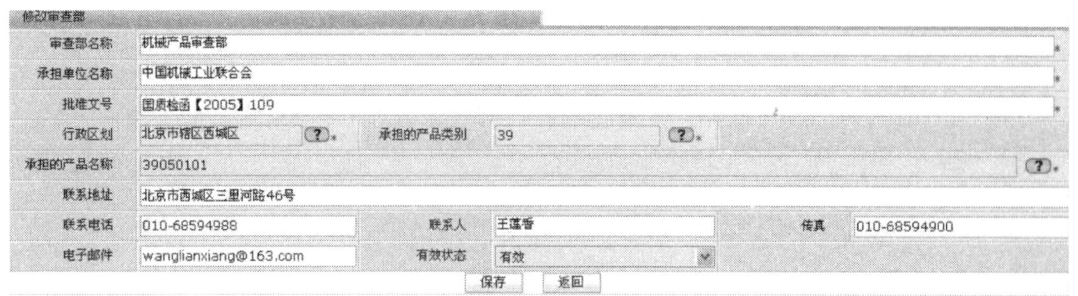

图2－95　修改审查部界面

在修改界面，修改内容（其中带＊的是必填项），点击【保存】按钮，修改内容成功保存，返回列表界面。

在修改界面，点击【返回】，返回列表界面。

4）删除：在列表界面，选择一条记录，点击【删除】按钮，弹出系统提示对话框，点击【确定】，则删除记录，点击【取消】，则取消删除操作。

（2）查看审查机构

点击“查看审查机构”菜单，进入列表界面，功能按钮有查看、查询，如图2－96所示。

审查部名称▲	行政区划	承担的产品类别	承担的产品名称	状态
机械产品审查部	北京市辖区西城区	电气机械及器材	全数字电力线载波机	有效
机械产品审查部			轻小型起重设备	有效
机械产品审查部			调度绞车	有效
机械产品审查部			泵	有效
机械产品审查部			铅酸蓄电池	有效
机械产品审查部			机械密封	有效
山东省审查中心	山东威海市环翠区	饮料	鲜橙多	
冶炼用耐火材料产品审查部			冶炼用耐火材料	有效
圆股钢丝绳审查部			圆股钢丝绳	有效
轴承钢材产品审查部			轴承钢材	有效

图2－96　查看审查机构列表界面

1）查询：在列表界面输入查询条件，点击【查询】按钮，进行查询。

2）查看：在列表界面，选择一条记录，点击【查看】按钮，进入查看界面；在查看界面，点击【返回】，返回列表界面。

注：在查看界面，只可查看，不可编辑。

2.1.2.2　检验机构管理

（1）维护检验机构申请

使用具有“检验机构管理推荐经办人”角色的用户登录系统，选择“工业产品生产许可管理”菜单下的“许可证机构管理”菜单下的“检验机构管理”，点击“检验机构管理”，可以看到下级菜单“待办任务”、“已办任务”、“查看检验机构”，如图2－97所示。

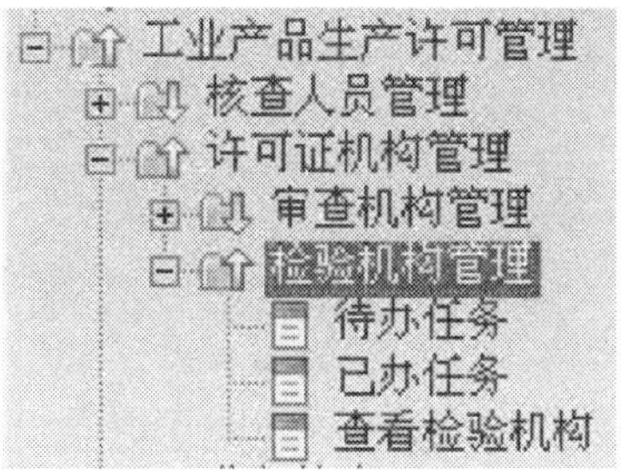

图2－97 检验机构管理下级菜单

1）待办任务：点击“待办任务”，进入列表界面，功能按钮有申请、修改、删除、查询，如图2－98所示。

a）查询：在列表界面输入查询条件，点击【查询】按钮，进行查询。

b）申请：在列表界面，点击【申请】按钮，进入申请界面，可以看到增加检验机构、负责人情况、工作人员情况、检验经历四个tab页，功能按钮有导入、保存、上报、返回，如图2－99所示。

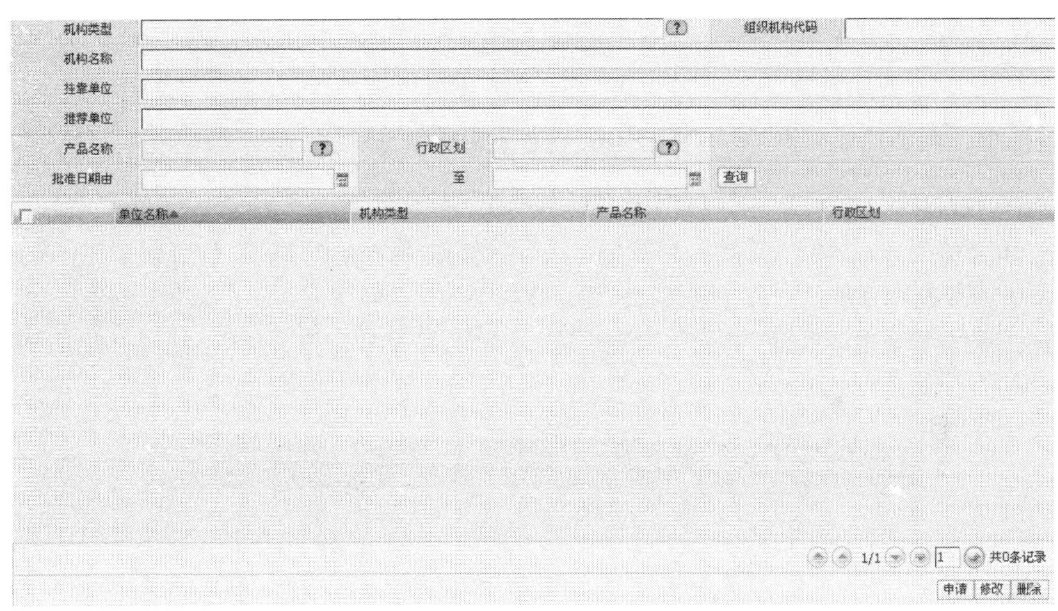

图2－98 待办任务列表界面

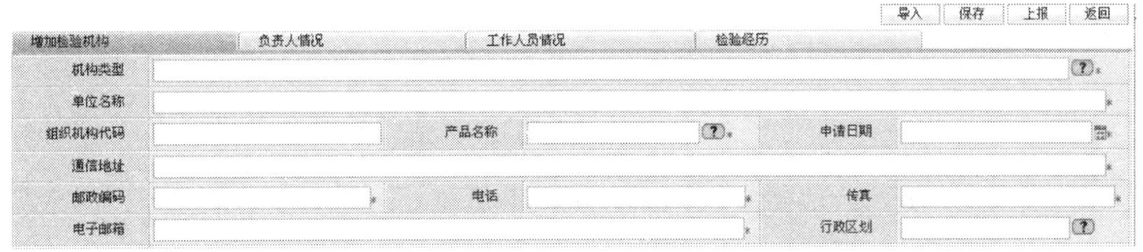

图2－99 维护检验机构申请界面

在增加检验机构tab页中，录入检验机构基本信息。

在负责人情况tab页中，录入负责人相关信息。

在工作人员情况 tab 页中，点击【增加】按钮，增加如图 2－100 所示的一条空记录，在空记录内录入相关数据即可。点击【修改】和【删除】按钮，可对记录进行修改和删除操作。

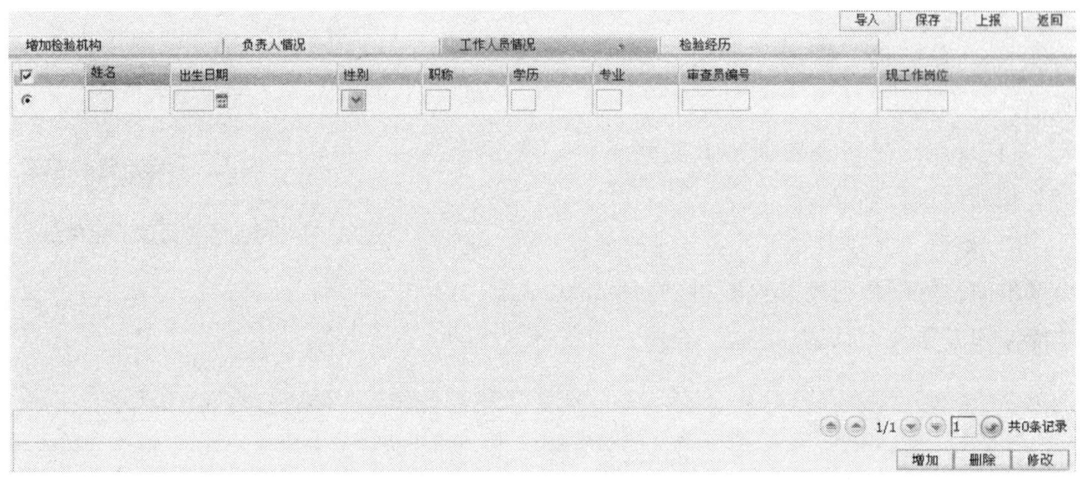

图 2－100　工作人员情况界面

在检验经历 tab 页中，可以查看检验机构的相关检验经历。

在申请界面，可使用【导入】按钮，进行快捷操作，点击【导入】按钮，弹出如图 2－101所示的对话框，点击【浏览】按钮，选择要导入的文件，点击【提交】按钮，即可将文件内容导入申请界面，将增加检验机构、负责人情况和工作人员情况三个 tab 页中内容导入。

-- 网页对话框
浏览...
提交
http://192.169.9.9:6789/zljd/litrainc
Internet

图 2－101　导入网页对话框

在申请界面，输入相关内容（其中带 * 的是必填项），点击【保存】按钮，内容成功保存，返回列表界面，如图 2－102 所示。

在申请界面，输入相关内容，点击【上报】按钮，将检验机构申请上报质检中心，返回列表界面，列表界面无此记录，在“已办任务”中可以看到已上报的记录。

在申请界面，点击【返回】，返回列表界面。

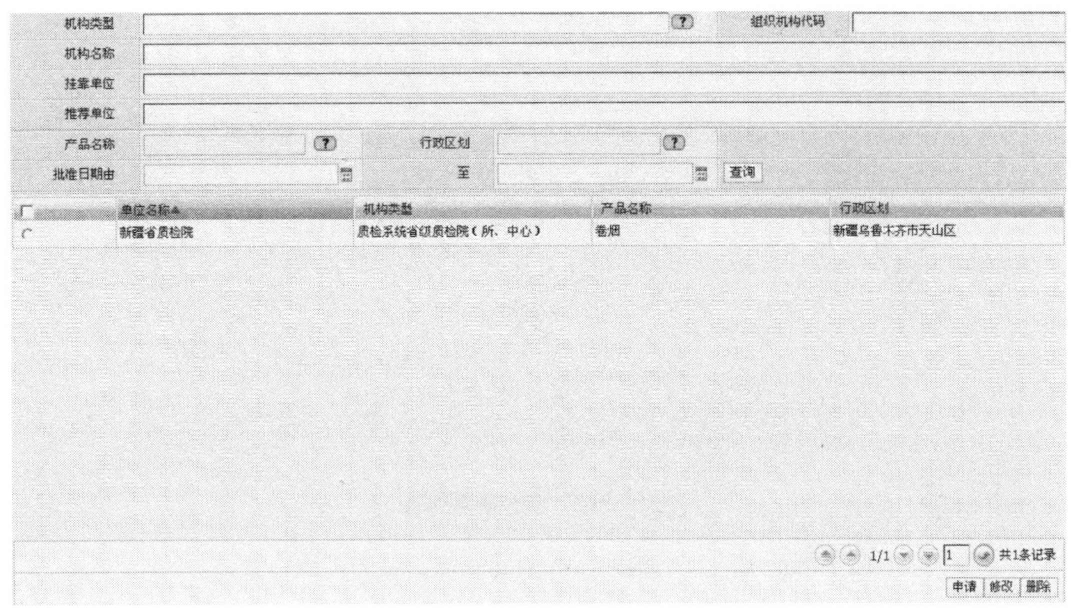

图2-102 检验机构申请列表界面

c）修改：在列表界面，选择一条记录，点击【修改】按钮，进入修改界面，功能按钮有保存、上报、返回，如图2-103所示。

保存 上报 返回

修改检验机构 负责人情况 工作人员情况 检验经历

机构类型	质检系统检验机构:质检系统省级质检院（所、中心）				
单位名称	新疆省质检院				
组织机构代码	107	产品名称	卷烟	申请日期	2007-10-12
通信地址	山东济南历山路123号				
邮政编码	266510	电话	0991-6899154	传真	0991-6988145
电子邮箱	insuper@tom.com			行政区划	新疆乌鲁木齐市天山区
挂靠单位	新疆省质监局				

图2-103 修改检验机构界面

在修改界面，修改相关内容（其中带 * 的是必填项），点击【保存】按钮，修改内容成功保存，返回待办任务列表界面；点击【上报】按钮，将检验机构申请上报质检中心，返回待办任务列表界面，列表界面无此记录，在“已办任务”中可以看到已上报的记录；点击【返回】，返回列表界面。

d）删除：在列表界面，选择一条记录，点击【删除】按钮，弹出系统提供对话框，点击【确定】，则删除记录，点击【取消】，则取消删除操作。

2）已办任务：点击“已办任务”，进入列表界面，功能按钮有查看、查询，如图2-104所示。

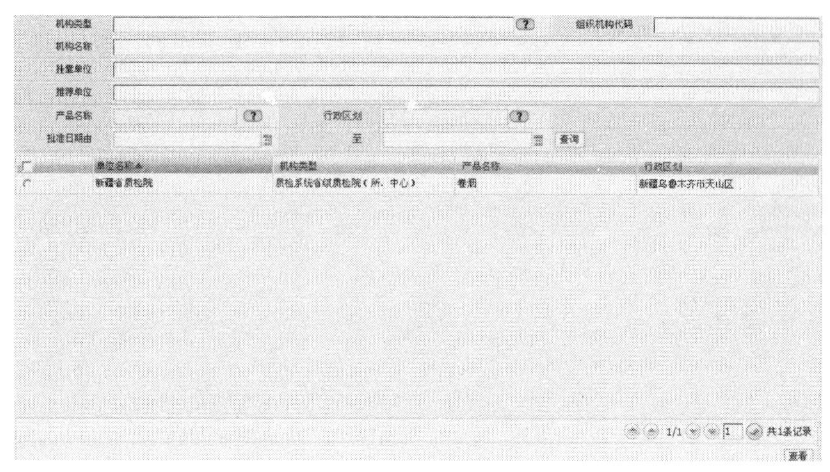

图 2－104　已办任务列表

a）查询：在列表界面输入查询条件，点击【查询】按钮，进行查询。

b）查看：在列表界面，选择一条记录，点击【查看】按钮，进入查看界面；在查看界面，点击【返回】，返回列表界面。

注：在查看界面，只可查看，不可编辑。

（2）审核检验机构申请

使用具有“检验机构管理审核人”角色的用户登录系统，选择“工业产品生产许可管理”菜单下的“许可证机构管理”菜单下的“检验机构管理”，点击“检验机构管理”，可以看到下级菜单“待办任务”、“查看检验机构”，如图 2－105 所示。

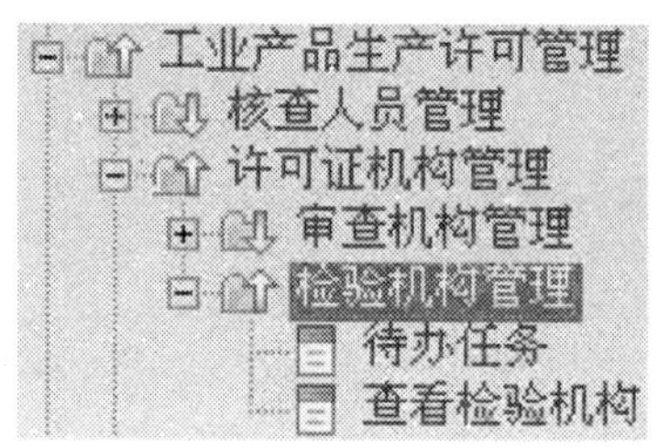

图 2－105　检验机构管理下级菜单

1）待办任务：点击“待办任务”，进入列表界面，功能按钮有审核、查询，如图 2－106所示。

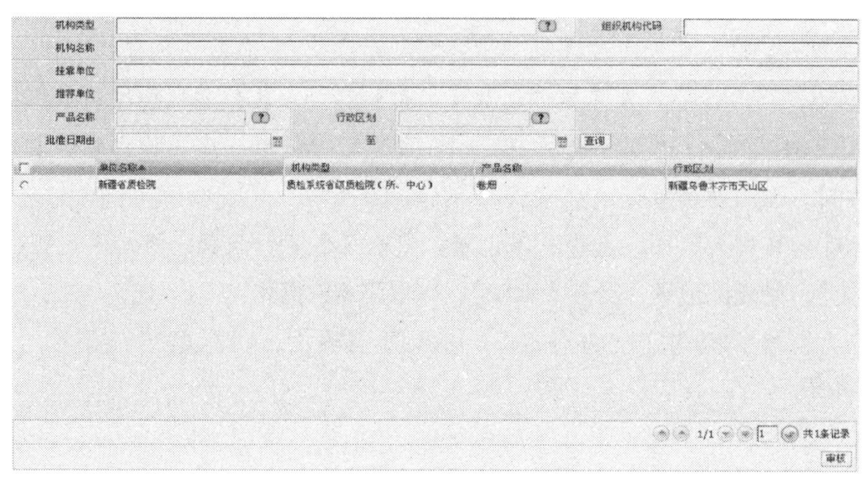

图 2－106　待办任务列表界面

a）查询：在列表界面输入查询条件，点击【查询】按钮，进行查询。

b）审核：在列表界面，选择一条记录，点击【审核】按钮，进入审核界面，负责人情况、工作人员情况和检验经历三个 tab 页只可查看不可编辑，查看检验机构 tab 页中，检验机构申请基本信息不可编辑，增加审核意见相关项，功能按钮有保存、下发、返回，如图 2－107 所示。

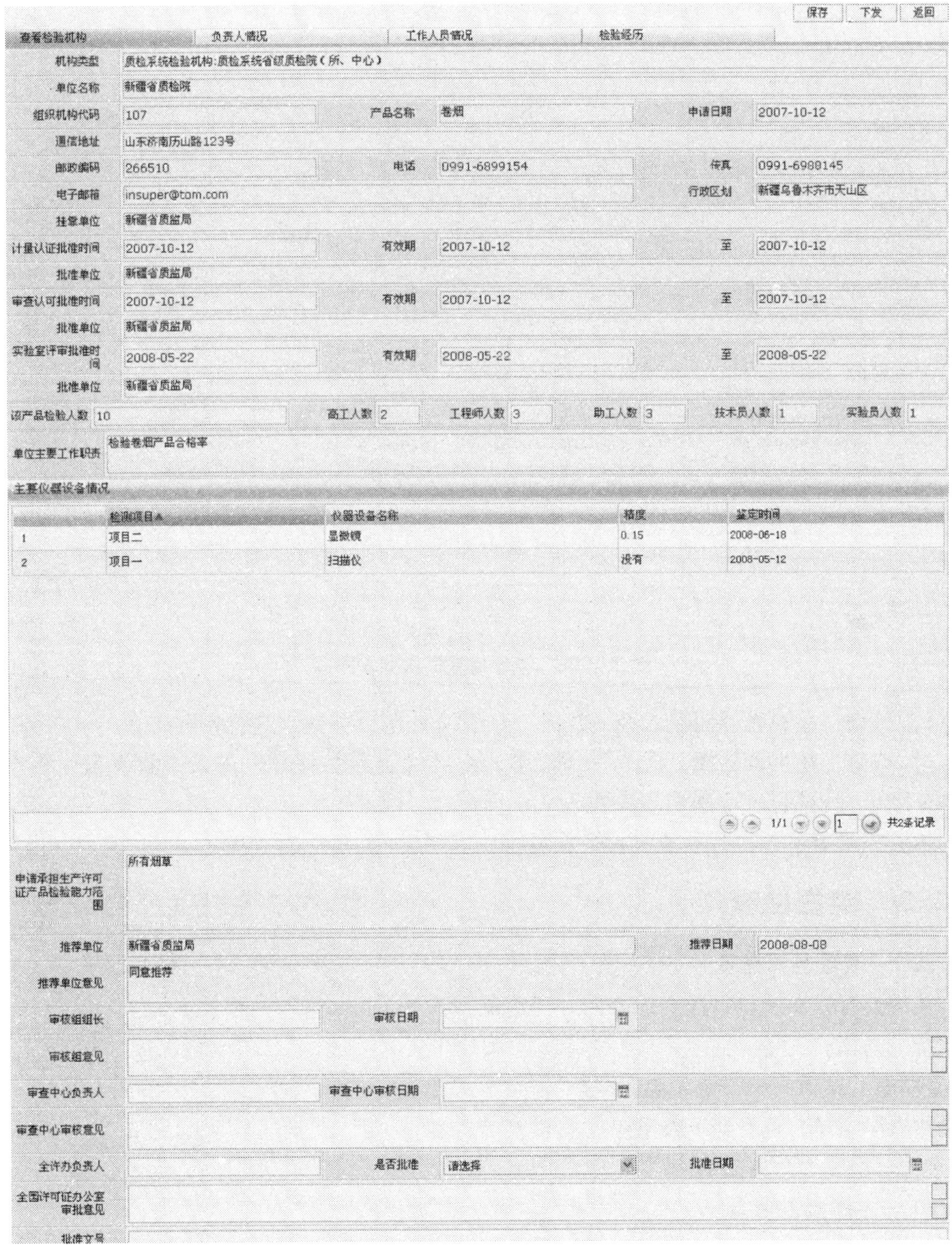

图 2－107　审核界面

在查看检验机构 tab 页，输入审核信息（其中带＊的是必填项），点击【保存】按钮，修改内容成功保存，返回待办任务列表界面；点击【下发】按钮，将检验机构申请下发，返回待办任务列表界面，待办任务列表界面无此记录，在“查看检验机构”中可以看到已下发的记录；点击【返回】按钮，返回列表界面。

（3）查看检验机构

使用具有“检验机构查看人”角色的用户登录系统，点击“查看检验机构”，进入列表界面，功能按钮有查看、查询，如图 2－108 所示。

机构类型 ? 组织机构代码
机构名称
挂靠单位
推荐单位
产品名称 ? 行政区划 ?
批准日期由 至 查询

	单位名称▲	机构类型	产品名称	行政区划
	武汉市产品质量监督检验所	质检系统地市级质检所（站）	人造板	湖北
	武汉市产品质量监督检验所	质检系统地市级质检所（站）	眼镜	湖北
	西藏产品质量监督检验所	质检系统省级质检院（所、中心）	建筑外窗	西藏
	西藏产品质量监督检验所	质检系统省级质检院（所、中心）	眼镜	西藏
	厦门精衡日化检测中心有限公司	行业质检站	香精香料	福建
	厦门市产品质量监督检验所	质检系统地市级质检所（站）	建筑外窗	福建
	厦门市产品质量监督检验所	质检系统地市级质检所（站）	建筑外窗	福建
	厦门市产品质量监督检验所	质检系统地市级质检所（站）	香精香料	福建
	厦门市产品质量监督检验所	质检系统地市级质检所（站）	眼镜	福建
	厦门市建筑工程检测中心	质检系统地市级质检所（站）	建筑幕墙	福建

1/106 1 共1053条记录

查看

图 2－108　查看检验机构列表界面

1）查询：在列表界面输入查询条件，点击【查询】按钮，进行查询。

2）查看：在列表界面，选择一条记录，点击【查看】按钮，进入查看界面；在查看界面，点击【返回】，返回列表界面。

注：在查看界面，只可查看，不可编辑。

2.1.3　监督检查

2.1.3.1　专项监督检查

使用具有“专项监督检查经办人”角色的用户登录系统，选择“工业产品生产许可管理”菜单下的“监督检查”菜单下的“专项监督检查”，点击“专项监督检查”菜单，可看到下级菜单“安排检查内容”、“开展监督检查”、“查询统计”，如图 2－109 所示。

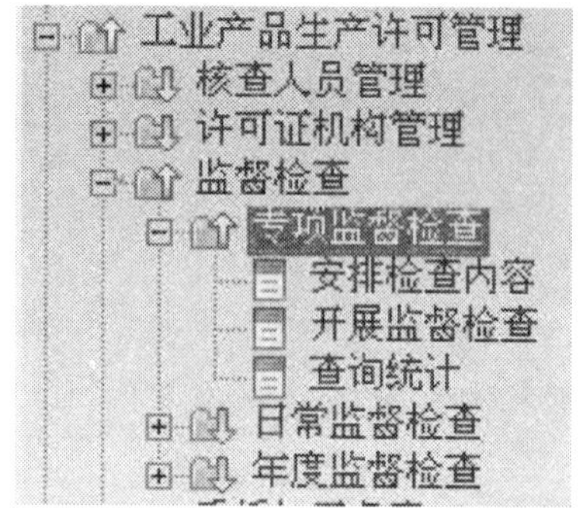

图 2－109　专项监督检查下级菜单

（1）安排检查内容

点击“安排检查内容”菜单，进入列表界面，功能按钮有增加、修改、删除、查看，如图 2－110 所示。

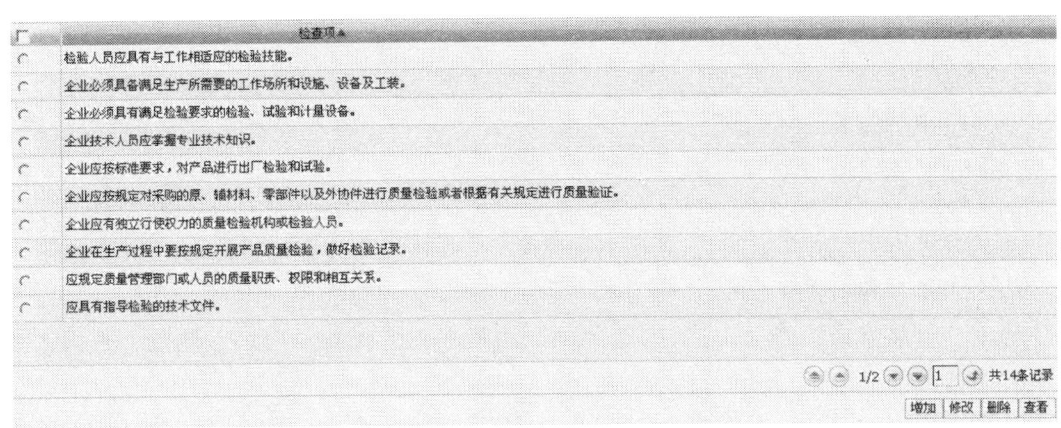

图2－110　安排检查内容列表界面

1）增加：在列表界面，点击【增加】按钮，进入增加界面，功能按钮有保存、返回，如图2－111所示。

图2－111　增加检查项界面

在增加界面，输入内容，点击【保存】按钮，内容成功保存，返回列表界面。

在增加界面，点击【返回】，返回列表界面。

2）修改：在列表界面，选择一条记录，点击【修改】按钮，进入修改界面，功能按钮有保存、返回，如图2－112所示。

图2－112　修改检查项界面

在修改界面，输入内容，点击【保存】按钮，修改内容成功保存，返回列表界面。

在修改界面，点击【返回】，返回列表界面。

3）删除：在列表界面，选择一条记录，点击【删除】按钮，弹出系统提示对话框，点击【确定】，则删除记录，点击【取消】，则取消删除操作。

4）查看：在列表界面，选择一条记录，点击【查看】按钮，进入查看界面，只可查看，不可编辑，功能按钮有返回，如图2－113所示。

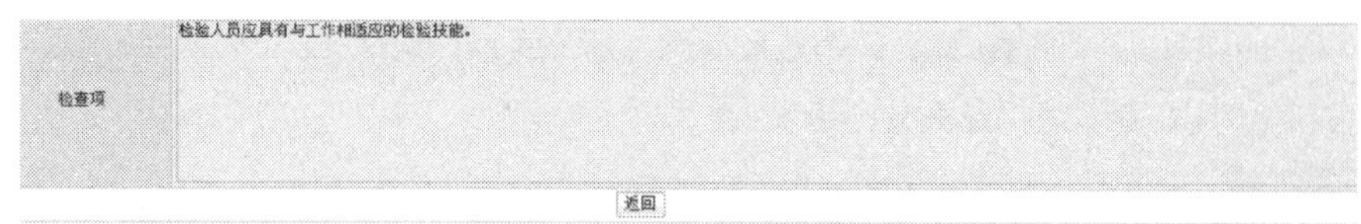

图 2－113　查看检查项界面

在查看界面，点击【返回】，返回列表界面。

（2）开展监督检查

点击“开展监督检查”，进入列表界面，功能按钮有增加、修改、删除、查询，如图 2－114所示。

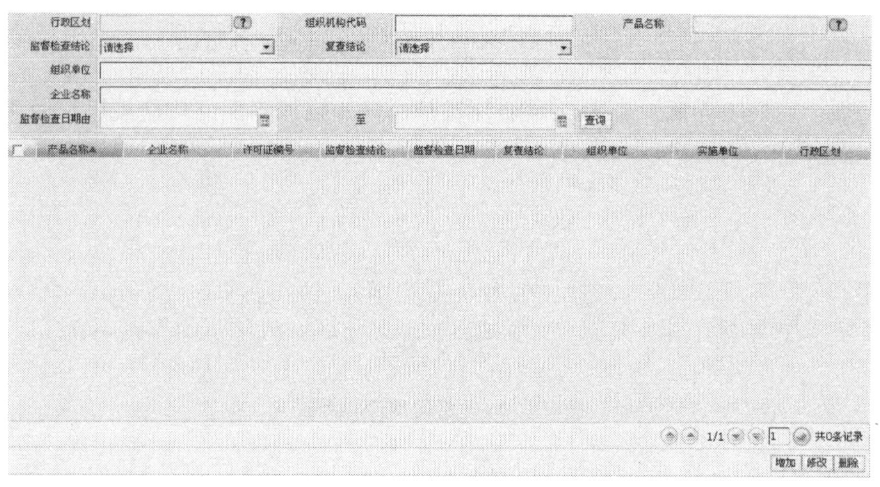

图 2－114　开展专项监督检查列表界面

1）查询：在列表界面输入查询条件，点击【查询】按钮，进行查询。

2）增加：在列表界面，点击【增加】按钮，进入增加界面，可看到基本信息、检查结论、检查项三个 tab 页，功能按钮有保存、返回，如图 2－115 所示。

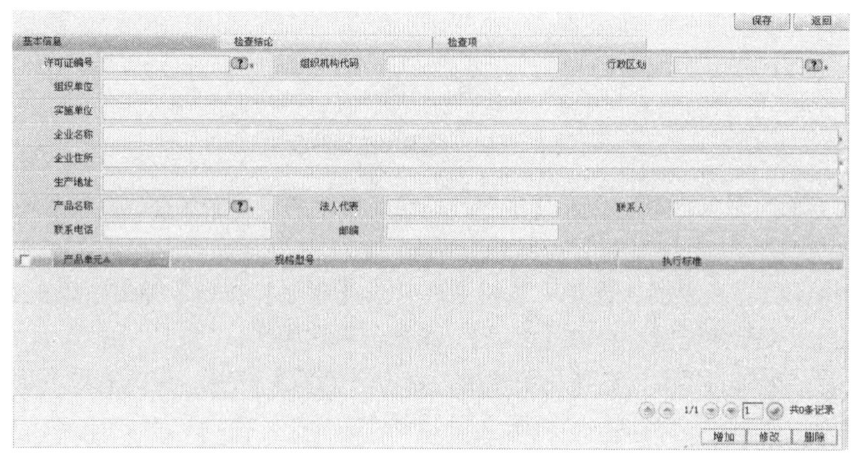

图 2－115　增加界面

在基本信息 tab 页中，录入基本信息，在检查结论 tab 页中，录入监督检查结论。在检查项 tab 页中，录入每一个检查项的检查结果。

在检查项 tab 页中，选择一条检查项记录，该记录变为可编辑状态，如图 2－116 所示，选择检查结果，录入说明内容即可。

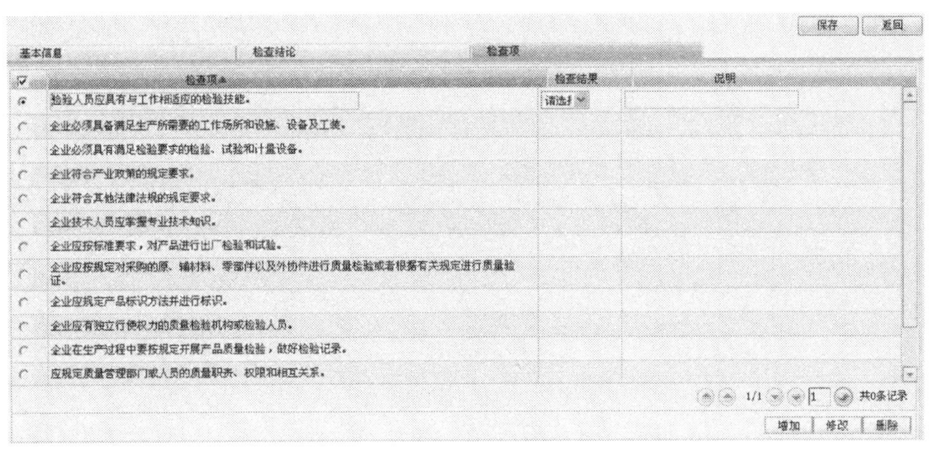

图 2－116　检查项列表界面

在检查项 tab 页中，可通过【增加】、【修改】、【删除】按钮，对检查项进行增加、修改、删除操作。

在增加界面，输入内容（其中带＊的是必填项），点击【保存】按钮，内容成功保存，返回列表界面。列表界面显示新增加的记录，如图 2－117 所示。

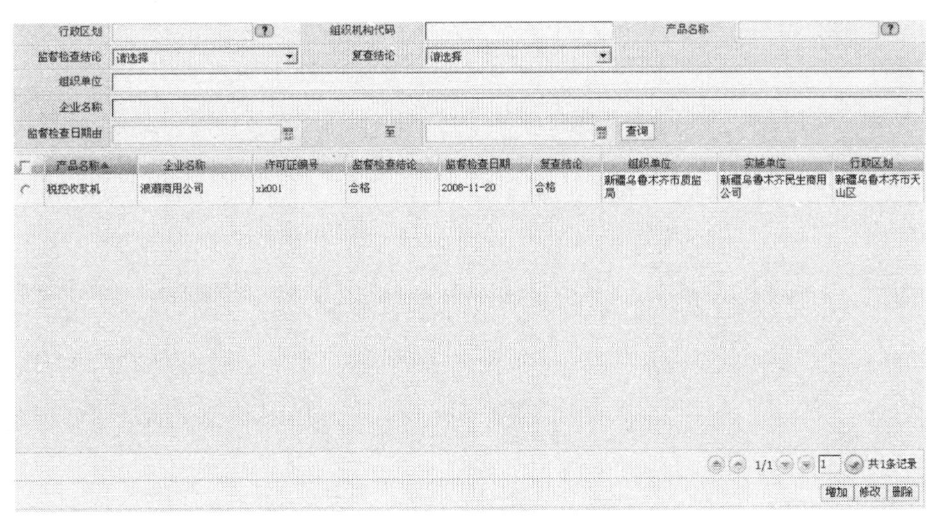

图 2－117　开展监督检查列表界面

在增加界面，点击【返回】按钮，返回列表界面。

3）修改：在列表界面，选择一条记录，点击【修改】按钮，进入修改界面，功能按钮有保存、办结、返回，如图 2－118 所示。

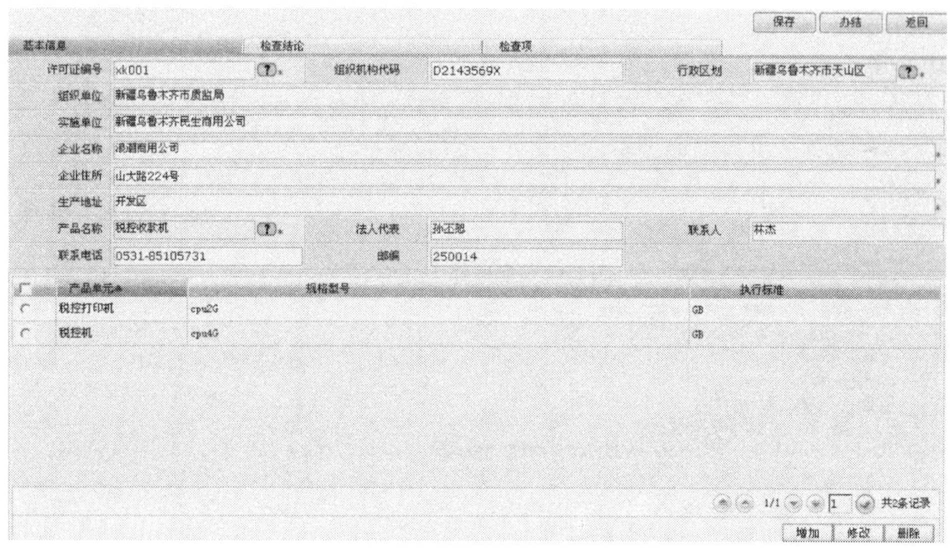

图2-118　修改界面

在修改界面，修改内容（其中带＊的是必填项），点击【保存】按钮，修改内容成功保存，返回列表界面；点击【办结】按钮，将专项监督检查办结，返回列表界面，列表界面无此记录，在“查询统计”中可查看此条记录；点击【返回】按钮，返回列表界面。

4）删除：在列表界面，选择一条记录，点击【删除】按钮，弹出系统提示对话框，点击“确定”，则删除记录，点击“取消”，则取消删除操作。

（3）查询统计

点击“查询统计”菜单，进入列表界面，功能按钮有导出Excel、查看、查询，如图2-119所示。

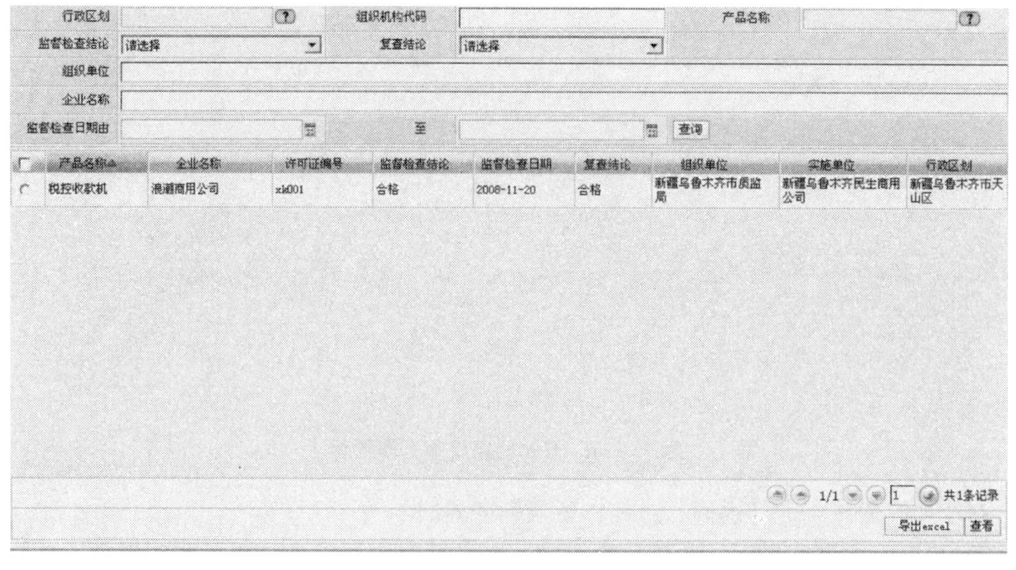

图2-119　查询统计界面

1）查询：在列表界面输入查询条件，点击【查询】按钮，进行查询。

2）查看：在列表界面，选择一条记录，点击【查看】按钮，进入查看界面；在查看界面，点击【返回】，返回列表界面。

注：在查看界面，只可查看，不可编辑。

3）导出Excel：在列表界面，点击【导出Excel】按钮，将专项监督检查记录导为Excel表形式。

2.1.3.2　日常监督检查

使用具有“日常监督检查经办人”角色的用户登录系统，选择“工业产品生产许可管理”菜单下的“监督检查”菜单下的“日常监督检查”，点击“日常监督检查”菜单，可看到下级菜单“安排检查内容”、“开展监督检查”、“查询统计”，如图2－120所示。

使用具有“日常监督检查查看人”角色的用户登录系统，选择“工业产品生产许可管理”菜单下的“监督检查”菜单下的“日常监督检查”，点击“日常监督检查”菜单，可看到下级菜单“查询统计”，如图2－121所示。

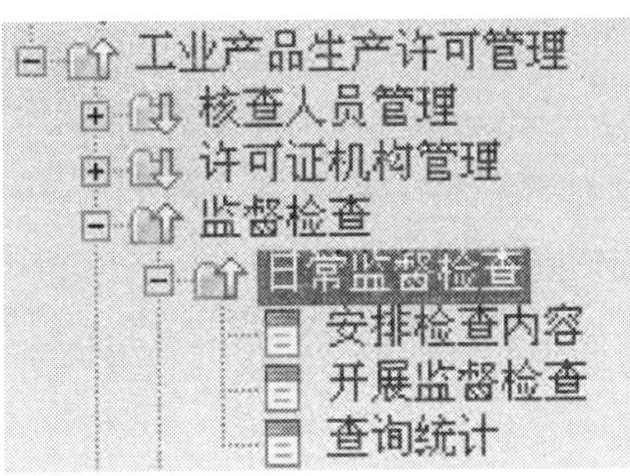

图2－120　日常监督检查下级菜单

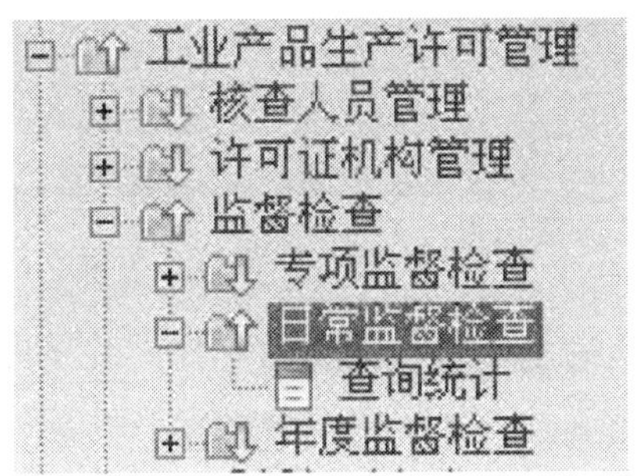

图2－121　日常监督检查下级菜单

（1）安排检查内容

点击“安排检查内容”，进入列表界面，功能按钮有增加、修改、删除、查看，如图2－122所示。

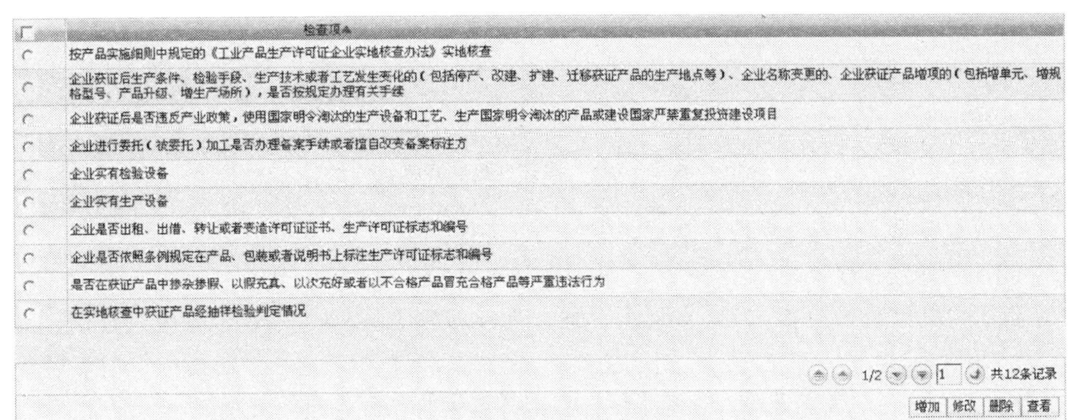

图2－122　安排检查内容列表界面

1）增加：在列表界面，点击【增加】按钮，进入增加界面，功能按钮有保存、返回，如图2－123所示。

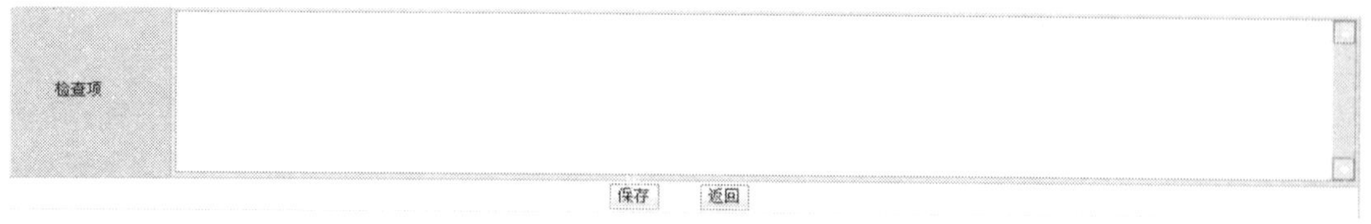

图2－123　增加检查项界面

在增加界面，输入内容，点击【保存】按钮，内容成功保存，返回列表界面。

在增加界面，点击【返回】按钮，返回列表界面。

2）修改：在列表界面，选择一条记录，点击【修改】按钮，进入修改界面，功能按钮有保存、返回，如图2－124所示。

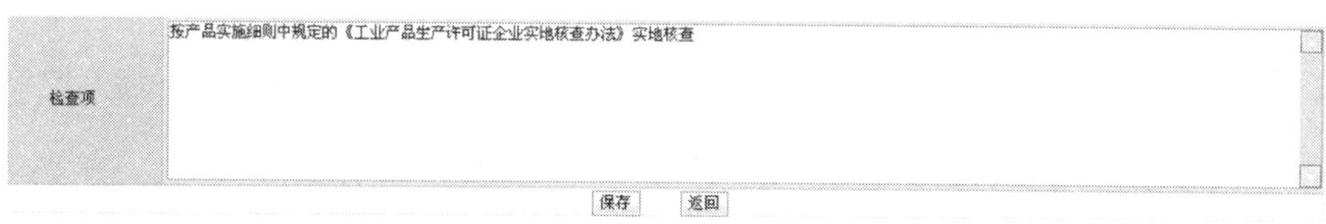

图2－124　修改检查项界面

在修改界面，输入内容，点击【保存】按钮，修改内容成功保存，返回列表界面。

在修改界面，点击【返回】按钮，返回列表界面。

3）删除：在列表界面，选择一条记录，点击【删除】按钮，弹出系统提示对话框，点击【确定】，则删除记录，点击【取消】，则取消删除操作。

4）查看：在列表界面，选择一条记录，点击【查看】按钮，进入查看界面，只可查看，不可编辑，功能按钮有返回，如图2－125所示。

图2－125　查看检查项界面

在查看界面，点击【返回】按钮，返回列表界面。

（2）开展监督检查

点击“开展监督检查”，进入列表界面，功能按钮有增加、修改、删除、查询，如图2－126所示。

1）查询：在列表界面输入查询条件，点击【查询】按钮，进行查询。

2）增加：在列表界面，点击【增加】按钮，进入增加界面，可看到基本信息、检查结论、检查项三个tab页，功能按钮有保存、返回，如图2－127所示。

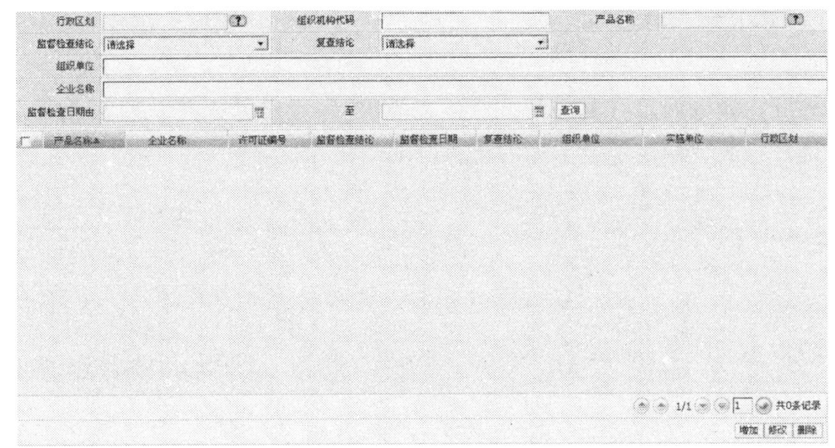

图 2－126　开展日常监督检查列表界面

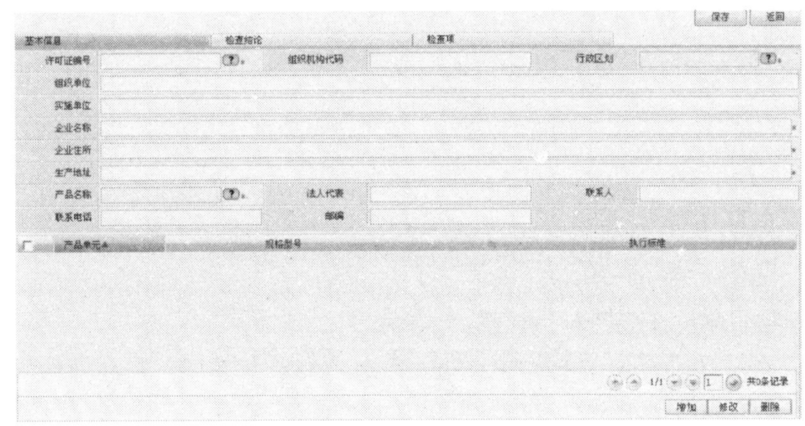

图 2－127　增加界面

在基本信息 tab 页中，录入基本信息，在检查结论 tab 页中，录入监督检查结论。在检查项 tab 页中，录入每一个检查项的检查结果；选择一条检查项记录，该记录变为可编辑状态，如图 2－128 所示，选择检查结果，录入说明内容即可。

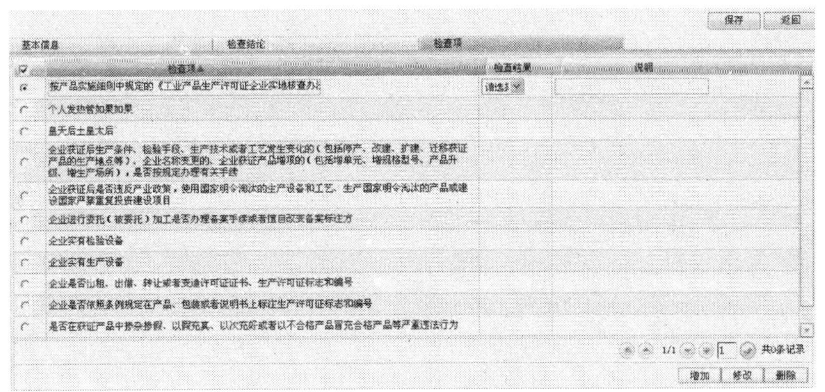

图 2－128　检查项列表界面

在检查项 tab 页中，可通过【增加】、【修改】、【删除】按钮，对检查项进行增加、修改、删除操作。

在增加界面，输入内容（其中带 * 的是必填项），点击【保存】按钮，内容成功保存，返回列表界面。列表界面显示新增加的记录，如图 2－129 所示。

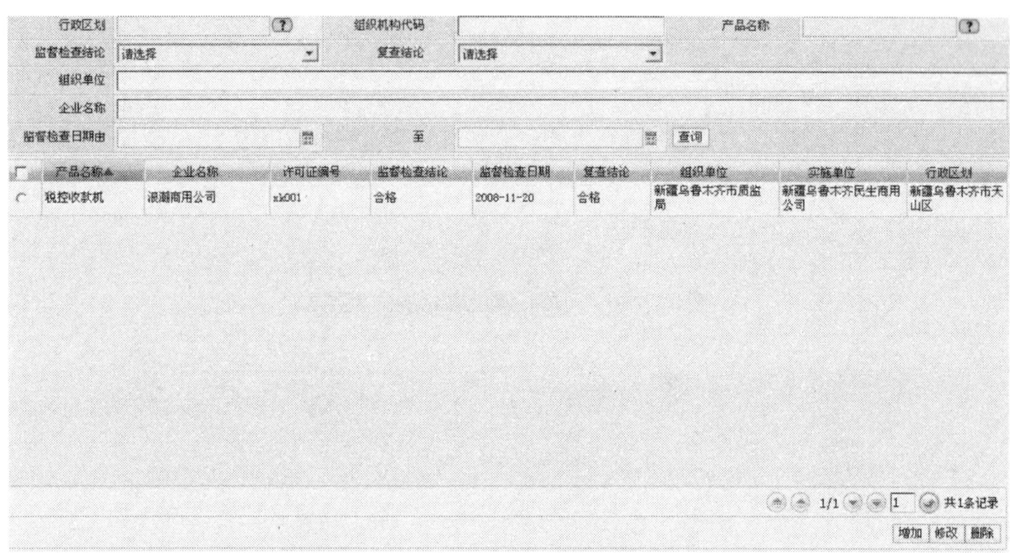

图 2－129　开展日常监督检查列表界面

在增加界面，点击【返回】，返回列表界面。

3）修改：在列表界面，选择一条记录，点击【修改】按钮，进入修改界面，功能按钮有保存、办结、返回，如图 2－130 所示。

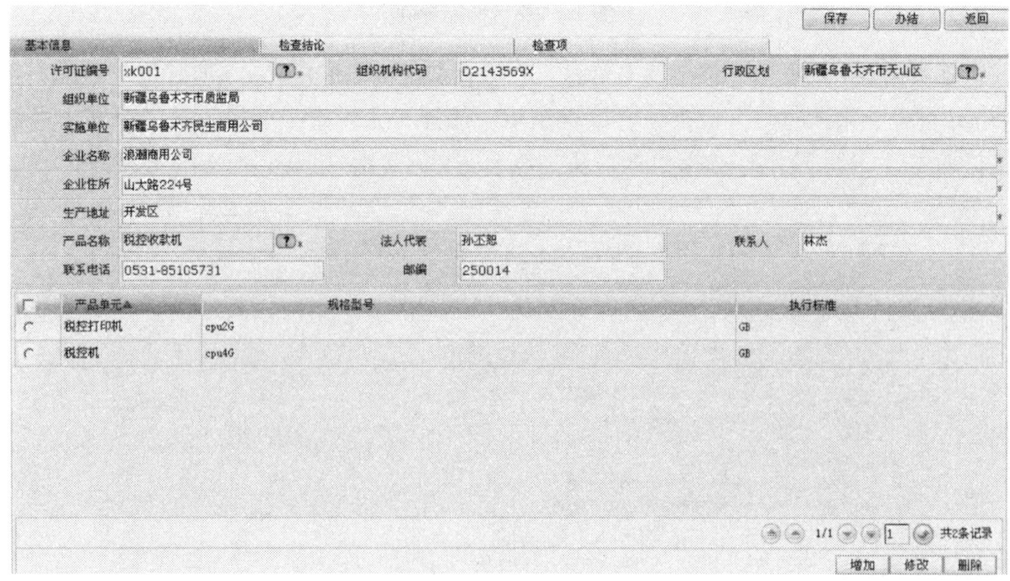

图 2－130　修改界面

在修改界面，修改内容（其中带＊的是必填项），点击【保存】按钮，修改内容成功保存，返回列表界面；点击【办结】按钮，将日常监督检查办结，返回列表界面，列表界面无此记录，在“查询统计”中可查看此条记录；点击【返回】按钮，返回列表界面。

4）删除：在列表界面，选择一条记录，点击【删除】按钮，弹出系统提示对话框，点击【确定】，则删除记录，点击【取消】，则取消删除操作。

（3）查询统计

点击“查询统计”菜单，进入列表界面，功能按钮有导出 Excel、查看、查询，如图 2－131所示。

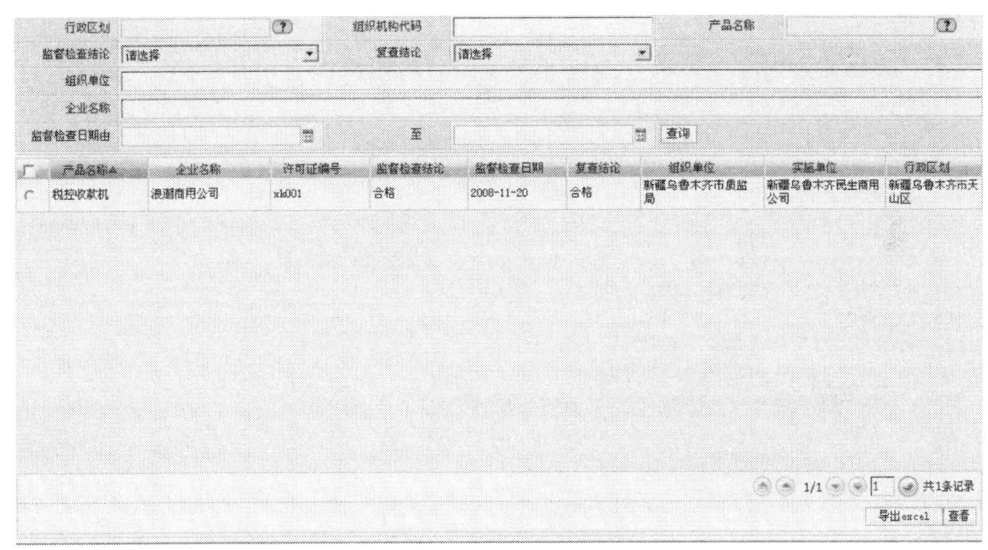

图 2－131 查询统计界面

1）查询：在列表界面输入查询条件，点击【查询】按钮，进行查询。

2）查看：在列表界面，选择一条记录，点击【查看】按钮，进入查看界面；在查看界面，点击【返回】按钮，返回列表界面。

注：在查看界面，只可查看，不可编辑。

3）导出 Excel：在列表界面，点击【导出 Excel】按钮，将日常监督检查记录导为 Excel表形式。

2.1.3.3 年度监督检查

使用具有“年度监督检查经办人”角色的用户登录系统，选择“工业产品生产许可管理”菜单下的“监督检查”菜单下的“年度监督检查”，点击“年度监督检查”菜单，可看到下级菜单“安排检查内容”、“开展监督检查”、“查询统计”，如图 2－132 所示。

使用具有“年度监督检查管理人”角色的用户登录系统，选择“工业产品生产许可管理”菜单下的“监督检查”菜单下的“年度监督检查”，点击“年度监督检查”菜单，可看到下级菜单“查询统计”，如图 2－133 所示。

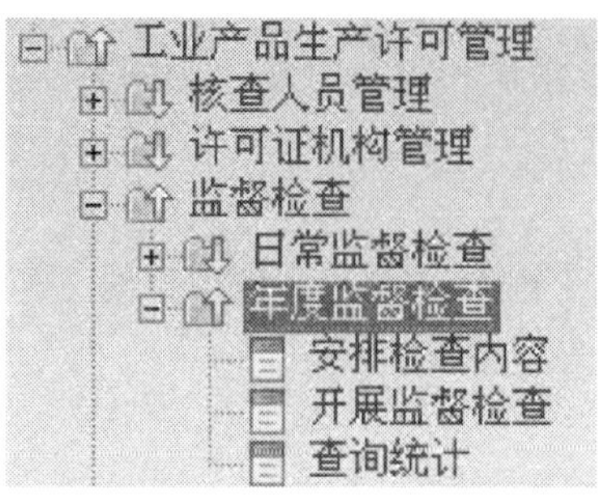

图 2－132　年度监督检查下级菜单

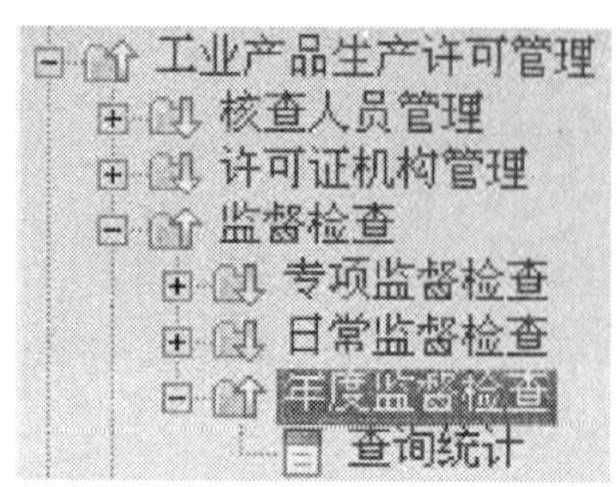

图 2－133　年度监督检查下级菜单

(1) 安排检查内容

点击“安排检查内容”菜单，进入列表界面，功能按钮有增加、修改、删除、查询，如图 2－134 所示。

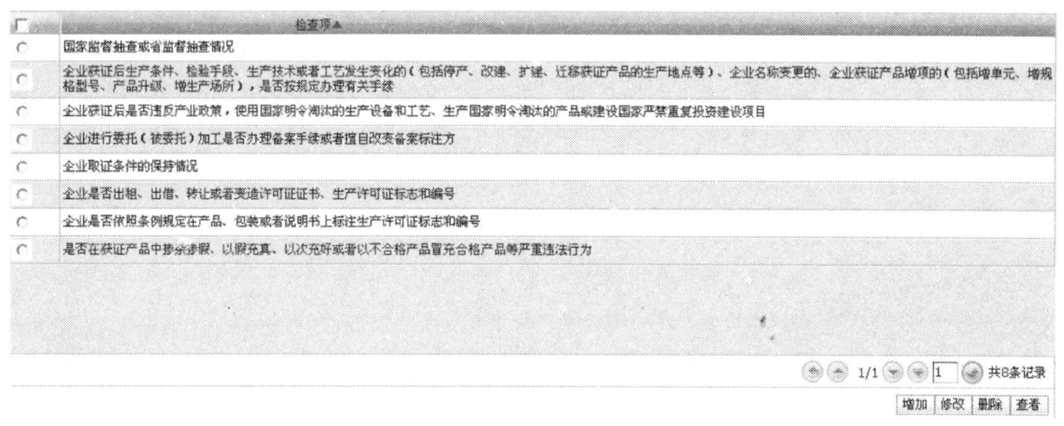

图 2－134　安排检查内容列表界面

1) 增加：在列表界面，点击【增加】按钮，进入增加界面，功能按钮有保存、返回，如图 2－135 所示。

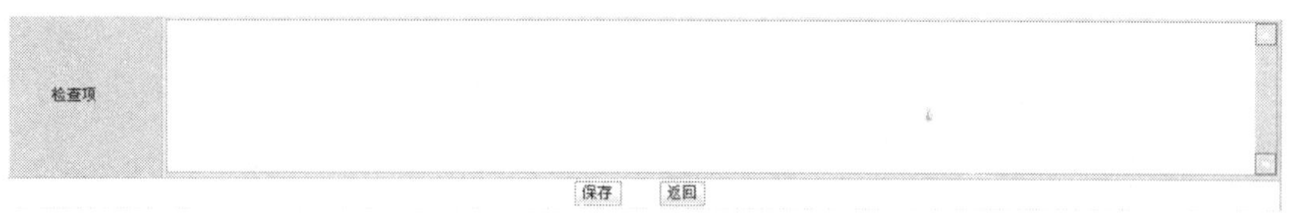

图 2－135　增加检查项界面

在增加界面，输入内容，点击【保存】按钮，内容成功保存，返回列表界面。

在增加界面，点击【返回】按钮，返回列表界面。

2) 修改：在列表界面，选择一条记录，点击【修改】按钮，进入修改界面，功能按钮有保存、返回，如图 2－136 所示。

图 2-136 修改检查项界面

在修改界面，输入内容，点击【保存】按钮，修改内容成功保存，返回列表界面。

在修改界面，点击【返回】按钮，返回列表界面。

3）删除：在列表界面，选择一条记录，点击【删除】按钮，弹出系统提示对话框，点击【确定】，则删除记录，点击【取消】，则取消删除操作。

4）查看：在列表界面，选择一条记录，点击【查看】按钮，进入查看界面，只可查看，不可编辑，功能按钮有返回，如图 2-137 所示。

图 2-137 查看检查项界面

在查看界面，点击【返回】，返回列表界面。

（2）开展监督检查

点击“开展监督检查”，进入列表界面，功能按钮有增加、修改、删除、查询，如图 2-138所示。

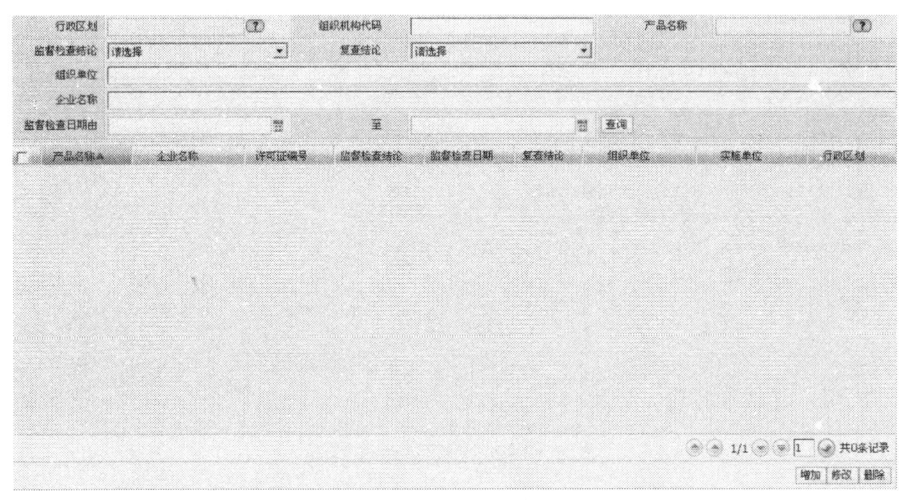

图 2-138 开展年度监督检查列表界面

1）查询：在列表界面输入查询条件，点击【查询】按钮，进行查询。

2）增加：在列表界面，点击【增加】按钮，进入增加界面，可看到基本信息、检查结论、检查项三个 tab 页，功能按钮有保存、返回，如图 2-139 所示。

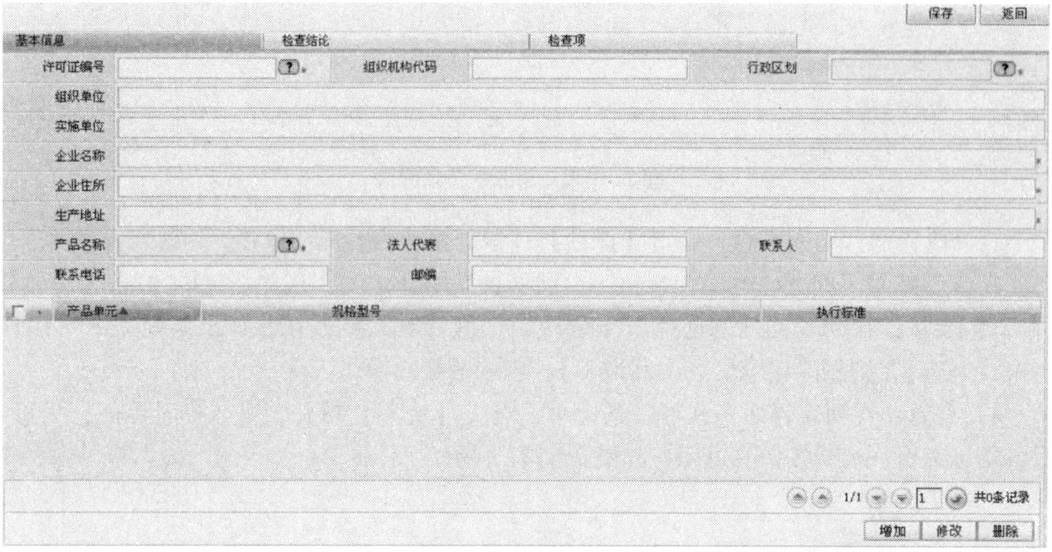

图 2－139　增加界面

在基本信息 tab 页中，录入基本信息，在检查结论 tab 页中，录入监督检查结论。在检查项 tab 页中，录入每一个检查项的检查结果。

在检查项 tab 页中，选择一条检查项记录，该记录变为可编辑状态，如图 2－140 所示，选择检查结果，录入说明内容即可。

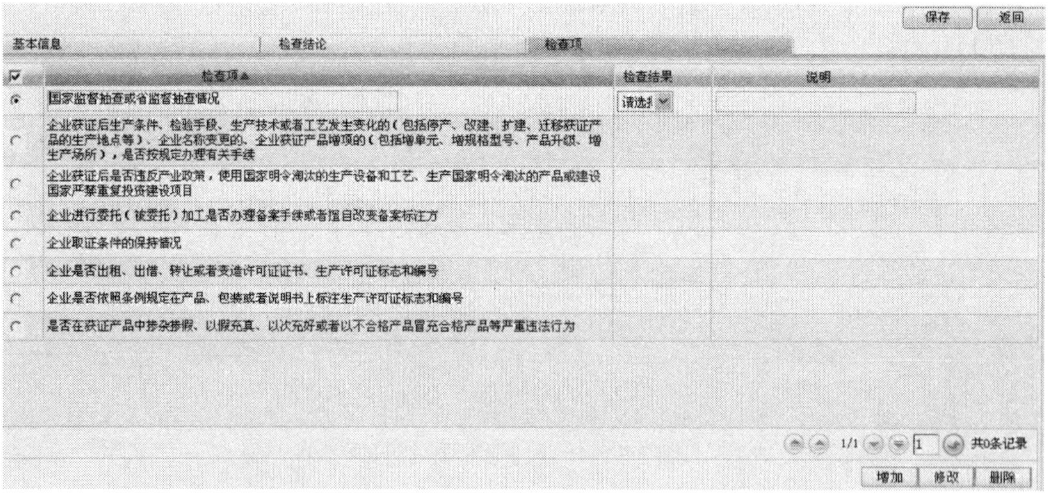

图 2－140　检查项列表界面

在检查项 tab 页中，可通过【增加】、【修改】、【删除】按钮，对检查项进行增加、修改、删除操作。

在增加界面，输入内容（其中带＊的是必填项），点击【保存】按钮，内容成功保存，返回列表界面。列表界面显示新增加的记录，如图 2－141 所示。

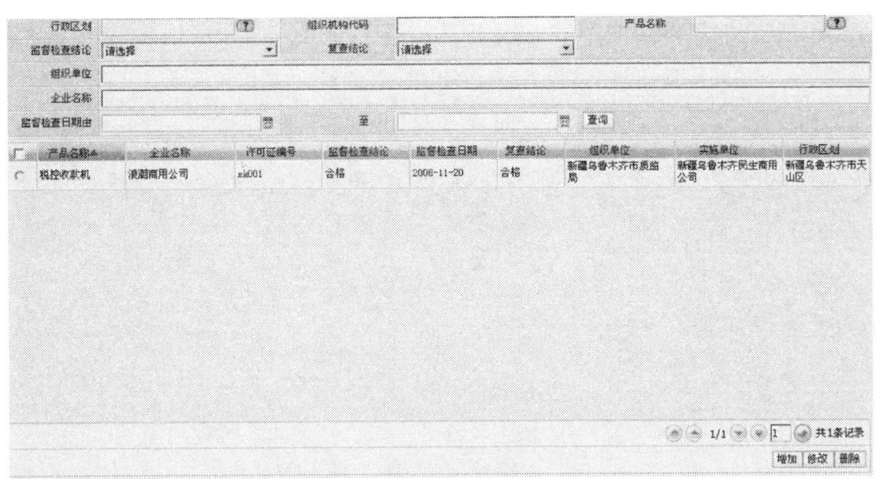

图 2－141　开展年度监督检查列表界面

在增加界面，点击【返回】按钮，返回列表界面。

3）修改：在列表界面，选择一条记录，点击【修改】按钮，进入修改界面，功能按钮有保存、办结、返回，如图 2－142 所示。

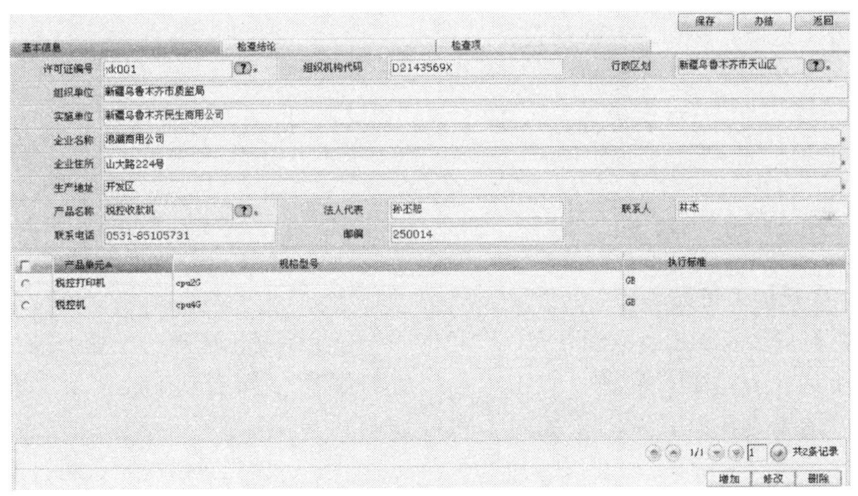

图 2－142　修改界面

在修改界面，修改内容（其中带＊的是必填项），点击【保存】按钮，修改内容成功保存，返回列表界面；点击【办结】按钮，将年度监督检查办结，返回列表界面，列表界面无此记录，在“查询统计”中可查看此条记录；点击【返回】按钮，返回列表界面。

4）删除：在列表界面，选择一条记录，点击【删除】按钮，弹出系统提示对话框，点击【确定】，则删除记录，点击【取消】，则取消删除操作。

（3）查询统计

点击“查询统计”菜单，进入列表界面，功能按钮有导出 Excel、查看、查询，如图 2－143所示。

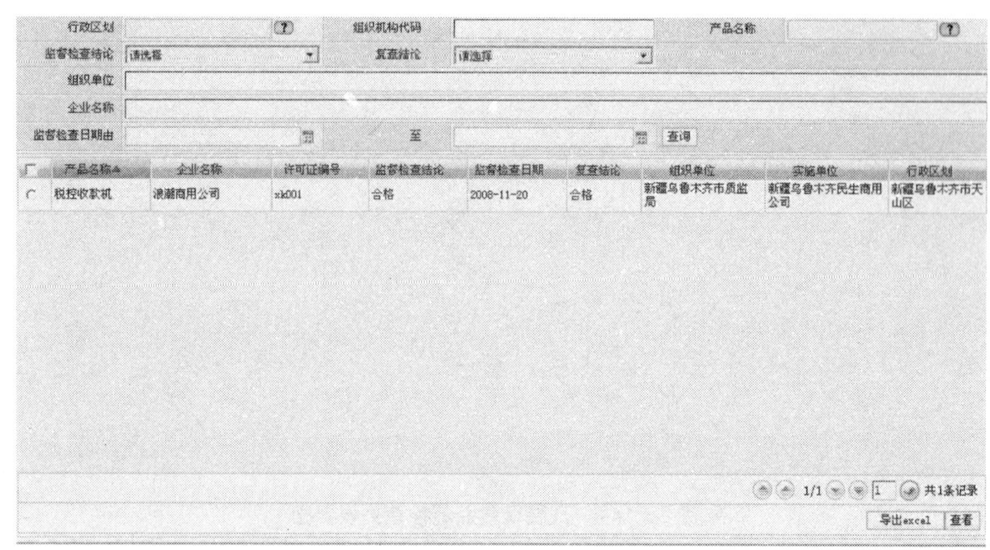

图2-143　查询统计界面

1）查询：在列表界面输入查询条件，点击【查询】按钮，进行查询。

2）查看：在列表界面，选择一条记录，点击【查看】按钮，进入查看界面；在查看界面，点击【返回】按钮，返回列表界面。

注：在查看界面，只可查看，不可编辑。

3）导出 Excel：在列表界面，点击【导出 Excel】按钮，将日常监督检查记录导为Excel表形式。

2.1.4　委托加工备案

2.1.4.1　委托加工备案

使用具有“委托加工备案经办人”角色的用户登录系统，选择“工业产品生产许可管理”菜单下的“委托加工备案”，点击“委托加工备案”，可看到下级菜单“维护委托加工备案”、“查看委托加工备案”，如图2-144所示。

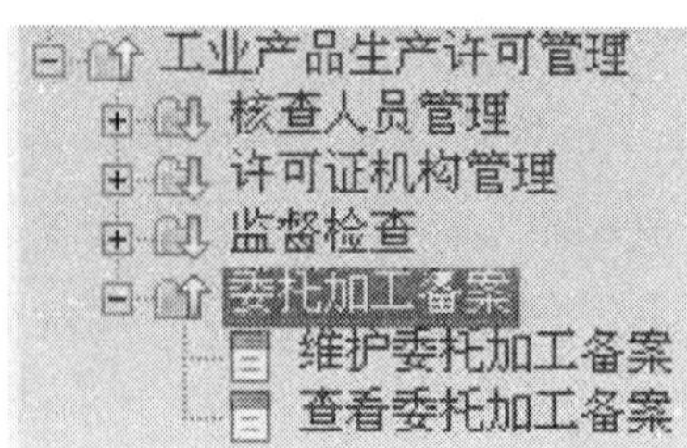

图2-144　委托加工备案下级菜单

（1）维护委托加工备案

点击“维护委托加工备案”菜单，进入列表界面，功能按钮有申请、修改、删除、查询，如图2-145所示。

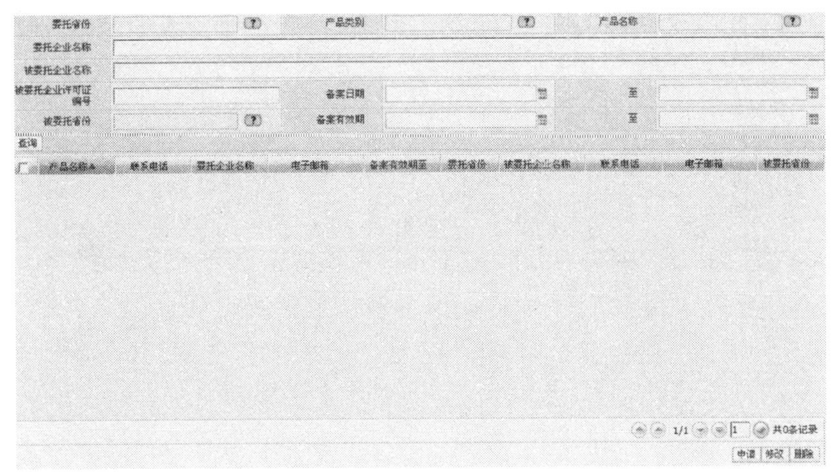

图 2－145　维护委托加工备案列表界面

1）查询：在列表界面输入查询条件，点击【查询】按钮，进行查询。

2）申请：在列表界面，点击【申请】按钮，进入申请界面，可看到增加委托加工信息和增加被委托加工信息两个 tab 页，功能按钮有导入、保存、委托、办结、返回，如图 2－146所示。

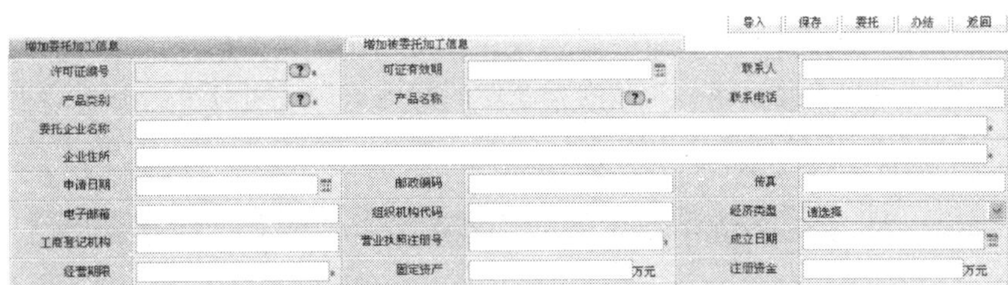

图 2－146　增加委托加工备案申请界面

在申请界面，可使用【导入】按钮，进行快捷操作，点击【导入】按钮，弹出如图 2－147所示对话框，点击【浏览】按钮，选择要导入的文件，点击【提交】按钮，即可将文件内容导入申请界面，将增加委托加工信息和增加被委托加工信息两个 tab 页中内容导入。

图 2－147　导入界面

在申请界面，输入内容（其中带＊的是必填项），点击【保存】按钮，内容成功保存，返回列表界面，如图2－148所示。

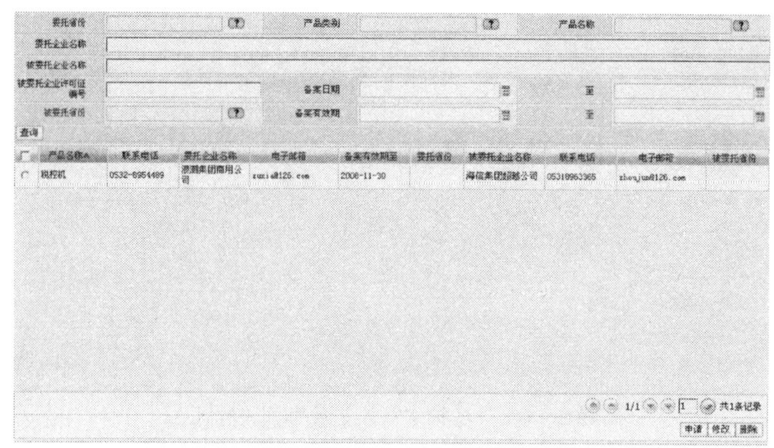

图2－148　维护委托加工备案列表界面

在增加界面，点击【返回】，返回列表界面。

根据委托企业和被委托企业是否在同一省份，有如下两种操作：

ⅰ）若委托企业和被委托企业不在同一省份，点击【委托】按钮，弹出如图2－149所示对话框，选择被委托企业所在省的质监局，点击确定，将委托加工备案进行委托。返回列表界面，列表界面无此记录，当被委托企业所在地省级许可证办公室进行办结后，在“查看委托加工备案”中可查看。

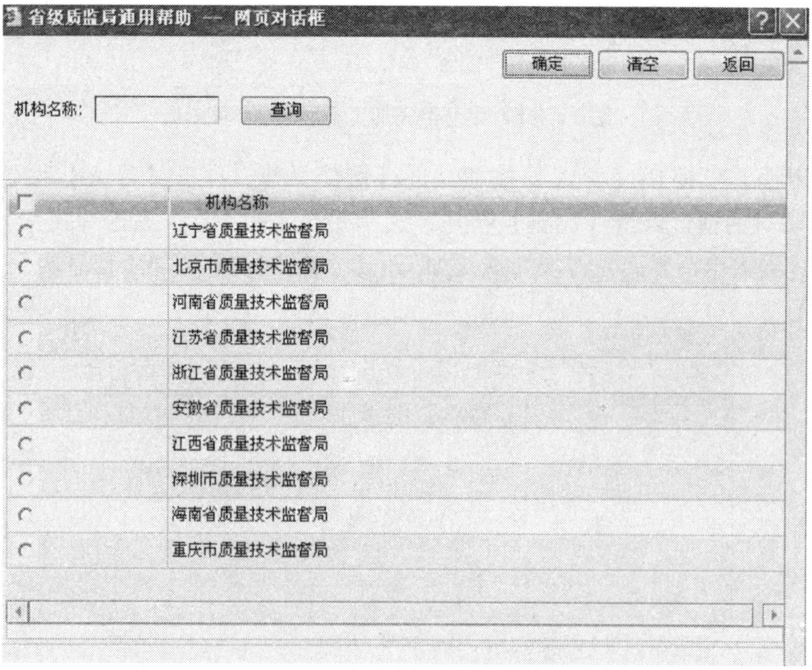

图2－149　省级质监局网页对话框

ⅱ）若委托企业和被委托企业在同一省份，点击【办结】按钮，将委托加工备案进行办结，返回列表界面，列表界面无此记录，在“查看委托加工备案”中可查看。

3）修改：在列表界面，选择一条记录，点击【修改】按钮，进入修改界面，功能按钮有保存、委托、办结、返回，如图2－150所示。

保存　委托　办结　返回

修改委托加工信息　修改被委托加工信息

许可证编号	JS-0002	许可证有效期	2009-09-09	联系人	魏巍
产品类别	税控收款机	产品名称	税控机	联系电话	0532-8954489
委托企业名称	浪潮集团商用公司				
企业住所	山东济南华龙路23号				
申请日期	2009-09-08	邮政编码	266510	传真	05328954489
电子邮箱	zuxia@126.com	组织机构代码		经济类型	国有全资
工商登记机构	山东省工商局	营业执照注册号	YY-0002	成立日期	1997-02-08
经营期限	15	固定资产	800.0 万元	注册资金	150.0 万元

图2－150　修改委托加工备案界面

在修改界面，输入内容（其中带＊的是必填项），点击【保存】按钮，修改内容成功保存，返回列表界面；委托、办结、返回三个功能按钮的操作同增加界面的操作一致。

4）删除：在列表界面，选择一条记录，点击【删除】按钮，弹出系统提示对话框，点击【确定】，则删除记录，点击【取消】，则取消删除操作。

（2）查看委托加工备案

点击“查看委托加工备案”菜单，进入列表界面，功能按钮有查看、查询，如图2－151所示。

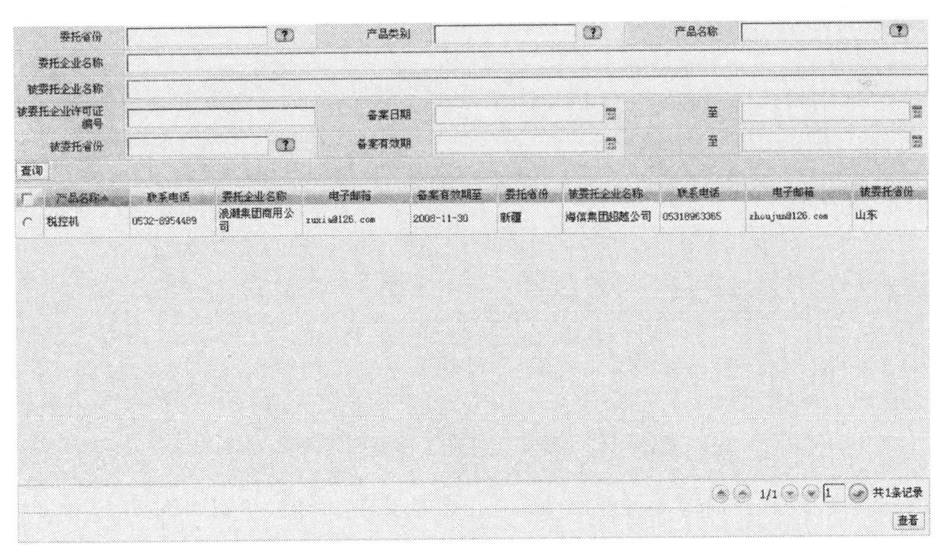

图2－151　查看委托加工备案列表界面

1）查询：在列表界面输入查询条件，点击【查询】按钮，进行查询。

2）查看：在列表界面，选择一条记录，点击【查看】按钮，进入查看界面；在查看界面，点击【返回】，返回列表界面。

注：在查看界面，只可查看，不可编辑。

2.1.4.2 被委托加工备案

使用具有“被委托加工备案经办人”角色的用户登录系统，选择“工业产品生产许可管理”菜单下的“委托加工备案”，点击“委托加工备案”，可看到下级菜单“维护委托加工备案”、“查看委托加工备案”，如图 2－152 所示。

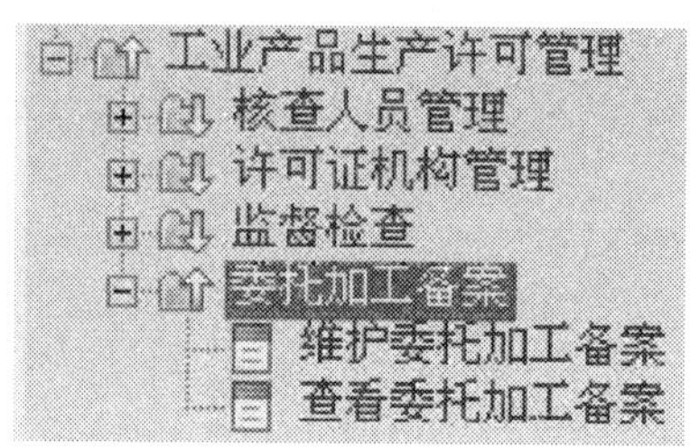

图 2－152　被委托加工备案下级菜单

（1）维护委托加工备案

点击“维护委托加工备案”菜单，进入列表界面，功能按钮有申请、修改、删除、查询，如图 2－153 所示。

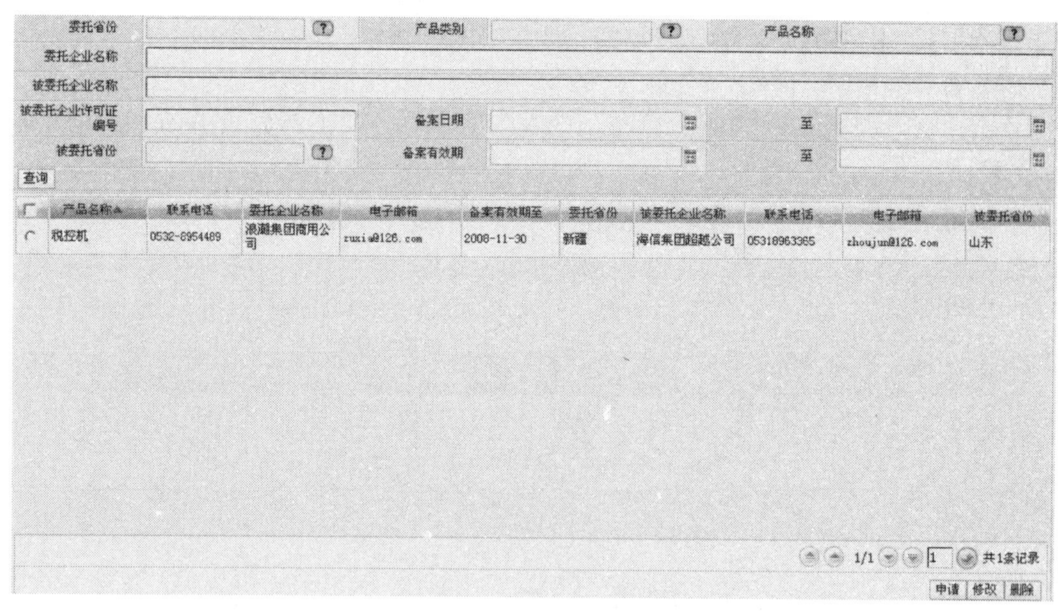

图 2－153　维护委托加工备案列表界面

1）查询：在列表界面输入查询条件，点击【查询】按钮，进行查询。

2）申请：具有“被委托加工备案经办人”角色的用户也可以进行委托加工备案操作，同 2.1.4.1 中“维护委托加工备案－申请”。

3）修改：在列表界面，选择一条记录，点击【修改】按钮，进入修改界面，功能按钮有保存、办结、返回，如图 2－154 所示。

图2－154 修改委托加工备案界面

在修改界面，修改委托加工备案内容（其中带＊的是必填项），点击【保存】按钮，修改内容成功保存，返回列表界面，点击【办结】按钮，将委托加工备案办结，返回列表界面，列表界面无此记录，在“查看委托加工备案”中可查看；点击【返回】按钮，返回列表界面。

4）删除：根据委托加工备案记录性质不同，有如下两种操作：

ⅰ）若记录为被委托加工备案记录：

在列表界面，选择一条记录，点击【删除】按钮，弹出系统对话框，提示记录在办理过程中不允许删除，点击【确定】，取消删除操作。

ⅱ）若记录为委托加工备案记录：

在列表界面，选择一条记录，点击【删除】按钮，弹出系统提示对话框，点击【确定】，则删除记录，点击【取消】，则取消删除操作。

（2）查看委托加工备案

点击“查看委托加工备案”菜单，进入列表界面，功能按钮有查看、查询，如图2－155所示。

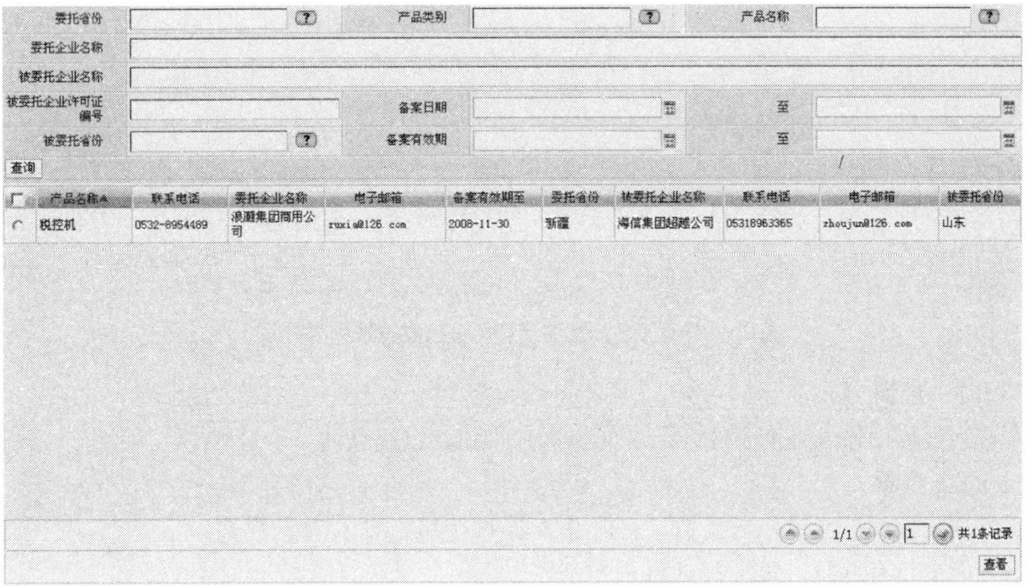

图2－155 查看委托加工备案列表界面

1）查询：在列表界面输入查询条件，点击【查询】按钮，进行查询。

2）查看：在列表界面，选择一条记录，点击【查看】按钮，进入查看界面；在查看界面，点击【返回】，返回列表界面。

注：在查看界面，只可查看，不可编辑。

2.1.5　工业产品生产许可证核发管理

使用具有“查看工业产品生产许可证”角色的用户登录系统，点击“工业产品生产许可管理”，可看到下级菜单“工业产品生产许可证核发管理”，如图2－156所示。

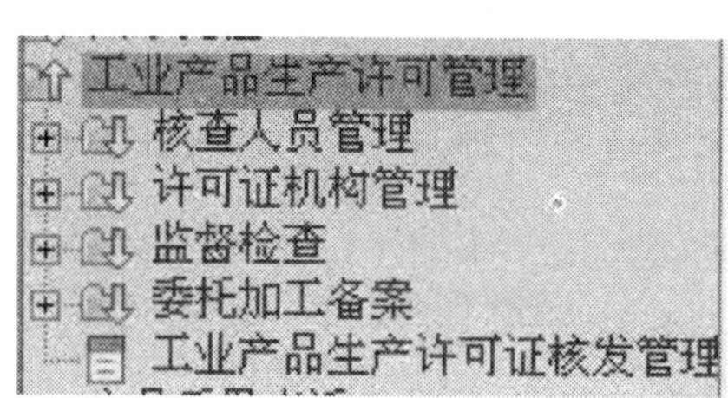

图2－156　工业产品生产许可证核发管理菜单

点击“工业产品生产许可证核发管理”，进入列表界面，功能按钮有查看、查询，如图2－157所示。

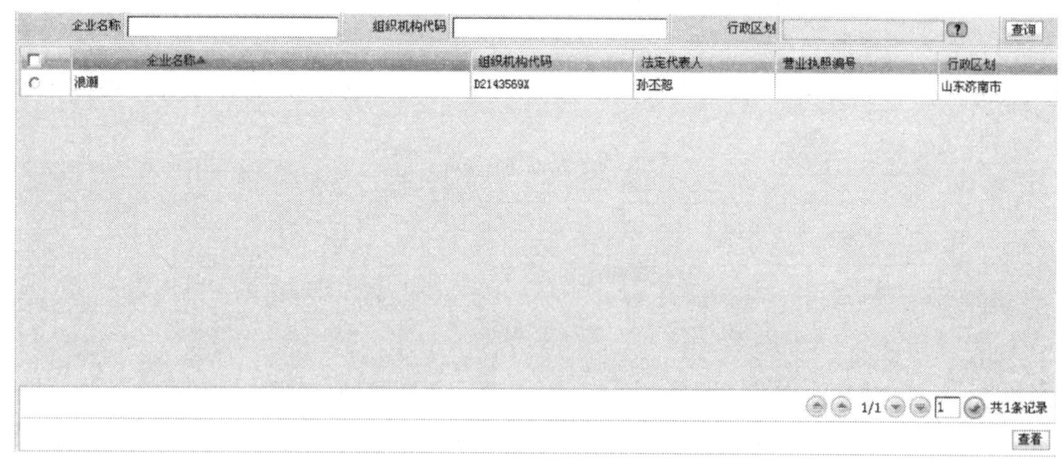

图2－157　工业产品生产许可证核发管理列表界面

2.1.5.1　查询

在列表界面输入查询条件，点击【查询】按钮，进行查询。

2.1.5.2　查看

在列表界面，选择一条记录，点击【查看】按钮，进入查看界面，只可查看不可编辑，功能按钮有返回，如图2－158所示。

工业产品生产许可证企业信息

企业名称	浪潮				
组织机构代码	D2143569X	法定代表人	孙丕恕	行政区划	山东济南市
邮政编码	250014	联系人	林杰	联系电话	0531-85105731
传真	0531-85105700	电子邮件	abc@inspur.com	经济类型	股份有限（公司）
工商登记机构				营业执照编号	
建厂时间		经营期限		固定资产	万元
注册资金	万元	年总产值		年销售额	
年缴税金额		年利润		企业负责人	
质量保证负责人		企业总人数		专业技术人员数	

证书号▲	产品类别名称	产品名称	发证日期	有效期至	发证部门	住所	生产地址	证书状态	申请类型
xk001	税控收款机	税控收款机	2008-07-12	2011-07-11	山东省质监局	山大路224号	开发区	正常	发证

1/1 1 共1条记录

产品单元▲	规格型号	产品标准

1/1 1 共0条记录

返回

图2－158　查看界面

在查看界面，点击【返回】按钮，返回列表界面。

2.2　监督抽查

2.2.1　质检机构上报任务申请书

质检机构需要在外网填写抽查计划任务申请书提交到总局。使用具有“质检机构抽查经办人”角色的用户登录系统后，选择“监督抽查”，可以看到下级菜单“抽查计划制定申请”，点击“抽查计划制定申请”，可以看到下级菜单“任务申请”，如图2－159所示。

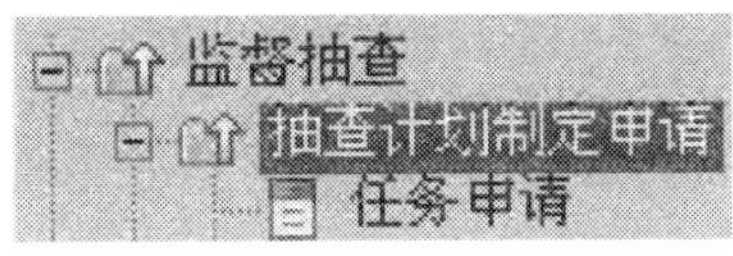

图2－159　任务申请菜单

任务申请：点击“任务申请”，进入列表界面，功能按钮有申请、增加、编辑、删除、查询，如图2－160所示。

图2－160　任务申请列表界面

任务申请列表中存放的为任务草稿，有效状态为“编制”状态，全部为机构添加的未提交的计划申请表，根据抽查的要求，计划申请表可以重复申请。

（1）查询

在列表界面输入查询条件，点击【查询】按钮，进行查询。

（2）增加

在列表界面，点击【增加】按钮，进入增加界面，功能按钮有保存、返回，如图2－161所示。

增加任务申请表

质检机构	辽宁省安全科学研究院	产品名称	*	规格型号	
授权证书有效日期	2008-11-04	计量认证有效日期	2008-11-27	实验室认可有效日期	2008-11-28
全国（省）企业数		拟查企业数			
检验依据	*				
是否工业产品许可证	否	是否食品生产许可证	否	是否CCC产品认证	否
设置企业规模	按企业人员	设置规模单位			
抽查理由	填写				
任务来源名称	质检总局 *	产品名称		经费类型	申请 *
企业数		抽查批次	*	每批次产品数	*
通信地址	辽宁省	邮编	100900	申报检验费	万元
申报差旅费	万元	申报样品运输费	万元	申报其它费	万元
申报费用合计	万元				

保存　返回

图2－161　增加任务申请界面

在增加界面，抽查理由是以文书的形式体现，点击【填写】按钮，弹出如图2－162所示的空白Word文档，填写完抽查理由点击保存即可。

在增加界面，输入各项经费后，用鼠标点击“申报费用合计”字段的文本框，如图2－163所示，系统自动计算出申报费用合计。

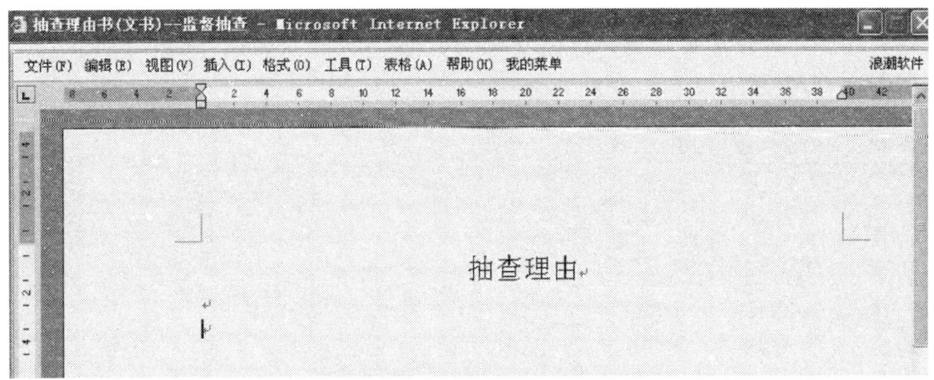

图 2-162 抽查理由文书

增加任务申请表

质检机构	辽宁省安全科学研究院	产品名称	麦片	规格型号	燕麦片
授权证书有效日期	2008-11-04	计量认证有效日期	2008-11-27	实验室认可有效日期	2008-11-28
全国（省）企业数	200	抽查企业数	100		
检验依据	监督抽查实施规范;; 强制性标准;; 推荐性标准;;				
是否工业产品许可证	是	是否食品生产许可证	是	是否CCC产品认证	否
设置企业规模	按企业人员	设置规模单位	人		
抽查理由	填写				
任务来源名称	质检总局	产品名称	麦片	经费类型	申请
企业数	100	抽查批次	10	每批次产品数	10
通信地址	辽宁省	邮编	100900	申报检验费	23.32 万元
申报差旅费	434.43 万元	申报样品运输费	43.33 万元	申报其它费	44.43 万元
申报费用合计	545.51 万元				

保存 返回

图 2-163 增加任务申请界面

在增加界面，输入内容（其中带 * 的是必填项），点击【保存】按钮，内容成功保存，返回任务申请列表界面，有效状态字段显示“编制”，如图 2-164 所示。

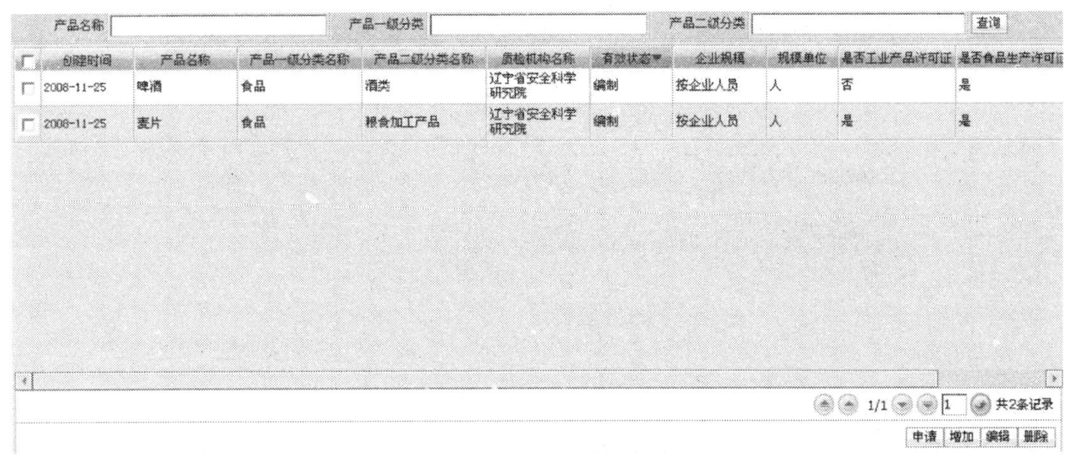
产品名称 产品一级分类 产品二级分类 查询

创建时间	产品名称	产品一级分类名称	产品二级分类名称	质检机构名称	有效状态	企业规模	规模单位	是否工业产品许可证	是否食品生产许可证
2008-11-25	啤酒	食品	酒类	辽宁省安全科学研究院	编制	按企业人员	人	否	是
2008-11-25	麦片	食品	粮食加工产品	辽宁省安全科学研究院	编制	按企业人员	人	是	是

1/1 1 共2条记录

申请 增加 编辑 删除

图 2-164 任务申请列表界面

在增加界面，点击【返回】按钮，返回任务申请列表界面。

（3）编辑

在列表界面，选择一条记录，点击【编辑】按钮，进入编辑界面，功能按钮有保存、返回，如图 2－165 所示。

任务申请表

质检机构	辽宁省安全科学研究院	产品名称	麦片 * ?	规格型号	燕麦片
授权证书有效日期	2008-11-04	计量认证有效日期	2008-11-27	实验室认可有效日期	2008-11-28
全国（省）企业数	200	拟查企业数	100		
检验依据	监督抽查实施规范:; 强制性标准:; 推荐性标准:; * ?				
是否工业产品许可证	是	是否食品生产许可证	是	是否CCC产品认证	否
设置企业规模	按企业人员	设置规模单位	人		
抽查理由	填写				
任务来源名称	质检总局 *	产品名称	麦片	经费类型	申请 *
企业数	100	抽查批次	10 *	每批次产品数	10 *
通信地址	辽宁省	邮编	100900	申报检验费	23.32 万元
申报差旅费	434.43 万元	申报样品运输费	43.33 万元	申报其它费	44.43 万元
申报费用合计	545.51 万元				

保存 返回

图 2－165　编辑任务申请界面

在编辑界面，修改相关内容（其中带 * 的是必填项），点击【保存】按钮，修改内容成功保存，返回任务申请列表界面；点击【返回】按钮，返回任务申请列表界面。

（4）删除

在列表界面，选择一条记录，点击【删除】按钮，弹出系统提示对话框，点击【确定】，则删除记录，点击【取消】，则取消删除操作。

（5）申请

在任务申请列表界面，选择要提交申请的一条或多条记录，点击【申请】按钮，弹出如图 2－166 所示的对话框，填写实施时间，选择提交人，点击【确定】。弹出对话框提示申请提交成功，点击【确定】，将申请提交至总局。

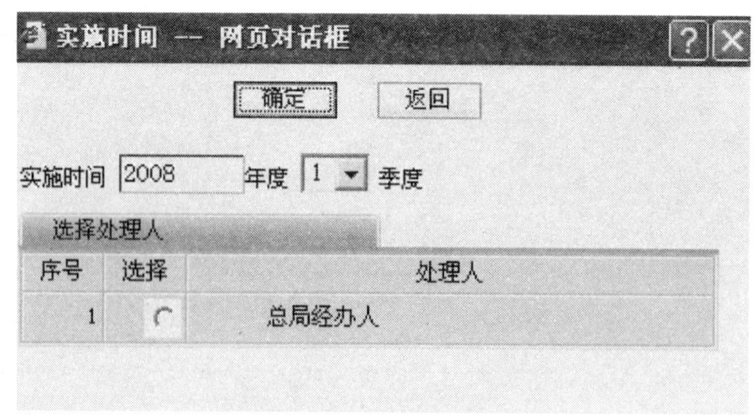

图 2－166　选择实施时间界面

此时，列表界面的有效状态显示“上报”，如图 2－167 所示。

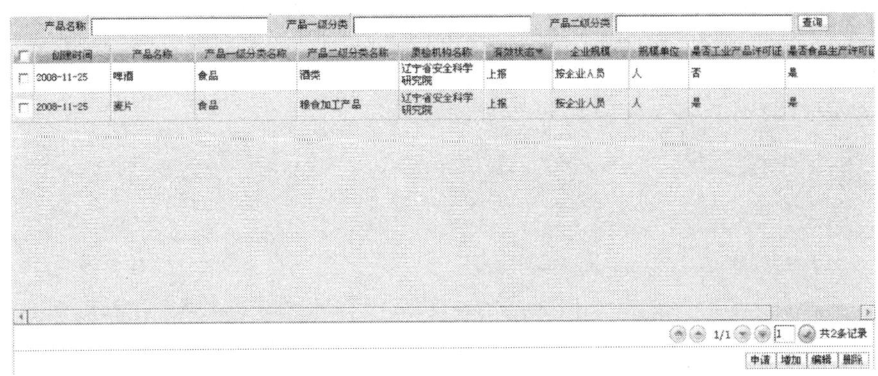

图2－167　任务申请列表界面

2.2.2　抽查计划

2.2.2.1　生成抽查计划

使用具有“总局抽查经办人”角色的用户登录系统后，选择“监督抽查”，可以看到下级菜单“抽查计划制定申请”，点击“抽查计划制定申请”，可以看到下级菜单“待办任务”，如图2－168所示。

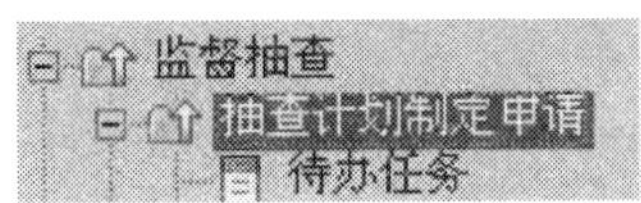

图2－168　抽查计划制定申请菜单

点击“待办任务”，进入列表界面，看到质检机构提交的任务申请书，有效状态显示“未编制计划”，功能按钮有查询、生成计划、编辑、导出Excel，如图2－169所示。

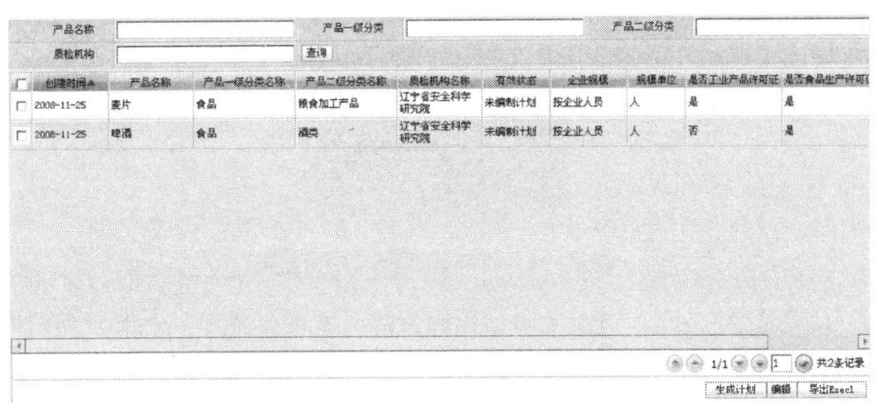

图2－169　待办任务列表界面

（1）查询

在列表界面输入查询条件，点击【查询】按钮，进行查询。

（2）编辑

在列表界面，选择一条记录，点击【编辑】按钮，进入编辑界面，功能按钮有保存、返回，如图 2－170 所示。

任务申请表

质检机构	辽宁省安全科学研究院	产品名称	麦片 *	规格型号	燕麦片
授权证书有效日期	2008-11-04	计量认证有效日期	2008-11-27	实验室认可有效日期	2008-11-28
全国（省）企业数	200	抽查企业数	100		
检验依据	监督抽查实施规范：；强制性标准：；推荐性标准：； *				
是否工业产品许可证	是	是否食品生产许可证	是	是否CCC产品认证	否
设置企业规模	按企业人员	设置规模单位	人		
抽查理由	填写				
任务来源名称	质检总局 *	产品名称	麦片	经费类型	申请 *
企业数	100	抽查批次	10 *	每批次产品数	10 *
通信地址	辽宁省	邮编	100900	申报检验费	23.32 万元
申报差旅费	434.43 万元	申报样品运输费	43.33 万元	申报其它费	44.43 万元
申报费用合计	545.51 万元				

保存 返回

图 2－170　编辑任务申请界面

在编辑界面，修改相关内容（其中带 * 的是必填项），点击【保存】按钮，修改内容成功保存，返回待办任务列表界面；点击【返回】按钮，返回待办任务列表界面。

（3）导为 Excel

在列表界面，点击【导为 Excel】按钮，将列表界面所有未编制计划记录导为 Excel。

（4）生成计划

在列表界面，选择一条或多条待生成计划的记录，点击【生成计划】按钮，弹出系统提示对话框，提示计划生成成功，点击【确定】，抽查计划生成成功，返回待办任务列表界面，列表界面无记录，在"已办任务"列表界面中，可以看到生成计划的记录，抽查计划状态显示"编制"。

2.2.2.2　编制抽查计划

使用具有"总局抽查经办人"角色的用户登录系统后，选择"监督抽查"，可以看到下级菜单"抽查计划制定申请"，点击"抽查计划制定申请"，可以看到下级菜单"已办任务"，如图 2－171 所示。

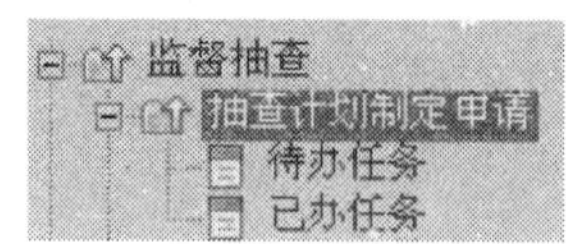

图 2－171　抽查计划制定申请菜单

点击"已办任务"，进入列表界面，功能按钮有查询、增加、下发通知、下达任务、编辑、删除、导为 Excel。

（1）查询

在列表界面输入查询条件，点击【查询】按钮，进行查询。

（2）增加

在列表界面，点击【增加】按钮，进入增加抽查计划界面，显示抽查计划、处理意见、质检机构、检验项目、抽查企业五个 tab 页。功能按钮有保存、提交、返回，如图 2－172 所示。

图 2－172　增加抽查计划界面

在抽查计划 tab 页中，输入相关内容（其中带＊的为必填项）。

在处理意见 tab 页中，此环节不需要进行操作。

在质检机构 tab 页中，使用通用帮助添加质检机构的名称，并输入相关信息，点击【增加】按钮，数据窗口中添加一条记录，此时，在抽查企业 tab 页中显示对应的质检机构信息；若需要多个质检机构进行抽查，则进行相同的操作，添加不同的质检机构，此时，有以下两点需要注意：

1）多个质检机构进行抽查时，必须指定其中一个质检机构为牵头单位；

2）多个质检机构进行抽查时，在对企业进行编号的同时，不可互相交叉。

在质检机构 tab 页中，数据窗口中质检机构多选择或误选择时，可以选中一条记录，点击【删除】按钮，删除多选的质检机构记录。

在检验项目 tab 页中，录入相关信息，点击【增加】按钮，将检验项目增加为一条记录，选择一条记录，点击【删除】按钮，将检验项目记录删除。

在抽查企业 tab 页中，可以看到质检机构 tab 页中添加的质检机构记录，在指定质检机构下拉列表框内选择一条质检机构记录，点击企业名称 ? ，弹出选择企业通用帮助，选择质检机构要抽查的一条或多条企业，点击【确定】，在列表中即可看到企业添加成功。

在抽查企业 tab 页中，当抽查同一企业的不同型号的同一类产品时，可以进行手动操作。在指定质检机构下拉列表框内选择一条质检机构记录，点击【增加】按钮，列表内自动添加一条记录，企业名称字段显示待定企业，选中此条记录，点击待定企业右侧的 … 按钮，弹出选择企业通用帮助，选择企业，点击【确定】，添加成功。

在增加界面，输入内容，点击【保存】按钮，将抽查计划计划保存，返回已办任务列表界面，抽查计划状态显示“编制”。

在增加界面，输入所有内容后，点击【提交】按钮，弹出选择对话框，选择下一环节的接收人，点击【确定】，抽查计划提交到审核环节。在已办任务列表界面的记录中，抽查计划状态显示“待审核”，如图 2－173 所示。

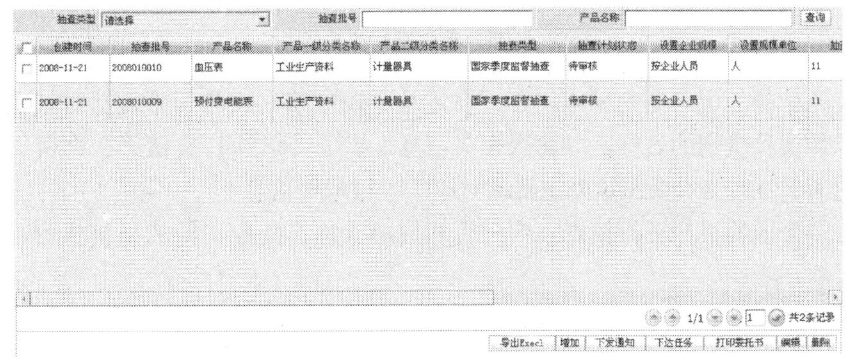

图 2－173　已办任务列表界面

在增加界面，点击【返回】按钮，返回列表界面。

（3）编辑

在已办任务列表界面的记录中，抽查计划状态显示为“编制”的记录有两种类型：

1）一种为总局编制的计划只保存未提交。

2）一种为机构提交的任务申请刚生成计划未编制提交。

第一种类型记录的编辑操作同本节 2.2.2.2（2）增加操作，在此不赘述，下面介绍第二种类型记录的操作。

在列表界面，选择一条记录，点击【编辑】按钮，进入编辑界面，显示修改抽查计划、处理意见、质检机构、检验项目、抽查企业五个 tab 页。功能按钮有保存、提交、返回，如图 2－174 所示。

保存 提交 返回
抽查计划 处理意见 质检机构 检验项目 抽查企业
任务来源 质检总局 经办人 总局经办人 抽查批号 2008010014
编制日期 抽查类型 国家季度监督抽查 产品名称 麦片

图 2－174 编辑抽查计划界面

在抽查计划 tab 页中，输入相关内容（其中带＊的为必填项）。

在处理意见 tab 页中，此环节不需要操作。

在质检机构 tab 页中，在数据窗口的记录中可以看到提交任务申请的质检机构的相关信息，如图 2－175 所示。

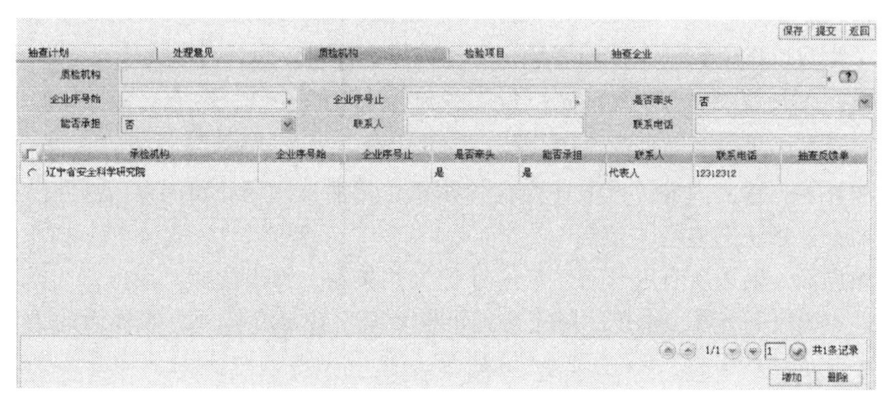

图 2－175 编辑质检机构界面

选择此条记录，记录变为编辑状态，在记录中添加输入相关信息，同时，也可以使用通用帮助添加质检机构的名称，并输入相关信息，点击【增加】按钮，数据窗口中添加一条记录，此时，在抽查企业 tab 页中显示对应的质检机构信息。

若需要多个质检机构进行抽查，则进行相同的操作，添加不同的质检机构，此时，有以下两点需要注意：

1）多个质检机构进行抽查时，必须指定其中一个质检机构为牵头单位；

2）多个质检机构进行抽查时，在对企业进行编号的同时，不可互相交叉。

添加多个质检机构后，如图 2－176 所示。

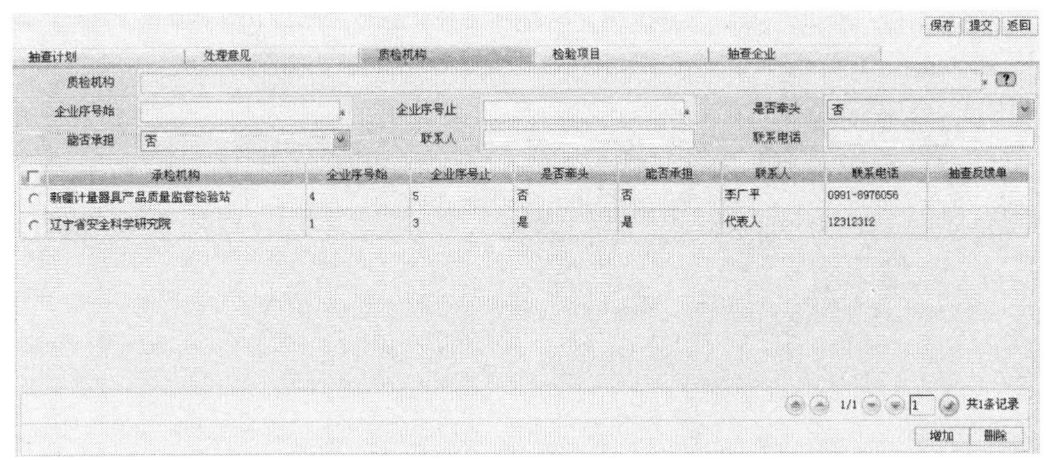

图 2－176　质检机构界面

在质检机构 tab 页中，数据窗口中质检机构多选择或误选择时，可以选中一条记录，点击【删除】按钮，删除多选的质检机构记录。

在检验项目 tab 页中，录入相关信息，点击【增加】按钮，将检验项目增加为一条记录，选择一条记录，点击【删除】按钮，将检验项目记录删除。

在抽查企业 tab 页中，可以看到质检机构 tab 页中添加的质检机构记录，记录数同企业编号数，如图 2－177 所示。

保存　提交　返回

抽查计划　处理意见　质检机构　检验项目　抽查企业

指定质检机构　请选择　企业名称　待定企业

企业名称	承检机构	所在省行政区划	企业规模
	新疆计量器具产品质量监督检验站		
	新疆计量器具产品质量监督检验站		
	辽宁省安全科学研究院		
	辽宁省安全科学研究院		
	辽宁省安全科学研究院		

1/1　共0条记录

增加　删除

图 2－177　抽查企业列表界面

在“指定质检机构”下拉列表框内选择一条质检机构记录，点击企业名称 ?，弹出选择企业通用帮助，选择质检机构要抽查的一条或多条企业，点击【确定】，在列表中即可看到抽查企业添加成功，如图 2－178 所示。

在抽查企业 tab 页中，当抽查同一企业的不同型号的同一类产品时，可以进行手动操作。在“指定质检机构”下拉列表框内选择一条质检机构记录，点击【增加】按钮，列表内自动添加一条记录，“企业名称”字段显示“待定企业”，选中此条记录，点击待定企业右侧的[…]按钮，如图 2－179 所示，弹出选择企业通用帮助，选择企业，点击【确定】，添加成功。

保存 | 提交 | 返回

抽查计划 | 处理意见 | 质检机构 | 检验项目 | 抽查企业

指定质检机构：辽宁省安全科学研究院　企业名称：待定企业

企业名称	承检机构▼	所在省行政区划	企业规模
	新疆计量器具产品质量监督检验站		
	新疆计量器具产品质量监督检验站		
山东玻璃总公司	辽宁省安全科学研究院	370102	1
浪潮集团有限公司	辽宁省安全科学研究院	370102	1
北京在创世纪科技有限公司	辽宁省安全科学研究院	110106	1

1/1 1 共0条记录

增加 | 删除

图 2－178　抽查企业列表界面

保存 | 提交 | 返回

抽查计划 | 处理意见 | 质检机构 | 检验项目 | 抽查企业

指定质检机构：新疆计量器具产品质量监督检验站　企业名称：待定企业

企业名称	承检机构▼	所在省行政区划	企业规模
黑龙江省友谊县自来水公司	新疆计量器具产品质量监督检验站	130101	1
东方糕点厂	新疆计量器具产品质量监督检验站	110228	1
山东玻璃总公司	辽宁省安全科学研究院	370102	1
浪潮集团有限公司	辽宁省安全科学研究院	370102	1
北京在创世纪科技有限公司	辽宁省安全科学研究院	110106	1
待定企业	辽宁省安全科学研究院		

1/1 1 共0条记录

增加 | 删除

图 2－179　抽查企业列表界面

在编辑界面，输入所以内容，点击【保存】按钮，将抽查计划保存，返回已办任务列表界面，抽查计划状态显示“编制”；点击【提交】按钮，弹出选择对话框，选择下一环节的接收人，点击【确定】，抽查计划提交到审核环节。在已办任务列表界面的记录中，抽查计划状态显示“待审核”，如图 2－180 所示。

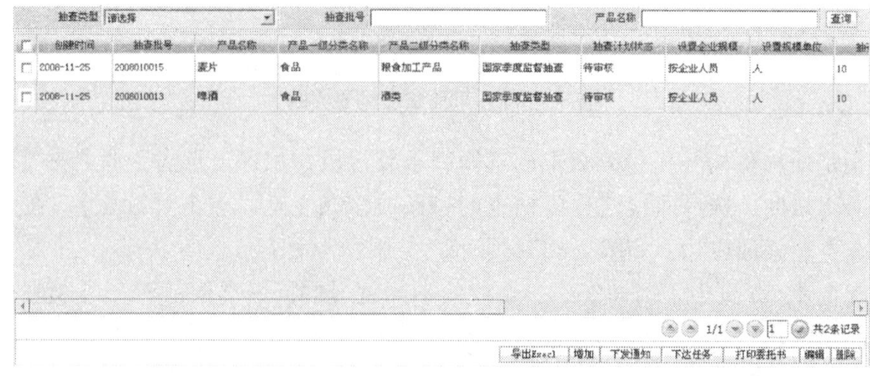

抽查类型：请选择　抽查批号：　产品名称：　查询

创建时间	抽查批号	产品名称	产品一级分类名称	产品二级分类名称	抽查类型	抽查计划状态	设置企业规模	设置规模单位	抽
2008-11-25	2008010015	麦片	食品	粮食加工产品	国家季度监督抽查	待审核	按企业人员	人	10
2008-11-25	2008010013	啤酒	食品	酒类	国家季度监督抽查	待审核	按企业人员	人	10

1/1 1 共2条记录

导出Execl | 增加 | 下发通知 | 下达任务 | 打印委托书 | 编辑 | 删除

图 2－180　已办任务列表界面

在编辑界面，点击【返回】按钮，返回列表界面。

(4) 导为 Excel

在列表界面，点击【导出 Excel】按钮，将列表界面的所有记录明细导为 Excel 保存到本地。

(5) 删除

在列表界面，选择一条或多条抽查计划状态显示“编辑”的待删除的未提交的记录，点击【删除】按钮，弹出系统提示对话框，点击【确定】，则删除记录，点击【取消】，则取消删除操作；若选择其他状态的记录，点击【删除】按钮，系统会提示，此记录在流转过程中，不可删除。

2.2.2.3 审核抽查计划

使用具有“审核抽查计划”角色的用户登录系统后，选择“监督抽查”，可以看到下级菜单“抽查计划制定申请”，点击“抽查计划制定申请”，可以看到下级菜单“已办任务”，如图 2-181所示。

图 2-181 抽查计划制定申请菜单

点击“已办任务”，进入列表界面，抽查计划状态显示“待审核”，功能按钮有查询、编辑、同意、导出 Excel，如图 2-182 所示。

抽查类型 请选择　抽查批号　产品名称　查询

	创建时间	抽查批号	产品名称	产品一级分类名称	产品二级分类名称	抽查类型	抽查计划状态	设置企业规模	设置规模单位	抽
	2008-11-25	2008010015	麦片	食品	粮食加工产品	国家季度监督抽查	待审核	按企业人员	人	10
	2008-11-25	2008010013	啤酒	食品	酒类	国家季度监督抽查	待审核	按企业人员	人	10

1/1　1　共2条记录

导出Excel　编辑　同意

图 2-182 已办任务列表界面

(1) 查询

在列表界面输入查询条件，点击【查询】按钮，进行查询。

(2) 同意

在列表界面，选择通过审核的一条或多条记录，点击【同意】按钮，弹出选择对话框，选择下一环节的接收人，点击【确定】，抽查计划提交到初步审批环节。在本环节的已办任务列表界面中无此记录，在下一环节的已办任务列表界面中，此记录的抽查计划状态显示“待初步审批”。

（3）编辑

在已办任务列表界面的记录中，选择一条记录，点击【编辑】按钮，进入编辑界面，显示抽查计划、处理意见、质检机构、检验项目、抽查企业五个 tab 页，功能按钮有保存、提交、驳回、返回，如图 2－183 所示。

保存 驳回 提交 返回

抽查计划 | 处理意见 | 质检机构 | 检验项目 | 抽查企业

任务来源	质检总局	经办人	总局经办人	抽查批号	2008010015
编制日期	2008-11-25	抽查类型	国家季度监督抽查	产品名称	麦片

图 2－183　编辑抽查计划界面

在抽查计划、质检机构、检验项目、抽查企业四个 tab 页中，只可查看，不可编辑。

在处理意见 tab 页中，可以看到审核人相关字段为可编辑，其余不可编辑。输入审核意见等相关信息，如图 2－184 所示。

保存 驳回 提交 返回

抽查计划 | 处理意见 | 质检机构 | 检验项目 | 抽查企业

审核人	总局审核人	审核意见	同意	审核日期	2008-11-25
审核补充说明	通过审核				
初步审批人		初步审批意见	同意	初步审批日期	
初步审批补充说明					
审批人		审批意见	同意	审批日期	
审批补充说明					

图 2－184　处理意见界面

在编辑界面，编辑相关内容后，点击【保存】按钮，内容成功保存，返回已办任务列表界面，抽查计划状态仍显示“待审核”；点击【提交】按钮，弹出选择对话框，选择下一环节的接收人，点击【确定】，抽查计划提交到初步审批环节，返回已办任务列表界面，列表界面中无此记录，在下一环节的已办任务列表界面中可以查看，此记录的抽查计划状态显示“待初步审批”；点击【驳回】按钮，弹出选择对话框，选择要驳回的接收人，点击【确定】，抽查计划驳回到经办人环节，返回已办任务列表界面，列表界面无此记录，在前一环节的已办任务列表界面中可查看，此记录的抽查计划状态显示“编辑”；点击【返回】按钮，返回本环节已办任务列表界面。抽查计划状态仍显示“待审核”。

（4）导为 Excel

在列表界面，点击【导出 Excel】按钮，将列表界面的所有记录明细导为 Excel 保存到本地。

2.2.2.4　初步审批抽查计划

使用具有“初步审批抽查计划”角色的用户登录系统后，选择“监督抽查”，可以看到下级菜单“抽查计划制定申请”，点击“抽查计划制定申请”，可以看到下级菜单“已办任务”，如图 2－185所示。

图 2－185　抽查计划制定申请菜单

点击“已办任务”，进入列表界面，功能按钮有查询、编辑、同意、导出 Excel，如图 2－186 所示。

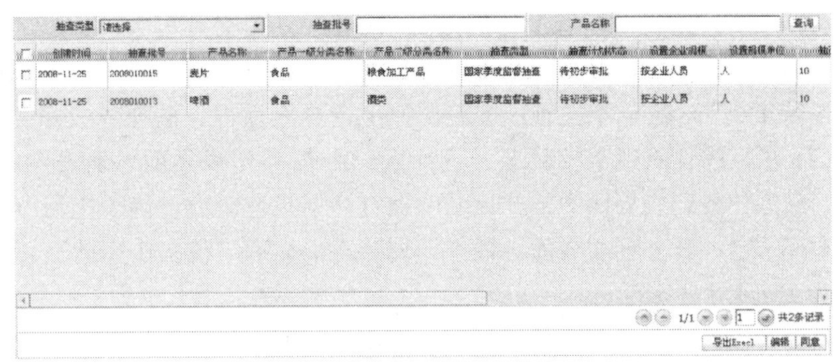

图 2－186　已办任务列表界面

（1）查询

在列表界面输入查询条件，点击【查询】按钮，进行查询。

（2）同意

在列表界面，选择通过初步审批的一条或多条记录，点击【同意】按钮，弹出选择对话框，选择下一环节的接收人，点击【确定】，抽查计划提交到审批环节。在本环节的已办任务列表界面中无此记录，在下一环节的已办任务列表界面中，此记录的抽查计划状态显示“待审批”。

（3）编辑

在已办任务列表界面的记录中，选择一条记录，点击【编辑】按钮，进入编辑界面，显示抽查计划、处理意见、质检机构、检验项目、抽查企业五个 tab 页。功能按钮有保存、提交、驳回、返回，如图 2－187 所示。

图 2－187　编辑抽查计划界面

在修改抽查计划、质检机构、检验项目、抽查企业四个 tab 页中，只可查看不可编辑。

在处理意见 tab 页中，可以看到初步审批人等相关字段为可编辑，其余不可编辑。输入初步审批意见等相关信息，如图 2－188 所示。

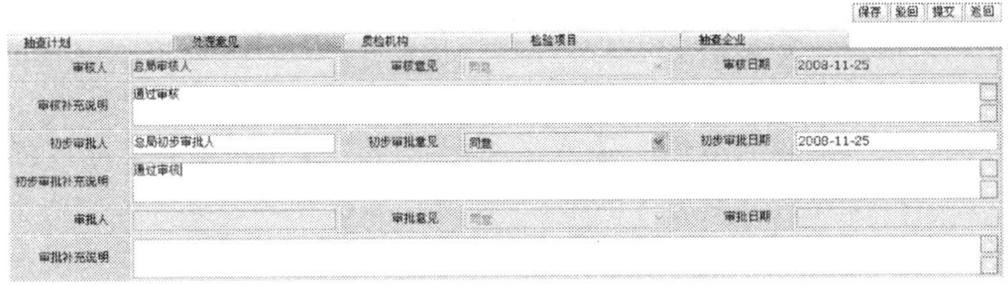

图 2－188　处理意见界面

在编辑界面，编辑相关内容后，点击【保存】按钮，内容成功保存，返回本环节的已办任务列表界面，抽查计划状态仍显示“待初步审批”；点击【提交】按钮，弹出选择对话框，选择下一环节的接收人，点击【确定】，抽查计划提交到审批环。返回已办任务列表界面，任务列表界面中无此记录，在下一环节的已办任务列表界面中，此记录的抽查计划状态显示“待审批”；点击【驳回】按钮，弹出选择对话框，选择要驳回的接收人，点击【确定】，抽查计划驳回到审核环节，返回到已办任务列表界面，列表界面无此记录，在前一环节的已办任务列表界面中，此记录的抽查计划状态显示“待审核”；点击【返回】按钮，返回本环节已办任务列表界面。抽查计划状态仍显示“待初步审批”。

（4）导为 Excel

在列表界面，点击【导出 Excel】按钮，将列表界面的所有记录明细导为 Excel 保存到本地。

2.2.2.5 审批抽查计划

使用具有“审批抽查计划”角色的用户登录系统后，选择“监督抽查”，可以看到下级菜单“抽查计划制定申请”，点击“抽查计划制定申请”，可以看到下级菜单“已办任务”，如图 2－189 所示。

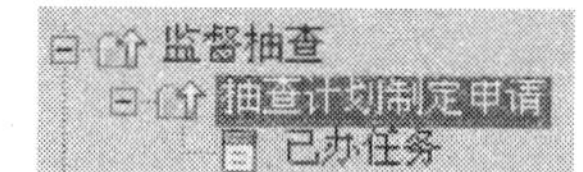

图2－189 抽查计划制定申请菜单

点击“已办任务”，进入列表界面，功能按钮有查询、编辑、同意、导出 Excel，如图 2－190所示。

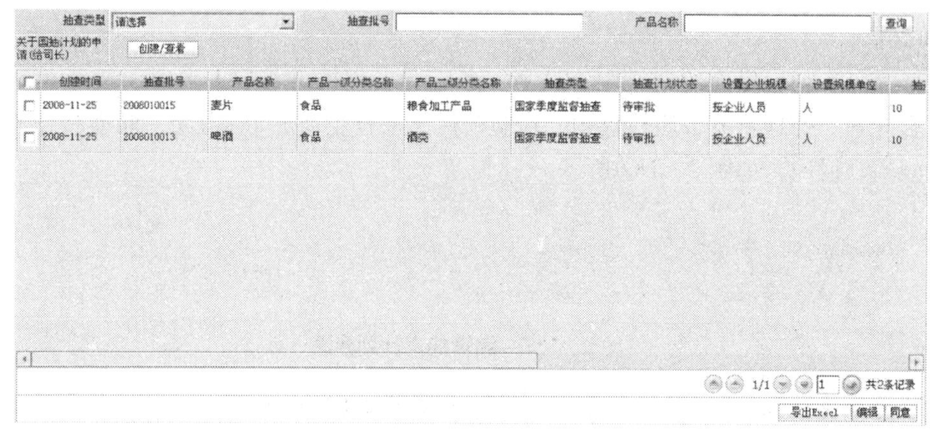

图2－190 已办任务列表界面

（1）查询

在列表界面输入查询条件，点击【查询】按钮，进行查询。

（2）同意

在列表界面，选择通过审批的一条或多条记录，点击【同意】按钮，弹出选择对话框，选择下一环节的接收人，点击【确定】，抽查计划提交到经办环节。在本环节的已办任务列表界面中无此记录，在下一环节的已办任务列表界面中，此记录的抽查计划状态显示“未下发通知”。

（3）编辑

在已办任务列表界面的记录中，选择一条记录，点击【编辑】按钮，进入编辑界面，显示抽查计划、处理意见、质检机构、检验项目、抽查企业五个 tab 页。功能按钮有保存、提交、驳回、返回，如图 2－191 所示。

图 2－191　编辑抽查计划界面

在修改抽查计划、质检机构、检验项目、抽查企业四个 tab 页中，只可查看不可编辑。

在处理意见 tab 页中，可以看到审批人等相关字段为可编辑，其余不可编辑。输入审批意见等相关信息，如图 2－192 所示。

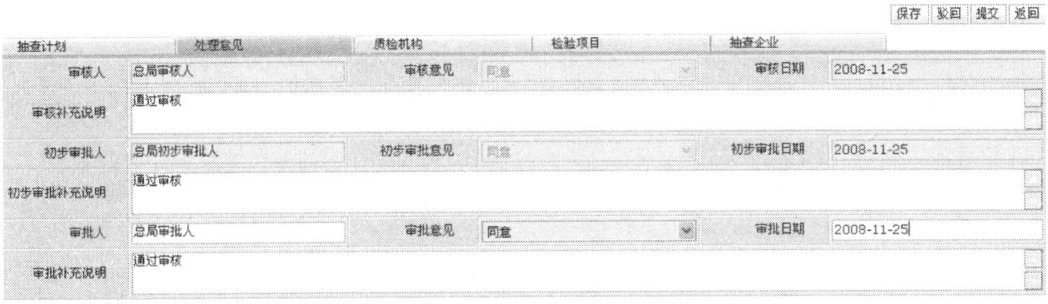

图 2－192　处理意见界面

在编辑界面，编辑相关内容后，点击【保存】按钮，内容成功保存，返回本环节的已办任务列表界面，抽查计划状态仍显示“待审批”；点击【提交】按钮，弹出选择对话框，选择下一环节的接收人，点击【确定】，抽查计划提交到经办环节，返回已办任务列表界面，列表界面中无此记录，在下一环节的已办任务列表界面中，此记录的抽查计划状态显示“未下发通知”；点击【驳回】按钮，弹出选择对话框，选择要驳回的接收人，点击【确定】，抽查计划驳回到初步审批环节，返回已办任务列表界面，列表界面中无此记录，在前一环节的已办任务列表界面中，此记录的抽查计划状态显示“待初步审批”；点击【返回】按钮，返回本环节已办任务列表界面。抽查计划状态仍显示“待审批”。

（4）导为 Excel

在列表界面，点击【导出 Excel】按钮，将列表界面的所有记录明细导为 Excel 保存到本地。

2.2.2.6　下发通知

使用具有“总局抽查经办人”角色的用户登录系统后，选择“监督抽查”，可以看到下级菜单“抽查计划制定申请”，点击“抽查计划制定申请”，可以看到下级菜单“已办任务”，如图 2－193 所示。

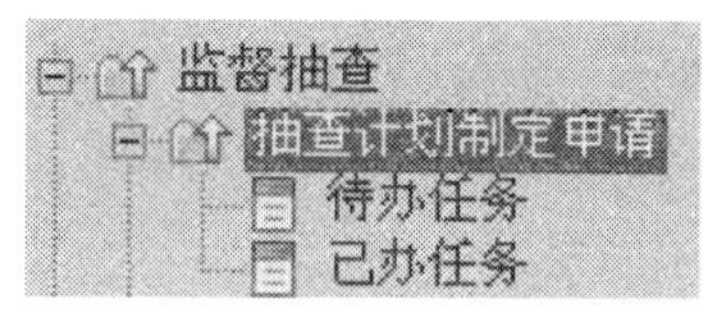

图 2－193 抽查计划制定申请菜单

点击“已办任务”，进入列表界面，功能按钮有查询、下发通知、编辑，如图 2－194 所示。

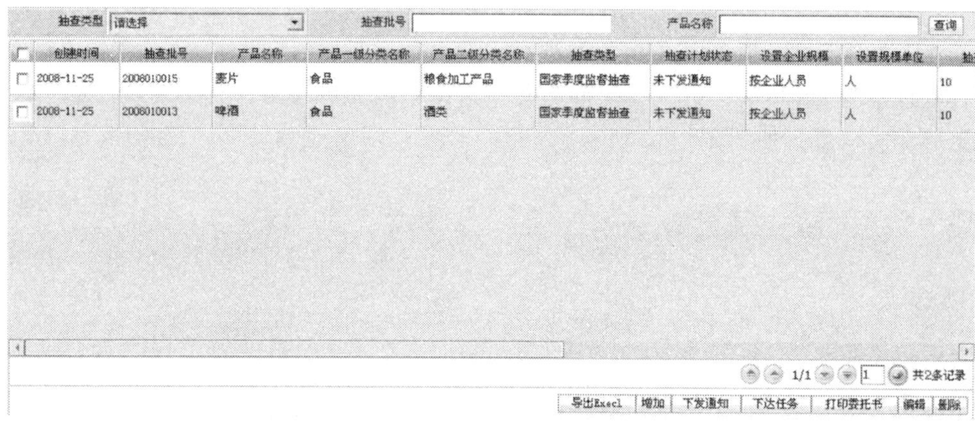

抽查类型 请选择 抽查批号 产品名称 查询

	创建时间	抽查批号	产品名称	产品一级分类名称	产品二级分类名称	抽查类型	抽查计划状态	设置企业规模	设置规模单位	抽
□	2008-11-25	2008010015	麦片	食品	粮食加工产品	国家季度监督抽查	未下发通知	按企业人员	人	10
□	2008-11-25	2008010013	啤酒	食品	酒类	国家季度监督抽查	未下发通知	按企业人员	人	10

1/1 1 共2条记录

导出Excel 增加 下发通知 下达任务 打印委托书 编辑 删除

图 2－194 已办任务列表界面

（1）查询

在列表界面输入查询条件，点击【查询】按钮，进行查询。

（2）编辑

在已办任务列表界面的记录中，选择一条记录，点击【编辑】按钮，进入编辑界面，显示抽查计划、处理意见、质检机构、检验项目、抽查企业五个 tab 页。功能按钮有保存、下发通知、返回，如图 2－195 所示。

保存 下发通知 返回

抽查计划 处理意见 质检机构 检验项目 抽查企业

任务来源	质检总局	经办人	总局经办人	抽查批号	2008010015
编制日期	2008-11-25	抽查类型	国家季度监督抽查	产品名称	麦片
涉及强制性标准	是	经费必填	是	完成情况必填	否
全国企业总数	100	抽查批次	10	每批次产品数	10
检验依据	监督抽查实施规范；强制性标准；推荐性标准；				
产品标准					
产品属性	妇女儿童相关产品				
是否工业产品许可证	是	是否食品生产许可证	是	是否CCC产品认证	否
国家免检产品	否	中国名牌产品	否	设置企业规模	按企业人员
设置规模单位	人	设置中型下限		设置中型上限	
备注	无				
上报抽样人员时间	2008-11-26	上报抽查结果时间	2008-11-27	上报初步检验结果时间	2008-11-28
上报最终检验结果时间	2008-11-29				
文书列表	请选择 填写				

图 2－195 编辑抽查计划界面

在抽查计划 tab 页中，可以看到“文书列表”字段，选择任务布置会通知，点击【填写】按钮，弹出如图 2－196 所示的抽查任务布置会通知文书模板，在文书模板中填写完文书后，点击【关闭】，系统会提示保存成功，将文书保存成功。

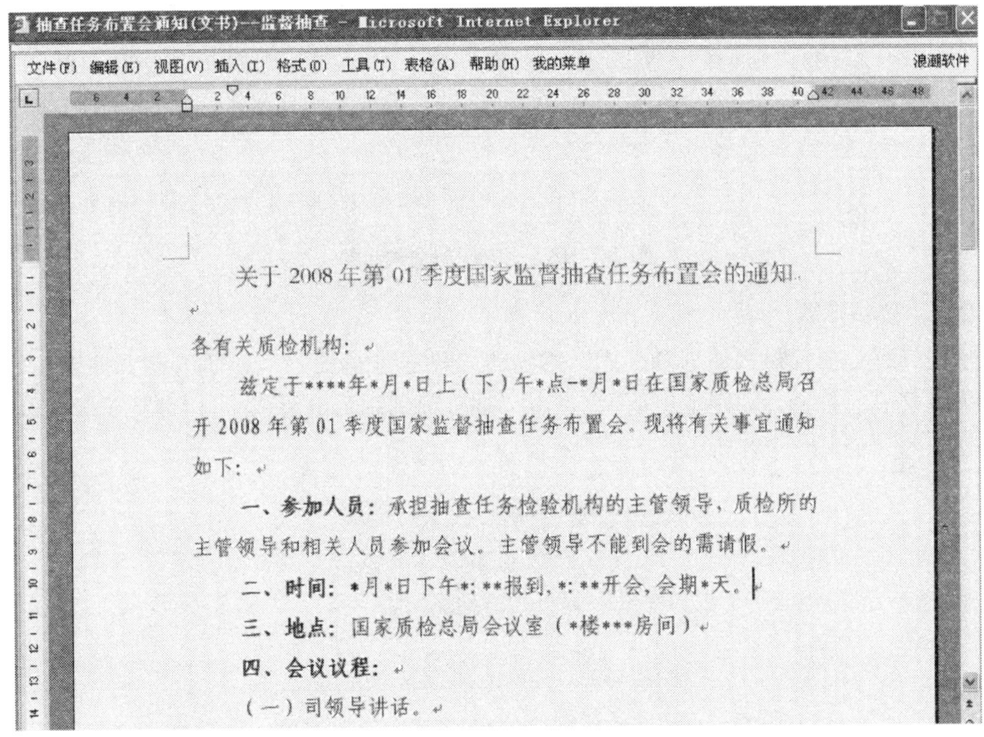

关于 2008 年第 01 季度国家监督抽查任务布置会的通知

各有关质检机构：

兹定于****年*月*日上（下）午*点-*月*日在国家质检总局召开 2008 年第 01 季度国家监督抽查任务布置会。现将有关事宜通知如下：

一、参加人员：承担抽查任务检验机构的主管领导、质检所的主管领导和相关人员参加会议。主管领导不能到会的需请假。

二、时间：*月*日下午*:**报到，*:**开会，会期*天。

三、地点：国家质检总局会议室（*楼***房间）

四、会议议程：

（一）司领导讲话。

图 2－196 编辑抽查任务会通知

在抽查计划、质检机构、检验项目、抽查企业四个 tab 页中，可以编辑修改抽查计划。

在处理意见 tab 页中，可以查看各级的审批意见。

在编辑界面，点击【保存】按钮，将修改内容保存，返回已办任务列表界面，抽查计划状态显示“未下发通知”；点击【下发通知】按钮，将抽查通知下发到质检机构，返回已办任务列表界面，抽查计划状态显示“已下发通知”；点击【返回】按钮，返回已办任务列表界面，抽查计划状态显示“未下发通知”。

（3）下发通知

下发通知有以下两种途径：

1）在列表界面，选择一条或多条可以下发通知的抽查计划状态显示为“未下发通知”的记录，点击【下发通知】按钮，将抽查通知批量下发到质检机构。

2）在列表界面，选择一条可以下发通知的抽查计划状态显示为“未下发通知”的记录，点击【编辑】按钮，进入编辑界面，点击【下发通知】按钮，将抽查通知逐条下发到质检机构。

下发通知后的记录，在已办任务列表中抽查计划状态显示“已下发通知”，如图 2－197所示。

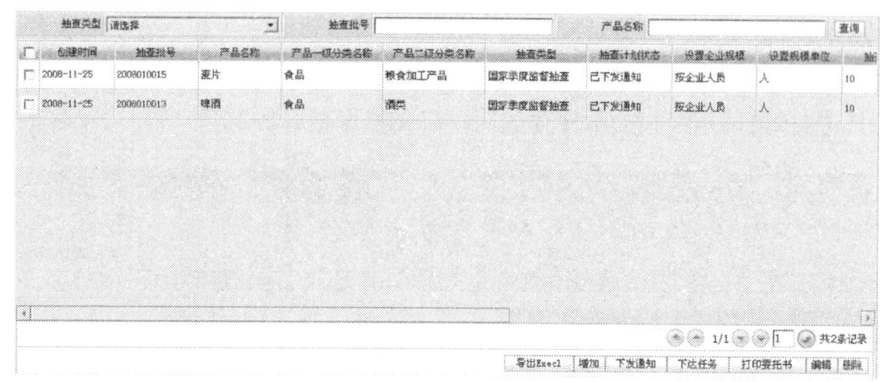

图 2－197　已办任务列表界面

2.2.2.7　机构反馈

使用具有“质检机构抽查经办人”角色的用户登录系统后，选择“监督抽查”，可以看到下级菜单“抽查计划制定申请”，点击“抽查计划制定申请”，可以看到下级菜单“已下达任务”，如图 2－198 所示。

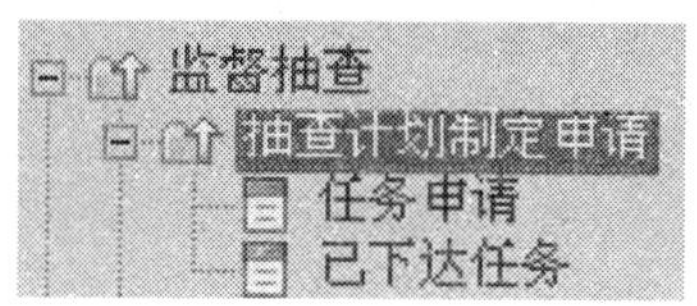

图 2－198　抽查计划制定申请菜单

点击“已下达任务”，进入列表界面，功能按钮有查询、编辑、导出 Excel，如图 2－199所示。

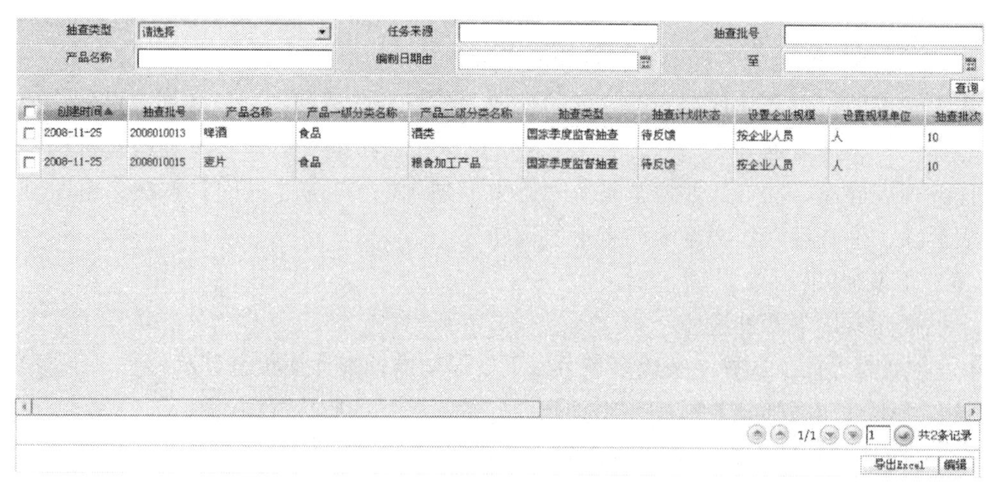

图 2－199　已下达任务列表界面

（1）查询

在列表界面输入查询条件，点击【查询】按钮，进行查询。

（2）编辑

在列表界面，选择一条抽查计划状态为“待反馈”的记录，点击【编辑】按钮，进入编辑界面，显示修改抽查计划、处理意见、质检机构、检验项目、抽查企业、经费预算六个 tab 页。功能按钮有保存、提交、返回，如图 2－200 所示。

图 2－200 编辑抽查计划界面

在修改抽查计划、检验机构、抽查企业三个 tab 页中，可以修改相关内容（其中带 * 的为必填项）。

在修改抽查计划 tab 页中，“文书列表”字段选择“任务布置会通知”，点击【查看】按钮，可看到上级下发的抽查任务布置会的通知。

在处理意见 tab 页中，可以看到各级审批意见，只可查看不可编辑。

在质检机构 tab 页中，可以查看质检机构相关信息，只可查看不可编辑。

在经费预算 tab 页，有以下两种情况：

1）抽查计划为机构申请的，则在经费预算 tab 页中显示一条经费预算记录，如图 2－201所示，选择此条记录，点击【编辑】按钮，则可看到在机构任务申请时所填写的相关经费预算，可以修改编辑；

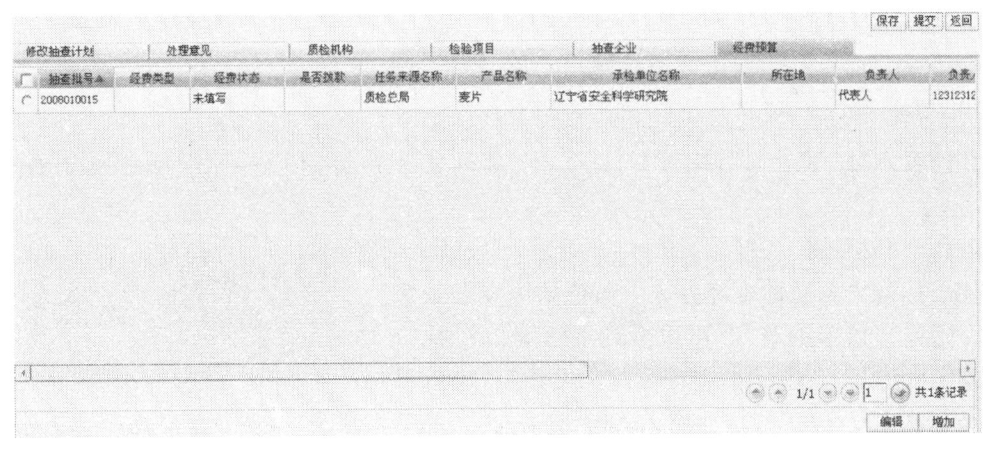

图 2－201 经费预算界面

2）抽查计划为总局下达的，要在经费预算 tab 页点击【增加】按钮，添加经费预算。

在编辑界面，编辑相关内容后，点击【保存】按钮，内容成功保存，返回列表界面，抽查计划状态仍显示“待反馈”；点击【返回】按钮，返回列表界面。抽查计划状态仍显示“待反馈”。根据质检机构是否是牵头单位，提交也有三种情况。

一是，若质检机构不是牵头单位，在编辑界面，编辑相关内容后，点击【提交】按钮，直接将记录提交至牵头单位，在本环节的已下达任务列表界面中，此记录的抽查计划状态显示“待反馈”，当牵头单位提交后，抽查计划状态显示“已反馈”。

二是，若质检机构为牵头单位，且全部非牵头单位已经提交到牵头单位，在编辑界面，编辑相关内容后，点击【提交】按钮，弹出选择对话框，选择下一环节的接收人，点击【确定】，抽查计划提交到总局经办环节。在本环节的已下达任务列表界面中，此记录的抽查计划状态显示“已反馈”。

三是，若质检机构为牵头单位，且非牵头单位并未全部提交到牵头单位：在编辑界面，编辑相关内容后，点击【提交】按钮，弹出系统提示对话框，提示“合作单位没有提交经费预算，提交终止”。

反馈后的列表界面，如图 2－202 所示。

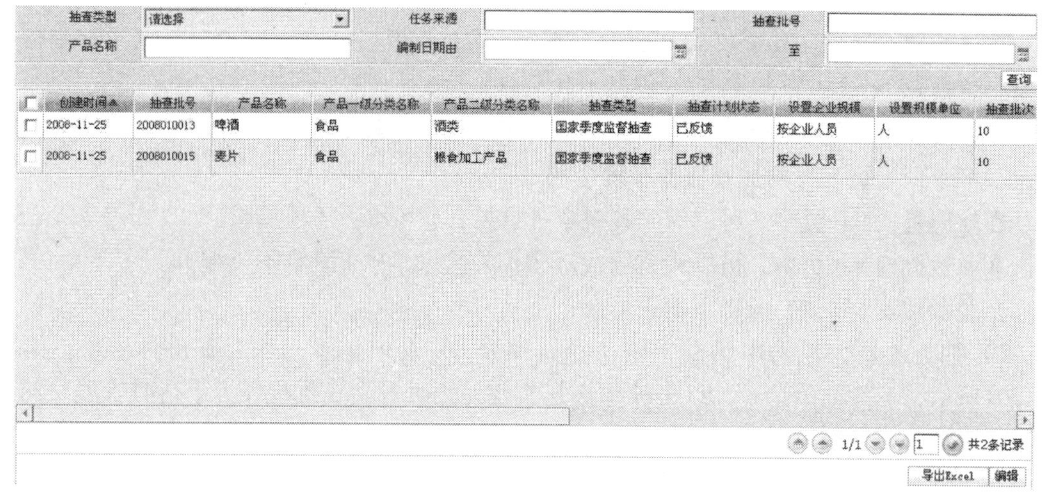

图 2－202　列表界面

（3）导为 Excel

在列表界面，点击【导出 Excel】按钮，将列表界面的所有记录明细导为 Excel 保存到本地。

2.2.2.8　下达任务

使用具有“总局抽查经办人”角色的用户登录系统后，选择“监督抽查”，可以看到下级菜单“抽查计划制定申请”，点击“抽查计划制定申请”，可以看到下级菜单“已办任务”，如图 2－203 所示。

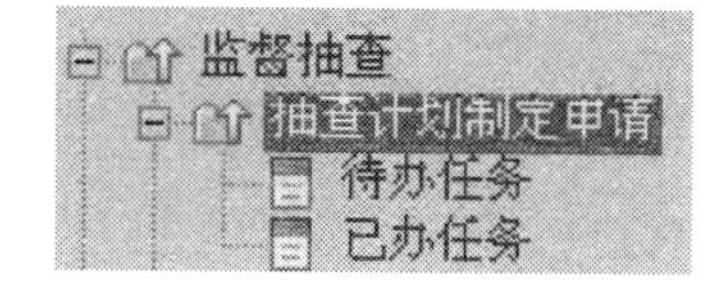

图 2－203　抽查计划制定申请菜单

点击“已办任务”，进入列表界面，功能按钮有查询、编辑、下达任务，如图2－204所示。

（1）查询

在列表界面输入查询条件，点击【查询】按钮，进行查询。

（2）编辑

在列表界面，选择一条抽查计划状态为“未下达任务”的记录，点击【编辑】按钮，进入编辑界面，显示修改抽查计划、处理意见、质检机构、检验项目、抽查企业、经费预算六个 tab 页。功能按钮有保存、下达任务、返回，如图 2－205 所示。

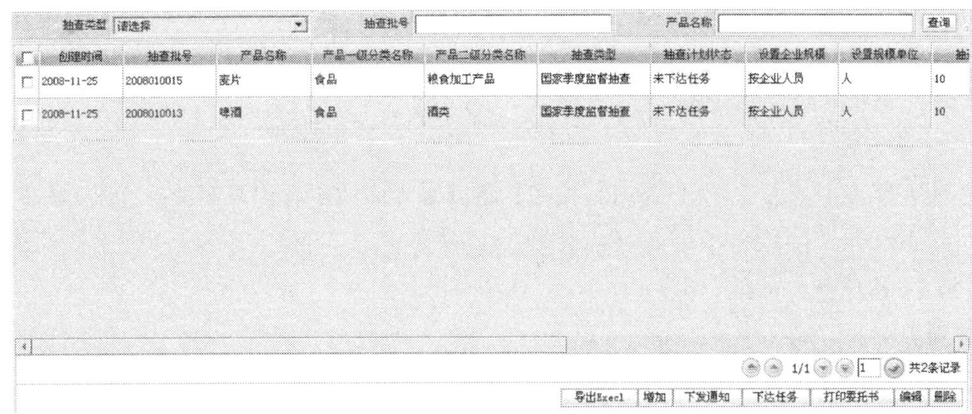

抽查类型 请选择 抽查批号 产品名称 查询

创建时间	抽查批号	产品名称	产品一级分类名称	产品二级分类名称	抽查类型	抽查计划状态	设置企业规模	设置规模单位	抽
2008-11-25	2008010015	麦片	食品	粮食加工产品	国家季度监督抽查	未下达任务	按企业人员	人	10
2008-11-25	2008010013	啤酒	食品	酒类	国家季度监督抽查	未下达任务	按企业人员	人	10

1/1 1 共2条记录

导出Excel 增加 下发通知 下达任务 打印委托书 编辑 删除

图 2-204 已下达任务列表界面

保存 下达任务 返回

修改抽查计划 处理意见 质检机构 检验项目 抽查企业 经费预算

任务来源	质检总局 *	经办人	总局经办人 *	抽查批号	2008010015
编制日期	2008-11-25 *	抽查类型	国家季度监督抽查 *	产品名称	麦片 *

图 2-205 编辑抽查计划界面

在修改抽查计划、质检机构、检验项目、抽查企业四个 tab 页中，可以修改相关内容（其中带 * 的为必填项）。

在“处理意见 tab”页，可以看到各级审批意见，只可查看不可编辑。

在“经费预算 tab”页，选择一条记录，点击【明细】按钮，进入经费预算明细界面，如图 2-206 所示，可以进行修改。

http://192.169.9.9:6789/zljd/chfund.do?method=forupdate&primaryKey=2989891dd136cc011d...

经费预算

经费类型	预算 *	经费状态	已填写未上报	是否拨款	未拨款
任务来源	质检总局 *	抽查批号	2008010015 *	产品名称	麦片
承检单位	辽宁省安全科学研究院	负责人	张帆	负责人电话	12312312
行政区划	辽宁沈阳市 *				
企业数	100	抽查批次	10 *	每批次产品数	10 *
银行帐号	4218671600022900	开户名称	辽宁省安全科学研究院		
开户银行	民生银行沈阳分行				
联系人	代表人	联系人电话	12312312	传真	12312312
E-mail	zhangfan@163.com	填写人	王峰	填写日期	2008-11-13
通信地址	辽宁省	邮编	100900		
申报检验费	23.32 万元	申报差旅费	434.43 万元	申报样品运输费	43.33 万元
申报其它费	44.43 万元	申报费用合计	545.51 万元		
实拨检验费	0 万元	实拨差旅费	0 万元	实拨样品运输费	0 万元
实拨其它费	0 万元	实拨费用合计	0 万元		

保存 返回

图 2-206 经费预算界面

在“编辑”面，修改相关内容，点击【保存】按钮，返回列表界面，抽查计划状态显示“未下达任务”；点击【下达任务】按钮，将任务下达到质检机构，返回列表界面，抽查计划状态显示“已下达任务”。

（3）导为 Excel

在列表界面，点击【导出 Excel】按钮，将列表界面的所有记录明细导为 Excel 保存到本地。

（4）下达任务

在列表界面，选择一条或多条可以下达任务的抽查计划状态显示为“未下达任务”的记录，点击【下达任务】按钮，将抽查任务批量下达到质检机构，同时生成抽样单，列表界面抽查计划状态显示“已下达任务”，如图 2－207 所示。

抽查类型 请选择　抽查批号　产品名称　查询

创建时间	抽查批号	产品名称	产品一级分类名称	产品二级分类名称	抽查类型	抽查计划状态	设置企业规模	设置规模单位	抽
2008-11-25	2008010015	麦片	食品	粮食加工产品	国家季度监督抽查	已下达任务	按企业人员	人	10
2008-11-25	2008010013	啤酒	食品	酒类	国家季度监督抽查	已下达任务	按企业人员	人	10

1/1　1　共2条记录

导出Execl　增加　下发通知　下达任务　打印委托书　编辑　删除

图 2－207　下达任务界面

2.2.2.9　接收下达的任务

使用具有“质检机构抽查经办人”角色的用户登录系统后，选择“监督抽查”，可以看到下级菜单“抽查计划制定申请”，点击“抽查计划制定申请”，可以看到下级菜单“已下达任务”，如图 2－208 所示。

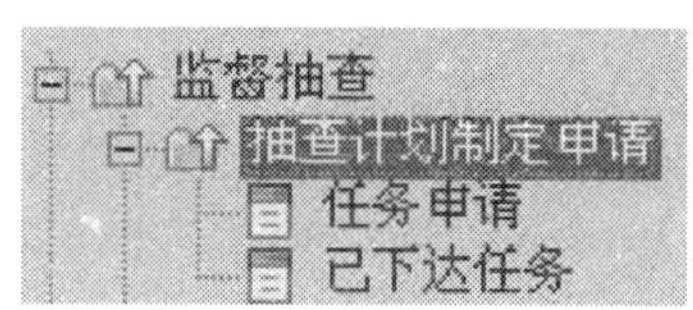

图 2－208　抽查计划制定申请菜单

点击“已下达任务”，进入列表界面，功能按钮有查询、编辑、导为 Excel，如图 2－209所示。

（1）查询

在列表界面输入查询条件，点击【查询】按钮，进行查询。

（2）编辑

在列表界面，选择一条抽查计划状态为“已下达”的记录，点击【编辑】按钮，进入编辑界面，显示修改抽查计划、处理意见、质检机构、检验项目、抽查企业、经费预算六个 tab 页。功能按钮有返回，如图 2－210 所示。

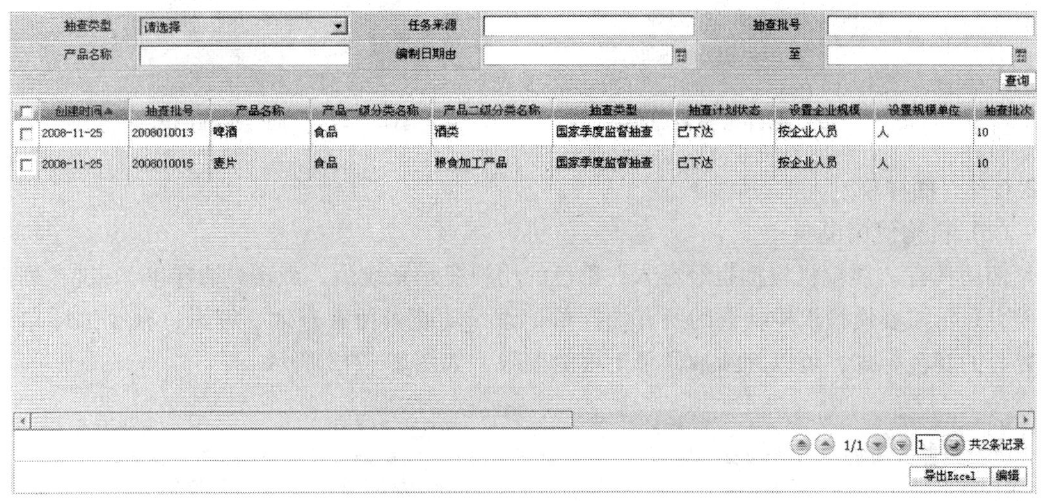

图 2－209　已下达任务列表界面

返回

修改抽查计划　处理意见　质检机构　检验项目　抽查企业　经费预算

任务来源	质检总局	经办人	总局经办人	抽查批号	2008010015
编制日期	2008-11-25	抽查类型	国家季度监督抽查	产品名称	麦片

图 2－210　编辑抽查计划界面

在编辑界面，查看相关内容，点击【返回】按钮，返回列表界面。

（3）导为 Excel

在列表界面，点击【导出 Excel】按钮，将列表界面的所有记录明细导为 Excel 保存到本地。

2.2.3　抽样检验信息

使用具有“质检机构抽查经办人”角色的用户登录系统后，选择“监督抽查”，可以看到下级菜单“抽样检验信息”，点击“抽样检验信息”，可以看到下级菜单“抽样单”、“上报抽样人员”、“上报抽查企业”、“上报初步检测结果”、“上报最终检测结果”，如图 2－211所示。

使用具有“总局抽查经办人”角色的用户登录系统后，选择“监督抽查”，可以看到下级菜单“抽样检验信息”，点击“抽样检验信息”，可以看到下级菜单“抽样单”、“接收抽样人员”、“接收企业名单”、“接收初步结果”、“接收最终结果”，如图 2－212 所示。

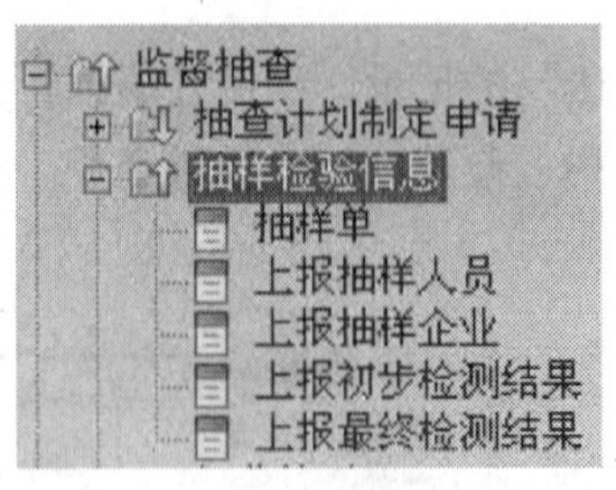

图2－211　抽样检验信息菜单

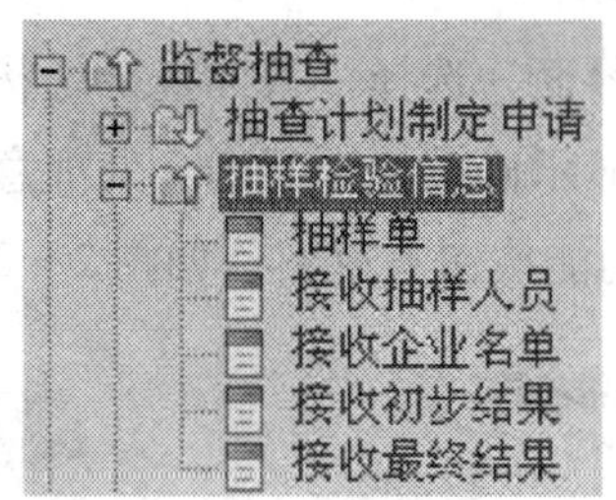

图2－212　抽样检验信息

2.2.3.1　抽样单

（1）机构使用说明

使用具有“质检机构抽查经办人”角色的用户登录系统后，点击“抽样单”，进入列表界面，显示需要质检机构抽查的所有抽样单记录，功能按钮有查询、编辑，根据抽样单列表界面的颜色标志，可以判断抽样单上报的期限，如图2－213所示。

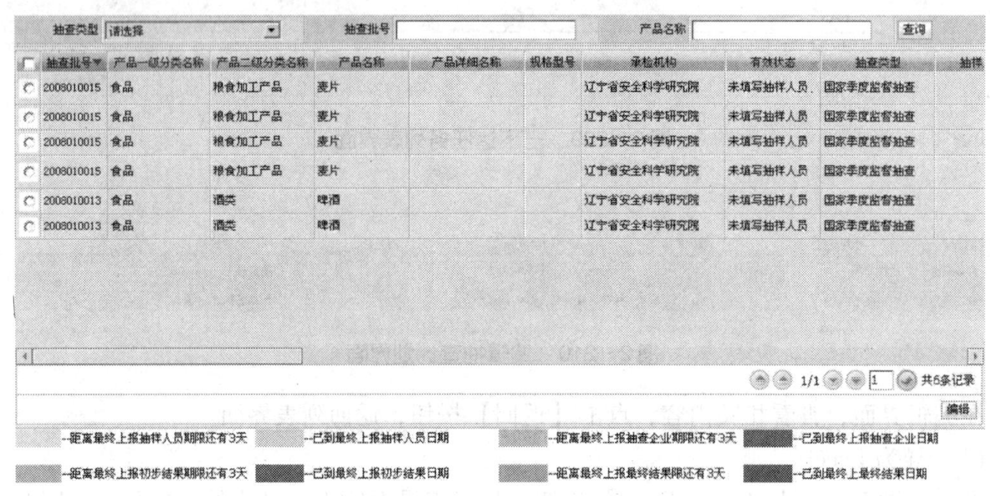

图2－213　抽样单列表界面

1）查询：在列表界面输入查询条件，点击【查询】按钮，进行查询。

2）编辑：在列表界面，选择一条抽样单记录，点击【编辑】按钮，进入编辑界面，可看到企业抽样信息、检验项目、后处理信息三个tab页，功能按钮有上一页、下一页、保存、返回，如图2－214所示。

图2－214　企业抽样信息界面

当列表界面的有效状态显示“未填写抽样人员”时，进入编辑界面后，填写相关内容，填写完保存后返回列表界面，有效状态显示“已填写抽样人员”。

当列表界面的有效状态显示“未填写抽查企业”时，进入编辑界面，填写相关内容，填写完保存后返回列表界面，有效状态显示“已填写抽查企业”。

当列表界面的有效状态显示“未填写初步结果”时，进入编辑界面，填写相关内容，填写完保存后返回列表界面，有效状态显示“已填写初步结果”。

当列表界面的有效状态显示“未填写最终结果”时，进入编辑界面，填写相关内容，填写完保存后返回列表界面，有效状态显示“已填写最终结果”。

在编辑界面，输入相关内容后，点击【保存】按钮，弹出对话框提示保存成功。

在编辑界面，点击【返回】按钮，返回列表界面。

在编辑界面，点击【下一页】按钮，进入下一条抽样单记录。

在编辑界面，点击【上一页】按钮，进入上一条抽样单记录。

（2）总局使用说明

使用具有“总局抽查经办人”角色的用户登录系统后，点击“抽样单”，进入列表界面，显示需要质检机构抽查的所有抽样单记录，功能按钮有查询、编辑、删除，如图2－215所示。

抽查类型 请选择　抽查批号　产品名称　查询

抽查批号	产品一级分类名称	产品二级分类名称	产品名称	产品详细名称	规格型号	承检机构	有效状态	抽查类型	抽样
2008010015	食品	粮食加工产品	麦片			辽宁省安全科学研究院	未下发	国家季度监督抽查	王明
2008010015	食品	粮食加工产品	麦片			辽宁省安全科学研究院	未下发	国家季度监督抽查	郑明
2008010015	食品	粮食加工产品	麦片			辽宁省安全科学研究院	未下发	国家季度监督抽查	钱放
2008010015	食品	粮食加工产品	麦片			辽宁省安全科学研究院	未下发	国家季度监督抽查	王倩
2008010013	食品	酒类	啤酒			辽宁省安全科学研究院	未下发	国家季度监督抽查	江门钱
2008010013	食品	酒类	啤酒			辽宁省安全科学研究院	未下发	国家季度监督抽查	杨强

1/1　1　共6条记录

编辑　删除

图2－215　抽样单列表界面

1）查询：在列表界面输入查询条件，点击【查询】按钮，进行查询。

2）编辑：在列表界面，选择一条抽样单记录，点击【编辑】按钮，进入编辑界面，显示企业抽样信息、检验项目、后处理信息三个tab页，功能按钮有上一页、下一页、保存、返回，如图2－216所示。

图2－216　企业抽样信息界面

当列表界面的有效状态显示“未下发”时，进入编辑界面后，编辑相关内容，点击【保存】按钮，弹出对话框提示保存成功。

当列表界面的有效状态显示“已上报最终结果”时，进入编辑界面，编辑相关内容，点击【保存】按钮，弹出对话框提示保存成功。

在编辑界面，点击【返回】按钮，返回列表界面。

在编辑界面，点击【下一页】按钮，进入下一条抽样单记录。

在编辑界面，点击【上一页】按钮，进入上一条抽样单记录。

2.2.3.2 上报抽样人员

使用具有“质检机构抽查经办人”角色的用户登录系统后，点击“上报抽样人员”，进入列表界面，显示需要质检机构上报抽样人员的所有抽查计划，功能按钮有查询、上报，如图 2－217 所示。

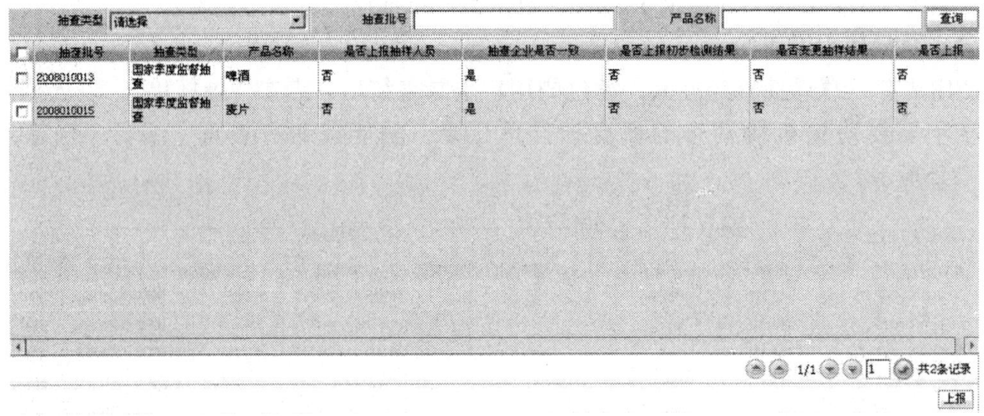

图 2－217 上报抽样人员列表界面

（1）查询

在列表界面输入查询条件，点击【查询】按钮，进行查询筛选。

（2）查看抽样单明细

在抽查计划列表界面，点击“抽查批号”字段的链接，弹出上报抽样人员对话框，显示该条抽查计划对应的所有抽样单，如图 2－218 所示。

图 2－218 查看抽样单明细界面

（3）上报

在列表界面，选择一条或多条记录，点击【上报】按钮，弹出对话框提示上报成功，将选中的抽查计划上报。

上报抽样人员时有以下两种情况：

第一，当质检机构为牵头单位时，点击【上报抽样人员】按钮，直接将抽样人员上报给总局；

第二，当质检机构为非牵头单位时，点击【上报抽样人员】按钮，直接将抽样人员上报给牵头单位。

上报抽样人员时有以下几点需要注意：

第一，点击【上报】按钮时，是将抽查计划和抽样单都上报，只要有一个抽样单没有添加抽样人员相关信息，就不能上报成功；

第二，所有的抽样单（包含牵头单位和非牵头单位）都添加抽样人员相关信息后，才能向总局上报抽样人员；

第三，当某一抽样类型或某一抽查批号或某一产品的抽样单的抽样人员信息填写完后，可以利用查询条件筛选后，点击【上报】按钮进行上报。

2.2.3.3 接收抽样人员

使用具有“总局抽查经办人”角色的用户登录系统后，点击“接收抽样人员”，进入列表界面，列表显示上报抽样人员的所有抽查计划，使用抽查批号查询条件显示需要办理的抽查计划，功能按钮有查询、分省、下发，如图2－219所示。

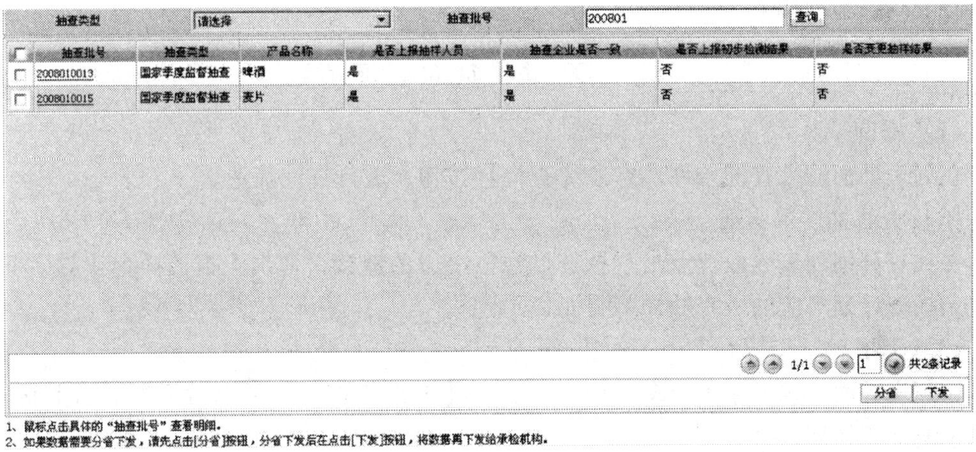

抽查类型 请选择 抽查批号 200801 查询

抽查批号	抽查类型	产品名称	是否上报抽样人员	抽查企业是否一致	是否上报初步检测结果	是否变更抽样结果
2008010013	国家季度监督抽查	啤酒	是	是	否	否
2008010015	国家季度监督抽查	麦片	是	是	否	否

1/1 1 共2条记录

分省 下发

1、鼠标点击具体的“抽查批号”查看明细。
2、如果数据需要分省下发，请先点击[分省]按钮，分省下发后在点击[下发]按钮，将数据再下发给承检机构。

图2－219 接收抽样人员列表界面

(1) 查询

在列表界面输入查询条件，点击【查询】按钮，进行查询筛选。

(2) 分省

在列表界面，选择一条或多条需要分省的抽查计划记录，点击【分省】按钮，弹出对话框提示下发成功，点击【确定】，将抽查计划下发到质检机构所在省的质监局。

(3) 下发

在列表界面，选择一条或多条需要下发的抽查计划记录，点击【下发】按钮，弹出对话框提示下发成功，点击【确定】，将抽查计划下发到质检机构。此时，抽样单列表内有效状态显示“未填写抽查企业”。

(4) 查看抽样单明细

在列表界面，点击“抽查批号”字段的超链接，弹出此条抽查计划对应的抽样单明细列表。

2.2.3.4 上报抽样企业

使用具有“质检机构抽查经办人”角色的用户登录系统后，点击“上报抽样企业”，进入列表界面，显示需要质检机构上报抽样企业的所有抽查计划记录，功能按钮有查询、上报，如图 2－220 所示。

图 2－220　上报抽样企业列表界面

（1）查询

在列表界面输入查询条件，点击【查询】按钮，进行查询筛选。

（2）查看抽样单明细

在抽查计划列表界面，点击“抽查批号”字段的链接，弹出上报抽样企业对话框，显示该条抽查计划对应的所有抽样单明细。

（3）上报

在列表界面，选择一条或多条记录，点击【上报】按钮，弹出对话框提示上报成功，将选中的抽查计划上报。

上报抽样企业时有以下两种情况：

第一，当质检机构为牵头单位时，点击【企业名单上报】按钮，直接将抽样企业上报给总局；

第二，当质检机构为非牵头单位时，点击【企业名单上报】按钮，直接将抽样企业上报给牵头单位。

上报抽样企业时有以下几点需要注意：

第一，点击【上报】按钮时，是将抽查计划和抽样单都上报，只要有一个抽样单没有添加抽样企业相关信息，就不能上报成功；

第二，所有的抽样单（包含牵头单位和非牵头单位）都添加抽样企业相关信息后，才能向总局上报抽样企业；

第三，当某一抽样类型或某一抽查批号或某一产品的抽样单的抽样企业信息填写完后，可以利用查询条件筛选后，点击【上报】按钮进行上报。

2.2.3.5 接收企业名单

使用具有“总局抽查经办人”角色的用户登录系统后，点击“接收企业名单”，进入列表界面，列表显示上报抽样企业的所有抽查计划，使用抽查批号查询条件显示需要办理的抽查计划，功能按钮有查询、下发，如图2－221所示。

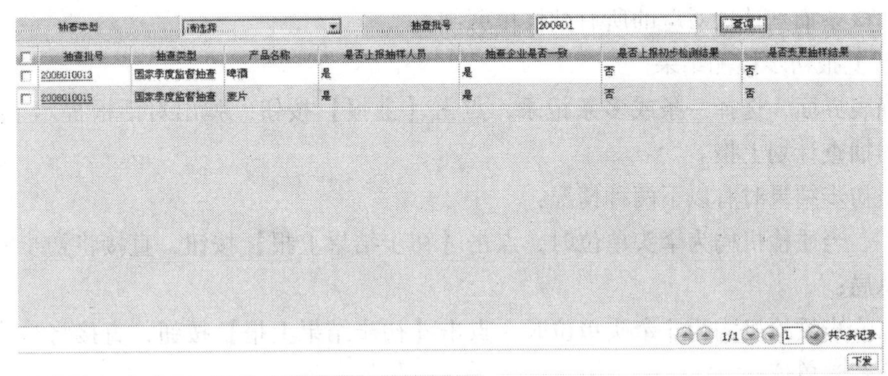

图2－221 接收企业名单列表界面

（1）查询

在列表界面输入查询条件，点击【查询】按钮，进行查询筛选。

（2）下发

在列表界面，选择一条或多条需要下发的抽查计划记录，点击【下发】按钮，弹出对话框提示下发成功，点击【确定】，将抽查计划下发到质检机构。此时，抽样单列表内有效状态显示“未填写初步结果”。

（3）查看抽样单明细

在列表界面，点击“抽查批号”字段的超链接，弹出此条抽查计划对应的抽样单明细列表。

2.2.3.6 上报初步检测结果

使用具有“质检机构抽查经办人”角色的用户登录系统后，点击“上报初步检测结果”，进入列表界面，显示需要质检机构上报初步检测结果的所有抽样单记录，功能按钮有查询、上报，如图2－222所示。

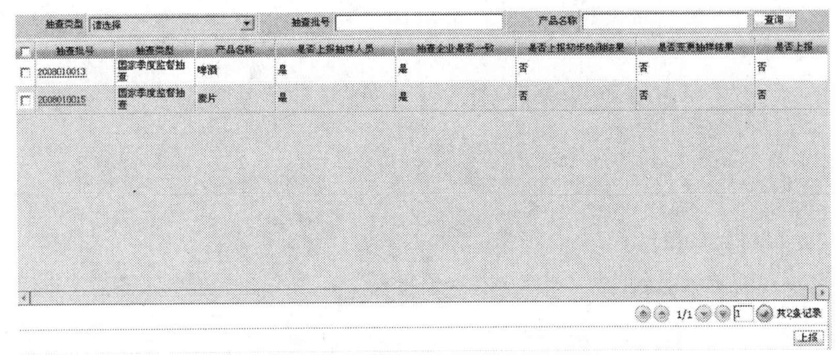

图2－222 上报初步检测结果列表界面

（1）查询

在列表界面输入查询条件，点击【查询】按钮，进行查询筛选。

（2）查看抽样单明细

在抽查计划列表界面，点击“抽查批号”字段的链接，弹出上报检测初步结果对话框，显示该条抽查计划对应的所有抽样单明细。

（3）上报初步检测结果

在列表界面，选择一条或多条记录，点击【上报】按钮，弹出对话框提示上报成功，将选中的抽查计划上报。

上报初步结果时有以下两种情况：

第一，当质检机构为牵头单位时，点击【初步结果上报】按钮，直接将初步检测结果上报给总局；

第二，当质检机构为非牵头单位时，点击【初步结果上报】按钮，直接将初步检测结果上报给牵头单位。

上报初步结果时有以下几点需要注意：

第一，点击【上报初步结果】按钮时，是将抽查计划和抽样单一起上报，只要有一个抽样单没有初步检测结果相关信息，就不能上报成功；

第二，所有的抽样单（包含牵头单位和非牵头单位）都添加初步检测结果后，才能向总局上报初步检测结果；

第三，当某一抽样类型或某一抽查批号或某一产品的抽样单的初步检测结果填写完后，可以利用查询条件筛选后，点击【上报】按钮进行上报。

2.2.3.7 接收初步检测结果

使用具有“总局抽查经办人”角色的用户登录系统后，点击“接收初步结果”，进入列表界面，列表显示所有上报初步检测结果的抽查计划，功能按钮有查询、下发，如图2－223所示。

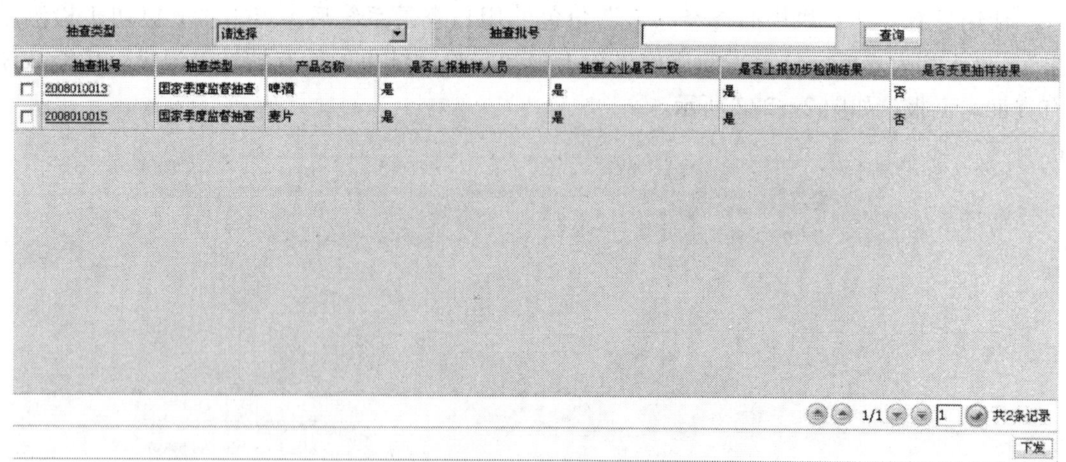

抽查批号	抽查类型	产品名称	是否上报抽样人员	抽查企业是否一致	是否上报初步检测结果	是否变更抽样结果
2008010013	国家季度监督抽查	啤酒	是	是	是	否
2008010015	国家季度监督抽查	麦片	是	是	是	否

图2－223　接收初步检测结果列表界面

(1) 查询

在列表界面输入查询条件，点击【查询】按钮，进行查询筛选。

(2) 下发

在列表界面，选择一条或多条需要下发的抽查计划记录，点击【下发】按钮，弹出对话框提示下发成功，点击【确定】，将抽查计划下发到质检机构。此时，抽样单列表内有效状态显示“未填写最终结果”。

(3) 查看抽样单明细

在列表界面，点击“抽查批号”字段的超链接，弹出此条抽查计划对应的抽样单明细列表。

2.2.3.8 填写经费决算

使用具有“质检机构抽查经办人”角色的用户登录系统后，选择“监督抽查”，可以看到下级菜单“经费管理”，点击“经费管理”，可以看到下级菜单“经费维护”，如图 2－224所示。

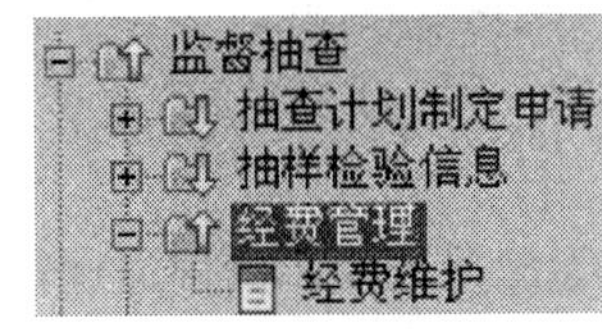

图 2－224 经费管理菜单

点击“经费维护”，进入列表界面，显示需要质检机构填写经费决算的所有抽样单记录，使用抽查批号查询条件显示需要办理的抽查计划，功能按钮有查询、编辑，如图2－225所示。

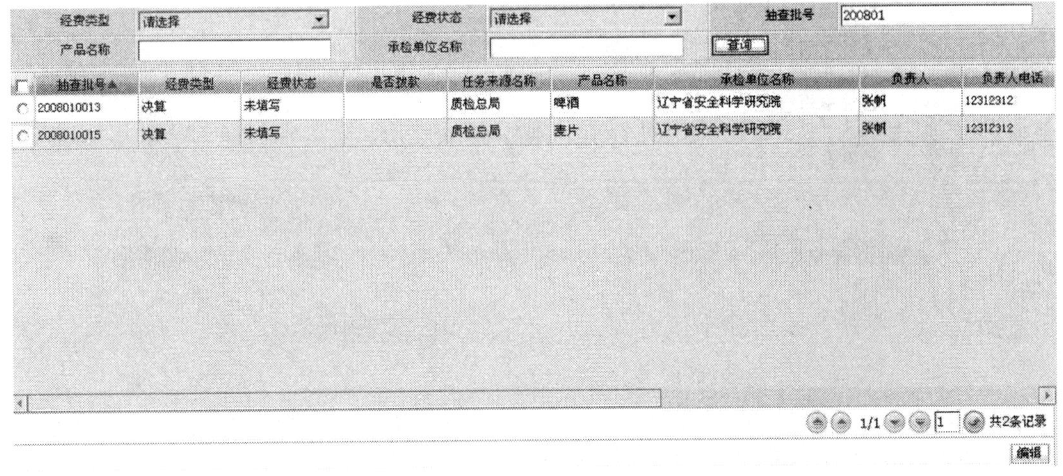

图 2－225 经费维护列表界面

(1) 查询

在列表界面输入查询条件，点击【查询】按钮，进行查询筛选。

(2) 编辑

在列表界面选择一条记录，点击【编辑】按钮，进入修改经费决算界面，编辑修改经费决算，功能按钮有保存、返回，如图 2－226 所示。

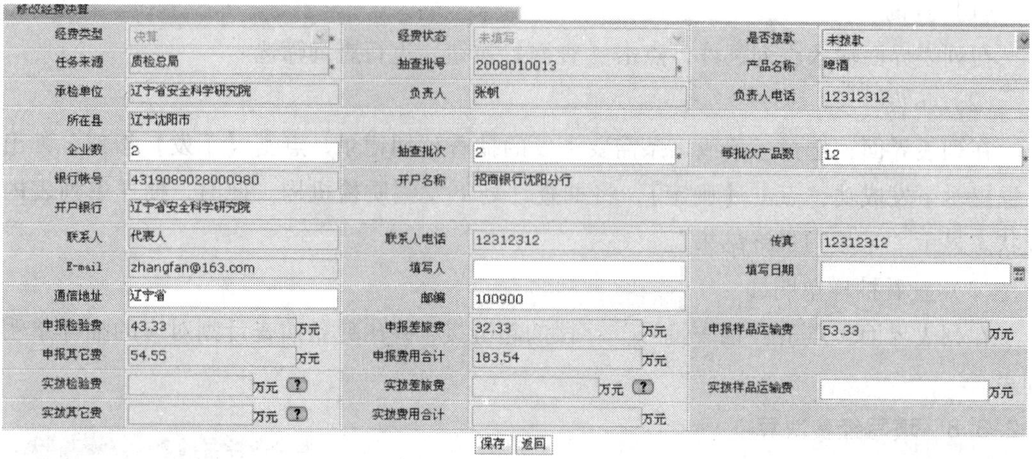

图 2－226　编辑经费决算界面

在编辑界面，费用通用帮助使用如下，以实拨试验费 ? 为例：

点击“实拨检验费”字段旁的 ? 按钮，弹出网页对话框，功能按钮有保存、退出、增加、修改、删除，如图 2－227 所示。

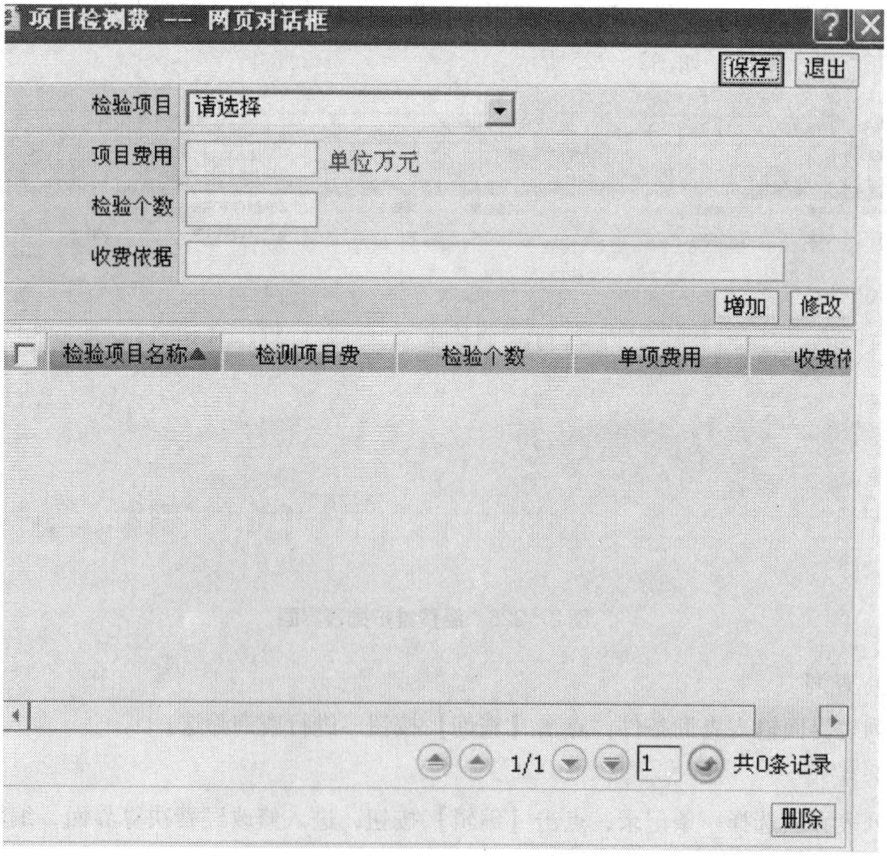

图 2－227　项目检测费界面

各功能按钮的操作如下。

1）增加操作：在文本框内输入内容后，点击【增加】按钮，将文本框内输入的内容添加到列表的一条记录里。

2）修改操作：选择一条记录，记录里的内容自动回填到文本框内，在文本框内输入修改内容，点击【修改】按钮，修改成功。

3）删除操作：选择一条记录，点击【删除】按钮，将记录删除。

4）保存操作：增加或修改完实拨检验费后，点击【保存】按钮，提示保存成功，点击【确定】，返回编辑经费决算界面。

5）退出操作：点击【退出】按钮，退出网页对话框，返回编辑经费决算界面。

在编辑界面，编辑经费决算，点击【保存】按钮，保存成功；点击【返回】按钮，返回列表界面，“经费状态”字段显示“已填写未上报”，如图2－228所示。

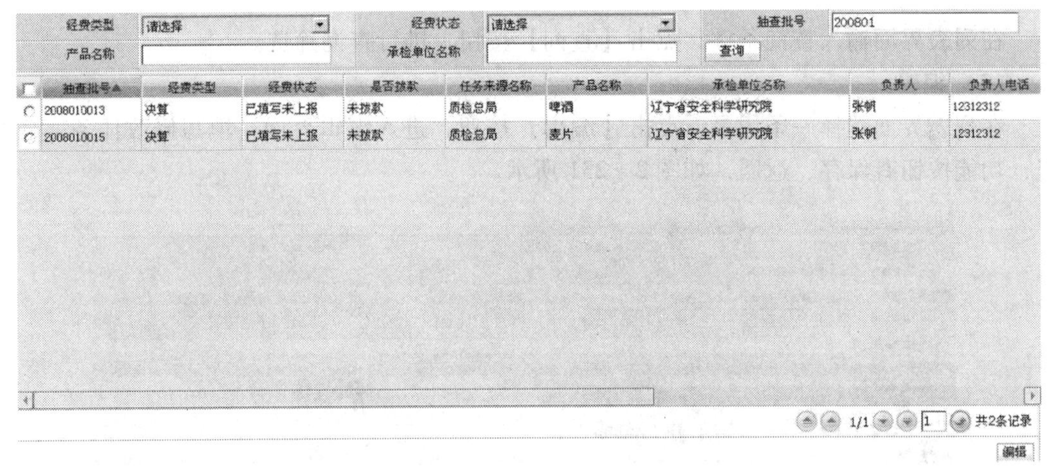

图2－228　经费维护列表界面

2.2.3.9　填写任务完成情况

使用具有“质检机构抽查经办人”角色的用户登录系统后，选择“监督抽查”，可以看到下级菜单“任务完成情况管理”，点击“任务完成情况管理”，可以看到下级菜单“任务完成情况维护”，如图2－229所示。

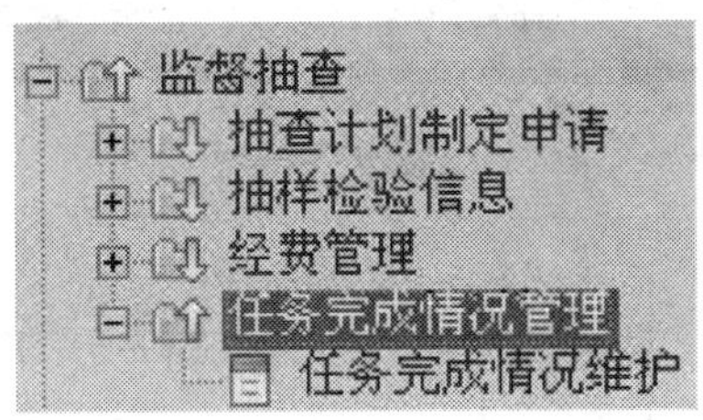

图2－229　任务完成情况管理菜单

点击“任务完成情况维护”，进入列表界面，显示需要质检机构填写任务完成情况的所有抽查计划记录，功能按钮有查询、编辑，如图2－230所示。

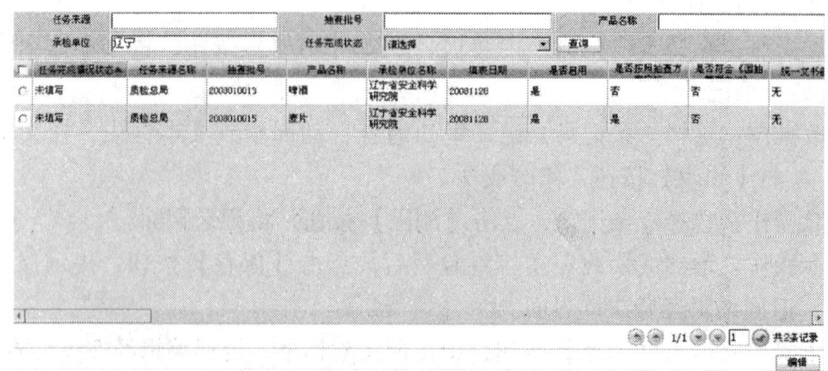

图2－230　任务完成情况列表界面

（1）查询

在列表界面输入查询条件，点击【查询】按钮，进行查询筛选。

（2）编辑

在列表界面选择一条记录，点击【编辑】按钮，进入编辑界面，填写修改任务完成情况，功能按钮有保存、返回，如图2－231所示。

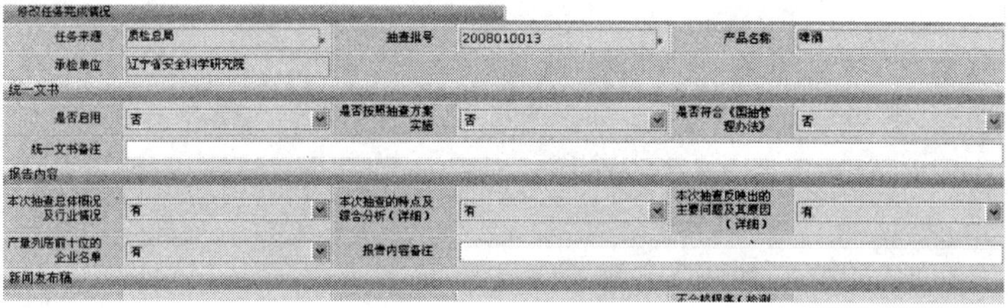

修改任务完成情况
任务来源 质检总局 抽查批号 2008010013 产品名称 啤酒
承检单位 辽宁省安全科学研究院
统一文书
是否启用 否 是否按照抽查方案实施 否 是否符合《国抽管理办法》 否
统一文书备注
报告内容
本次抽查总体概况及行业情况 有 本次抽查的特点及综合分析（详细） 有 本次抽查反映出的主要问题及其原因（详细） 有
产量列居前十位的企业名单 有 报告内容备注
新闻发布稿

图2－231　编辑界面

在编辑界面，编辑任务完成情况，点击【保存】按钮，保存成功，返回列表界面，任务完成情况状态字段显示“已填写未上报”；点击【返回】按钮，返回列表界面，“任务完成情况状态”字段显示“已填写未上报”，如图2－232所示。

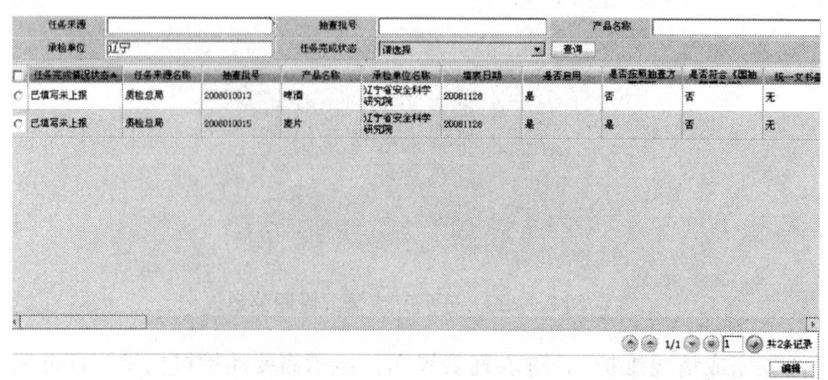

图2－232　任务完成情况列表界面

2.2.3.10 上报最终检测结果

使用具有“质检机构抽查经办人”角色的用户登录系统后，点击“上报最终检测结果”，进入列表界面，显示需要质检机构上报最终检测结果的所有抽查计划，功能按钮有查询、上报，如图2－233所示。

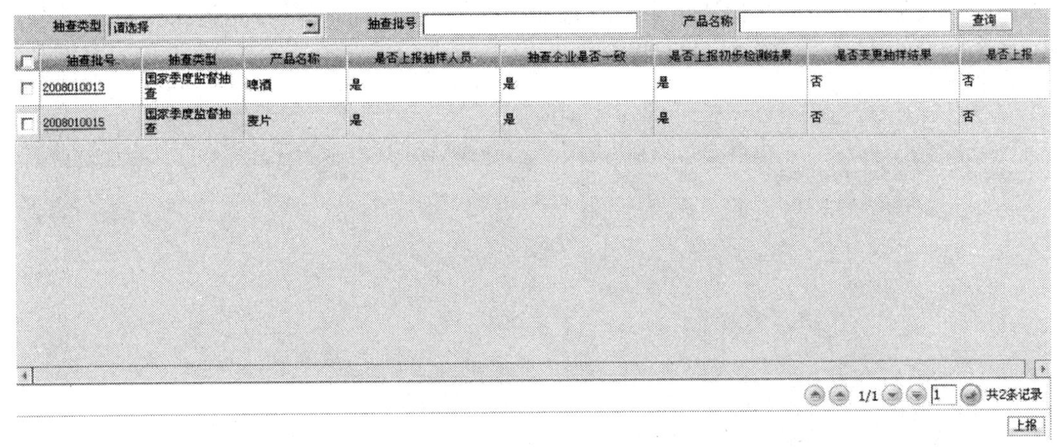

图2－233 上报最终检测结果列表界面

（1）查询

在列表界面输入查询条件，点击【查询】按钮，进行查询筛选。

（2）查看抽样单明细

在抽查计划列表界面，点击“抽查批号”字段的链接，弹出上报最终检测结果对话框，显示该条抽查计划对应的所有抽样单明细。

（3）上报最终检验结果

点击【上报】按钮，弹出对话框提示上报成功，将列表界面显示的所有抽查计划上报。

上报最终检测结果时有以下两种情况：

1）当质检机构为牵头单位时，点击【上报】按钮，直接将最终检测结果上报给总局；

2）当质检机构为非牵头单位时，点击【上报】按钮，直接将最终检测结果上报给牵头单位。

上报最终检测结果时有以下几点需要注意：

1）点击【上报】按钮时，是将抽查计划和抽样单一起上报，只要有一个抽样单没有最终检测结果相关信息，就不能上报成功；

2）没有填写经费决算，不能上报最终检测结果；

3）牵头单位要填写任务完成情况后，才能上报最终检测结果；

4）所有的抽样单（包含牵头单位和非牵头单位）都添加最终检测结果后，才能向总局上报最终检测结果；

5）当某一抽样类型或某一抽查批号或某一产品的抽样单符合最终上报检测结果条件时，可以利用查询条件筛选后，点击【上报】按钮进行上报。

2.2.3.11 接收最终检测结果

使用具有“总局抽查经办人”角色的用户登录系统后，点击“接收最终结果”，进入列表界面，列表显示上报最终检测结果的所有抽查计划，使用抽查批号查询条件查看抽查计划，功能按钮有查询，如图2-234所示。

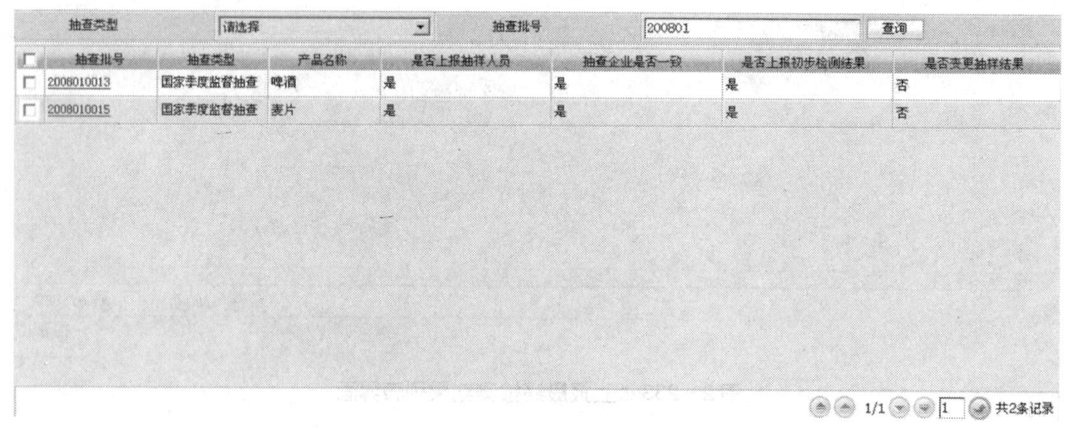

图2-234 接收最终检测结果列表界面

（1）查询

在列表界面输入查询条件，点击【查询】按钮，进行查询筛选。

（2）查看抽样单明细

在列表界面，点击“抽查批号”字段的超链接，弹出此条抽查计划对应的抽样单明细列表。

2.2.4 后处理

使用具有“总局后处理经办人”角色的用户登录系统后，选择“监督抽查”，可以看到下级菜单“后处理”，点击“后处理”，可以看到下级菜单“后处理维护”、“后处理管理”、“后处理查看”，如图2-235所示。

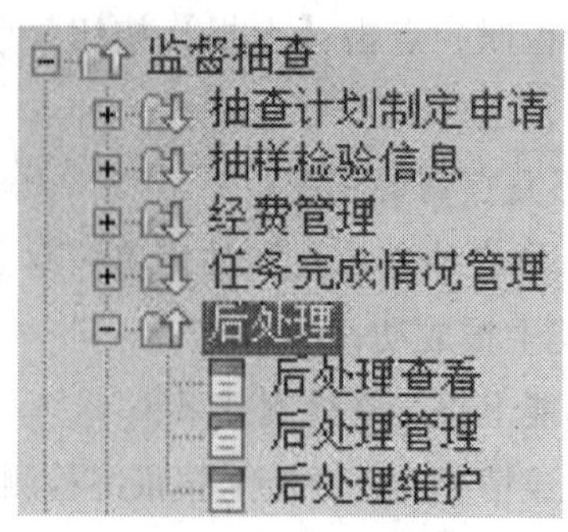

图2-235 后处理菜单

2.2.4.1 生成后处理数据

使用具有“总局后处理经办人”角色的用户登录系统，点击“后处理维护”，可看到后处理和后处理列表两个 tab 页，功能按钮有查询、生成后处理数据，如图 2－236 所示。

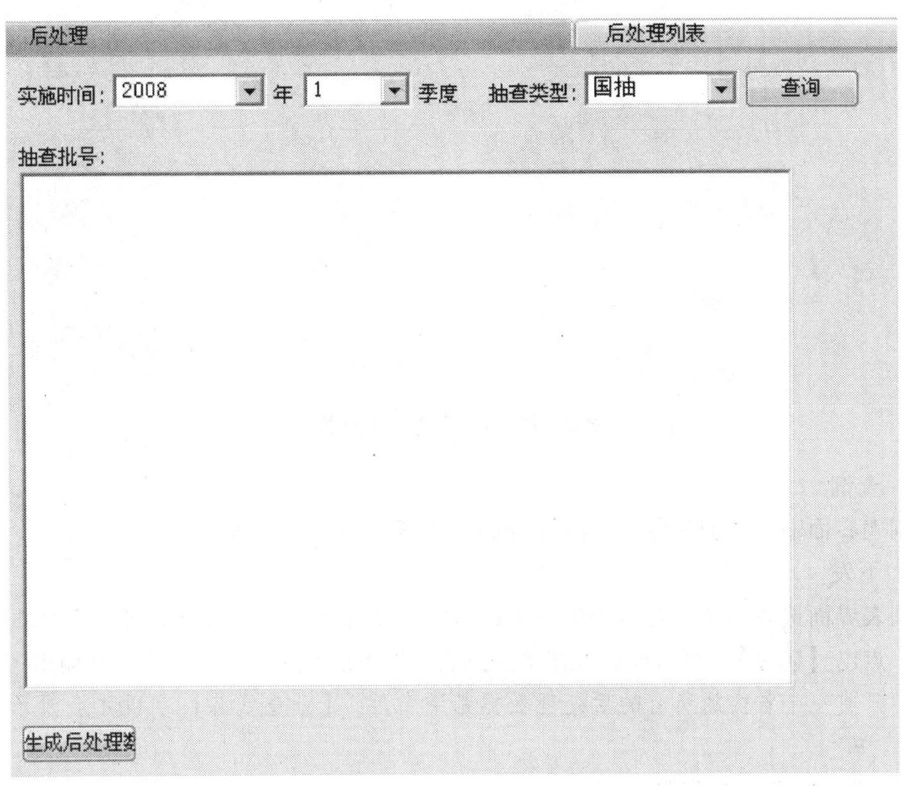

图 2－236 生成后处理数据界面

在后处理 tab 页中，手动生成后处理数据，选择实施时间和抽查类型，点击【查询】按钮，在抽查批号文本框内可以看到符合查询条件的所有抽查批号，选中这些抽查批号，点击【生成后处理数据】按钮，生成后处理数据，在后处理列表 tab 页中可以查看生成的后处理数据。

2.2.4.2 下发后处理数据

使用具有“总局后处理经办人”角色的用户登录系统后，点击“后处理维护”，可看到后处理和后处理列表两个 tab 页，需要在后处理列表 tab 页中下发后处理数据。

在后处理列表 tab 页，可以看到生成的后处理数据，功能按钮为有查询、下发，如图 2－237所示。

列表界面中的数据是以省为单位显示的，只要一个省内有一条需要后处理的数据，就会在列表内显示一条。“分省状态”字段显示后处理数据是否下发到省，“上报状态”字段显示省是否上报后处理结果。

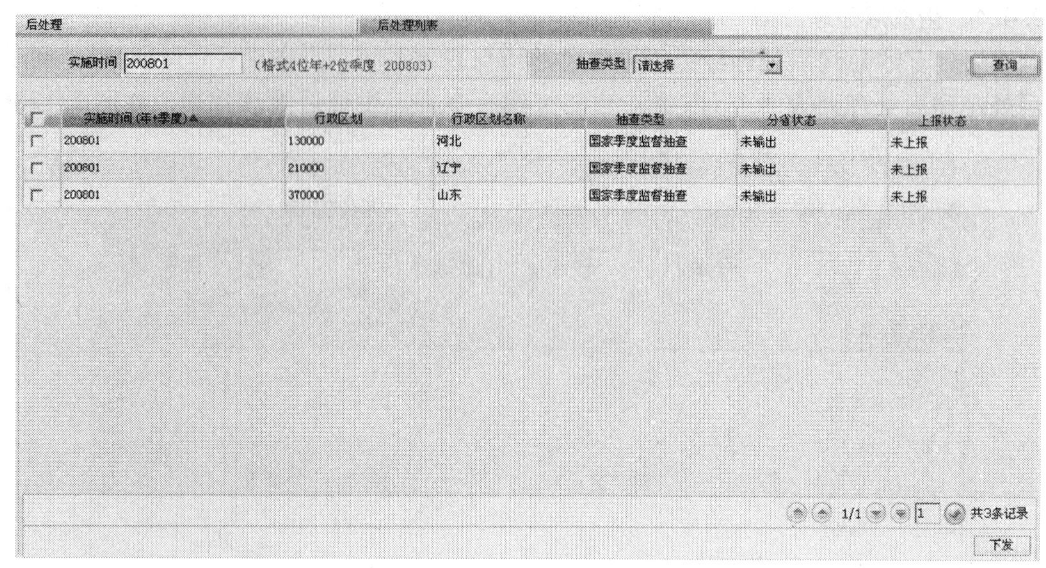

实施时间(年+季度)	行政区划	行政区划名称	抽查类型	分省状态	上报状态
200801	130000	河北	国家季度监督抽查	未输出	未上报
200801	210000	辽宁	国家季度监督抽查	未输出	未上报
200801	370000	山东	国家季度监督抽查	未输出	未上报

图 2－237　下发后处理数据

（1）查询

在列表界面输入查询条件，点击【查询】按钮，进行查询筛选。

（2）下发

在列表界面选择一条或者多条待下发的数据，点击【下发】按钮，弹出对话框提示下发成功，点击【确定】，将后处理数据下发到省。“分省状态”字段显示“已输出”。

注：只有一个省内的所有的后处理数据都下发后，【分省状态】字段才会显示“已输出”。

2.2.4.3　省局管理后处理数据

使用具有“省局后处理经办人”角色的用户登录系统后，点击“后处理管理”，进入列表界面，功能按钮有查询、编辑，如图 2－238 所示。

任务来源名称	抽查批号	抽查类型	企业组织机构代码	企业名称	产品名称	不符合项	来自移送地名称	移送到达地名称
质检总局	2008040002	国家季度监督抽查		西安市蓝田县乳制品厂	大米			山东省质量技术监督局
质检总局	2008040003	国家季度监督抽查		内蒙古蒙牛乳业（集团）股份有限公司	茶叶			内蒙古自治区质量技术局
质检总局	2008010013	国家季度监督抽查		山东玻璃总公司	啤酒			山东省质量技术监督局

图 2－238　后处理数据管理列表界面

(1) 查询

在列表界面输入查询条件，点击【查询】按钮，进行查询筛选。

(2) 编辑

在列表界面选择一条数据，点击【编辑】按钮，进入编辑界面，可看到企业抽样信息、检验项目、后处理信息三个 tab 页。功能按钮有保存、返回。如图 2－239 所示。

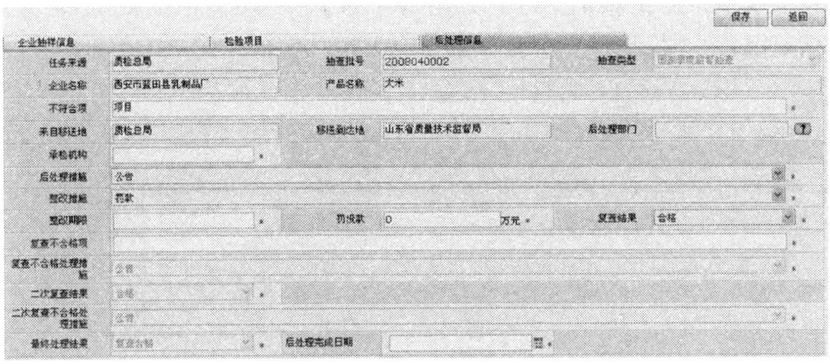

图 2－239 后处理信息界面

在编辑界面，可以查看企业抽样信息和检验项目两个 tab 页中的内容；可以编辑后处理信息 tab 页中的内容；

编辑后处理明细 tab 页中内容有如下两种情况：

1）后处理数据需要省局处理后上报总局；

2）填写除“后处理部门”字段以外的所有字段。

在编辑界面，修改相关内容，点击【保存】按钮，返回列表界面，“有效状态”字段显示“后处理”；点击【返回】按钮，返回列表界面。

2.2.4.4 省局维护后处理数据

使用具有“省局后处理经办人”角色的用户登录系统后，点击“后处理维护”，进入后处理列表界面，功能按钮有查询、上报，上报按钮为灰色，如图 2－240 所示。

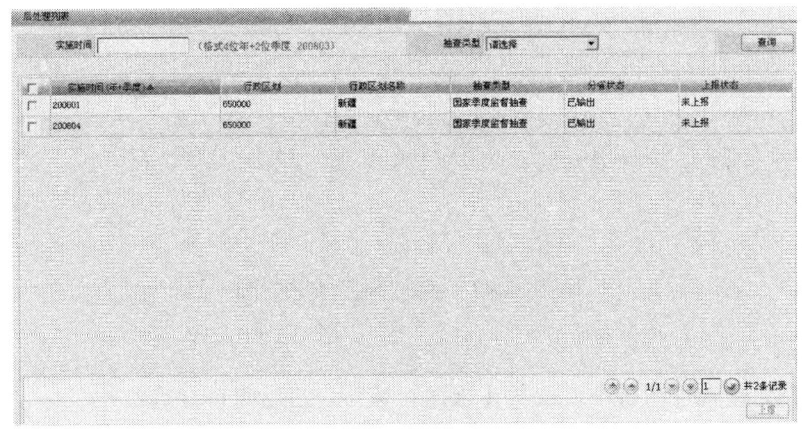

图 2－240 后处理维护列表界面

（1）查询

在列表界面输入查询条件，点击【查询】按钮，进行查询筛选。

（2）上报

在“抽查类型”查询条件中选择“国抽”类型，点击【查询】按钮，列表界面显示所有符合查询条件的记录，【上报】按钮变为可用。

选择要一条或多条要上报的记录，点击【上报】，弹出对话题提示后处理上报成功，将后处理数据上报，“上报状态”字段显示“已上报”，如图 2－241 所示。

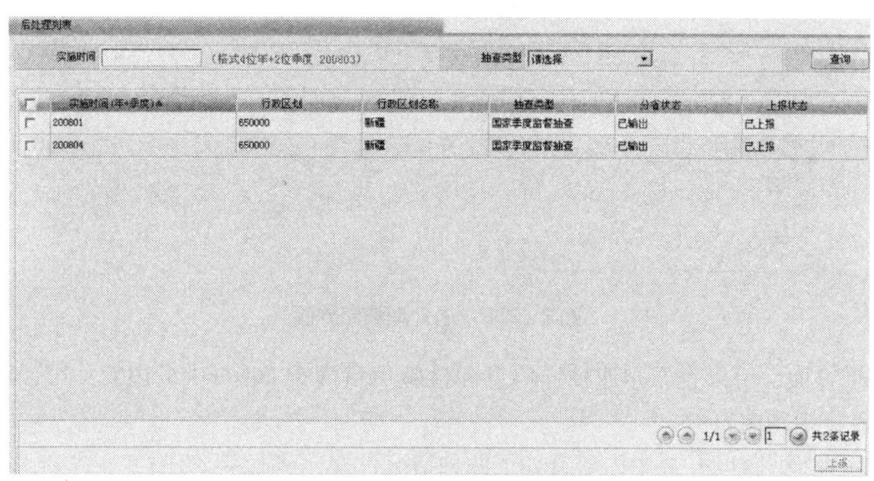

图 2－241　后处理维护列表界面

2.2.4.5　省局查看后处理数据

使用具有“省局后处理经办人”角色的用户登录系统后，点击“后处理查看”，进入列表界面，功能按钮有查询、查看。

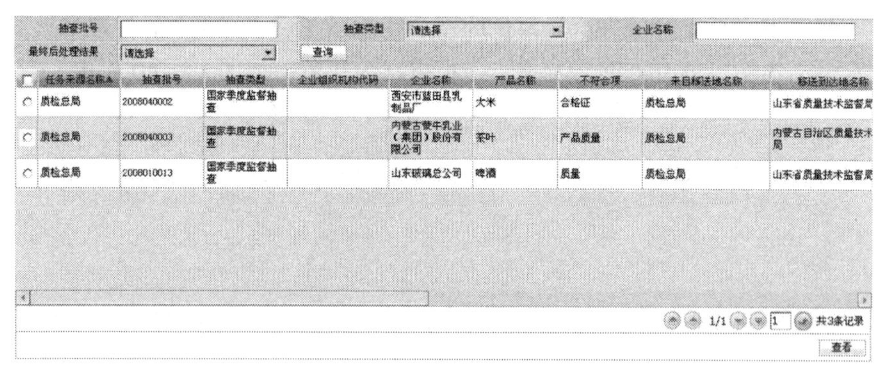

图 2－242　后处理查看列表界面

（1）查询

在列表界面输入查询条件，点击【查询】按钮，进行查询筛选。

（2）查看

在列表界面选择一条数据，点击【查看】按钮，进入查看界面，可看到企业抽样信息、检验项目、后处理信息三个 tab 页。功能按钮有返回；在查看界面，点击【返回】按钮，返回列表界面。

注：在查看界面，只可查看，不可编辑。

2.2.4.6　总局管理后处理数据

使用具有“总局后处理经办人”角色的用户登录系统后，点击“后处理管理”，进入列表界面，功能按钮有查询、编辑，如图 2－243 所示。

抽查批号　抽查类型 请选择　企业名称
最终后处理结果 请选择　查询

任务来源名称	抽查批号	抽查类型	企业组织机构代码	企业名称	产品名称	不符合项	来自移送地名称	移送到达地名称
质检总局	2008040002	国家季度监督抽查		西安市蓝田县乳制品厂	大米	合格证	质检总局	山东省质量技术监督局
质检总局	2008040003	国家季度监督抽查		内蒙古蒙牛乳业（集团）股份有限公司	茶叶	产品质量	质检总局	内蒙古自治区质量技术局
质检总局	2008010013	国家季度监督抽查		山东琼瑞总公司	啤酒	质量	质检总局	山东省质量技术监督局

1/1　1　共3条记录
编辑

图 2－243　后处理管理列表界面

（1）查询

在列表界面输入查询条件，点击【查询】按钮，进行查询筛选。

（2）编辑

在列表界面选择一条数据，点击【编辑】按钮，进入编辑界面，可看到企业抽样信息、检验项目、后处理信息三个 tab 页，功能按钮有保存、返回，如图 2－244 所示。

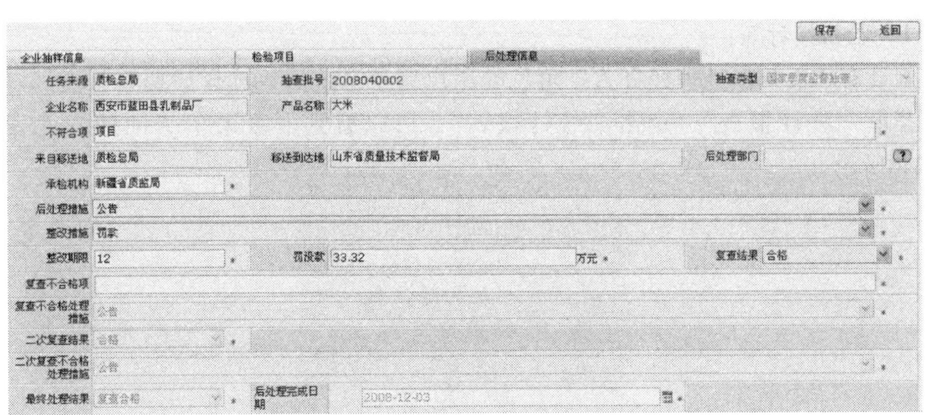

图 2－244　后处理信息界面

在编辑界面，可以查看企业抽样信息和检验项目两个 tab 页中的内容；可以编辑后处理信息 tab 页中的内容；

在编辑界面，修改相关内容，点击【保存】按钮，返回列表界面，有效状态显示“后处理”；点击【返回】按钮，返回列表界面。

2.2.4.7 总局查看后处理数据

使用具有“总局后处理经办人”角色的用户登录系统后，点击“后处理查看”，进入列表界面，功能按钮有查询、查看，如图2－245所示。

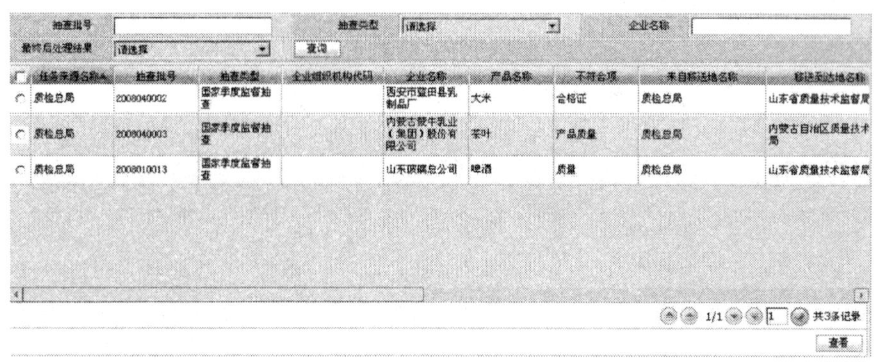

图2－245　后处理查看列表界面

（1）查询

在列表界面输入查询条件，点击【查询】按钮，进行查询筛选。

（2）查看

在列表界面选择一条数据，点击【查看】按钮，进入查看界面，可看到企业抽样信息、检验项目、后处理信息三个tab页。功能按钮有返回；在查看界面，点击【返回】按钮，返回列表界面。

注：在查看界面，只可查看，不可编辑。

2.2.5 统计报表

2.2.5.1 国抽统计表

使用具有“总局后处理经办人”角色的用户登录系统后，选择“监督抽查”，可以看到下级菜单“统计报表”，点击“统计报表”，可以看到下级菜单“国抽统计表”，如图2－246所示。

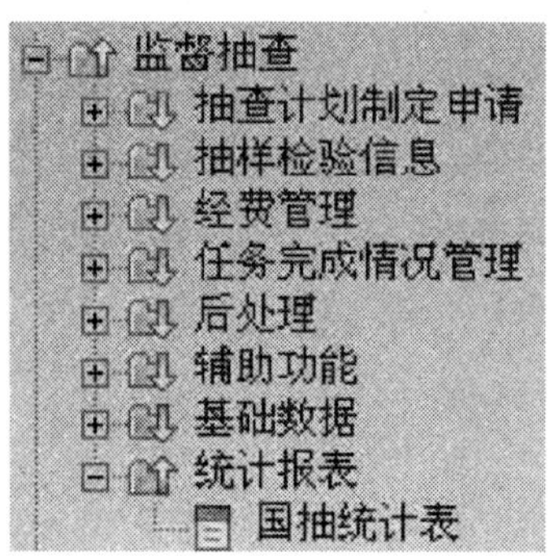

图2－246　国抽统计表菜单

点击“国抽统计表”，进入国抽统计界面，功能按钮有统计、返回，如图2－247所示。

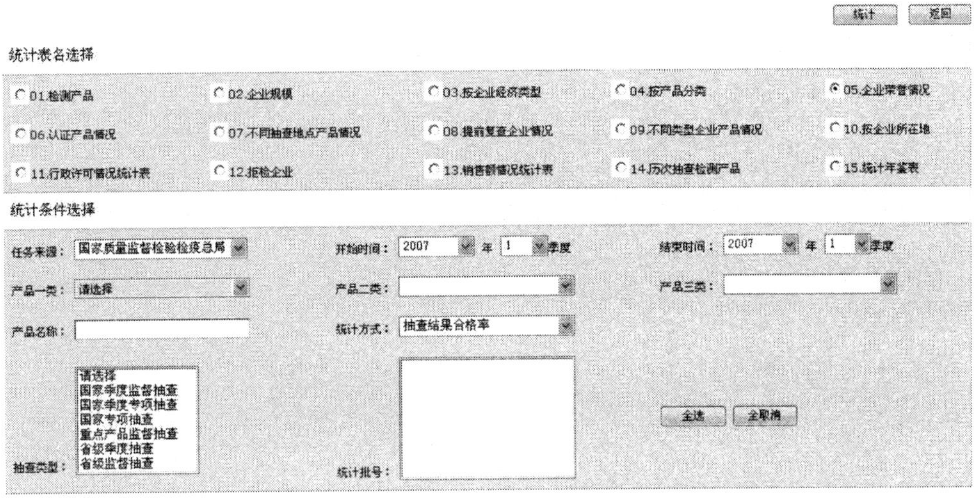

图 2－247 国抽统计界面

（1）选择统计条件

在国抽统计界面，选择统计表名和统计条件，点击【统计】按钮，进入统计结果界面，可以看到符合统计条件的统计结果。

在统计条件选择时，抽查类型可以选择一条或多条记录（使用 Shift 键可以连续选择多条，使用 Ctrl 键选择间隔多条）。根据选择的抽查类型，统计批号中显示符合所选抽查类型的所有统计批号，在统计批号中可以选择需要统计的一条或多条记录（使用 Shift 键可以连续选择多条，使用 Ctrl 键选择间隔多条）。

在统计批号选择时，可以点击【全选】按钮，选择全部记录；

在统计批号选择时，点击【全取消】按钮，取消选择的记录。

以统计条件，如图 2－248 所示为例。

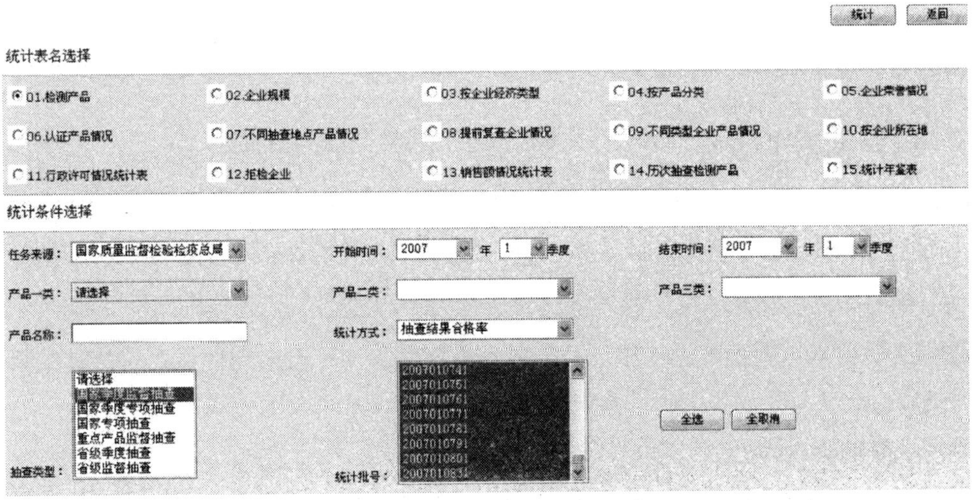

图 2－248 选择统计条件

（2）查看统计结果

以图 2－248 所示统计结果为例，点击【统计】按钮，查看到统计结果，如图 2－249 所示。

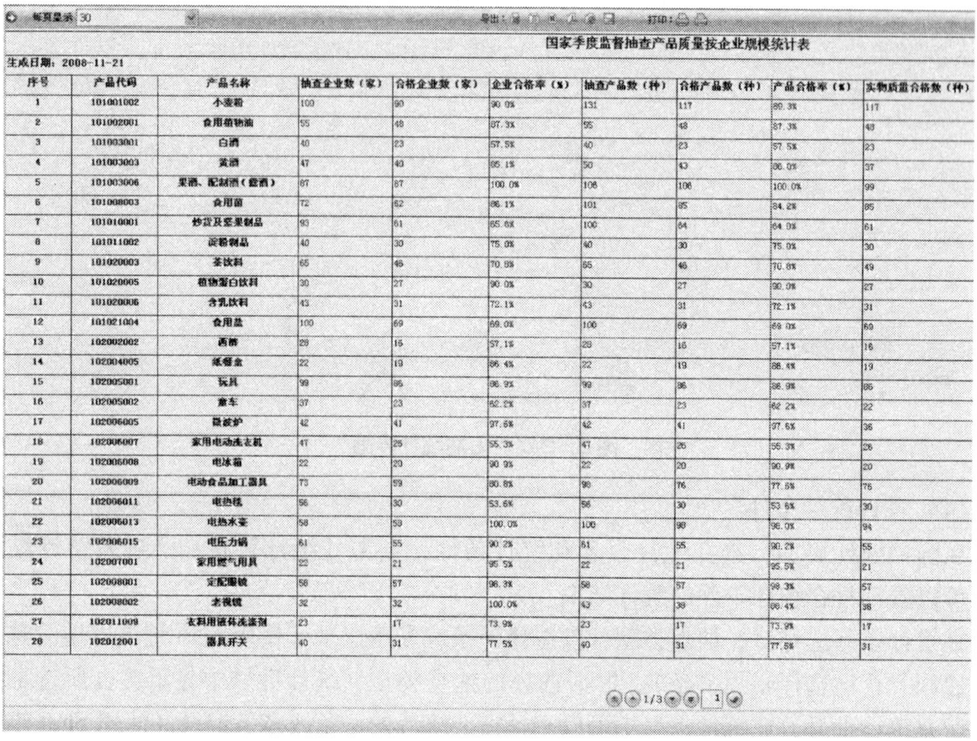

每页显示 30　导出：　打印：

国家季度监督抽查产品质量按企业规模统计表

生成日期：2008-11-21

序号	产品代码	产品名称	抽查企业数（家）	合格企业数（家）	企业合格率（%）	抽查产品数（种）	合格产品数（种）	产品合格率（%）	实物质量合格数（种）
1	101001002	小麦粉	100	90	90.0%	131	117	89.3%	117
2	101002001	食用植物油	55	48	87.3%	55	48	87.3%	48
3	101003001	白酒	40	23	57.5%	40	23	57.5%	23
4	101003003	黄酒	47	40	85.1%	50	43	86.0%	37
5	101003006	果酒、配制酒（露酒）	87	87	100.0%	108	108	100.0%	99
6	101008003	食用菌	72	62	86.1%	101	85	84.2%	85
7	101010001	炒货及坚果制品	93	61	65.6%	100	64	64.0%	61
8	101011002	淀粉制品	40	30	75.0%	40	30	75.0%	30
9	101020003	茶饮料	65	46	70.8%	65	46	70.8%	49
10	101020005	植物蛋白饮料	30	27	90.0%	30	27	90.0%	27
11	101020006	含乳饮料	43	31	72.1%	43	31	72.1%	31
12	101021004	食用盐	100	69	69.0%	100	69	69.0%	69
13	102002002	西裤	28	16	57.1%	28	16	57.1%	16
14	102004005	纸餐盒	22	19	86.4%	22	19	86.4%	19
15	102005001	玩具	99	86	86.9%	99	86	86.9%	86
16	102005002	童车	37	23	62.2%	37	23	62.2%	22
17	102006005	微波炉	42	41	97.6%	42	41	97.6%	36
18	102006007	家用电动洗衣机	47	26	55.3%	47	26	55.3%	26
19	102006008	电冰箱	22	20	90.9%	22	20	90.9%	20
20	102006009	电动食品加工器具	73	59	80.8%	98	76	77.6%	76
21	102006011	电热毯	56	30	53.6%	56	30	53.6%	30
22	102006013	电热水壶	58	58	100.0%	100	98	98.0%	94
23	102006015	电压力锅	61	55	90.2%	61	55	90.2%	55
24	102007001	家用燃气用具	22	21	95.5%	22	21	95.5%	21
25	102008001	定配眼镜	58	57	98.3%	58	57	98.3%	57
26	102008002	老视镜	32	32	100.0%	43	38	88.4%	38
27	102011009	衣料用液体洗涤剂	23	17	73.9%	23	17	73.9%	17
28	102012001	器具开关	40	31	77.5%	40	31	77.5%	31

1/3　1

图 2－249　查看统计结果

在统计结果界面，在“每页显示”下拉列表框内选择需要每页显示的记录数，统计结果界面自动刷新，按照选择的记录数在界面显示，通过左下角的图标 1/3 1 可以看到分几页显示。当一页无法显示时，可以点击按钮查看下一页，点击按钮查看最后一页，点击按钮查看上一页，点击按钮查看第一页，也可以在 1 中输入页数，点击按钮，跳转到输入的页数。

在统计结果界面，点击图标，将统计结果保存为 Excel 文件；点击图标，将统计结果保存为 csv 文件；点击图标，将统计结果保存为 rtf 文件；点击图标，将统计结果保存为 pdf 文件；点击图标，将统计结果保存为 html 文件；点击图标，将统计结果保存到临时表中；点击图标，将统计结果在本地机器打印；点击图标，将统计结果在服务器打印。

2.2.5.2　省抽统计表

使用具有“省局后处理经办人”角色的用户登录系统后，选择“监督抽查”，可以看到下级菜单“统计报表”，点击“统计报表”，可以看到下级菜单“省抽统计表”，点击“省抽统计表”，进入省抽统计界面，功能按钮有统计、返回。

（1）选择统计条件

在省抽统计界面，选择统计表名和统计条件，点击【统计】按钮，进入统计结果界面，可以看到符合统计条件的统计结果。

在统计条件选择时，抽查类型可以选择一条或多条记录（使用Shift键可以连续选择多条，使用Ctrl键选择间隔多条）。根据选择的抽查类型，统计批号中显示符合所选抽查类型的所有统计批号，在统计批号中可以选择需要统计的一条或多条记录（使用Shift键可以连续选择多条，使用Ctrl键选择间隔多条）。

在统计批号选择时，可以点击【全选】按钮，选择全部记录。

在统计批号选择时，点击【全取消】按钮，取消选择的记录。

（2）查看统计结果

在统计结果界面，在“每页显示”下拉列表框内选择需要每页显示的记录数，统计结果界面自动刷新，按照选择的记录数在界面显示，通过左下角的图标 1/3 1 可以看到分几页显示。当一页无法显示时，可以点击按钮查看下一页，点击按钮查看最后一页，点击按钮查看上一页，点击按钮查看第一页，也可以在 1 中输入页数，点击按钮，跳转到输入的页数。

在统计结果界面，点击图标，将统计结果保存为Excel文件；点击图标，将统计结果保存为csv文件；点击图标，将统计结果保存为rtf文件；点击图标，将统计结果保存为pdf文件；点击图标，将统计结果保存为html文件；点击图标，将统计结果保存到临时表中；点击图标，将统计结果在本地机器打印；点击图标，将统计结果在服务器打印。

2.2.6 辅助功能

使用具有“维护辅助功能”角色的用户登录系统后，选择“监督抽查”，可以看到下级菜单“辅助功能”，点击“辅助功能”，可以看到下级菜单“刊登数据”、“监管信息”，如图2－250所示。

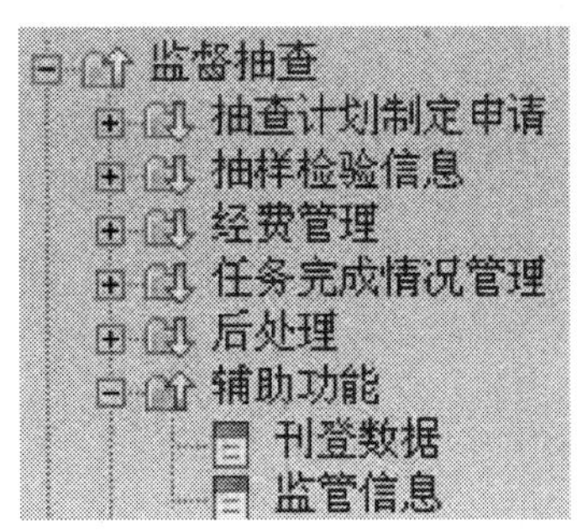

图2－250 辅助功能下级菜单

2.2.6.1 刊登数据

点击“刊登数据”，进入列表界面，功能按钮有查询、增加、修改、删除、查看，如图2－251所示。

（1）查询

在列表界面输入查询条件，点击【查询】按钮，进行查询。

（2）增加

在列表界面，点击【增加】按钮，进入增加刊登数据界面，功能按钮有保存、返回，如图2－252所示。

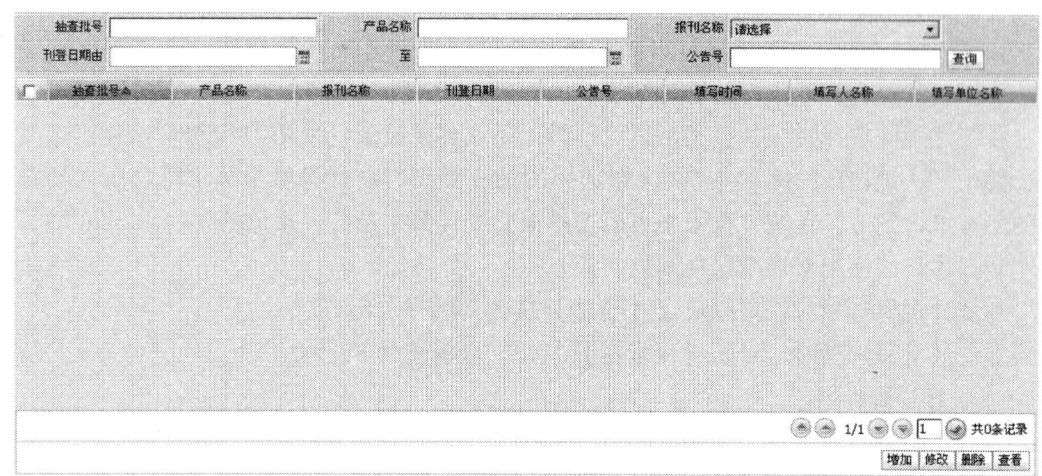

图 2-251　刊登数据列表界面

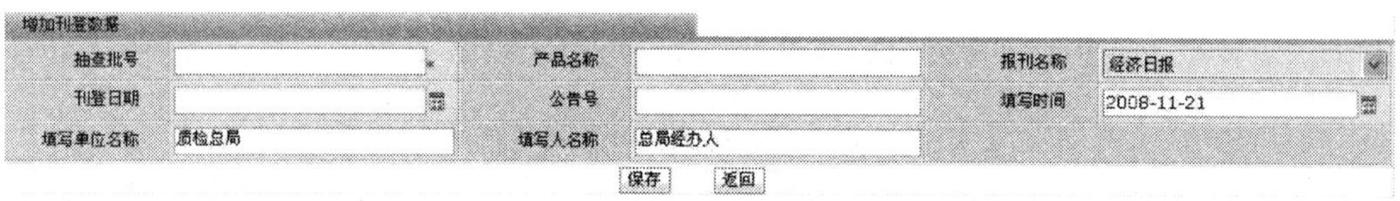

图 2-252　增加刊登数据界面

在增加界面，输入刊登数据相关内容，点击【保存】按钮，内容成功保存，返回列表界面，如图 2-253 所示。

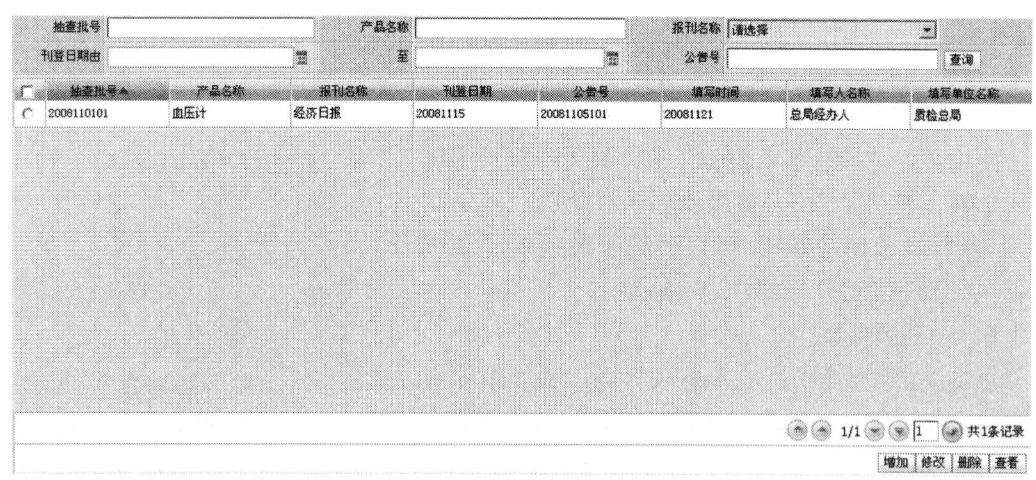

图 2-253　刊登数据列表界面

在增加界面，点击【返回】按钮，返回列表界面。

（3）修改

在列表界面，选择一条记录，点击【修改】按钮，进入修改界面，功能按钮有保存、返回，如图 2-254 所示。

图 2－254　修改刊登数据界面

在修改界面，修改相关内容，点击【保存】按钮，修改内容成功保存，返回列表界面；点击【返回】按钮，返回列表界面。

（4）删除

在列表界面，选择一条记录，点击【删除】按钮，弹出系统提示对话框，点击【确定】，则删除记录，点击【取消】，则取消删除操作。

（5）查看

在列表界面，选择一条记录，点击【查看】按钮，进入查看界面，功能按钮有返回，如图 2－255 所示。

图 2－255　查看刊登数据界面

注：在查看界面，只可查看，不可编辑。

在查看界面，点击【返回】按钮，返回列表界面。

2.2.6.2　监管信息

点击“监管信息”，进入列表界面，功能按钮有查询、增加、修改、删除、查看，如图 2－256所示。

图 2－256　监管信息列表界面

（1）查询

在列表界面输入查询条件，点击【查询】按钮，进行查询。

(2) 增加

在列表界面，点击【增加】按钮，进入增加界面，功能按钮有保存、返回，如图2－257所示。

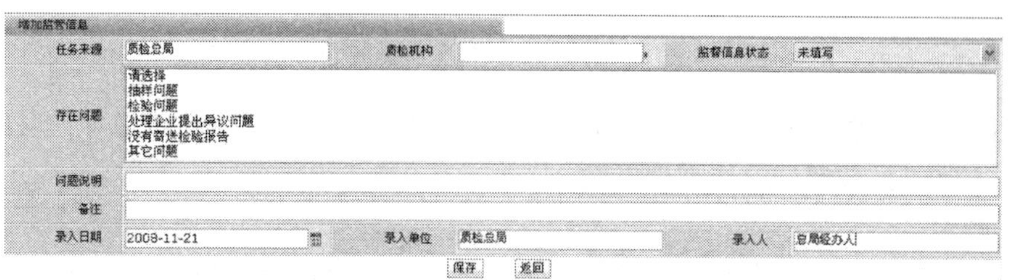

图2－257　增加监管信息界面

在增加界面，输入监管信息相关内容，点击【保存】按钮，内容成功保存，返回列表界面，如图2－258所示。

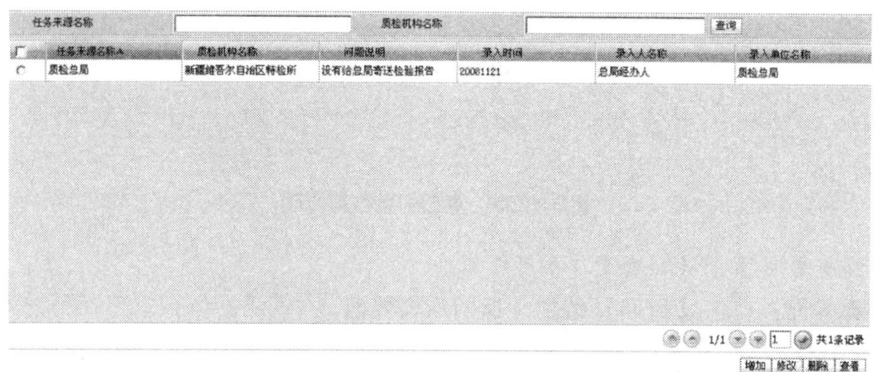

图2－258　监管信息列表界面

在增加界面，点击【返回】按钮，返回列表界面。

(3) 修改

在列表界面，选择一条记录，点击【修改】按钮，进入修改界面，功能按钮有保存、返回，如图2－259所示。

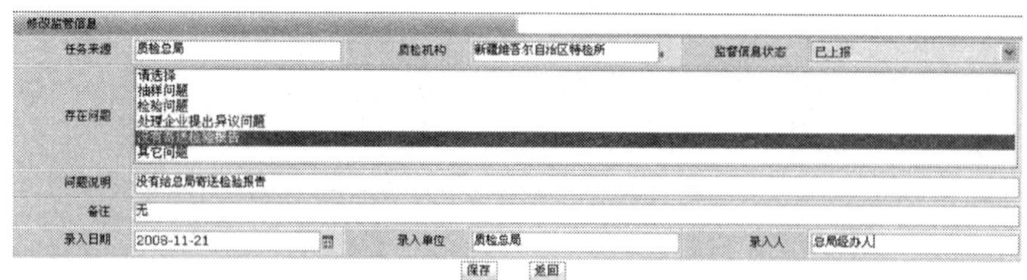

图2－259　修改监管信息界面

在修改界面，修改相关内容，点击【保存】按钮，修改内容成功保存，返回列表界面。

在修改界面，点击【返回】按钮，返回列表界面。

（4）删除

在列表界面，选择一条记录，点击【删除】按钮，弹出系统提示对话框，点击【确定】，则删除记录，点击【取消】，则取消删除操作。

（5）查看

在列表界面，选择一条记录，点击【查看】按钮，进入查看界面，功能按钮有返回，如图 2－260 所示。

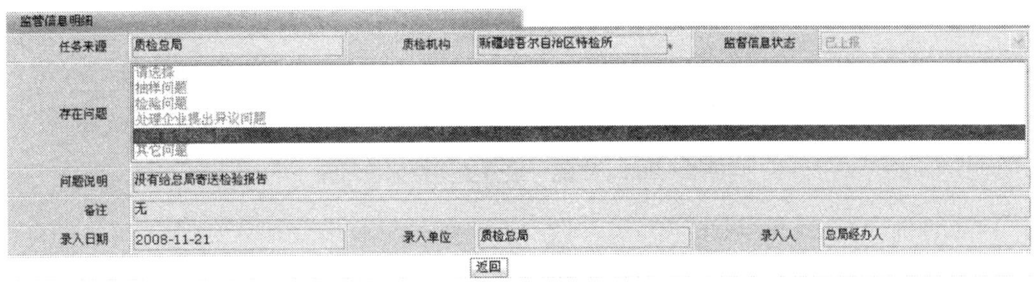

图 2－260　查看监管信息界面

注：在查看界面，只可查看，不可编辑。

在查看界面，点击【返回】按钮，返回列表界面。

2.2.7　基础数据

使用具有“维护基础数据”角色的用户登录系统后，选择“监督抽查”，可以看到下级菜单“基础数据”，点击“基础数据”，可以看到下级菜单“产品一级分类信息”、“产品二级分类信息”、“产品信息”、“企业信息”，如图 2－261 所示。

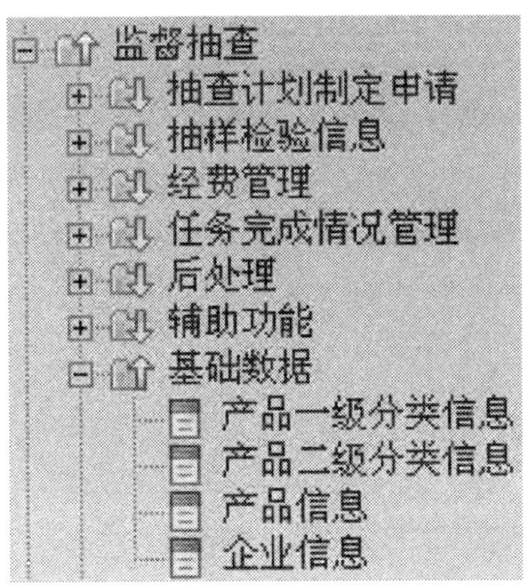

图 2－261　基础数据下级菜单

2.2.7.1　产品一级分类信息

点击“产品一级分类信息”，进入列表界面，功能按钮有查询、增加、修改、删除、查看，如图 2－262 所示。

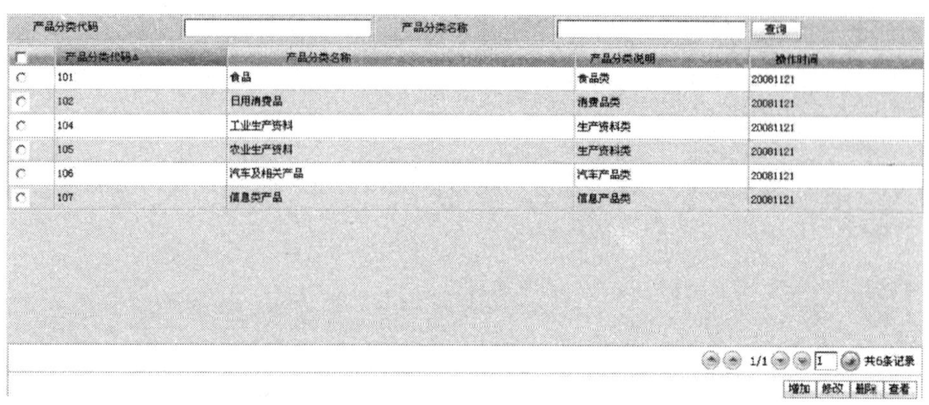

产品分类代码 产品分类名称 查询

产品分类代码▲	产品分类名称	产品分类说明	操作时间
101	食品	食品类	20081121
102	日用消费品	消费品类	20081121
104	工业生产资料	生产资料类	20081121
105	农业生产资料	生产资料类	20081121
106	汽车及相关产品	汽车产品类	20081121
107	信息类产品	信息产品类	20081121

1/1 1 共6条记录

增加 修改 删除 查看

图2－262　产品一级分类信息列表界面

(1) 查询

在列表界面输入查询条件，点击【查询】按钮，进行查询。

(2) 增加

在列表界面，点击【增加】按钮，进入增加界面，功能按钮有保存、返回，如图2－263所示。

产品一级分类代码	*	产品一级分类名称	*	操作时间	2008-11-21
产品分类说明					

保存 返回

图2－263　增加产品一级分类信息

在增加界面，输入相关内容，点击【保存】按钮，内容成功保存，返回列表界面，如图2－264 所示。

产品分类代码 产品分类名称 查询

产品分类代码▲	产品分类名称	产品分类说明	操作时间
101	食品	食品类	20081121
102	日用消费品	消费品类	20081121
103	建筑和装饰装修材料	装饰材料类	20081121
104	工业生产资料	生产资料类	20081121
105	农业生产资料	生产资料类	20081121
106	汽车及相关产品	汽车产品类	20081121
107	信息类产品	信息产品类	20081121

1/1 1 共7条记录

增加 修改 删除 查看

图2－264　产品一级分类信息列表界面

在增加界面，点击【返回】按钮，返回列表界面。

(3) 修改

在列表界面，选择一条记录，点击【修改】按钮，进入修改界面，功能按钮有保存、返回，如图2－265 所示。

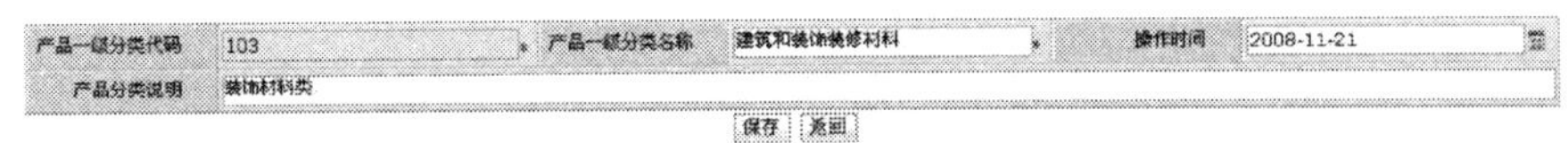

图 2-265 修改产品一级分类信息界面

在修改界面，修改相关内容，点击【保存】按钮，修改内容成功保存，返回列表界面；点击【返回】按钮，返回列表界面。

(4) 删除

在列表界面，选择一条记录，点击【删除】按钮，弹出系统提示对话框，点击【确定】，则删除记录，点击【取消】，则取消删除操作。

(5) 查看

在列表界面，选择一条记录，点击【查看】按钮，进入查看界面，功能按钮有返回，如图 2-266 所示。

图 2-266 查看产品一级分类信息界面

注：在查看界面，只可查看，不可编辑。

在查看界面，点击【返回】按钮，返回列表界面。

2.2.7.2 产品二级分类信息

点击“产品二级分类信息”，进入列表界面，功能按钮有查询、增加、修改、删除、查看，如图 2-267 所示。

产品一级分类代码 | 产品一级分类名称 | 产品二级分类代码
产品二级分类名称 | 查询

产品一级分类代码	产品一级分类名称	产品二级分类代码	产品二级分类名称
101	食品	101001	粮食加工产品
101	食品	101022	水产制品
101	食品	101003	酒类
101	食品	101004	糖果制品
101	食品	101005	水果制品
101	食品	101006	豆制品
101	食品	101007	茶叶
101	食品	101008	蔬菜制品
101	食品	101009	膨化食品
101	食品	101010	炒货及坚果制品

1/9 1 共82条记录

增加 修改 删除 查看

图 2-267 产品二级分类信息列表界面

(1) 查询

在列表界面输入查询条件，点击【查询】按钮，进行查询。

(2) 增加

在列表界面，点击【增加】按钮，进入增加界面，功能按钮有保存、返回，如图 2-268 所示。

图 2 - 268　增加产品二级分类信息界面

在增加界面，输入相关内容，点击【保存】按钮，内容成功保存，返回列表界面，如图 2 - 269 所示。

产品一级分类代码　产品一级分类名称　产品二级分类代码
产品二级分类名称　查询

产品一级分类代码	产品一级分类名称	产品二级分类代码	产品二级分类名称
101	食品	101011	淀粉及淀粉制品
101	食品	101012	糕点
101	食品	101013	肉制品
101	食品	101014	乳制品
101	食品	101015	食糖
101	食品	101016	罐头
101	食品	101017	速冻食品
101	食品	101018	冷冻饮品
101	食品	101019	方便食品
101	食品	101020	饮料

2/9　2　共82条记录
增加　修改　删除　查看

图 2 - 269　产品二级分类信息列表界面

在增加界面，点击【返回】按钮，返回列表界面。

（3）修改

在列表界面，选择一条记录，点击【修改】按钮，进入修改界面，功能按钮有保存、返回，如图 2 - 270 所示。

图 2 - 270　修改产品二级分类信息界面

在修改界面，修改相关内容，点击【保存】按钮，修改内容成功保存，返回列表界面；点击【返回】按钮，返回列表界面。

（4）删除

在列表界面，选择一条记录，点击【删除】按钮，弹出系统提示对话框，点击【确定】，则删除记录，点击【取消】，则取消删除操作。

（5）查看

在列表界面，选择一条记录，点击【查看】按钮，进入查看界面，功能按钮有返回，如图 2 - 271 所示。

图 2 - 271　查看产品二级分类信息界面

注：在查看界面，只可查看，不可编辑。

在查看界面，点击【返回】按钮，返回列表界面。

2.2.7.3　产品信息

点击“产品信息”，进入列表界面，功能按钮有查询、增加、修改、删除、查看，如图2－272所示。

基础库产品名称	一级分类名称	二级分类名称	三级分类名称	拟安排时间（季度）	是否工业产品许可证	是否食品生产许可证	是否CCC产品认证
食醋	食品	调味品	食醋	2	是	是	是
食用盐	食品	调味品	食用盐	3	否	否	否
酱	食品	调味品	酱	1	否	否	否
白酒	食品	酒类	白酒	3	是	否	否
食用菌制品	食品	蔬菜制品	食用菌	4	否	是	是
炒货食品及坚果制品	食品	炒货及坚果制品	炒货及坚果制品	4	否	否	是
乳粉	食品	乳制品	乳粉（全脂乳粉、脱脂乳粉、全脂加糖乳粉、调味乳粉、特殊配方粉）	0	是	否	否
罐头食品	食品	罐头	罐头	4	否	否	否
速冻面米食品	食品	速冻食品	速冻面米食品	2	否	是	否

图2－272　产品信息列表界面

（1）查询

在列表界面输入查询条件，点击【查询】按钮，进行查询。

（2）增加

在列表界面，点击【增加】按钮，进入增加界面，可以看到增加产品信息、有能力承检单位、检验项目三个tab页，功能按钮有保存、返回，如图2－273所示。

图2－273　增加产品信息界面

在增加产品信息 tab 页中，录入产品信息。

在有能力承检单位、检验项目两个 tab 页中，点击【增加】按钮，增加一条空记录，如图 2－274 所示，在空记录中录入数据。

图 2－274　有能力承检单位界面

在有能力承检单位、检验项目两个 tab 页中，点击【修改】或【删除】按钮，修改或删除增加的记录。

在增加界面的三个 tab 页中，输入相关内容，点击【保存】按钮，内容成功保存，返回列表界面，在列表界面用查询条件查看增加的记录，如图 2－275 所示。

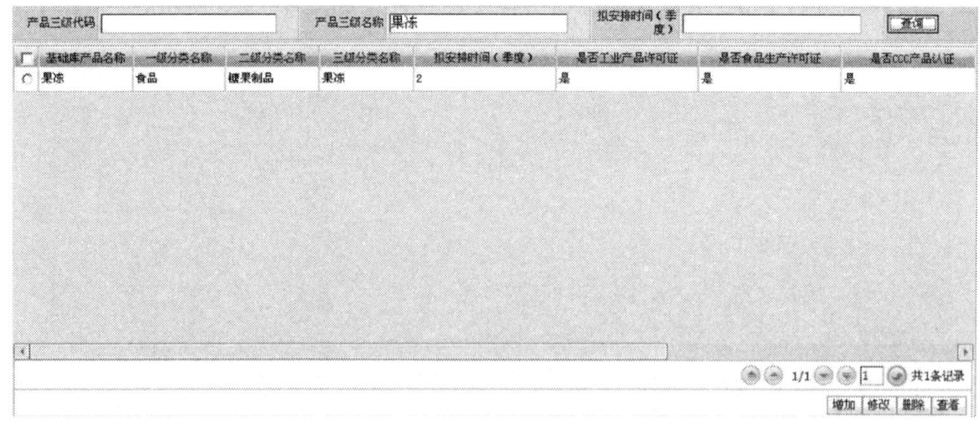

图 2－275　产品信息列表界面

在增加界面，点击【返回】按钮，返回列表界面。

（3）修改

在列表界面，选择一条记录，点击【修改】按钮，进入修改界面，可以看到修改产品信息、有能力承检单位、检验项目三个 tab 页，功能按钮有保存、返回，如图 2－276 所示。

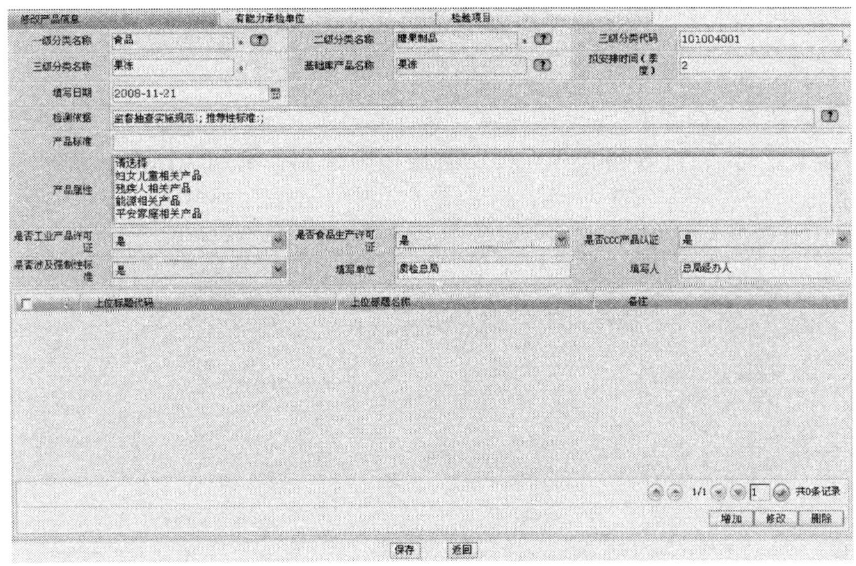

图 2－276　修改产品信息界面

在修改界面，修改相关内容，点击【保存】按钮，修改内容成功保存，返回列表界面。

在修改界面，点击【返回】按钮，返回列表界面。

（4）删除

在列表界面，选择一条记录，点击【删除】按钮，弹出系统提示对话框，点击【确定】，则删除记录，点击【取消】，则取消删除操作。

（5）查看

在列表界面，选择一条记录，点击【查看】按钮，进入查看界面，功能按钮有返回，如图 2－277 所示。

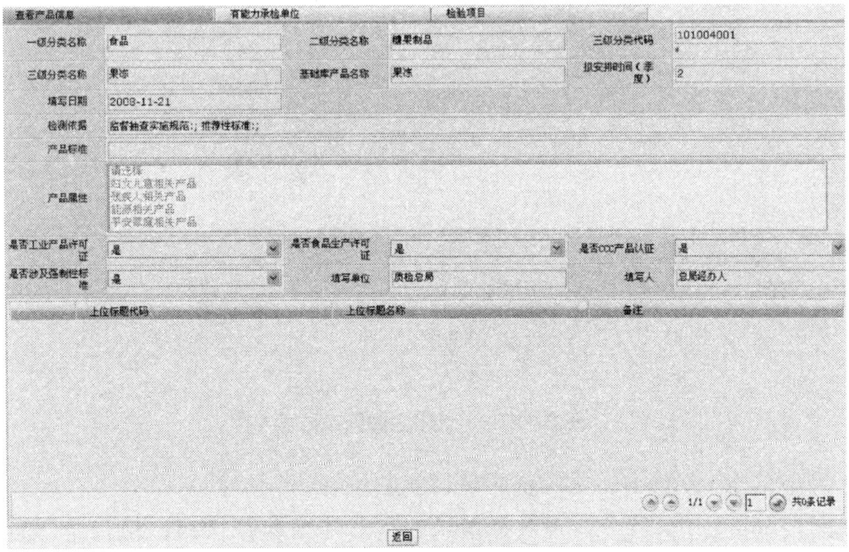

图 2－277　查看产品信息界面

注：在查看界面，只可查看，不可编辑。

在查看界面，点击【返回】按钮，返回列表界面。

2.2.7.4 企业信息

点击“企业信息”，进入列表界面，功能按钮有查询、增加、修改、删除、查看，如图 2－278所示。

企业组织机构代码 企业名称 营业执照编号

企业规模 请选择 查询

企业组织机构代码	企业名称	法人代表	营业执照编号	邮编	企业人数	企业规模	联系人	联系电话	填写时
163047727	浪潮集团有限公司	王爱先	3700001601974	250014	123	大型企业	林杰	13908908890	20081121
164100104	山东玻璃总公司	孙即禄	456567246543	250100	123	大型企业	方明	13708903345	20081121
218130967	绿春县东门实业有限公司	陈则秋	123456	250014	6473	小型企业	王名强	0531-85105689	20081120
701399333	包头伊利乳业有限责任公司	孙东弘	1502081000115	400200	3266	小型企业	郑晓强	13506339089	20081127
701465425	内蒙古蒙牛乳业（集团）股份有限公司	牛根生	企股蒙总字第000793号	200700	3211	小型企业	申小伟	13405908909	20081121
742633309	北京在创世纪科技有限公司	汪心楷	1101062459532	100100	255	大型企业	赵肖青	010-67845609	20081115
743624009	四川通快电梯有限公司	简兴福	5101221802591	200200	242	大型企业	叶青	13304672309	20081121
744412040	黑龙江省友谊县自来水公司	杨玲	12312312	123123	123	大型企业	联系人	23423423	20080805

1/2 1 共20条记录

增加 修改 删除 查看

图 2－278　企业信息列表界面

（1）查询

在列表界面输入查询条件，点击【查询】按钮，进行查询。

（2）增加

在列表界面，点击【增加】按钮，进入增加界面，可以看到增加企业信息和企业产品两个 tab 页，功能按钮有保存、返回，如图 2－279 所示。

图 2－279　增加企业信息界面

在增加企业信息 tab 页中，录入企业基本信息。

在企业产品 tab 页中，录入企业产品信息，点击【增加】按钮，将企业产品信息增加为一条记录，如图 2－280 所示。

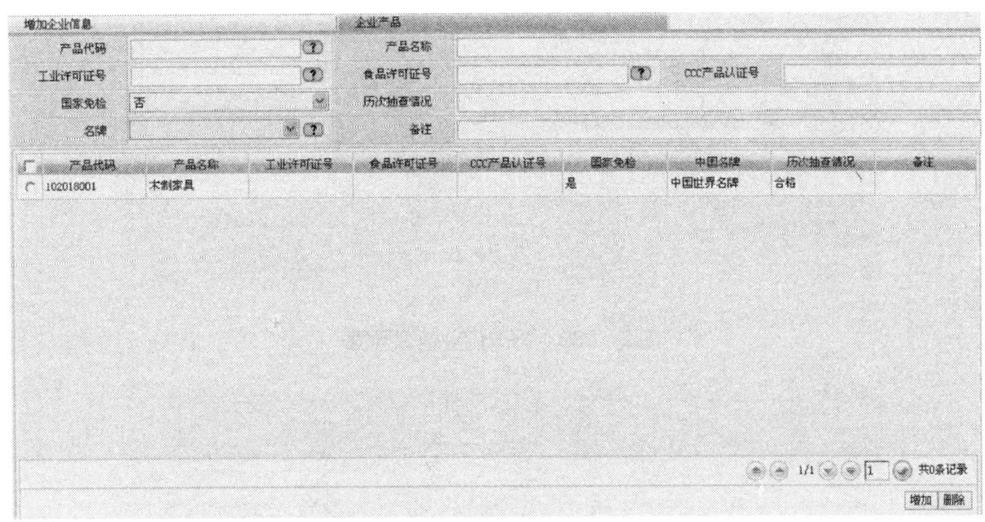

图 2 - 280 企业信息列表界面

在企业产品 tab 页中，选择一条企业产品信息记录，点击【删除】按钮，可删除企业产品记录。

在增加界面，输入相关内容，点击【保存】按钮，内容成功保存，返回列表界面，在列表界面使用查询条件查看新增加的记录，如图 2 - 281 所示。

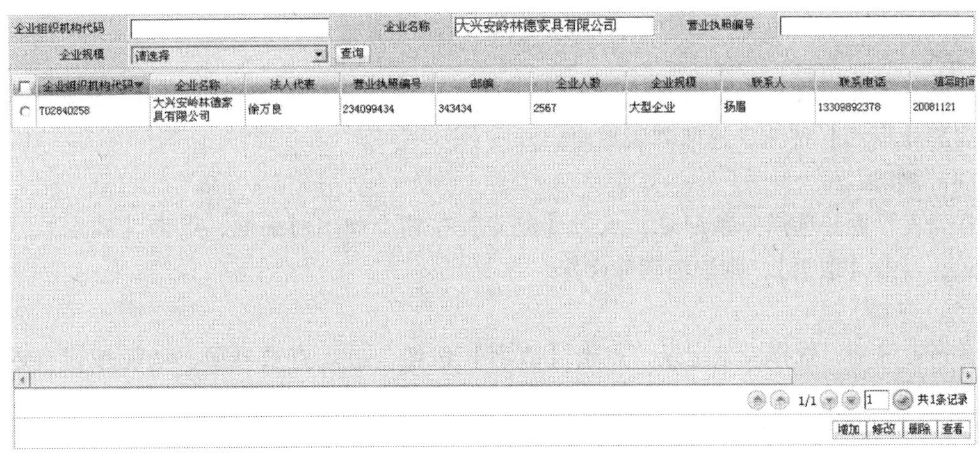

图 2 - 281 企业信息列表界面

在增加界面，点击【返回】按钮，返回列表界面。

(3) 修改

在列表界面，选择一条记录，点击【修改】按钮，进入修改界面，可以看到修改企业信息和企业产品两个 tab 页，功能按钮有保存、返回，如图 2 - 282 所示。

在企业产品 tab 页中，修改企业产品操作如下：

选择一条企业产品记录，该条企业产品记录自动回填到企业产品中，如图 2 - 283 所示，修改后，点击【修改】按钮，该记录修改成功。

图2－282　修改企业信息界面

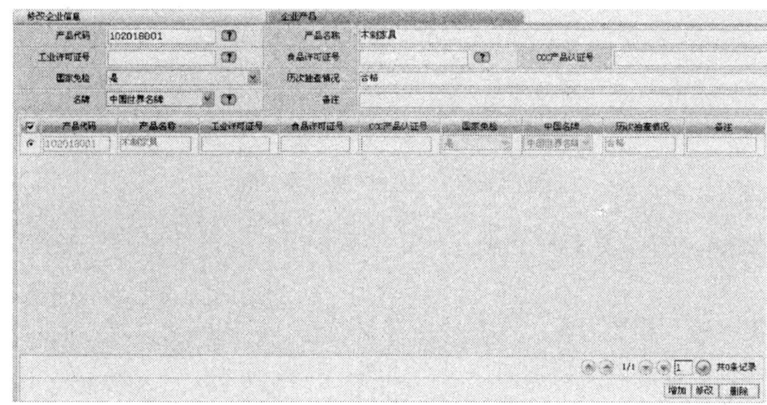

图2－283　修改企业信息界面

在修改界面，修改相关内容，点击【保存】按钮，修改内容成功保存，返回列表界面；点击【返回】按钮，返回列表界面。

（4）删除

在列表界面，选择一条记录，点击【删除】按钮，弹出对话框，点击【确定】，则删除记录，点击【取消】，则取消删除操作。

（5）查看

在列表界面，选择一条记录，点击【查看】按钮，进入查看界面，功能按钮有返回，如图2－284所示。

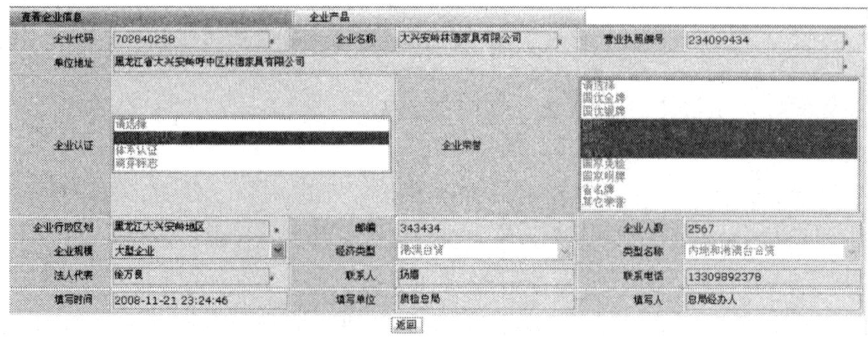

图2－284　查看企业信息界面

注：在查看界面，只可查看，不可编辑。

在查看界面，点击【返回】按钮，返回列表界面。

2.3　质检机构管理

2.3.1　基本信息上报

2.3.1.1　维护基本信息

质检机构需要在外网填写基本信息向质监局汇报。使用具有“质检机构外网填报”角色的用户登录系统后，选择“质检机构管理”菜单下的“基本信息上报”，点击“基本信息上报”，可以看到下级菜单“维护基本信息”，如图 2－285 所示。

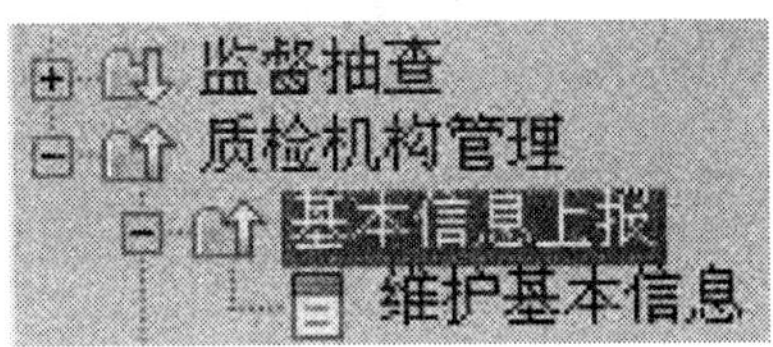

图 2－285　维护基本信息菜单

点击“维护基本信息”，进入列表界面，功能按钮有增加、修改、删除、查看、查询，如图 2－286 所示。

图 2－286　维护基本信息列表界面

（1）查询

在列表界面输入查询条件，点击【查询】按钮，进行查询。

（2）增加

在列表界面，点击【增加】按钮，进入增加界面，显示质检机构基本信息、质检机构人员基本信息、5 万元以上设备情况、每年检验业务量、每年科研情况、每年制定标准修订情况、相关材料信息七个 tab 页，一页显示不全，点击 > 按钮，进行向后翻页，点击 < 按钮，进行向前翻页，功能按钮有保存、返回、提交，如图 2－287 所示。

保存 返回 提交
质检机构基本信息 质检机构人员基本信息 5万元以上设备情况
机构名称
组织机构代码 成立日期 行政区划
法定代表人 联系电话 传真
地址
邮政编码 电子邮箱 机构类型 请选择

图2-287 质检机构基本信息界面

在质检机构基本信息 tab 页中，输入内容，(其中带＊的是必填项)。

在增加界面中，质检机构人员基本信息、5 万元以上设备情况、每年检验业务量、每年科研情况、每年制定标准修订情况五个 tab 页中，点击【增加】按钮，列表自动生成一条空记录，如图 2-288 所示，在空记录中录入数据，来添加信息。

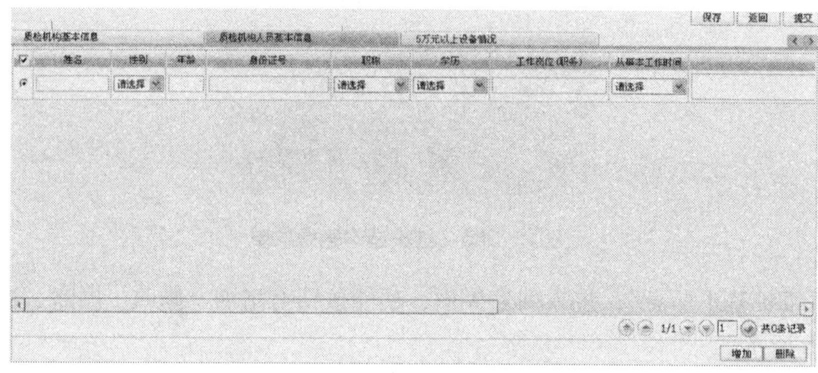

图2-288 质检机构人员基本信息界面

在增加界面中，质检机构人员基本信息、5 万元以上设备情况、每年检验业务量、每年科研情况、每年制定标准修订情况五个 tab 页中，选择一条记录，点击【删除】按钮，对添加的记录进行删除操作。

在相关材料信息 tab 页中，添加附件。

在增加界面，点击【保存】按钮，内容成功保存；点击【提交】按钮，将质检机构基本信息提交，返回列表界面，列表界面仍有此记录；点击【返回】按钮，返回列表界面，如图 2-289 所示。

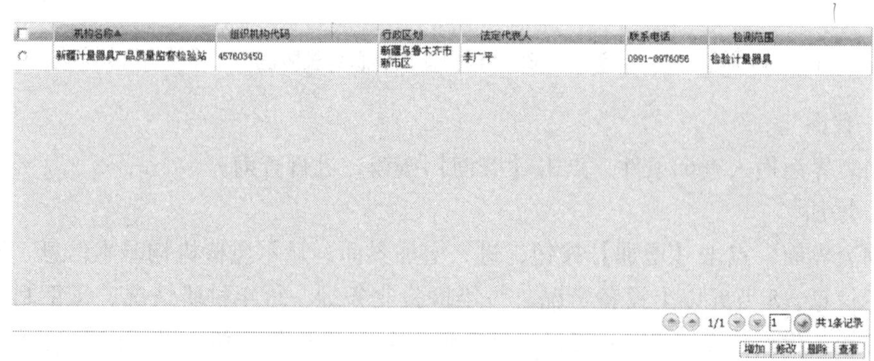

图2-289 维护基本信息列表界面

（3）修改

在列表界面，选择一条记录，点击【修改】按钮，进入修改界面，功能按钮有保存、返回、提交，如图2－290所示。

保存 返回 提交

质检机构基本信息 | 质检机构人员基本信息 | 5万元以上设备情况

机构名称	新疆计量器具产品质量监督检验站				
组织机构代码	457603450	成立日期	1978-11-06	行政区划	新疆乌鲁木齐市新市区
法定代表人	李广平	联系电话	0991-8976056	传真	0991-8976050
地址	新疆·乌鲁木齐市北京南路40号附9号				
邮政编码	850000	电子邮箱	liguangping@163.com	机构类型	省级质检所（院）
经济类型	国有全资	人员总数	230	国家检测中心总数	56
授权部门	新疆维吾尔自治区质监局				

图2－290　修改基本信息界面

在修改界面，修改相关内容（其中带＊的是必填项），点击【保存】按钮，修改内容成功保存；点击【提交】按钮，将质检机构基本信息提交，返回列表界面，列表界面仍有此记录；点击【返回】，返回列表界面。

（4）删除

在列表界面，选择一条记录，点击【删除】按钮，弹出系统提示对话框，点击【确定】，则删除记录，点击【取消】，则取消删除操作。

（5）查看

在列表界面，选择一条记录，点击【查看】按钮，进入查看界面，功能按钮有修改、返回，如图2－291所示。

修改 返回

质检机构基本信息 | 质检机构人员基本信息 | 5万元以上设备情况

机构名称	新疆计量器具产品质量监督检验站				
组织机构代码	457603450	成立日期	1978-11-06	行政区划	新疆乌鲁木齐市新市区
法定代表人	李广平	联系电话	0991-8976056	传真	0991-8976050
地址	新疆·乌鲁木齐市北京南路40号附9号				
邮政编码	850000	电子邮箱	liguangping@163.com	机构类型	省级质检所（院）
经济类型	国有全资	人员总数	230	国家检测中心总数	56
授权部门	新疆维吾尔自治区质监局				

图2－291　查看基本信息界面

注：在查看界面，只可查看，不可编辑。

在查看界面，点击【修改】按钮，进入修改界面，可进行相应的修改；点击【返回】按钮，返回列表界面。

2.3.1.2　查看基本信息

使用具有“查看质检机构基本信息”角色的用户登录系统，点击“质检机构管理”菜单下的“基本信息上报”，可看到下级菜单“查看基本信息”，如图2－292所示。

点击“查看基本信息”，进入列表界面，功能按钮有查看、查询，如图2－293所示。

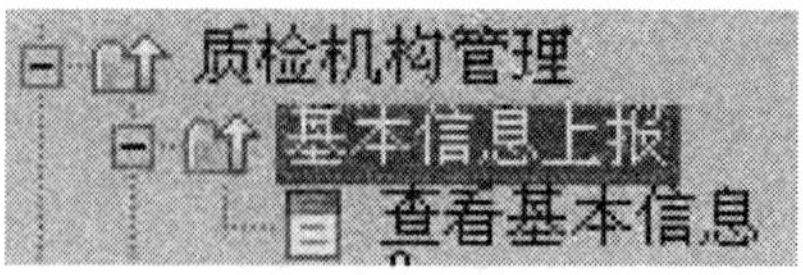

质检机构管理
基本信息上报
查看基本信息

图 2－292 查看基本信息菜单

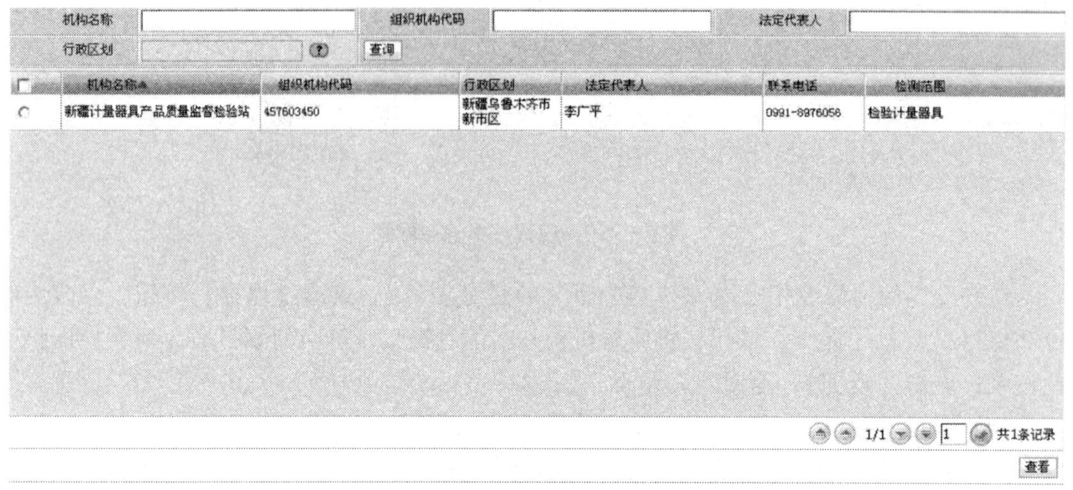

图 2－293 查看基本信息列表界面

（1）查询

在列表界面输入查询条件，点击【查询】按钮，进行查询。

（2）查看

在列表界面，选择一条记录，点击【查看】按钮，进入查看界面，功能按钮有器具检定情况、执法检查、抽查信息、返回，如图 2－294 所示。

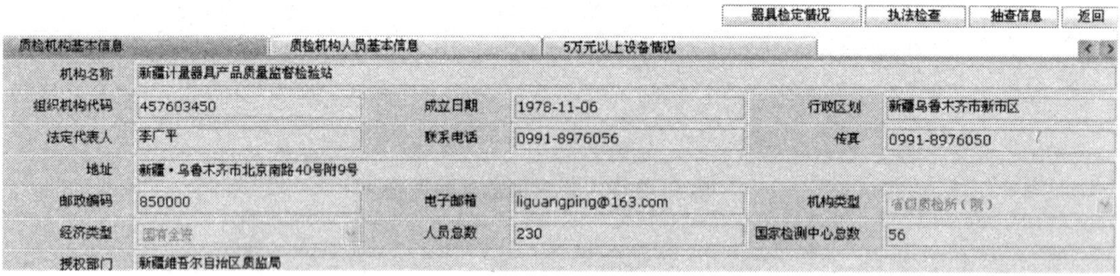

器具检定情况　执法检查　抽查信息　返回

质检机构基本信息　质检机构人员基本信息　5万元以上设备情况

机构名称	新疆计量器具产品质量监督检验站				
组织机构代码	457603450	成立日期	1978-11-06	行政区划	新疆乌鲁木齐市新市区
法定代表人	李广平	联系电话	0991-8976056	传真	0991-8976050
地址	新疆・乌鲁木齐市北京南路40号附9号				
邮政编码	850000	电子邮箱	liguangping@163.com	机构类型	省级质检所（院）
经济类型	国有全资	人员总数	230	国家检测中心总数	56
授权部门	新疆维吾尔自治区质监局				

图 2－294 查看基本信息界面

注：在查看界面，只可查看，不可编辑。

在查看界面，点击【器具检定情况】按钮，弹出如图 2－295 所示强制计量器具鉴定信息对话框，可以进行查看。

在查看界面，点击【执法检查】按钮，弹出如图 2－296 所示免检企业执法信息对话框，可以进行查看。

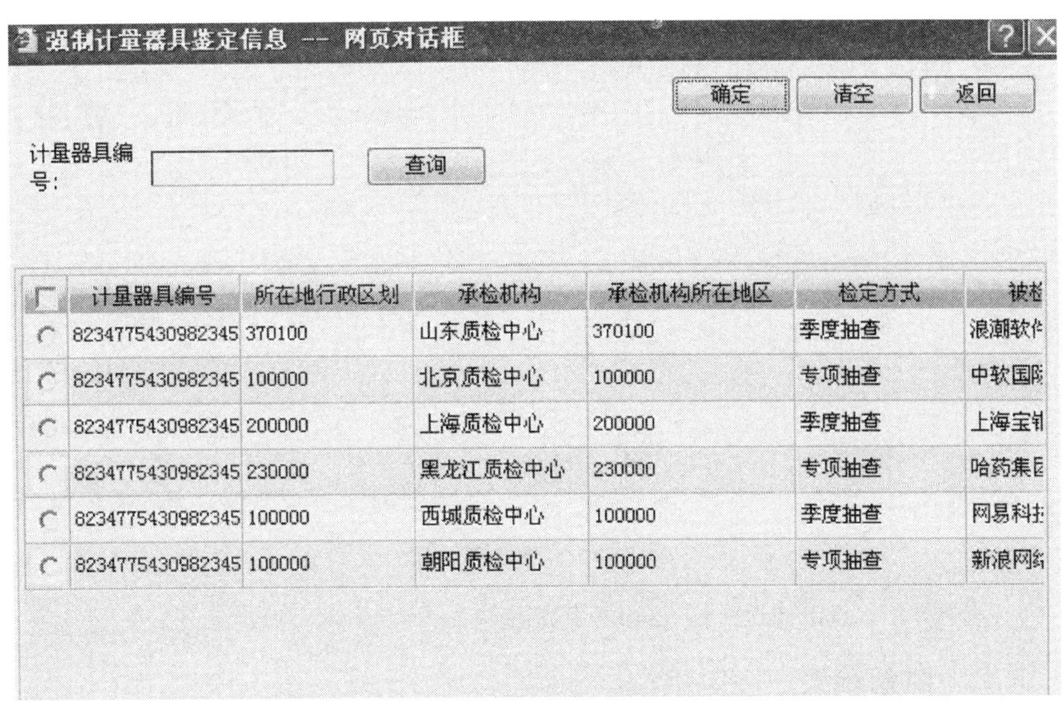

	计量器具编号	所在地行政区划	承检机构	承检机构所在地区	检定方式	被检
○	8234775430982345	370100	山东质检中心	370100	季度抽查	浪潮软
○	8234775430982345	100000	北京质检中心	100000	专项抽查	中软国
○	8234775430982345	200000	上海质检中心	200000	季度抽查	上海宝
○	8234775430982345	230000	黑龙江质检中心	230000	专项抽查	哈药集
○	8234775430982345	100000	西城质检中心	100000	季度抽查	网易科
○	8234775430982345	100000	朝阳质检中心	100000	专项抽查	新浪网

图 2－295 查看强制计量器具检定信息

免检企业执法信息 -- 网页对话框

确定 清空 返回

涉嫌违法主体名称: 查询

	立案时间	涉嫌违法主体名称	组织机构代码	涉案产品名称	案由	处罚内
○		乡宁县永乐食品厂	728158513			
○		通州市五总恒源泉纯净水厂				
○		通州市五总恒源泉纯净水厂12		涉案产品12		
○		启东市汇龙镇清凉饮用水厂2	718522940	涉案产品12		
○		民权县离子水厂	731298322	涉案产品		

图 2－296 查看免检企业执法信息

在查看界面，点击【抽查信息】按钮，弹出如图 2－297 所示抽查信息，可以进行查看。

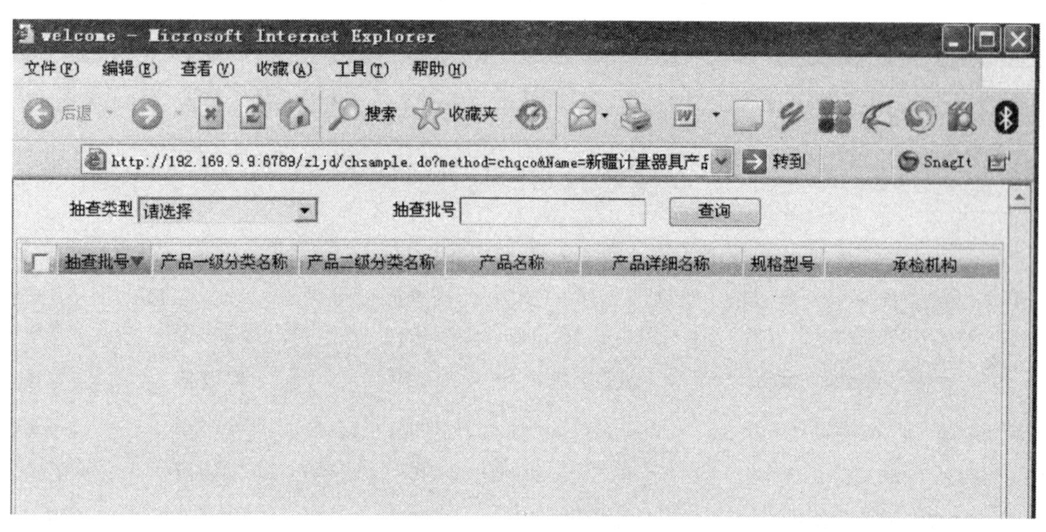

图2-297 查看抽查信息

在查看界面，点击【返回】，返回列表界面。

2.3.2 监督检查

2.3.2.1 维护监督检查

使用具有“维护质检机构监督检查”角色的用户登录系统后，选择“质检机构管理”菜单下的“监督检查”，点击“监督检查”，可以看到下级菜单“维护监督检查”，如图2-298所示。

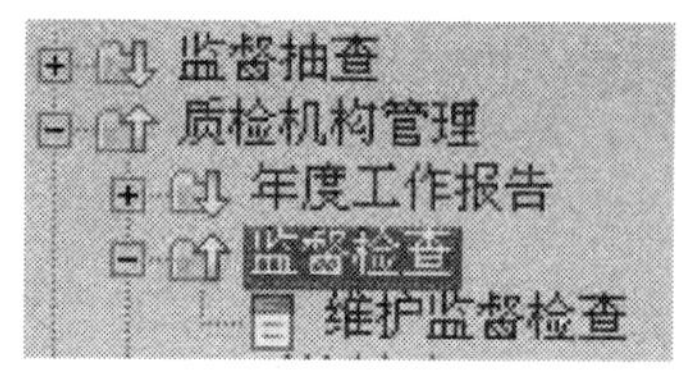

图2-298 维护监督检查菜单

点击“维护监督检查”，进入列表界面，功能按钮有增加、修改、删除、查看、查询，如图2-299所示。

图2-299 维护监督检查列表界面

(1) 查询

在列表界面输入查询条件，点击【查询】按钮，进行查询。

(2) 增加

在列表界面，点击【增加】按钮，进入增加界面，功能按钮有保存、返回、提交，如图2-300所示。

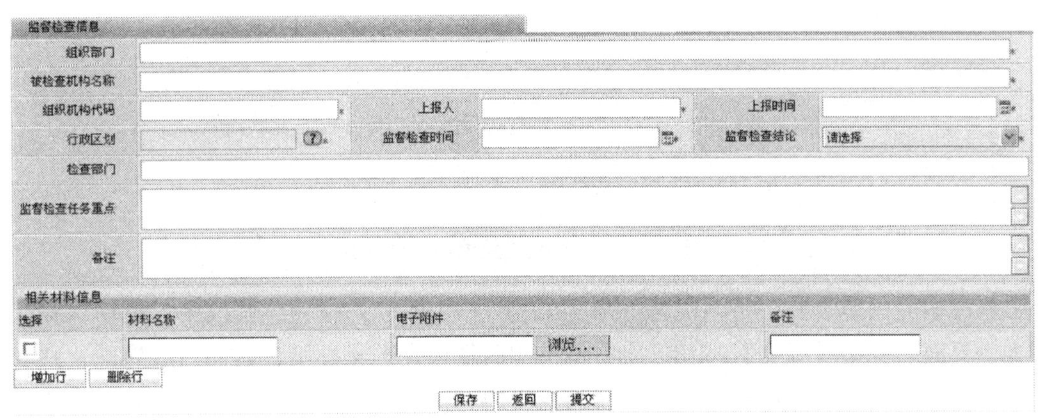

图2-300　增加监督检查信息界面

在增加界面，输入内容，（其中带＊的是必填项），点击【保存】按钮，内容成功保存，返回列表界面，如图2-301所示。

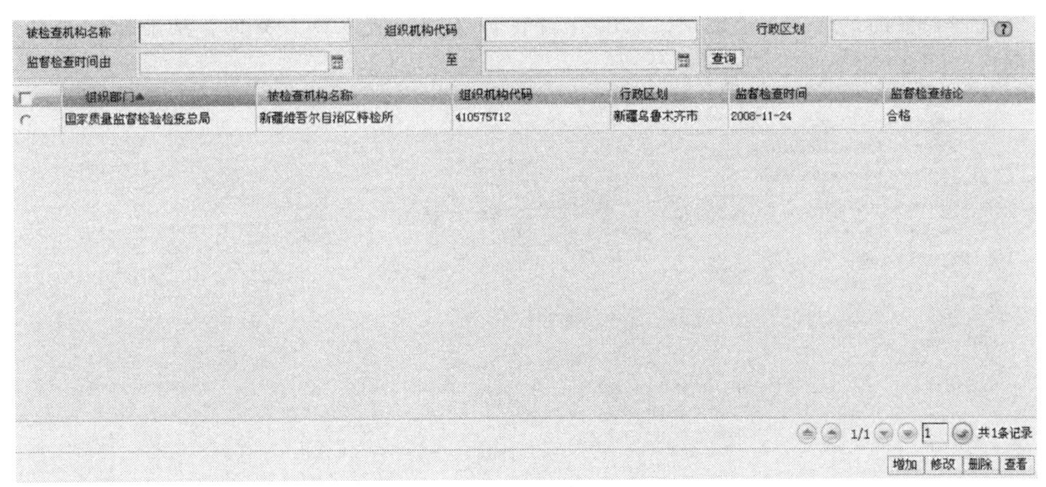

图2-301　维护监督检查列表界面

在增加界面，输入内容，点击【提交】按钮，将质检机构监督检查提交办结，返回列表界面，列表界面无此记录；点击【返回】按钮，返回列表界面。

(3) 修改

在列表界面，选择一条记录，点击【修改】按钮，进入修改界面，功能按钮有保存、返回、提交，如图2-302所示。

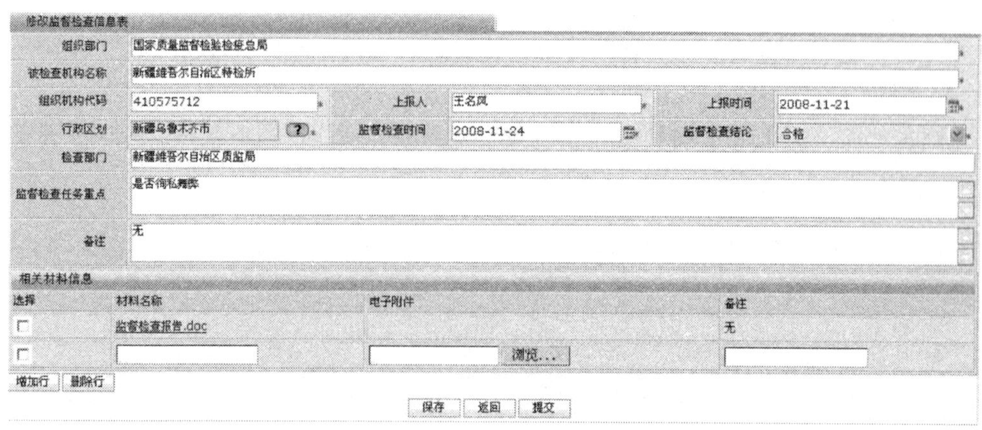

图 2-302 修改监督检查信息界面

修改相关内容（其中带 * 的是必填项），点击【保存】按钮，修改内容成功保存，返回列表界面。点击【提交】按钮，将质检机构监督检查提交办结，返回列表界面，列表界面无此记录。点击【返回】按钮，返回列表界面。

（4）删除

在列表界面，选择一条记录，点击【删除】按钮，弹出系统提示对话框，点击【确定】按钮，则删除记录，点击【取消】按钮，则取消删除操作。

（5）查看

在列表界面，选择一条记录，点击【查看】按钮，进入查看界面，功能按钮有修改、返回，如图 2-303 所示。

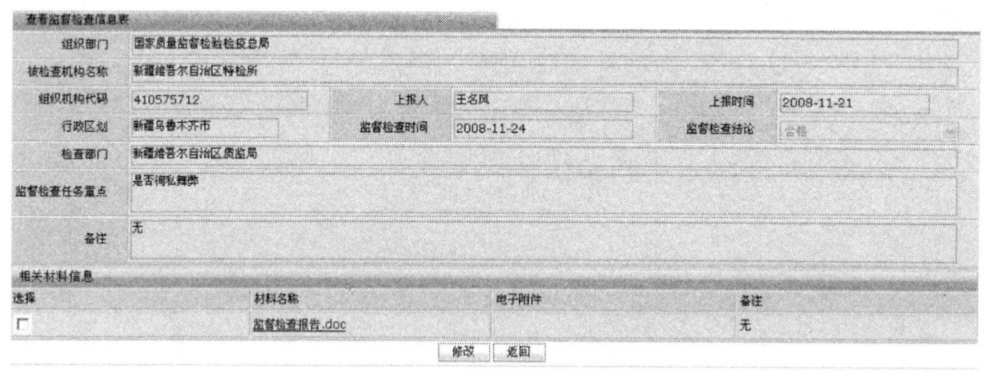

图 2-303 查看监督检查信息

注：在查看界面，只可查看，不可编辑。

在查看界面，点击【修改】按钮，进入修改界面，可进行相应的修改；点击【返回】按钮，返回列表界面。

2.3.2.2 查看监督检查

使用具有“查看质检机构监督检查信息”角色的用户登录系统，点击“质检机构管理”菜单下的“监督检查”，可看到下级菜单“查看监督检查”，如图 2-304 所示。

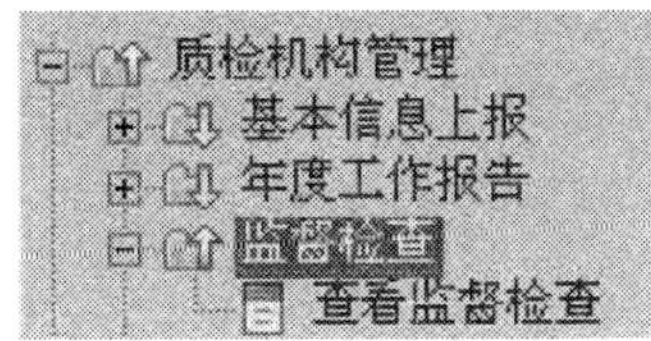

图 2－304 查看监督检查菜单

点击“查看监督检查”，进入列表界面，功能按钮有查看、查询，如图 2－305 所示。

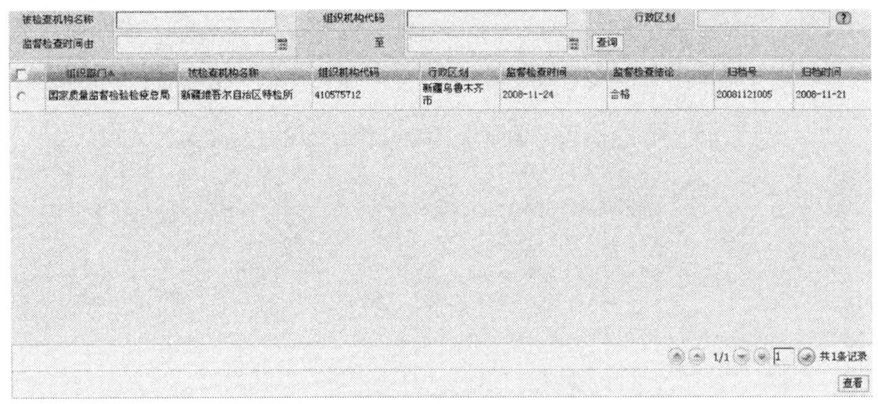

图 2－305 查看监督检查列表界面

（1）查询

在列表界面输入查询条件，点击【查询】按钮，进行查询。

（2）查看

在列表界面，选择一条记录，点击【查看】按钮，进入查看界面，功能按钮有保存，如图 2－306 所示。

查看监督检查信息表

组织部门	国家质量监督检验检疫总局				
被检查机构名称	新疆维吾尔自治区特检所				
组织机构代码	410575712	上报人	王名凤	上报时间	2008-11-21
行政区划	新疆乌鲁木齐市	监督检查时间	2008-11-24	监督检查结论	合格
检查部门	新疆维吾尔自治区质监局				
监督检查任务重点	是否徇私舞弊				
备注	无				

归档信息

归档号	20081121005	归档时间	2008-11-21

相关材料信息

选择	材料名称	电子附件	备注
	监督检查报告.doc		无

返回

图 2－306 查看监督检查信息

注：在查看界面，只可查看，不可编辑。

在查看界面，点击【返回】按钮，返回列表界面。

2.3.3　投诉管理

2.3.3.1　登记投诉

（1）新建任务

使用具有“登记质检机构投诉信息”角色的用户登录系统后，选择“质检机构管理”菜单下的“投诉管理”，点击“投诉管理”，可以看到下级菜单“新建任务”，如图2－307所示。

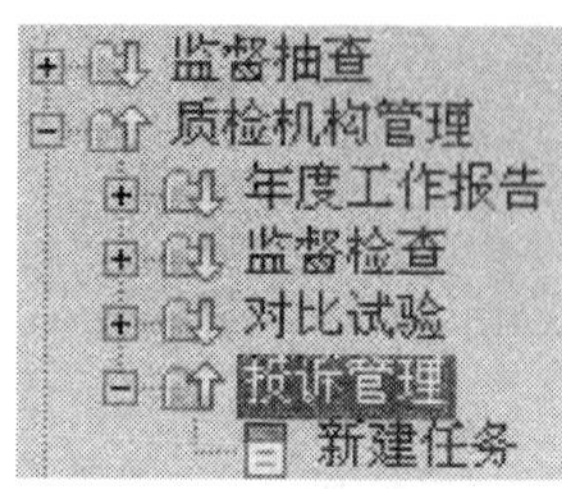

图2－307　新建任务菜单

点击“新建任务”，进入列表界面，功能按钮有增加、修改、删除、查看、查询，如图2－308所示。

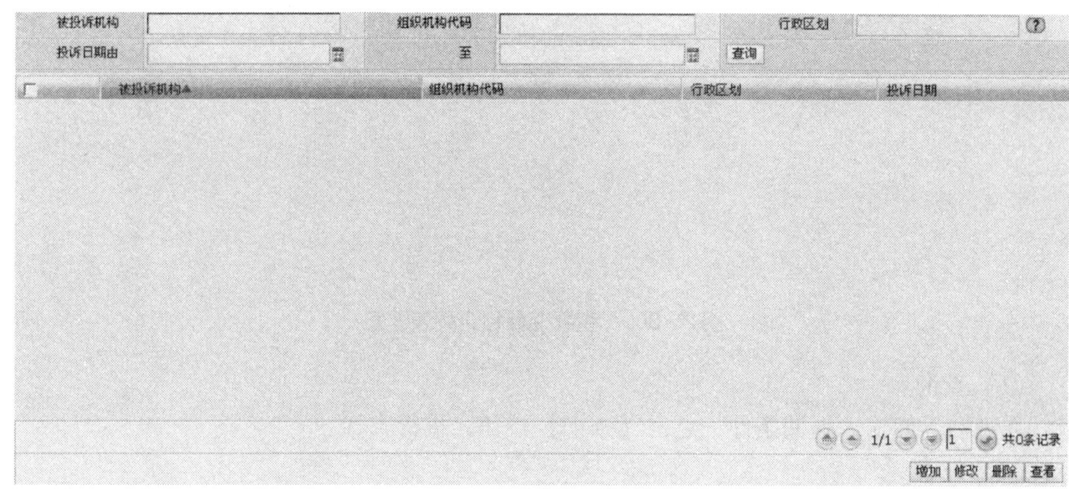

图2－308　投诉管理列表界面

1）查询：在列表界面输入查询条件，点击【查询】按钮，进行查询。

2）增加：在列表界面，点击【增加】按钮，进入增加界面，显示投诉登记信息表，功能按钮有保存、返回、提交，如图2－309所示。

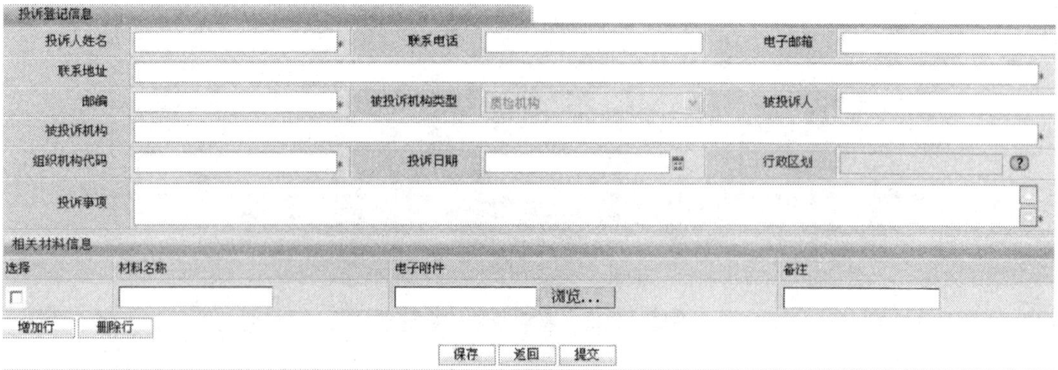

图2－309　增加投诉登记信息界面

在增加界面，输入内容，（其中带＊的是必填项），点击【保存】按钮，内容成功保存，返回新建任务列表界面，如图2－310所示。

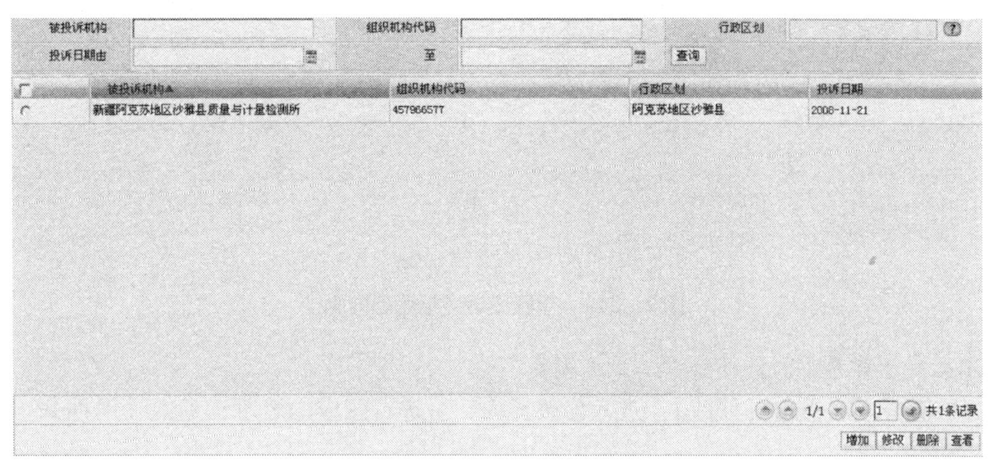

图2－310　投诉管理列表界面

在增加界面，输入内容，点击【提交】按钮，将投诉登记表提交，返回新建任务列表界面，列表界面无此记录；点击【返回】按钮，返回列表界面。

3）修改：在列表界面，选择一条记录，点击【修改】按钮，进入修改界面，如图2－311所示。

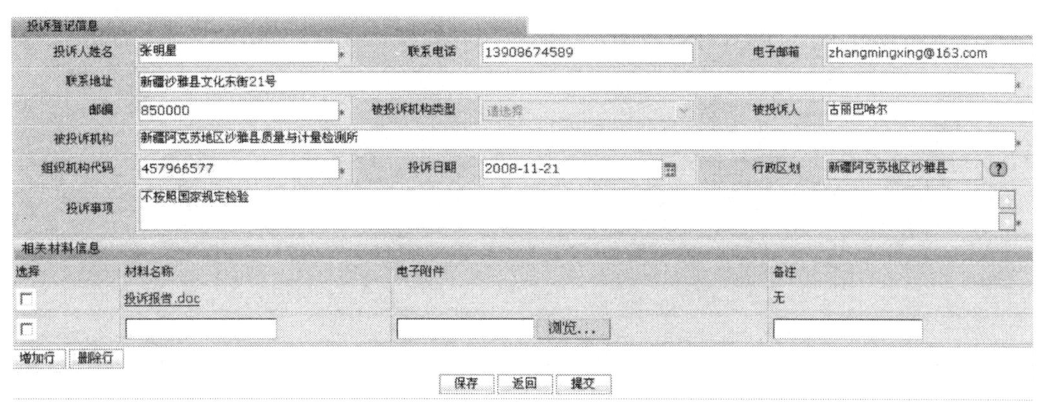

图2－311　修改投诉登记信息界面

在修改界面，修改相关内容（其中带＊的是必填项），点击【保存】按钮，修改内容成功保存，返回新建任务列表界面；点击【提交】按钮，将投诉登记表提交，返回新建任务列表界面，列表界面无此记录；点击【返回】按钮，返回列表界面。

4）删除：在列表界面，选择一条记录，点击【删除】按钮，弹出系统提示对话框，点击【确定】，则删除记录，点击【取消】，则取消删除操作。

5）查看：在列表界面，选择一条记录，点击【查看】按钮，进入查看界面，功能按钮有修改、返回，如图2－312所示。

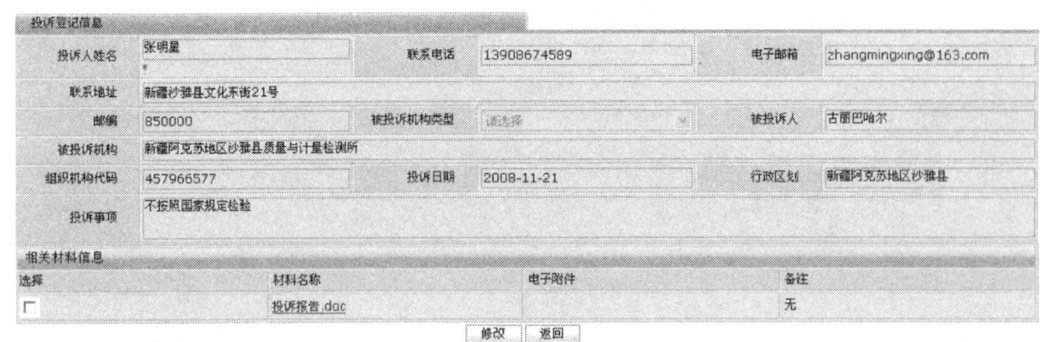

图2－312　查看投诉登记信息界面

注：在查看界面，只可查看，不可编辑。

在查看界面，点击【修改】，进入修改界面，可进行相应的修改；点击【返回】，返回列表界面。

2.3.3.2　受理投诉

使用具有“受理质检机构投诉”角色的用户登录系统后，选择“质检机构管理”菜单下的“投诉管理”，点击“投诉管理”，可以看到下级菜单“待办任务”、“已办任务”，如图2－313所示。

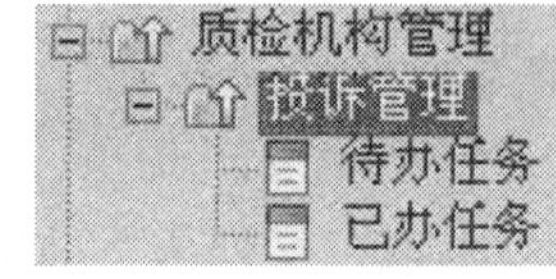

图2－313　受理投诉菜单

（1）待办任务

点击“待办任务”，进入列表界面，功能按钮有处理、查询，如图2－314所示。

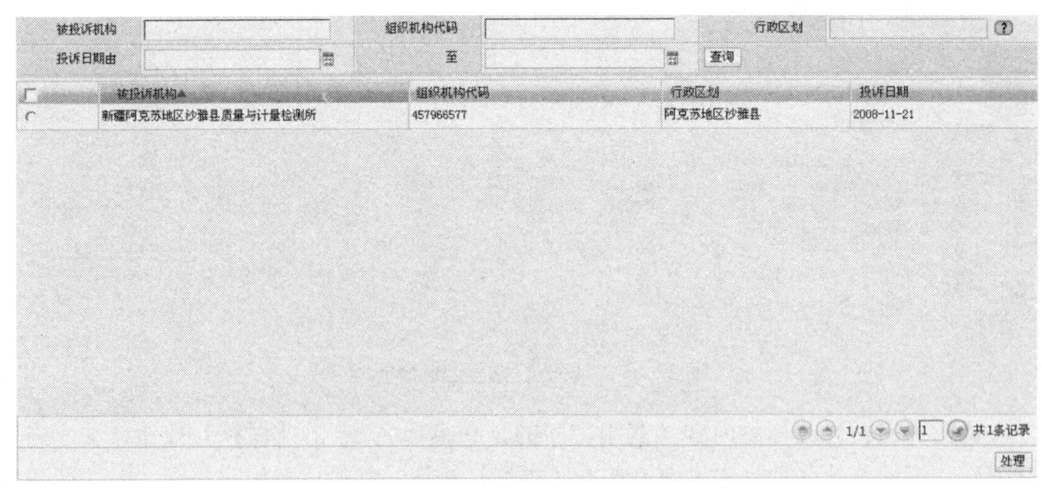

图2－314　待办任务列表界面

1）查询：在列表界面输入查询条件，点击【查询】按钮，进行查询。

2）处理：在列表界面，选择一条记录，点击【处理】按钮，进入处理界面，投诉登记基本信息不可编辑，增加受理信息栏，可编辑，功能按钮有保存、返回、提交，如图2－315所示。

投诉登记信息

投诉人姓名	张明星	联系电话	13908674589	电子邮箱	zhangmingxing@163.com
联系地址	新疆沙雅县文化东街21号				
邮编	850000	被投诉机构类型	请选择	被投诉人	古丽巴哈尔
被投诉机构	新疆阿克苏地区沙雅县质量与计量检测所				
组织机构代码	457966577	投诉日期	2008-11-21	行政区划	新疆阿克苏地区沙雅县
投诉事项	不按照国家规定检验				

受理信息

受理人	*	受理时间	*	受理结论	请选择 *
受理意见					

相关材料信息

选择	材料名称	电子附件	备注
□	投诉报告.doc		无

保存　返回　提交

图2-315　受理投诉信息界面

在处理界面，输入受理意见（其中带＊的是必填项），点击【保存】按钮，内容成功保存，返回待办任务列表界面；点击【提交】按钮，将投诉登记表提交至处理投诉环节，返回待办任务列表界面，列表界面无此记录，在“已办任务”中可以看到已提交的记录；点击【返回】，返回列表界面。

（2）已办任务

点击“已办任务”，进入列表界面，功能按钮有查看、查询，如图2-316所示。

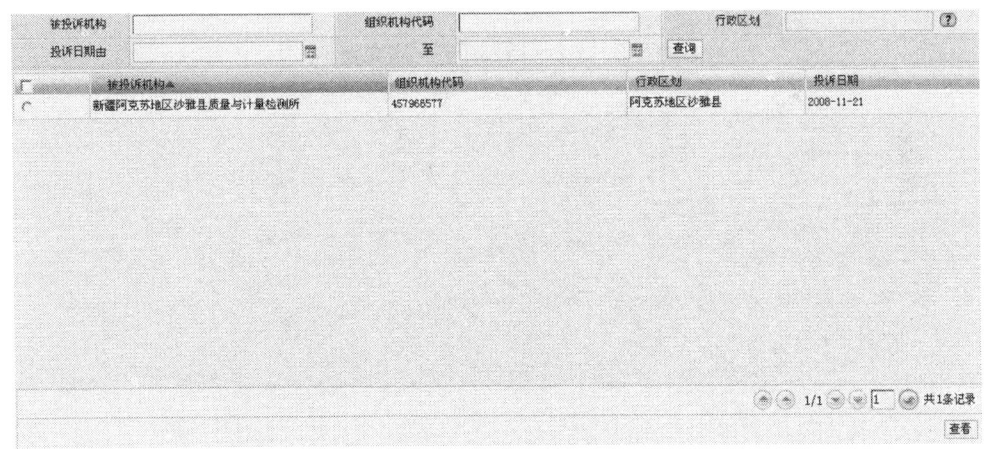

图2-316　已办任务列表界面

1）查询：在列表界面输入查询条件，点击【查询】按钮，进行查询。

2）查看：在列表界面，选择一条记录，点击【查看】按钮，进入查看界面，功能按钮有返回。

注：在查看界面，只可查看，不可编辑。

在查看界面，点击【返回】按钮，返回列表界面。

2.3.3.3　处理投诉

使用具有“处理质检机构投诉”角色的用户登录系统后，选择“质检机构管理”菜单下的“投诉管理”，点击“投诉管理”，可以看到下级菜单“待办任务”，如图2－317所示。

图2－317　处理投诉菜单

点击“待办任务”，进入列表界面，功能按钮有处理、查询，如图2－318所示。

1）查询：在列表界面输入查询条件，点击【查询】按钮，进行查询。

2）处理：在列表界面，选择一条记录，点击【处理】按钮，进入处理界面，投诉登记表基本信息和受理信息不可编辑，增加处理结果信息栏，可编辑，功能按钮有保存、返回、办结，如图2－319所示。

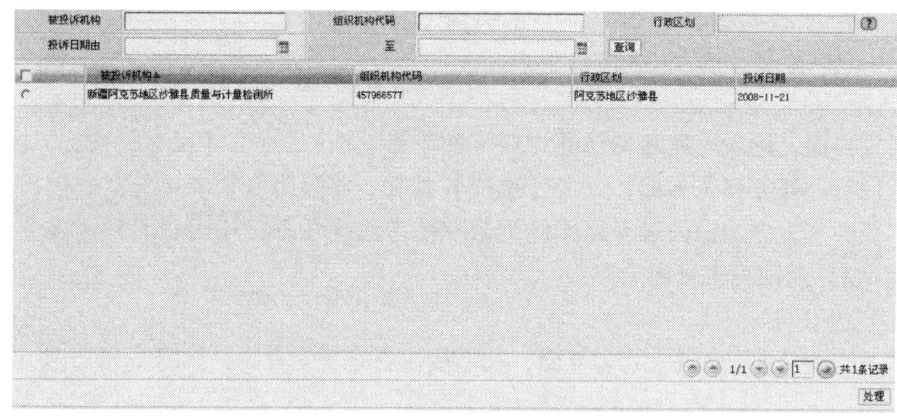

图2－318　待办任务列表界面

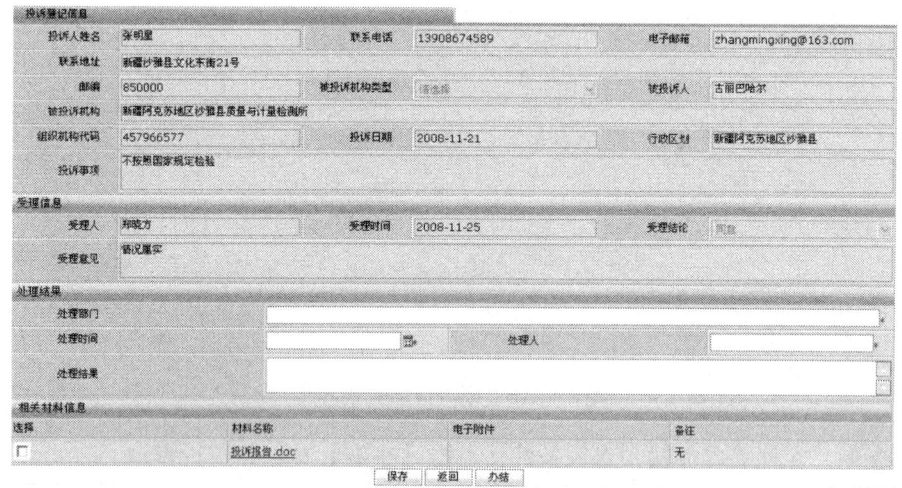

图2－319　处理投诉信息界面

在处理界面，输入处理结果（其中带＊的是必填项），点击【保存】按钮，内容成功保存，返回待办任务列表界面；点击【办结】按钮，将投诉办结，返回待办任务列表界面，列表界面无此记录，在“查看办结信息”中可以查看已办结的记录；点击【返回】，返回列表界面。

2.3.3.4 查看办结信息

使用具有"查看质检机构投诉结果"角色的用户登录系统，点击"质检机构管理"菜单下"投诉管理"，可看到下级菜单"查看办结信息"，如图 2－320 所示。

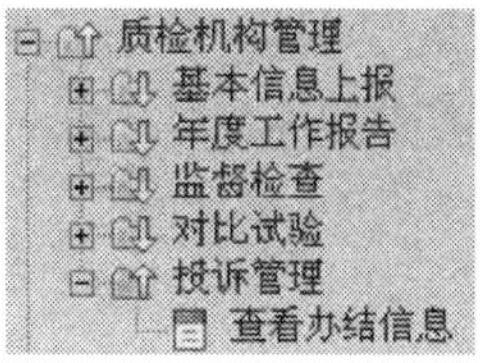

质检机构管理
基本信息上报
年度工作报告
监督检查
对比试验
投诉管理
查看办结信息

图 2－320 查看办结信息菜单

点击"查看办结信息"，进入列表界面，功能按钮有查看、查询，如图 2－321 所示。

（1）查询

在列表界面输入查询条件，点击【查询】按钮，进行查询。

（2）查看

在列表界面，选择一条记录，点击【查看】按钮，进入查看界面，功能按钮有返回，如图 2－322 所示。

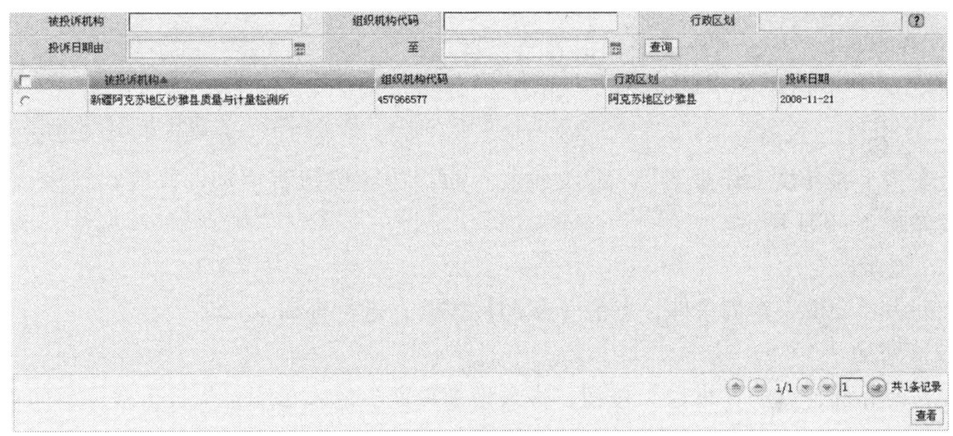

图 2－321 查看办结信息列表界面

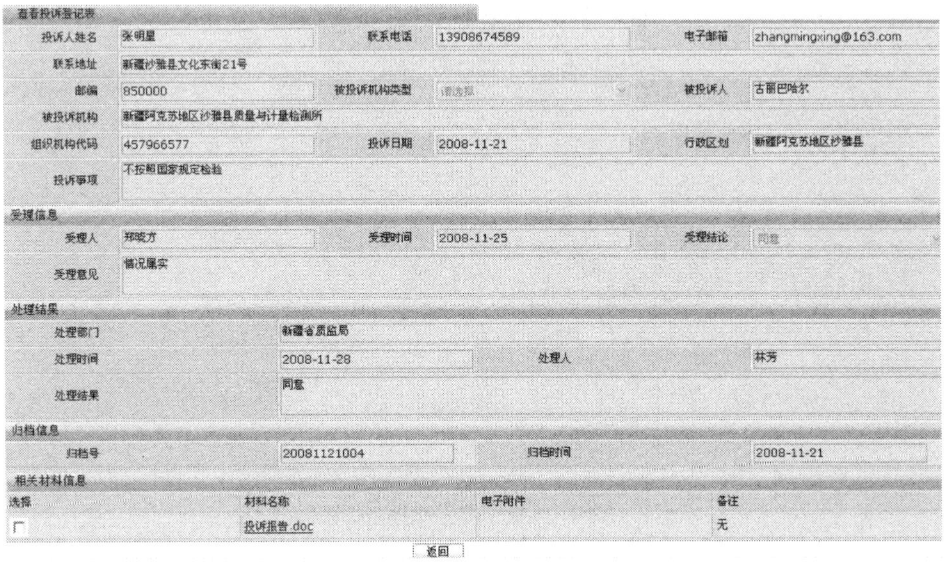

查看投诉登记表
投诉人姓名 张明星 联系电话 13908674589 电子邮箱 zhangmingxing@163.com
联系地址 新疆沙雅县文化东街21号
邮编 850000 被投诉机构类型 请选择 被投诉人 古丽巴哈尔
被投诉机构 新疆阿克苏地区沙雅县质量与计量检测所
组织机构代码 457966577 投诉日期 2008-11-21 行政区划 新疆阿克苏地区沙雅县
投诉事项 不按照国家规定检验
受理信息
受理人 郑晓方 受理时间 2008-11-25 受理结论 同意
受理意见 情况属实
处理结果
处理部门 新疆省质监局
处理时间 2008-11-28 处理人 林芳
处理结果 同意
归档信息
归档号 20081121004 归档时间 2008-11-21
相关材料信息
选择 材料名称 电子附件 备注
投诉报告.doc 无
返回

图 2－322 查看投诉登记信息界面

注：在查看界面，只可查看，不可编辑；查看界面增加归档信息栏，归档号和归档时间为自动生成。

在查看界面，点击【返回】按钮，返回列表界面。

2.3.4 年度工作报告

质检机构需要在外网填写年度工作报告向质监局汇报。县局机构提交年度工作报告，需要经过县局、市局和省局的审批并由省局办结，市局机构提交年度工作报告，需要经过市局和省局的审批并由省局办结，省局机构提交的年度工作报告直接由省局进行审批和办结，总局查看已经办结的各级机构上报的年度工作报告并进行查询统计。

2.3.4.1 上报年度工作报告

使用具有“质检机构外网填报”角色的用户登录系统后，选择“质检机构管理”菜单下的“年度工作报告”，点击“年度工作报告”，可以看到下级菜单“上报年度工作报告”，如图 2－323 所示。

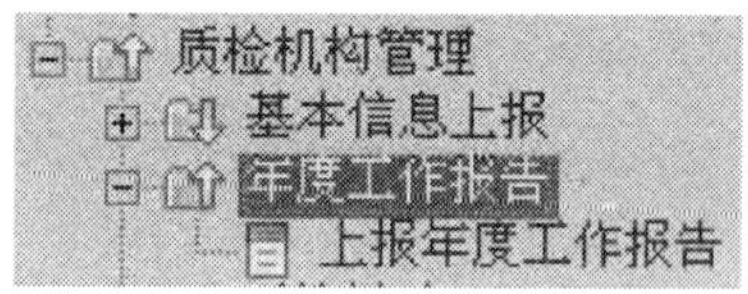

图 2－323 上报年度工作报告菜单

点击“上报年度工作报告”，进入列表界面，功能按钮有增加、修改、删除、查看、查询，如图 2－324 所示。

（1）查询

在列表界面输入查询条件，点击【查询】按钮，进行查询。

（2）增加

在列表界面，点击【增加】按钮，进入增加界面，进入年度工作报告增加界面，功能按钮有保存、返回、提交，如图 2－325 所示。

在增加界面，输入内容（其中带＊的是必填项），添加附件，点击【保存】按钮，内容成功保存，返回列表界面，如图 2－326 所示。

图 2－324 上报年度工作报告列表界面

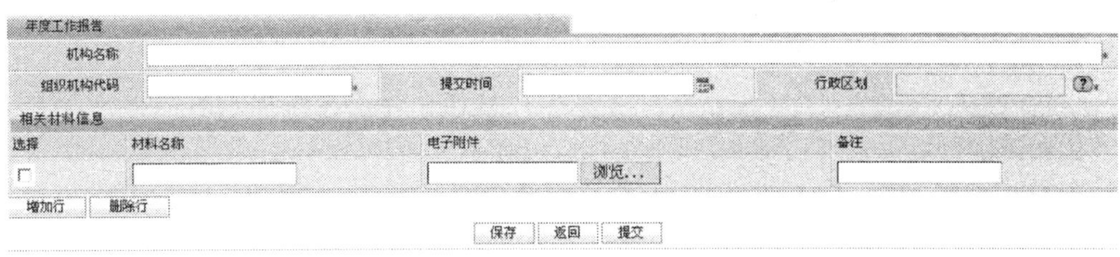

图 2 - 325 增加年度工作报告界面

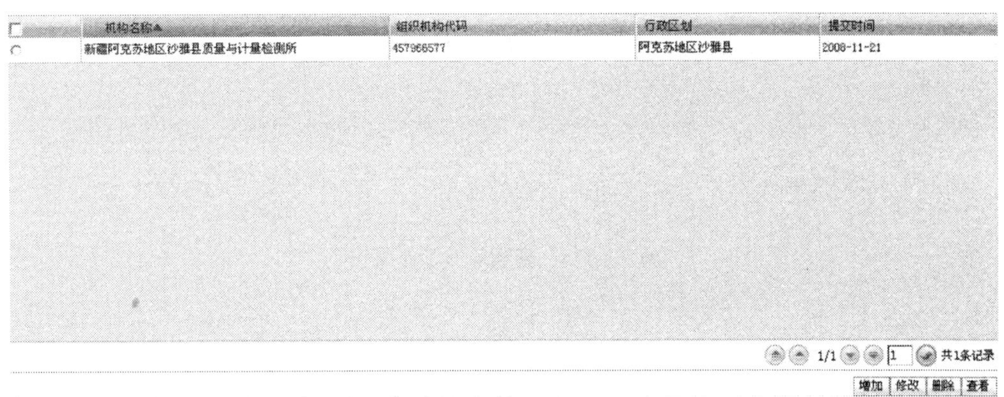

	机构名称▲	组织机构代码	行政区划	提交时间
	新疆阿克苏地区沙雅县质量与计量检测所	457966577	阿克苏地区沙雅县	2008-11-21

图 2 - 326 上报年度工作报告列表界面

在增加界面，输入内容，点击【提交】按钮，将机构的年度工作报告提交，返回列表界面，列表界面无此记录；点击【返回】按钮，返回列表界面。

（3）修改

在列表界面，选择一条记录，点击【修改】按钮，进入修改界面，可以看到年度工作报告和历史意见两个 tab 页，功能按钮为有保存、返回、提交，如图 2 - 327 所示。

图 2 - 327 修改年度工作报告界面

在修改界面，修改相关内容（其中带 * 的是必填项），点击【保存】按钮，修改内容成功保存，返回列表界面；点击【提交】按钮，将机构的年度工作报告提交，返回列表界面，列表界面无此记录；点击【返回】按钮，返回列表界面。

查看修改界面的历史意见 tab 页，有如下两种情况：

1）若此条年度工作报告记录的状态为新建并未提交，则历史意见 tab 页中为空；

2）若此条年度工作报告记录的状态是质监局驳回的记录，则历史意见 tab 页中可以看到质监局审批的相关意见。

（4）删除

在列表界面，选择一条记录，点击【删除】按钮，弹出系统提示对话框，点击【确定】，则删除记录，点击【取消】，则取消删除操作。

（5）查看

在列表界面，选择一条记录，点击【查看】按钮，进入查看界面，功能按钮有修改、返回，如图 2－328 所示。

年度工作报告 | 历史意见

机构名称	新疆阿克苏地区沙雅县质量与计量检测所				
组织机构代码	457966577	提交时间	2008-11-21	行政区划	新疆阿克苏地区沙雅县

相关材料信息

选择	材料名称	电子附件	备注
□	年度工作报告.doc		无

修改 返回

图 2－328 查看年度工作报告

注：在查看界面，只可查看，不可编辑。

在查看界面，点击【修改】按钮，进入修改界面，可进行相应的修改。

在查看界面，点击【返回】按钮，返回列表界面。

2.3.4.2 审批年度工作报告

使用具有“审批年度工作报告”角色的用户登录系统后，选择“质检机构管理”菜单下的“年度工作报告”，点击“年度工作报告”，可以看到下级菜单“审批年度工作报告”，如图 2－329 所示。

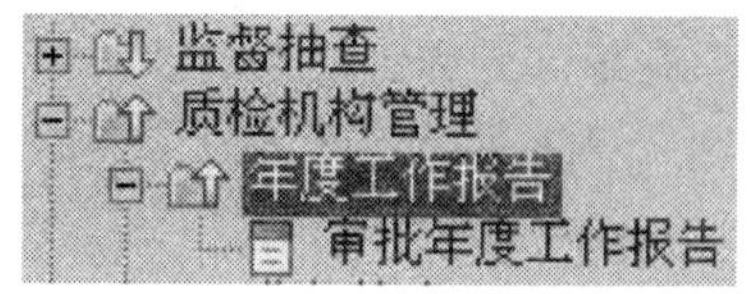

图 2－329 审批年度工作报告菜单

点击“审批年度工作报告”，进入列表界面，功能按钮有处理、查询，如图 2－330 所示。

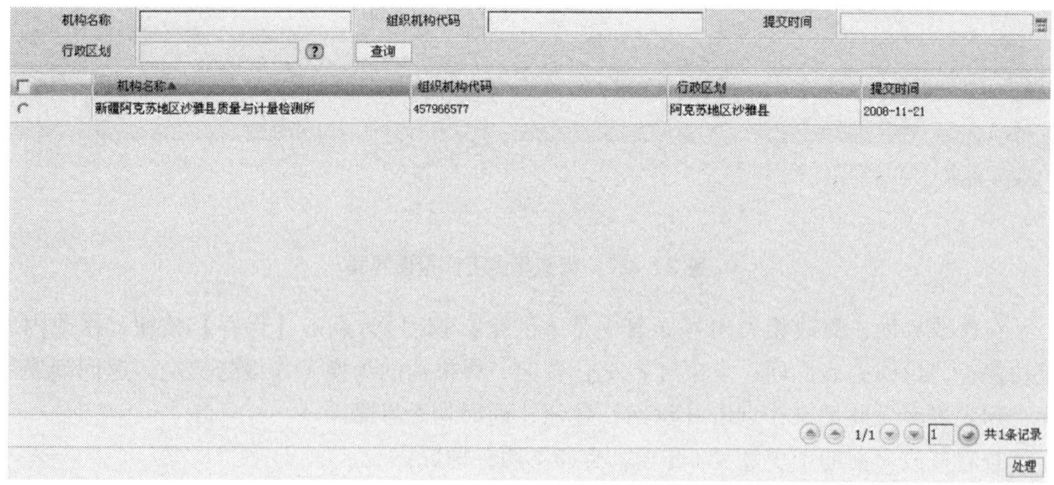

机构名称 ____ 组织机构代码 ____ 提交时间 ____
行政区划 ____ 查询

□	机构名称▲	组织机构代码	行政区划	提交时间
○	新疆阿克苏地区沙雅县质量与计量检测所	457966577	阿克苏地区沙雅县	2008-11-21

1/1 1 共1条记录

处理

图 2－330 年度工作报告列表界面

（1）查询

在列表界面输入查询条件，点击【查询】按钮，进行查询。

（2）处理

在列表界面，选择一条记录，点击【处理】按钮，进入处理界面，可以看到年度工作报告和历史意见两个 tab 页，年度工作报告基本信息不可编辑，增加审批信息栏，可编辑。历史意见 tab 页中可以看到各级审批意见。功能按钮有保存、返回、提交、驳回，如图 2－331所示。

图 2－331　审批年度工作报告界面

在处理界面，输入审批意见（其中带＊的是必填项），点击【保存】按钮，内容成功保存，返回列表界面；点击【提交】按钮，将年度工作报告提交，返回列表界面，列表界面无此记录；点击【返回】，返回列表界面。

在处理界面，输入审批意见，点击【驳回】按钮，有两种情况：

1）若此条年度工作报告记录是机构提交的，点击【驳回】按钮，直接将年度工作报告驳回机构；

2）若此条年度工作报告记录是下级质监局提交的，点击【驳回】按钮，会弹出对话框，选择要驳回的下级局，则将年度报告驳回选择的下级局。

2.3.4.3　办结年度工作报告

使用具有“办结年度工作报告”角色的用户登录系统后，选择“质检机构管理”菜单下的“年度工作报告”，点击“年度工作报告”，可以看到下级菜单“审批年度工作报告”，如图 2－332 所示。

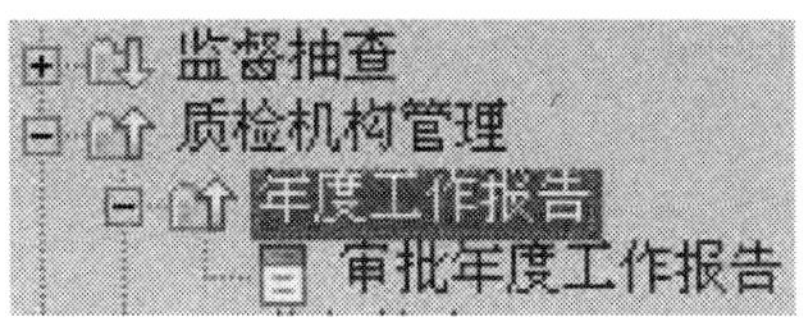

图 2－332　办结年度工作报告菜单

点击“审批年度工作报告”，进入列表界面，功能按钮有处理和查询，如图 2－333 所示。

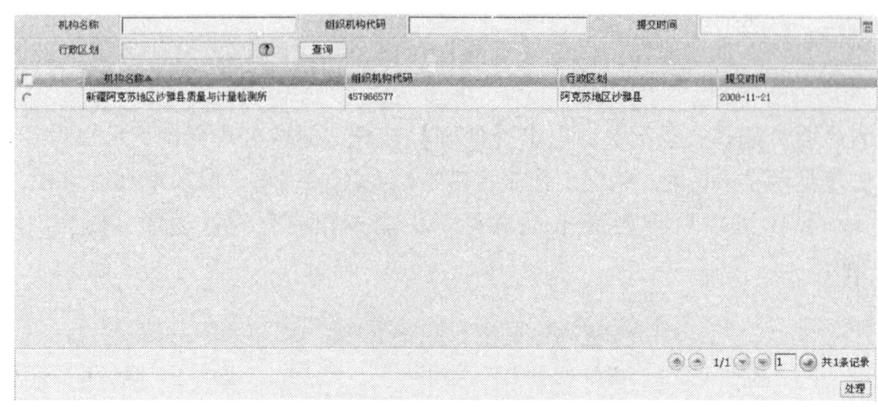

图 2－333　年度工作报告列表界面

（1）查询

在列表界面输入查询条件，点击【查询】按钮，进行查询。

（2）处理

在列表界面，选择一条记录，点击【处理】按钮，进入处理界面，可以看到年度工作报告和历史意见两个 tab 页，年度工作报告基本信息不可编辑，增加审批信息栏，可编辑。在历史意见 tab 页中可以看到各级的审批意见。功能按钮有保存、返回、办结、驳回，如图 2－334 所示。

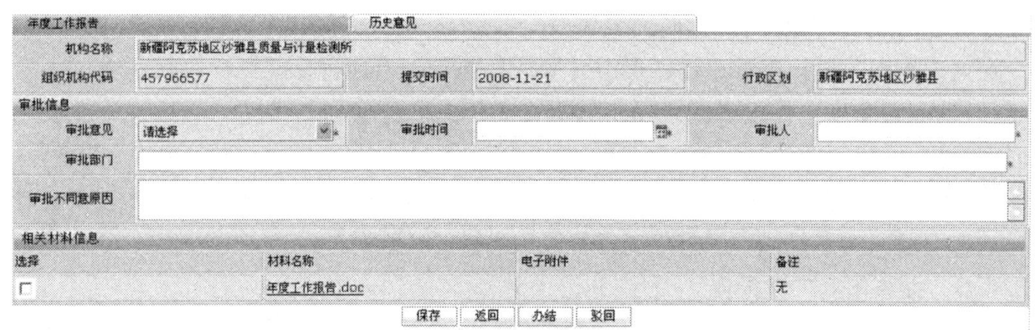

图 2－334　办结年度工作报告界面

在处理界面，输入审批意见（其中带＊的是必填项），点击【保存】按钮，内容成功保存，返回列表界面；点击【办结】按钮，将年度工作报告办结，返回列表界面，列表界面无此记录。

在处理界面，点击【返回】按钮，返回列表界面。

在处理界面，输入审批意见，点击【驳回】按钮，有如下两种情况：

1）若此条年度工作报告记录是机构提交的，点击【驳回】按钮，直接将年度工作报告驳回机构；

2）若此条年度工作报告记录是下级质监局提交的，点击【驳回】按钮，会弹出对话框，选择要驳回的下级局，则将年度报告驳回选择的下级局。

2.3.4.4 查看年度工作报告

使用具有“查看年度工作报告”角色的用户登录系统，点击“质检机构管理”菜单下“年度工作报告”，可看到下级菜单“查看年度工作报告”，如图2-335所示。

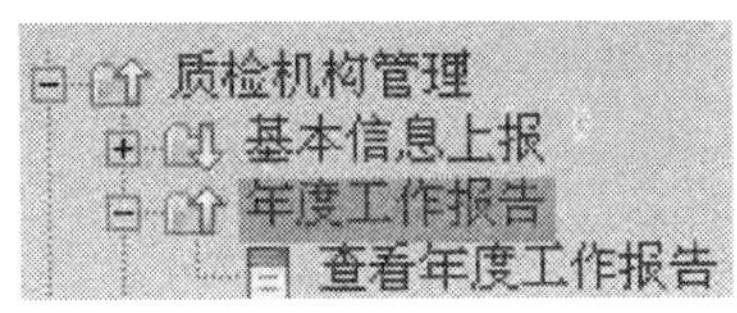

图2-335 查看年度工作报告菜单

点击“查看年度工作报告”，进入列表界面，功能按钮有查看、查询，如图2-336所示。

（1）查询

在列表界面输入查询条件，点击【查询】按钮，进行查询。

（2）查看

在列表界面，选择一条记录，点击【查看】按钮，进入查看界面，功能按钮有返回，如图2-337所示。

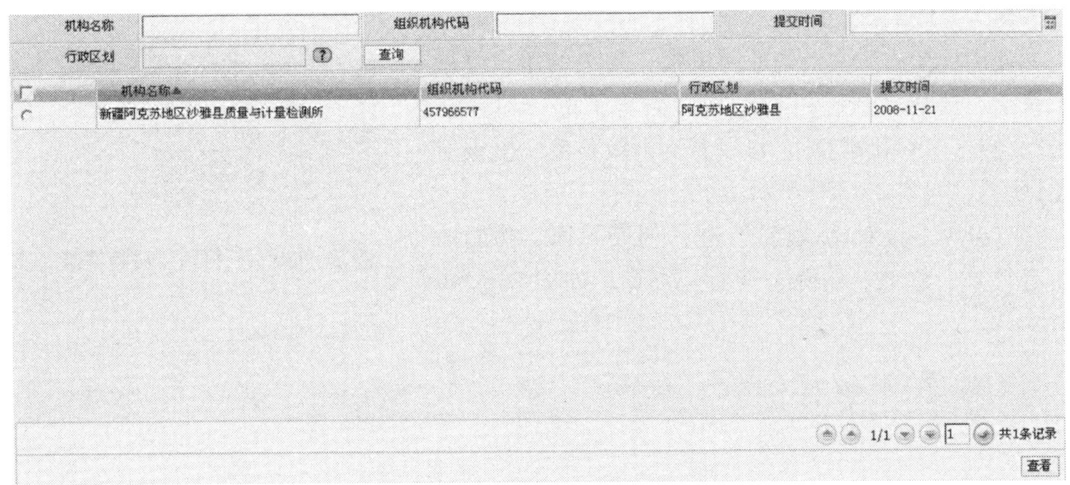

图2-336 查看年度工作报告列表界面

年度工作报告 历史意见

机构名称	新疆阿克苏地区沙雅县质量与计量检测所				
组织机构代码	457966577	提交时间	2008-11-21	行政区划	新疆阿克苏地区沙雅县

归档信息

归档号	20081121024	归档时间	2008-11-21

相关材料信息

选择	材料名称	电子附件	备注
□	年度工作报告.doc		无

返回

图2-337 查看年度工作报告

在查看界面，只可查看，不可编辑；在年度工作报告tab页中，增加归档信息栏，归档号和归档时间为自动生成；在历史意见tab页中，可以看到各个环节的审批意见，如图2-338所示。

年度工作报告 | 历史意见

	审批人员▲	审批日期	审批意见	审批部门	审批不同意原因
1	林晓方	2008-11-26	同意	新疆阿克苏地区质监局	
2	杨梅强	2008-11-30	同意	新疆省质监局	
3	郑玉祥	2008-11-24	同意	新疆阿克苏地区沙雅县质监局	

图2－338　查看历史意见

在查看界面，点击【返回】按钮，返回列表界面。

2.3.5　对比试验

质检机构需要在外网填写对比试验信息表向质监局汇报。县局机构提交对比试验结果，需要经过县局、市局和省局的审批并由省局办结，市局机构提交对比试验结果，需要经过市局和省局的审批并由省局办结，省局机构提交的对比试验结果直接由省局进行审批办结，总局查看已经办结的各级机构上报的对比试验结果并进行查询统计。

2.3.5.1　上报对比试验

使用具有“质检机构外网填报”角色的用户登录系统后，选择“质检机构管理”菜单下的“对比试验”，点击“对比试验”，可以看到下级菜单“上报对比试验”，如图2－339所示。

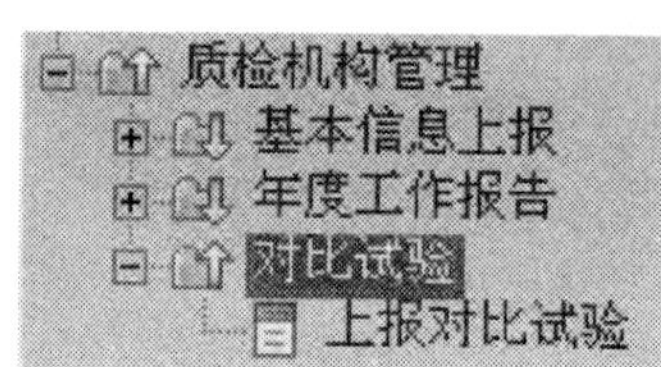

图2－339　上报对比试验菜单

点击“上报对比试验”，进入列表界面，功能按钮有增加、修改、删除、查看、查询，如图2－340所示。

图2－340　上报对比试验列表界面

（1）查询

在列表界面输入查询条件，点击【查询】按钮，进行查询。

（2）增加

在列表界面，点击【增加】按钮，进入增加界面，进入对比试验信息增加界面，功能按钮有保存、返回、提交，如图2－341所示。

对比试验信息
机构名称 *
组织机构代码 * 报告编号 * 对比试验时间
行政区划 上报时间 对比试验评价 请选择 *
组织部门
组织部门意见
参与机构
试验项目
采用标准
相关材料信息
选择 材料名称 电子附件 备注
浏览...
增加行 删除行
保存 返回 提交

图 2-341 增加对比试验信息界面

在增加界面，输入内容（其中带 * 的是必填项），添加附件，点击【保存】按钮，内容成功保存，返回列表界面，如图 2-342 所示。

	机构名称▲	组织机构代码	行政区划	对比试验时间	上报时间	报告编号	组织部门	试验项目	对比试验评价
○	新疆阿克苏地区沙雅县质量与计量检测所	457966577	阿克苏地区沙雅县	2008-11-21	2008-11-21	20081121001	新疆维吾尔自治区质监局	医用计量器具	优

图 2-342 上报对比试验列表界面

在增加界面，输入内容，点击【提交】按钮，将机构的对比试验信息表提交，返回列表界面，列表界面无此记录；点击【返回】按钮，返回列表界面。

（3）修改

在列表界面，选择一条记录，点击【修改】按钮，进入修改界面，可以看到修改对比试验信息表和历史意见两个 tab 页，功能按钮有保存、返回、提交，如图 2-343 所示。

在修改界面，修改相关内容（其中带 * 的是必填项），点击【保存】按钮，修改内容成功保存，返回列表界面；点击【提交】按钮，将机构的对比试验信息表提交，返回列表界面，列表界面无此记录；点击【返回】按钮，返回列表界面。

查看修改界面的历史意见 tab 页，有如下两种情况：

1）若此条对比试验记录的状态为新建并未提交，则历史意见 tab 页中为空；

2）若此条对比试验记录的状态是质监局驳回的记录，则历史意见 tab 页中可以看到质监局审批的相关意见。

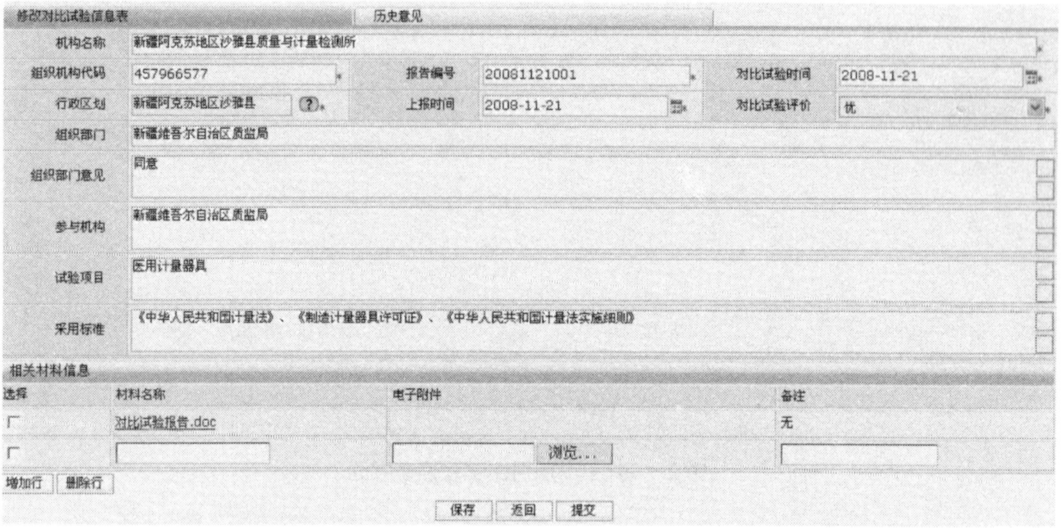

图 2-343 修改对比试验信息界面

（4）删除

在列表界面，选择一条记录，点击【删除】按钮，弹出系统提示对话框，点击【确定】，则删除记录，点击【取消】，则取消删除操作。

（5）查看

在列表界面，选择一条记录，点击【查看】按钮，进入查看界面，功能按钮有修改和返回。

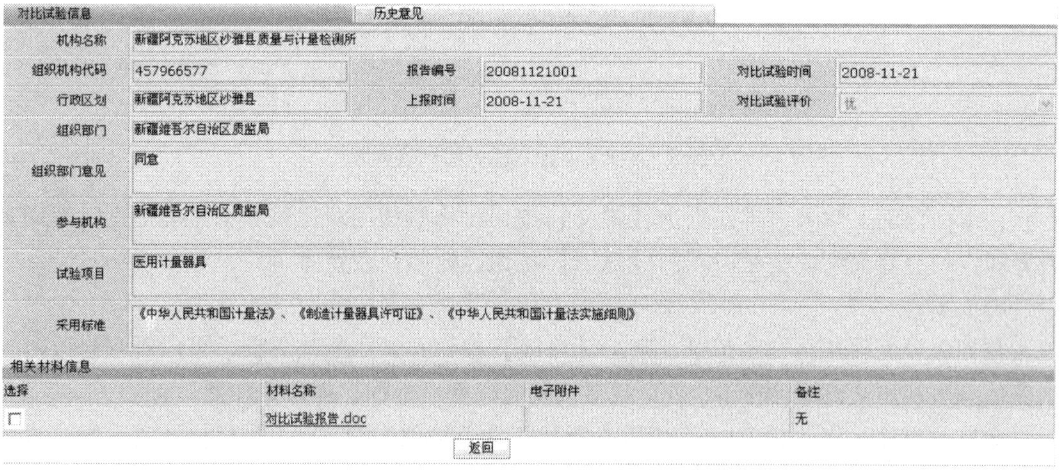

图 2-344 查看对比试验信息界面

注：在查看界面，只可查看，不可编辑。

在查看界面，点击【返回】，返回列表界面。

2.3.5.2 审批对比试验

使用具有“审批对比试验”角色的用户登录系统后，选择“质检机构管理”菜单下的“对比试验”，点击“对比试验”，可以看到下级菜单“审批对比试验”，如图2－345所示。

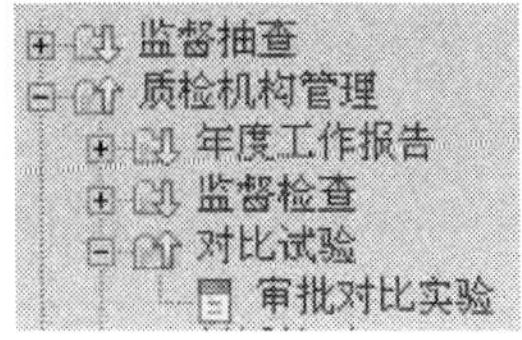

图2－345 审批对比试验菜单

点击“审批对比试验”，进入列表界面，功能按钮有处理和查询，如图2－346所示。

（1）查询

在列表界面输入查询条件，点击【查询】按钮，进行查询。

（2）处理

在列表界面，选择一条记录，点击【处理】按钮，进入处理界面，可看到修改对比试验信息表和历史意见两个tab页，对比试验信息不可编辑，增加审批信息栏，可编辑，历史意见tab页中可以查看到各级的审批意见。功能按钮有保存、返回、提交、驳回，如图2－347所示。

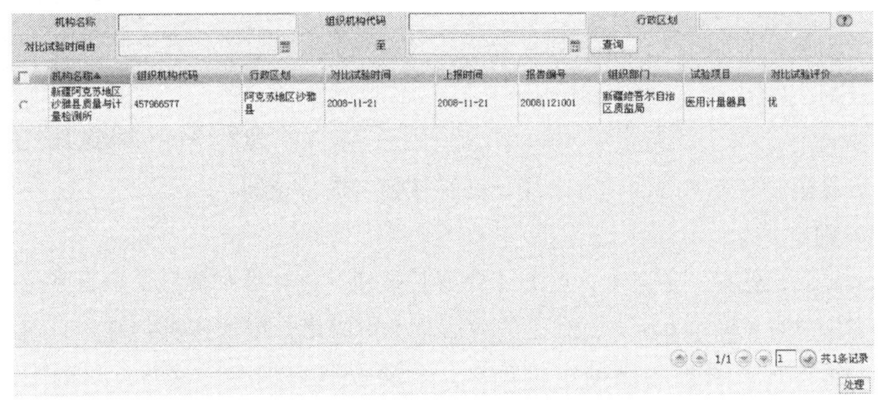

图2－346 审批对比试验列表界面

修改对比试验信息表　历史意见

机构名称	新疆阿克苏地区沙雅县质量与计量检测所				
组织机构代码	457966577	报告编号	20081121001	对比试验时间	2008-11-21
行政区划	新疆阿克苏地区沙雅县	上报时间	2008-11-21	对比试验评价	优
组织部门	新疆维吾尔自治区质监局				
组织部门意见	同意				
参与机构	新疆维吾尔自治区质监局				
试验项目	医用计量器具				
采用标准	《中华人民共和国计量法》、《制造计量器具许可证》、《中华人民共和国计量法实施细则》				

审批信息

审批意见	请选择	审批时间		审批人	
审批部门					
审批不同意原因					

相关材料信息

选择	材料名称	电子附件	备注
	对比试验报告.doc		无

保存　返回　提交　驳回

图2－347 审批对比试验信息界面

在处理界面，输入审批意见（其中带＊的是必填项），点击【保存】按钮，内容成功保存，返回列表界面；点击【提交】按钮，将对比试验信息表提交，返回列表界面，列表界面无此记录；点击【返回】，返回列表界面。

在处理界面，输入审批意见，点击【驳回】按钮，有如下两种情况：

1）若此条对比试验记录是机构提交的，点击【驳回】按钮，直接将对比试验信息表驳回机构；

2）若此条对比试验记录是下级质监局提交的，点击【驳回】按钮，会弹出对话框，选择要驳回的下级局，则将对比试验信息表驳回选择的下级局。

2.3.5.3 办结对比试验

使用具有“办结对比试验”角色的用户登录系统后，选择“质检机构管理”菜单下的“对比试验”，点击“对比试验”，可以看到下级菜单“审批对比试验”，如图2－348所示。

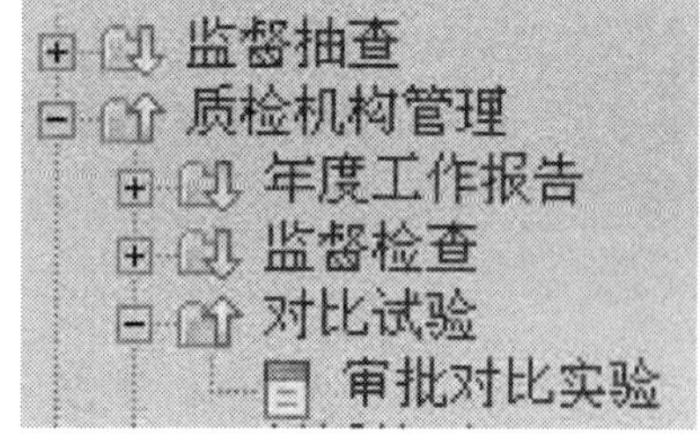

图2－348 办结对比试验菜单

点击“审批对比试验”，进入列表界面，功能按钮有处理和查询，如图2－349所示。

（1）查询

在列表界面输入查询条件，点击【查询】按钮，进行查询。

（2）处理

在列表界面，选择一条记录，点击【处理】按钮，进入处理界面，可看到修改对比试验信息表和历史意见两个tab页，对比试验信息不可编辑，增加审批信息栏，可编辑。历史意见tab页中可以看到各级的审批记录。功能按钮有保存、返回、办结、驳回，如图2－350所示。

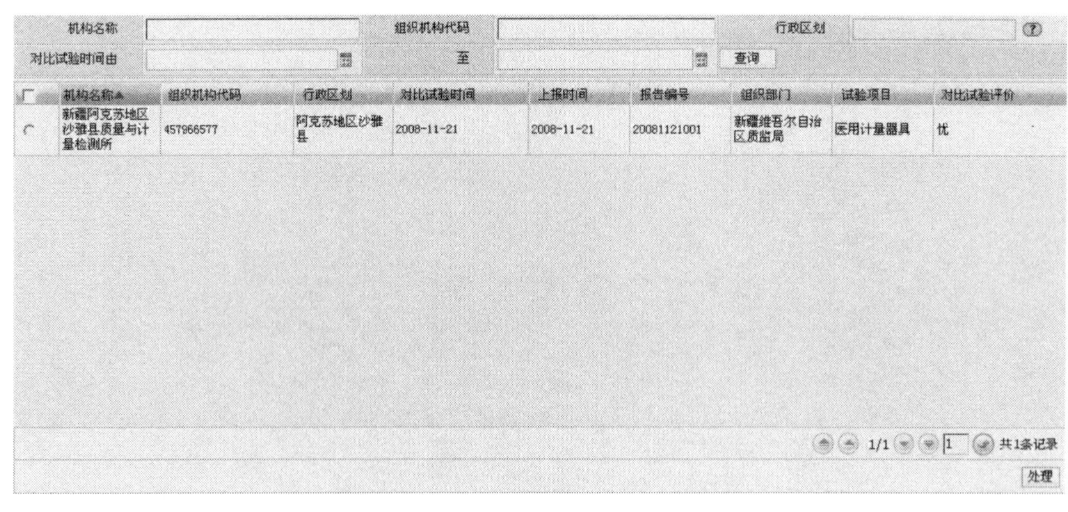

图2－349 办结对比试验列表界面

修改对比试验信息表 | 历史意见

机构名称	新疆阿克苏地区沙雅县质量与计量检测所				
组织机构代码	457966577	报告编号	20081121001	对比试验时间	2008-11-21
行政区划	新疆阿克苏地区沙雅县	上报时间	2008-11-21	对比试验评价	优
组织部门	新疆维吾尔自治区质监局				
组织部门意见	同意				
参与机构	新疆维吾尔自治区质监局				
试验项目	医用计量器具				
采用标准	《中华人民共和国计量法》、《制造计量器具许可证》、《中华人民共和国计量法实施细则》				

审批信息

审批意见	请选择 *	审批时间	*	审批人	*
审批部门	*				
审批不同意原因					

相关材料信息

选择	材料名称	电子附件	备注
□	对比试验报告.doc		无

保存 返回 办结 驳回

图 2-350 办结对比试验信息界面

在处理界面，输入审批意见（其中带＊的是必填项），点击【保存】按钮，内容成功保存，返回列表界面；点击【办结】按钮，将对比试验办结，返回列表界面，列表界面无此记录，可在“查看对比试验”中看到已办结的记录;，点击【返回】按钮，返回列表界面。

在处理界面，输入审批意见，点击【驳回】按钮，有如下两种情况：

1）若此条对比试验记录是机构提交的，点击【驳回】按钮，直接将对比试验信息表驳回机构；

2）若此条对比试验记录是下级质监局提交的，点击【驳回】按钮，会弹出对话框，选择要驳回的下级局，则将对比试验信息表驳回选择的下级局。

2.3.5.4 查看对比试验

使用具有“查看对比试验”角色的用户登录系统，点击“质检机构管理”菜单下“对比试验”，可看到下级菜单“查看对比试验”，如图 2-351 所示。

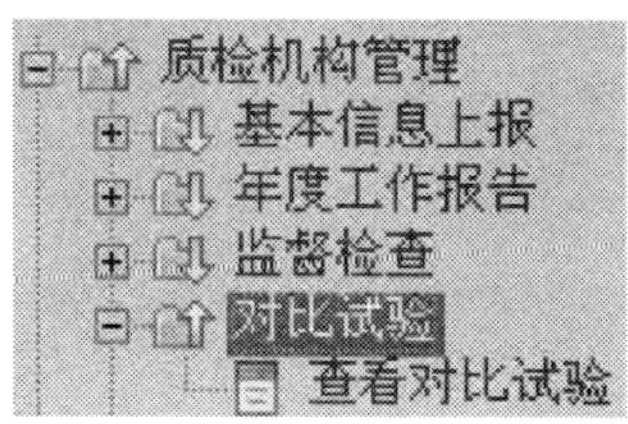

图 2-351 查看对比试验菜单

点击“查看对比试验”，进入列表界面，功能按钮有查看、查询，如图 2-352 所示。

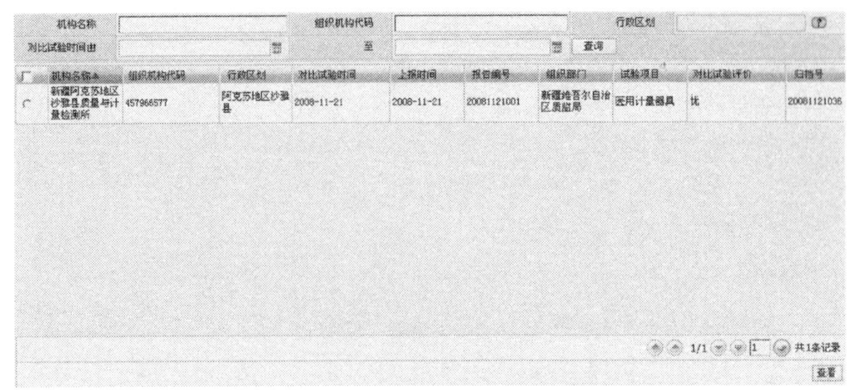

机构名称	组织机构代码	行政区划	对比试验时间	上报时间	报告编号	组织部门	试验项目	对比试验评价	归档号
新疆阿克苏地区沙雅县质量与计量检测所	457966577	阿克苏地区沙雅县	2008-11-21	2008-11-21	20081121001	新疆维吾尔自治区质监局	医用计量器具	优	20081121036

图 2－352　查看对比试验列表界面

（1）查询

在列表界面输入查询条件，点击【查询】按钮，进行查询。

（2）查看

在列表界面，选择一条记录，点击【查看】按钮，进入查看界面，功能按钮有返回，如图 2－353 所示。

对比试验信息　历史意见

机构名称	新疆阿克苏地区沙雅县质量与计量检测所				
组织机构代码	457966577	报告编号	20081121001	对比试验时间	2008-11-21
行政区划	新疆阿克苏地区沙雅县	上报时间	2008-11-21	对比试验评价	优
组织部门	新疆维吾尔自治区质监局				
组织部门意见	同意				
参与机构	新疆维吾尔自治区质监局				
试验项目	医用计量器具				
采用标准	《中华人民共和国计量法》、《制造计量器具许可证》、《中华人民共和国计量法实施细则》				

归档信息

归档号	20081121036	归档时间	2008-11-21

相关材料信息

选择	材料名称	电子附件	备注
	对比试验报告.doc		无

返回

图 2－353　查看对比试验界面

在查看界面，只可查看，不可编辑；在对比试验信息 tab 页中，增加归档信息栏，归档号和归档时间为自动生成；在历史意见 tab 页中，可以查看各级的审批意见，如图 2－354所示。

对比试验信息　历史意见

	审批人员	审批日期	审批意见	审批部门	审批不同意原因
1	刘泽方	2008-11-24	同意	新疆阿克苏地区沙雅县质监局	
2	申宝强	2008-11-27	同意	新疆阿克苏地区质监局	
3	郑晓阳	2008-11-30	同意	新疆省质监局	

图 2－354　查看历史意见

在查看界面，点击【返回】按钮，返回列表界面。

2.4　机动车安检机构管理

2.4.1　基本信息上报

2.4.1.1　上报基本信息

安检机构需要在外网填写基本信息向质监局汇报。使用具有“安检机构外网填报”角色的用户登录系统后，选择“安检机构管理”菜单下的“基本信息上报”，点击“基本信息上报”，可以看到下级菜单“维护基本信息”，如图2－355所示。

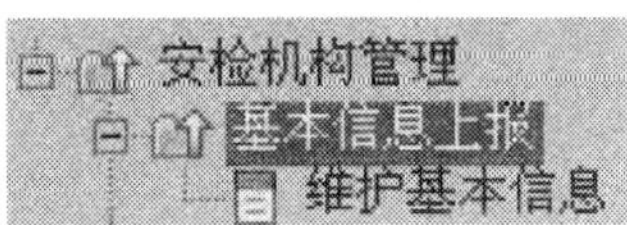

图2－355　维护基本信息菜单

点击“维护基本信息”，进入列表界面，功能按钮有增加、修改、删除、查看、查询，如图2－356所示。

（1）查询

在列表界面输入查询条件，点击【查询】按钮，进行查询。

（2）增加

在列表界面，点击【增加】按钮，进入增加界面，显示增加安检机构基本信息、人员信息、检验仪器、设备和相关校准设备清单、检验能力基本信息、年运营基本信息、各种车型年检验数量、相关材料信息七个tab页，一页显示不全，点击按钮，进行向后翻页，点击按钮，进行向前翻页，功能按钮有保存、返回、提交，如图2－357所示。

图2－356　上报基本信息列表界面

图2－357　增加安检机构基本信息

在安检机构基本信息 tab 页中，输入内容，(其中带＊的是必填项)。

在人员信息、检验仪器、设备和相关校准设备清单、检验能力基本信息、年运营基本信息、各种车型年检验数量五个 tab 页中，点击【增加】按钮，列表自动生成一条空记录，如图 2－358 所示，在空记录中录入数据，来添加信息。

图 2－358　增加检验仪器、设备和相关校准设备清单

在人员信息、检验仪器、设备和相关校准设备清单、检验能力基本信息、年运营基本信息、各种车型年检验数量五个 tab 页中，选择一条记录，点击【修改】或【删除】按钮，对添加的记录进行修改或删除操作。

在增加界面的相关材料信息 tab 页中，添加附件。

在增加界面，点击【保存】按钮，内容成功保存，返回列表界面；点击【提交】按钮，将安检机构基本信息提交，返回列表界面，列表界面仍有此记录，如图 2－359 所示。

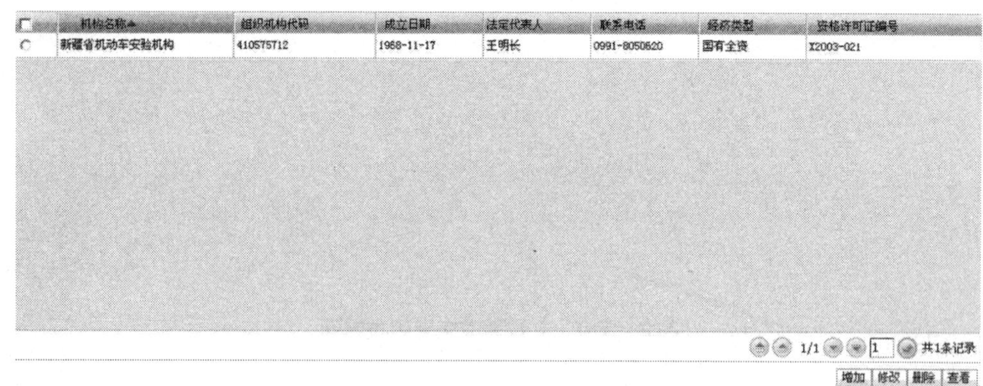

机构名称	组织机构代码	成立日期	法定代表人	联系电话	经济类型	资格许可证编号
新疆省机动车安验机构	410575712	1988-11-17	王明长	0991-8050820	国有全资	X2003-021

1/1 共1条记录

增加 修改 删除 查看

图 2－359　上报基本信息列表界面

在增加界面，点击【返回】按钮，返回列表界面。

(3) 修改

在列表界面，选择一条记录，点击【修改】按钮，进入修改界面，如图 2－360 所示。

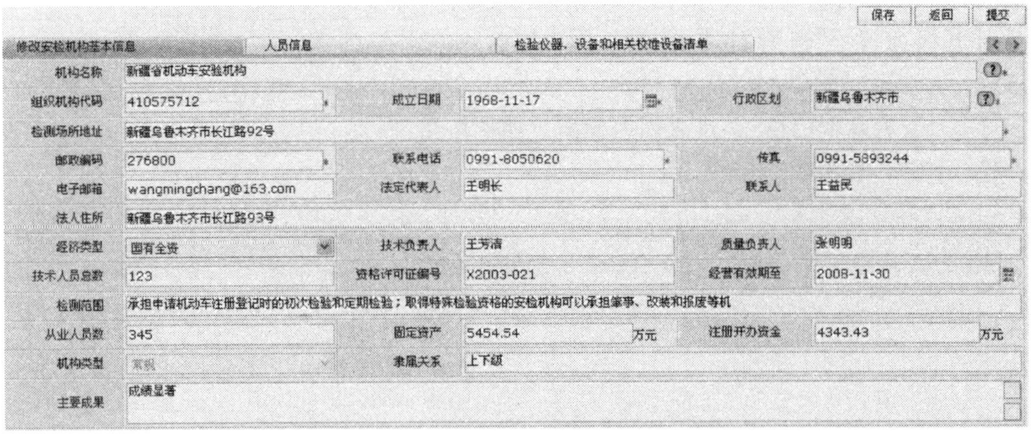

图 2－360　修改安检机构基本信息界面

在修改界面，修改相关内容（其中带＊的是必填项），点击【保存】按钮，修改内容成功保存，返回列表界面；点击【提交】按钮，将安检机构基本信息提交，返回列表界面，列表界面仍有此记录；点击【返回】按钮，返回列表界面。

（4）删除

在列表界面，选择一条记录，点击【删除】按钮，弹出系统提示对话框，点击【确定】按钮，则删除记录，点击【取消】按钮，则取消删除操作。

（5）查看

在列表界面，选择一条记录，点击【查看】按钮，进入查看界面，只可查看，不可编辑，功能按钮有修改、返回，如图 2－361 所示。

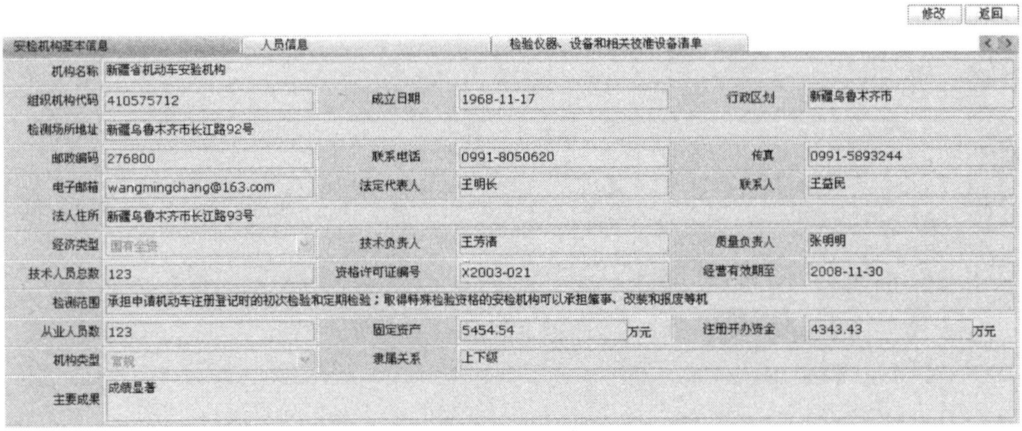

图 2－361　查看安检机构基本信息界面

在查看界面，点击【修改】按钮，进入修改界面，可进行相应的修改；点击【返回】按钮，返回列表界面。

2.4.1.2　查看基本信息

使用具有“查看安检机构基本信息”角色的用户登录系统，点击“安检机构管理”

菜单下的“基本信息上报”，点击“基本信息上报”，可看到下级菜单“查看基本信息”，如图 2－362 所示。

点击“查看基本信息”，进入列表界面，功能按钮有查看、查询，如图 2－363 所示。

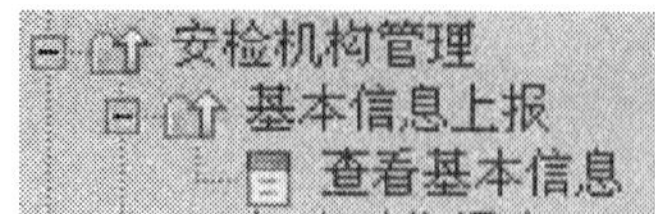

图 2－362　查看基本信息菜单

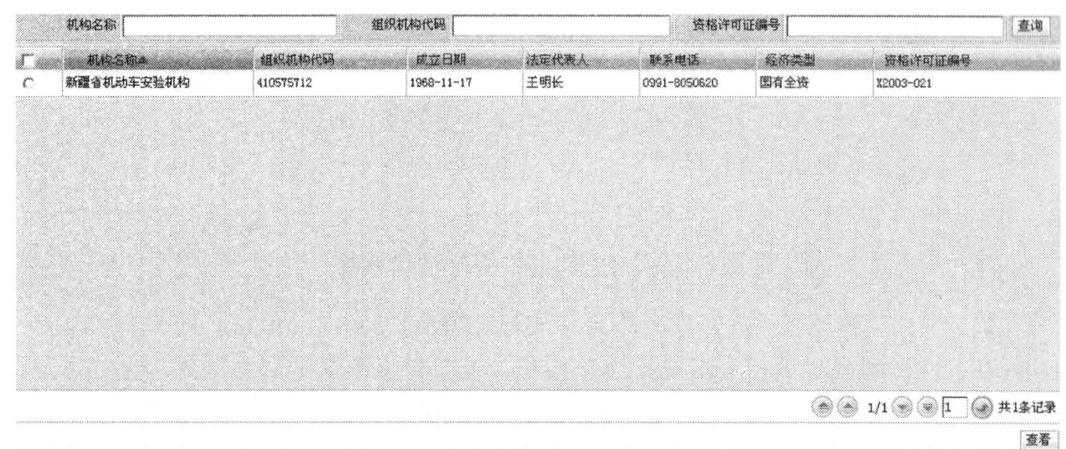

	机构名称	组织机构代码	成立日期	法定代表人	联系电话	经济类型	资格许可证编号
○	新疆省机动车安验机构	410575712	1968-11-17	王明长	0991-8050620	国有全资	X2003-021

图 2－363　查看基本信息列表界面

（1）查询

在列表界面输入查询条件，点击【查询】按钮，进行查询。

（2）查看

在列表界面，选择一条记录，点击【查看】按钮，进入查看界面，功能按钮有器具检定情况、返回，如图 2－364 所示。

器具检定情况　返回

修改安检机构基本信息　人员信息　检验仪器、设备和相关校准设备清单

机构名称	新疆省机动车安验机构				
组织机构代码	410575712	成立日期	1968-11-17	行政区划	新疆乌鲁木齐市
检测场所地址	新疆乌鲁木齐市长江路92号				
邮政编码	276800	联系电话	0991-8050620	传真	0991-5893244
电子邮箱	wangmingchang@163.com	法定代表人	王明长	联系人	王益民
法人住所	新疆乌鲁木齐市长江路93号				
经济类型	国有全资	技术负责人	王芳清	质量负责人	张明明
技术人员总数	123	资格许可证编号	X2003-021	经营有效期至	2008-11-30
检测范围	承担申请机动车注册登记时的初次检验和定期检验；取得特殊检验资格的安检机构可以承担肇事、改装和报废等机				
从业人员数	345	固定资产	5454.54 万元	注册开办资金	4343.43 万元
机构类型	常规	隶属关系	上下级		
主要成果	成绩显著				

图 2－364　查看安检机构基本信息

注：在查看界面，只可查看，不可编辑。

在查看界面，点击【器具检定情况】按钮，弹出如图 2－365 所示的强制计量器具鉴定信息对话框，可以进行查看。

强制计量器具鉴定信息 -- 网页对话框

确定　清空　返回

计量器具编号：　查询

	计量器具编号	所在地行政区划	承检机构	承检机构所在地区	检定方式	被检
○	8234775430982345	370100	山东质检中心	370100	季度抽查	浪潮软
○	8234775430982345	100000	北京质检中心	100000	专项抽查	中软国
○	8234775430982345	200000	上海质检中心	200000	季度抽查	上海宝
○	8234775430982345	230000	黑龙江质检中心	230000	专项抽查	哈药集
○	8234775430982345	100000	西城质检中心	100000	季度抽查	网易科
○	8234775430982345	100000	朝阳质检中心	100000	专项抽查	新浪网

图 2-365　查看强制计量器具检定信息

在查看界面，点击【返回】，返回列表界面。

2.4.2　年度工作报告

安检机构需要在外网填写年度工作报告向质监局汇报。县局机构提交年度工作报告，需要经过县局、市局和省局的审批并由省局办结，市局机构提交年度工作报告，需要经过市局和省局的审批并由省局办结，省局机构提交的年度工作报告直接由省局进行审批和办结，总局查看已经办结的各级机构上报的年度工作报告并进行查询统计。

2.4.2.1　上报年度工作报告

使用具有“安检机构外网填报”角色的用户登录系统后，选择“安检机构管理”菜单下的“年度工作报告”，点击“年度工作报告”，可以看到下级菜单“上报年度工作报告”，如图 2-366 所示。

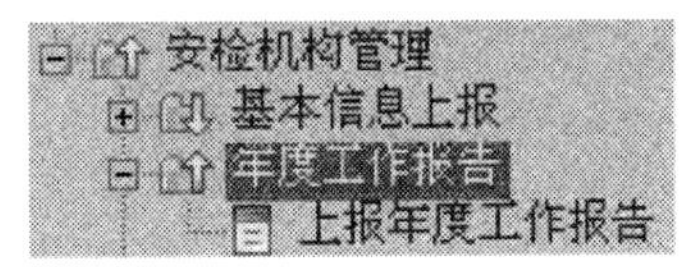

图 2-366　上报年度工作报告菜单

点击“上报年度工作报告”，进入列表界面，功能按钮有增加、修改、删除、查看、查询，如图 2-367 所示。

（1）查询

在列表界面输入查询条件，点击【查询】按钮，进行查询。

（2）增加

在列表界面，点击【增加】按钮，进入增加界面，进入年度工作报告增加界面，功能按钮有保存、返回、提交，如图 2-368 所示。

图2-367 上报年度工作报告列表界面

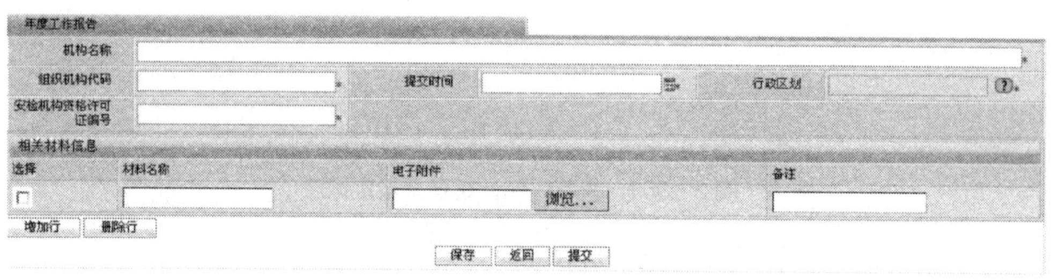

图2-368 增加年度工作报告界面

在增加界面，输入内容（其中带＊的是必填项），添加附件，点击【保存】按钮，内容成功保存，返回列表界面，如图2-369所示。

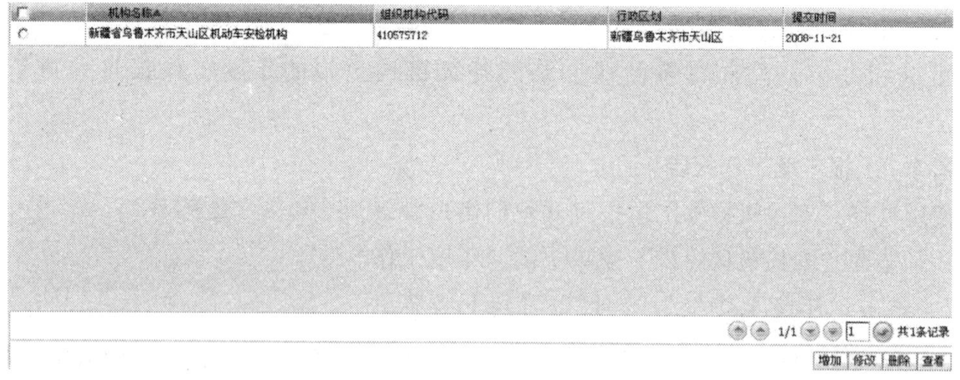

图2-369 上报年度工作报告列表界面

在增加界面，输入内容，点击【提交】按钮，将机构的年度工作报告提交，返回列表界面，列表界面无此记录。

在增加界面，点击【返回】按钮，返回列表界面。

（3）修改

在列表界面，选择一条记录，点击【修改】按钮，进入修改界面，可以看到年度工作报告和历史意见两个tab页，功能按钮有保存、返回、提交，如图2-370所示。

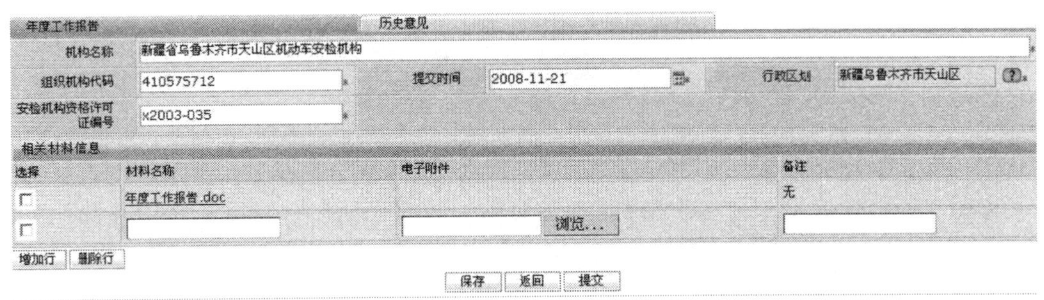

图2-370 修改年度工作报告

在修改界面，修改相关内容（其中带*的是必填项），点击【保存】按钮，修改内容成功保存，返回列表界面；点击【提交】按钮，将机构的年度工作报告提交，返回列表界面，列表界面无此记录；点击【返回】按钮，返回列表界面。

查看修改界面的历史意见 tab 页，有如下两种情况：

1）若此条年度工作报告记录的状态为新建并未提交，则历史意见 tab 页中为空；

2）若此条年度工作报告记录的状态是质监局驳回的记录，则历史意见 tab 页中可以看到质监局审批的相关意见。

（4）删除

在列表界面，选择一条记录，点击【删除】按钮，弹出系统提示对话框，点击【确定】，则删除记录，点击【取消】，则取消删除操作。

（5）查看

在列表界面，选择一条记录，点击【查看】按钮，进入查看界面，功能按钮有修改、返回，如图2-371所示。

年度工作报告　历史意见
机构名称　新疆省乌鲁木齐市天山区机动车安检机构
组织机构代码　410575712　提交时间　2008-11-21　行政区划　新疆乌鲁木齐市天山区
安检机构资格许可证编号　x2003-035
相关材料信息
选择　材料名称　电子附件　备注
年度工作报告.doc　无
修改　返回

图2-371 查看年度工作报告

注：在查看界面，只可查看，不可编辑。

在查看界面，点击【修改】按钮，进入修改界面，可进行相应的修改；点击【返回】按钮，返回列表界面。

2.4.2.2 审批年度工作报告

使用具有“审批年度工作报告”角色的用户登录系统后，选择“安检机构管理”菜单下的“年度工作报告”，点击“年度工作报告”，可以看到下级菜单“审批年度工作报告”，如图2-372所示。

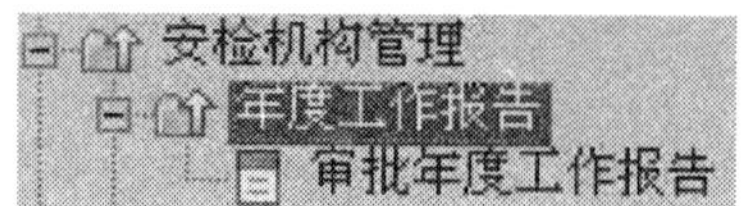

图 2－372　审批年度工作报告菜单

点击“审批年度工作报告”，进入列表界面，功能按钮有处理和查询，如图 2－373 所示。

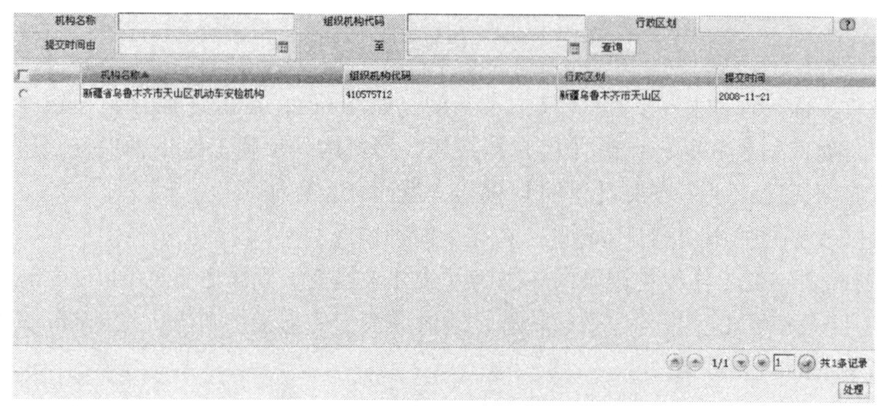

图 2－373　审批年度工作报告列表界面

(1) 查询

在列表界面输入查询条件，点击【查询】按钮，进行查询。

(2) 处理

在列表界面，选择一条记录，点击【处理】按钮，进入处理界面，可以看到年度工作报告和历史意见两个 tab 页，年度工作报告基本信息不可编辑，增加审批信息栏，可编辑。历史意见 tab 页中可以看到各级审批意见。功能按钮有保存、返回、提交、驳回，如图 2－374所示。

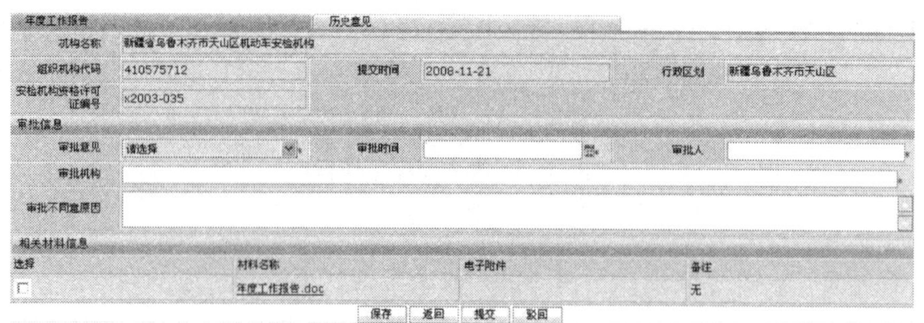

图 2－374　审批年度工作报告

在处理界面，输入审批意见（其中带＊的是必填项），点击【保存】按钮，内容成功保存，返回列表界面；点击【提交】按钮，将年度工作报告提交，返回列表界面，列表界面无此记录；点击【返回】，返回列表界面。

在处理界面，输入审批意见，点击【驳回】按钮，有如下两种情况：

1）若此条年度工作报告记录是机构提交的，点击【驳回】按钮，直接将年度工作报告驳回机构；

2）若此条年度工作报告记录是下级质监局提交的，点击【驳回】按钮，会弹出如图2－375所示对话框，选择要驳回的下级局，点击【确定】，则将年度报告驳回选择的下级局。

— 网页对话框

确定　返回

选择处理人

序号	选择	接收单位
1	○	乌鲁木齐市质量技术监督局稽查队
2	○	乌鲁木齐市质技监局天山区分局
3	○	乌鲁木齐市质技监局沙区分局
4	○	乌鲁木齐市质技监局新市区分局
5	○	新疆维吾尔自治区米东新区质量技术监督局
6	○	乌鲁木齐市质技监局水磨沟区分局
7	○	乌鲁木齐市质技监局头屯河区分局
8	○	乌鲁木齐市质量技术监督局达坂城分局
9	○	乌鲁木齐县质量技术监督局

图2－375　选择接收单位

2.4.2.3　办结年度工作报告

使用具有“办结年度工作报告”角色的用户登录系统后，选择“安检机构管理”菜单下的“年度工作报告”，点击“年度工作报告”，可以看到下级菜单“审批年度工作报告”，如图2－376所示。

图2－376　办结年度工作报告菜单

点击“审批年度工作报告”，进入列表界面，功能按钮有处理和查询，如图2－377所示。

（1）查询

在列表界面输入查询条件，点击【查询】按钮，进行查询。

（2）处理

在列表界面，选择一条记录，点击【处理】按钮，进入处理界面，可以看到年度工作报告和历史意见两个tab页，年度工作报告基本信息不可编辑，增加审批信息栏，可编辑。在历史意见tab页中可以看到各级的审批意见。功能按钮有保存、返回、办结、驳回，如图2－378所示。

机构名称
组织机构代码
行政区划
提交时间由
至
查询
机构名称
组织机构代码
行政区划
提交时间
新疆省乌鲁木齐市天山区机动车安检机构
410575712
新疆乌鲁木齐市天山区
2008-11-21
1/1
共1条记录
处理

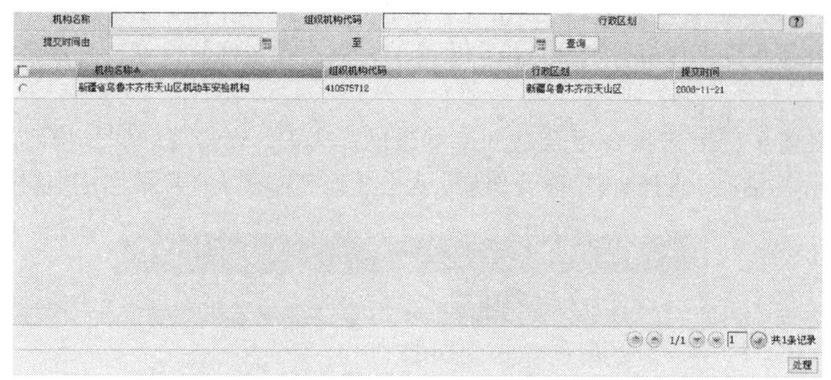

图 2－377　办结年度工作报告列表界面

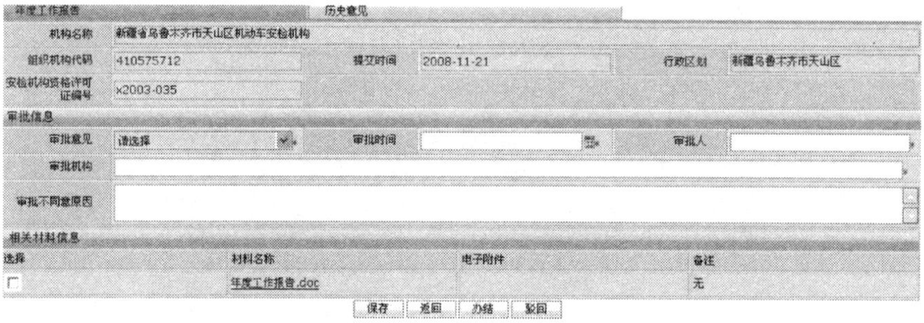

年度工作报告
历史意见
机构名称
新疆省乌鲁木齐市天山区机动车安检机构
组织机构代码
410575712
提交时间
2008-11-21
行政区划
新疆乌鲁木齐市天山区
安检机构资格许可证编号
x2003-035
审批信息
审批意见
请选择
审批时间
审批人
审批机构
审批不同意原因
相关材料信息
选择
材料名称
电子附件
备注
年度工作报告.doc
无
保存
返回
办结
驳回

图 2－378　办结年度工作报告

在处理界面，输入审批意见（其中带 * 的是必填项），点击【保存】按钮，内容成功保存，返回列表界面；点击【办结】按钮，将年度工作报告办结，返回列表界面，列表界面无此记录；点击【返回】按钮，返回列表界面。

在处理界面，输入审批意见，点击【驳回】按钮，有如下两种情况：

1）若此条年度工作报告记录是机构提交的，点击【驳回】按钮，直接将年度工作报告驳回机构；

2）若此条年度工作报告记录是下级质监局提交的，点击【驳回】按钮，会弹出如图 2－379所示对话框，选择要驳回的下级局，则将年度报告驳回选择的下级局。

-- 网页对话框
确定
返回
选择处理人
序号
选择
接收单位
1
吐鲁番地区质量技术监督局
2
昌吉回族自治州质量技术监督局
3
乌鲁木齐市质量技术监督局
4
乌鲁木齐高新产业技术开发区质量技术监督局
5
乌鲁木齐经济技术开发区质量技术监督局

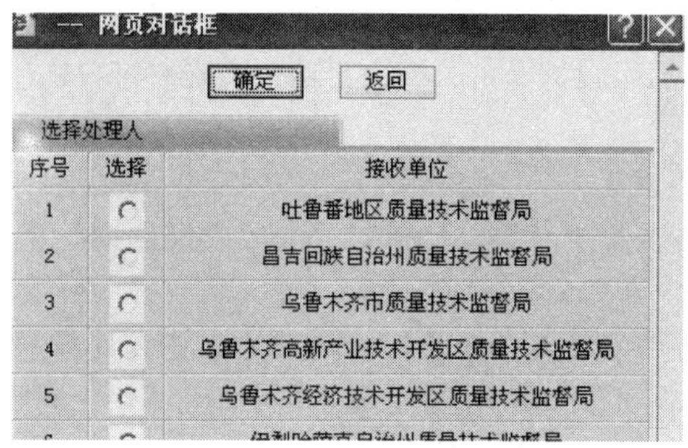

图 2－379　选择接收单位

2.4.2.4　查看年度工作报告

使用具有“查看年度工作报告”角色的用户登录系统，点击“安检机构管理”菜单下“年度工作报告”，可看到下级菜单“查看年度工作报告”，如图 2－380 所示。

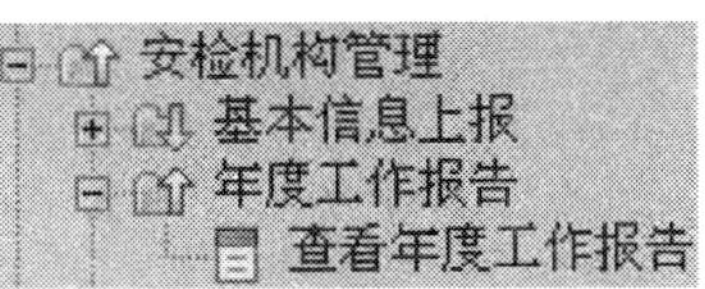

图 2－380　查看年度工作报告菜单

点击“查看年度工作报告”，进入列表界面，功能按钮有查看、查询，如图 2－381 所示。

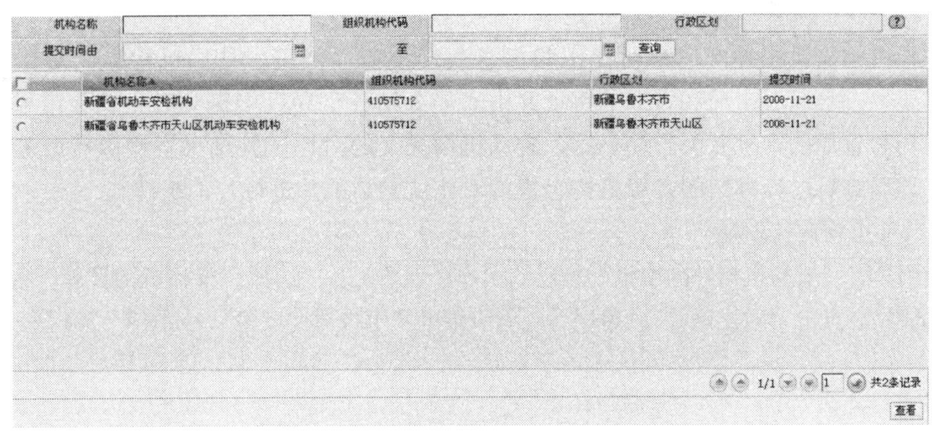

图 2－381　查看年度工作报告列表界面

（1）查询

在列表界面输入查询条件，点击【查询】按钮，进行查询。

（2）查看

在列表界面，选择一条记录，点击【查看】按钮，进入查看界面，功能按钮有返回，如图 2－382 所示。

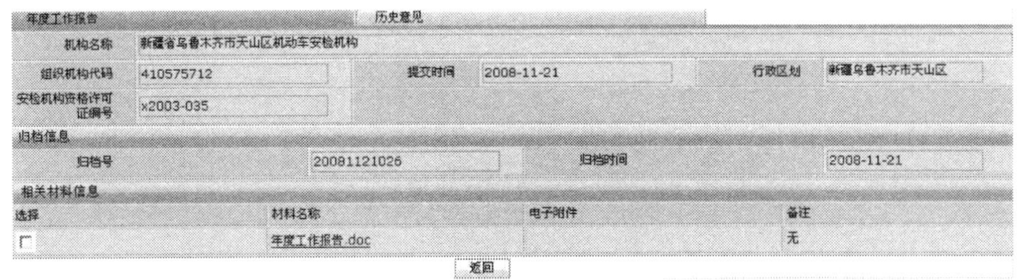

图 2－382　查看年度工作报告

在查看界面，只可查看，不可编辑；查看界面增加归档信息栏，归档号和归档时间为自动生成；在查看界面，可以查看各个环节的历史意见，如图 2－383 所示。

年度工作报告　历史意见

	审批人员▲	审批日期	审批意见	审批部门	审批不同意原因
1	张昧名	2008-11-22	同意	天山区质监局	
2	张昧名	2008-11-28	不同意	天山区质监局	不合格
3	张昧名	2008-11-29	不同意	天山区质监局	
4	张一宁	2008-11-24	同意	乌鲁木齐市质监局	
5	张一宁	2008-11-26	不同意	乌鲁木齐市质监局	不合格
6	张一宁	2008-11-30	同意	乌鲁木齐市质监局	
7	张益萌	2008-11-25	不同意	新疆省质监局	不合格
8	张益萌	2008-12-03	同意	新疆省质监局	

图 2-383　查看历史意见

在查看界面，点击【返回】按钮，返回列表界面。

2.4.3　对比试验

安检机构需要在外网填写对比试验信息表向质监局汇报。县局机构提交对比试验结果，需要经过县局、市局和省局的审批并由省局办结，市局机构提交对比试验结果，需要经过市局和省局的审批并由省局办结，省局机构提交的对比试验结果直接由省局进行审批办结，总局查看已经办结的各级机构上报的对比试验结果并进行查询统计。

2.4.3.1　上报对比试验

使用具有“安检机构外网填报”角色的用户登录系统后，选择“安检机构管理”菜单下的“对比试验”，点击“对比试验”，可以看到下级菜单“上报对比试验”，如图 2-384 所示。

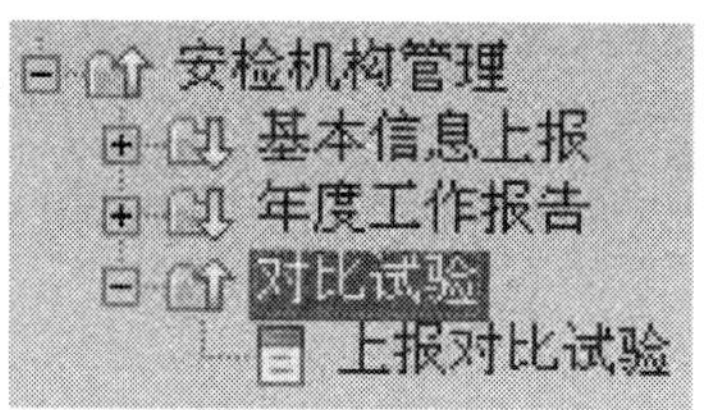

图 2-384　上报对比试验菜单

点击“上报对比试验”，进入列表界面，功能按钮有增加、修改、删除、查看、查询，如图 2-385 所示。

图 2-385　上报对比试验列表界面

（1）查询

在列表界面输入查询条件，点击【查询】按钮，进行查询。

（2）增加

在列表界面，点击【增加】按钮，进入增加界面，进入对比试验信息表增加界面，功能按钮有保存、返回、提交，如图2－386所示。

图2－386　增加对比试验信息

在增加界面，输入内容（其中带＊的是必填项），添加附件，点击【保存】按钮，内容成功保存，返回列表界面；点击【提交】按钮，将机构的对比试验信息表提交，返回列表界面，列表界面无此记录；点击【返回】按钮，返回列表界面，如图2－387所示。

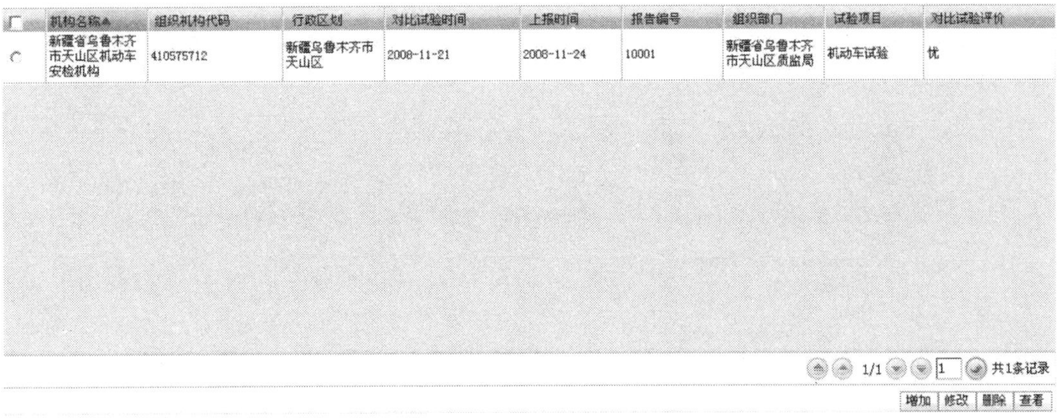

图2－387　上报对比试验列表界面

（3）修改

在列表界面，选择一条记录，点击【修改】按钮，进入修改界面，可以看到对比试验信息和历史意见两个tab页，功能按钮有保存、返回、提交，如图2－388所示。

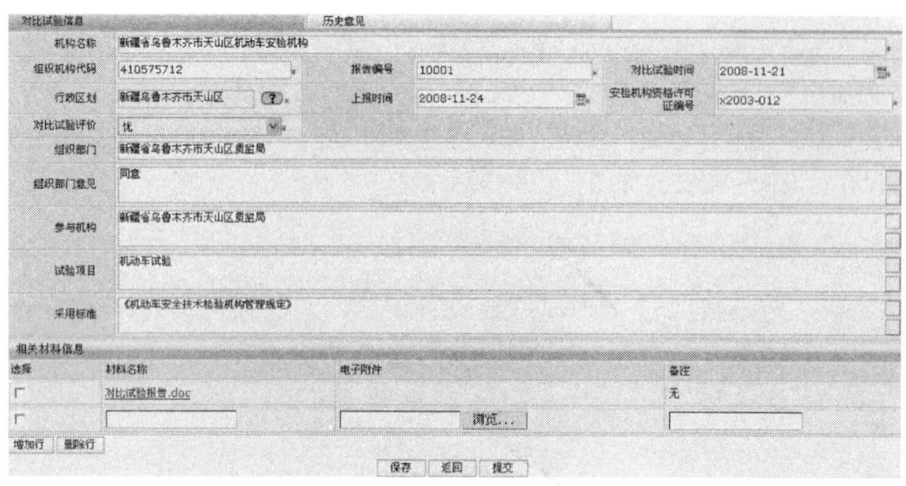

图2－388　修改对比试验信息

在修改界面，修改相关内容（其中带＊的是必填项），点击【保存】按钮，修改内容成功保存，返回列表界面；点击【提交】按钮，将机构的对比试验信息表提交，返回列表界面，列表界面无此记录；点击【返回】按钮，返回列表界面。

查看修改界面的历史意见 tab 页，有如下两种情况：

1）若此条对比试验记录的状态为新建并未提交，则历史意见 tab 页中为空；

2）若此条对比试验记录的状态是质监局驳回的记录，则历史意见 tab 页中可以看到质监局审批的相关意见。

（4）删除

在列表界面，选择一条记录，点击【删除】按钮，弹出系统提示对话框，点击【确定】，则删除记录，点击【取消】，则取消删除操作。

（5）查看

在列表界面，选择一条记录，点击【查看】按钮，进入如图 2－389 所示查看界面，功能按钮有返回。

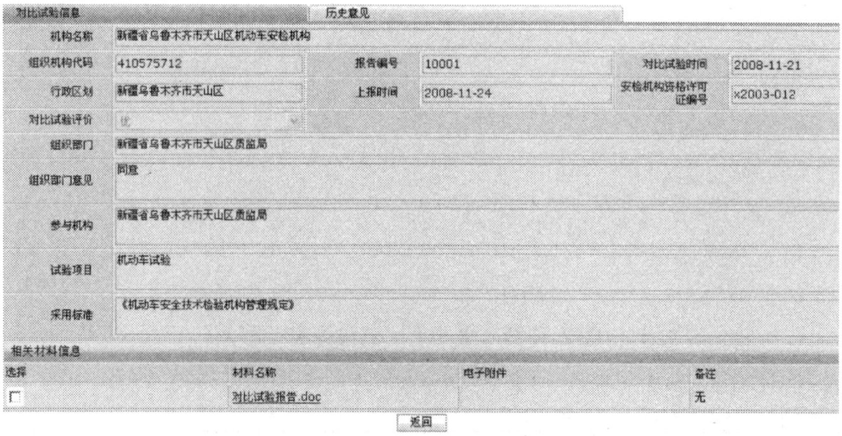

图2－389　查看对比试验信息

注：在查看界面，只可查看，不可编辑。

在查看界面，点击【返回】按钮，返回列表界面。

2.4.3.2 审批对比试验

使用具有“审批对比试验”角色的用户登录系统后，选择“安检机构管理”菜单下的“对比试验”，点击“对比试验”，可以看到下级菜单“审批对比试验”，如图 2－390 所示。

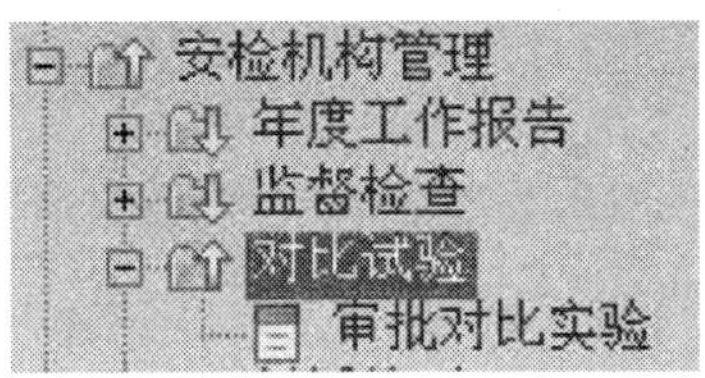

图 2－390　审批对比试验菜单

点击“审批对比试验”，进入列表界面，功能按钮有处理和查询，如图 2－391 所示。

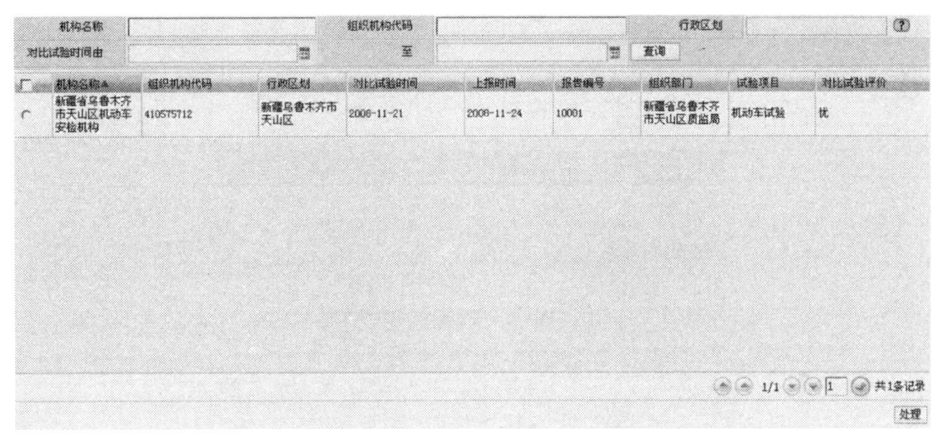

图 2－391　审批对比试验列表界面

（1）查询

在列表界面输入查询条件，点击【查询】按钮，进行查询。

（2）处理

在列表界面，选择一条记录，点击【处理】按钮，进入处理界面，可看到修改对比试验信息和历史意见两个 tab 页，对比试验信息不可编辑，增加审批信息栏，可编辑。历史意见 tab 页中可以查看到各级的审批意见。功能按钮有保存、返回、提交、驳回，如图 2－392所示。

在处理界面，输入审批意见（其中带＊的是必填项），点击【保存】按钮，内容成功保存，返回列表界面；点击【提交】按钮，将对比试验信息表提交，返回列表界面，列表界面无此记录；点击【返回】，返回列表界面。

在处理界面，输入审批意见，点击【驳回】按钮，有如下两种情况：

1）若此条对比试验记录是机构提交的，点击【驳回】按钮，直接将对比试验信息表驳回机构；

2）若此条对比试验记录是下级质监局提交的，点击【驳回】按钮，会弹出如图2－393所示的对话框，选择要驳回的下级局，点击【确定】，则将对比试验信息表驳回选择的下级局。

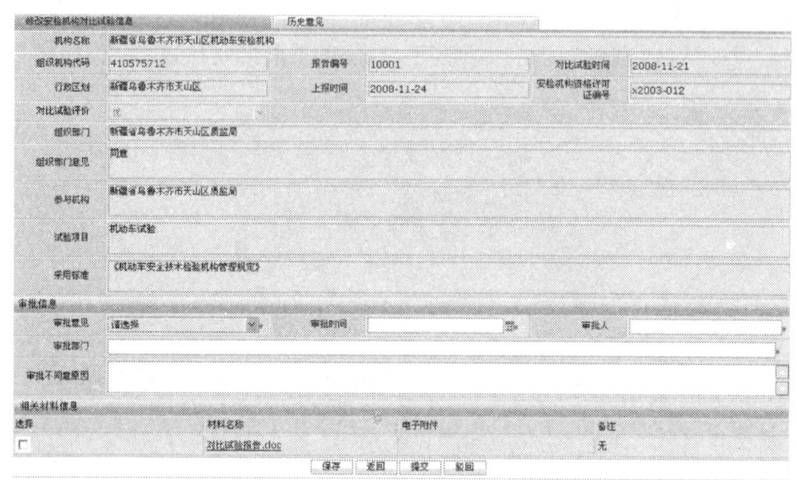

图2－392　审批安检机构对比试验信息界面

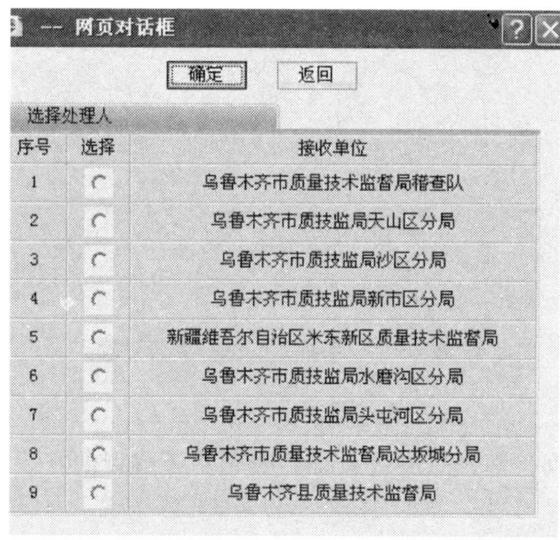

图2－393　选择接收单位

2.4.3.3　办结对比试验

使用具有“办结对比试验”角色的用户登录系统后，选择“安检机构管理”菜单下的“对比试验”，点击“对比试验”，可以看到下级菜单“审批对比试验”，如图2－394所示。

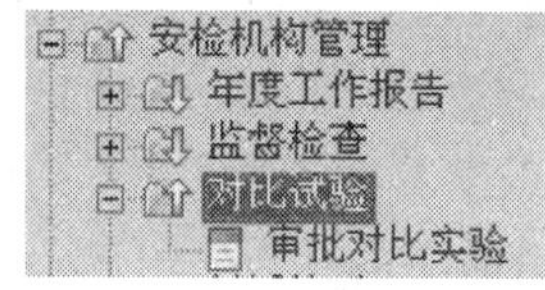

图2－394　办结对比试验菜单

点击“办结对比试验”，进入列表界面，功能按钮有处理和查询，如图2－395所示。

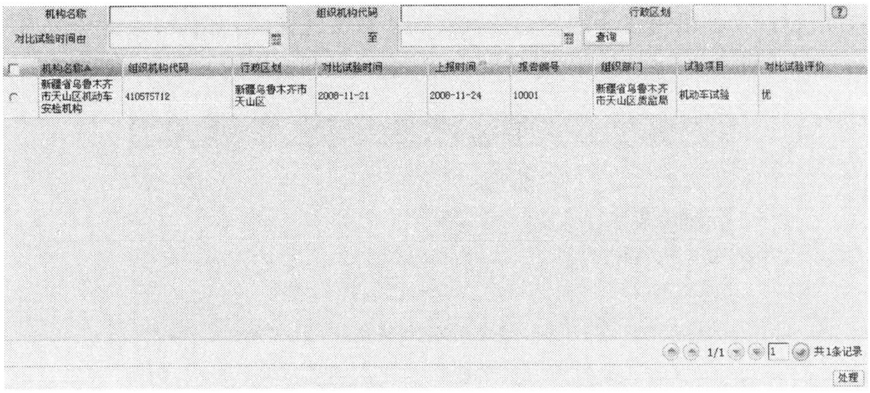

图2－395　办结对比试验列表界面

（1）查询

在列表界面输入查询条件，点击【查询】按钮，进行查询。

（2）处理

在列表界面，选择一条记录，点击【处理】按钮，进入处理界面，可看到修改对比试验信息表和历史意见两个tab页，对比试验信息表不可编辑，审批信息栏，可编辑。历史意见tab页中可以看到各级的审批记录。功能按钮有保存、返回、办结、驳回，如图2－396所示。

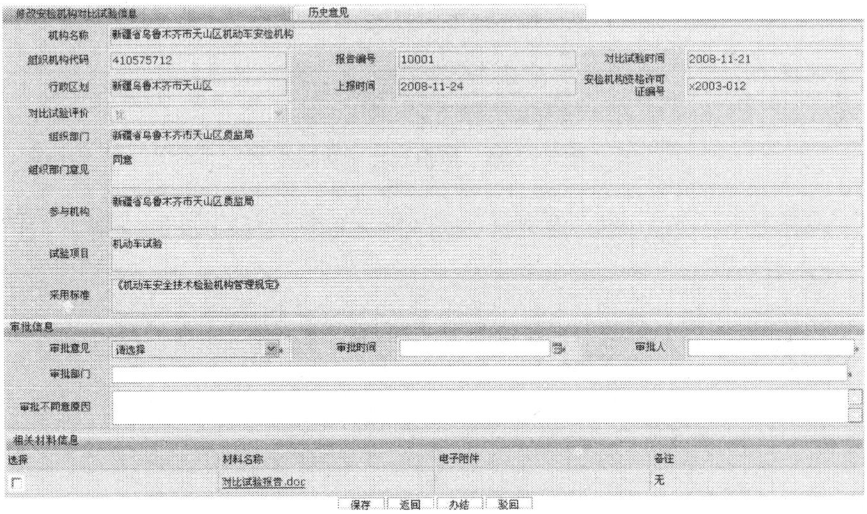

图2－396　办结对比试验界面

在处理界面，输入审批意见（其中带＊的是必填项），点击【保存】按钮，内容成功保存，返回列表界面；点击【办结】按钮，将对比试验办结，返回列表界面，列表界面无此记录，在“查看对比试验”中可查看；点击【返回】按钮，返回列表界面。

在处理界面，输入审批意见，点击【驳回】按钮，有如下两种情况：

1）若此条对比试验记录是机构提交的，点击【驳回】按钮，直接将对比试验信息表驳回机构；

2）若此条对比试验记录是下级质监局提交的，点击【驳回】按钮，会弹出如图 2－397 所示对话框，选择要驳回的下级局，则将对比试验信息表驳回选择的下级局，如图 2－397 所示。

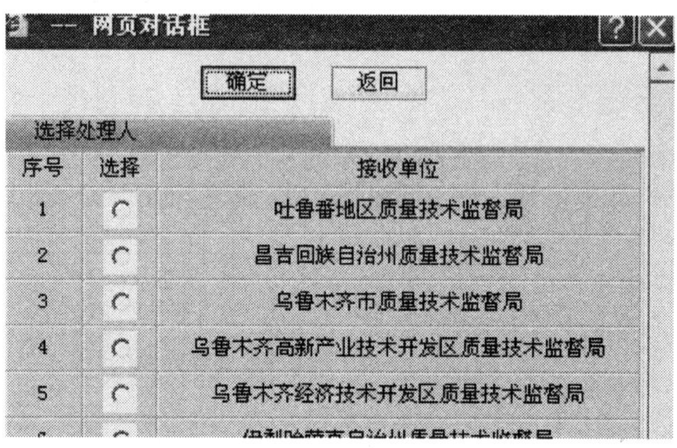

图 2－397　选择接收单位

2.4.3.4　查看对比试验

使用具有“查看对比试验”角色的用户登录系统，点击“安检机构管理”菜单下“对比试验”，可看到下级菜单“查看对比试验”，如图 2－398 所示。

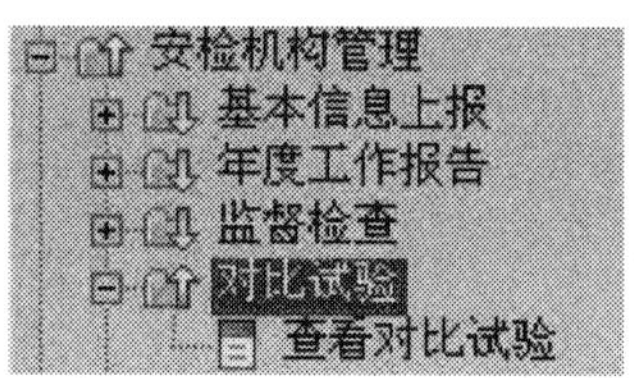

图 2－398　查看对比试验菜单

点击“查看对比试验”，进入列表界面，功能按钮有查看、查询，如图 2－399 所示。

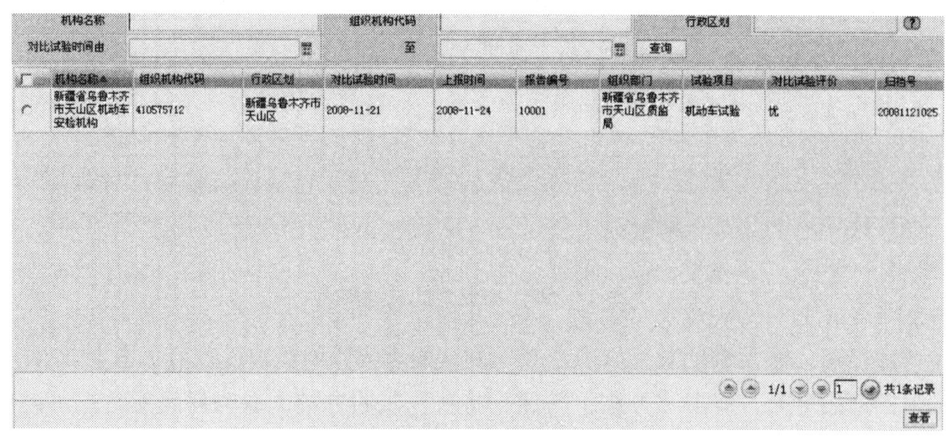

图 2－399　查看对比试验列表界面

（1）查询

在列表界面输入查询条件，点击【查询】按钮，进行查询。

（2）查看

在列表界面，选择一条记录，点击【查看】按钮，进入查看界面，功能按钮有返回，如图2-400所示。

查看对比试验信息 | 历史意见

机构名称	新疆省乌鲁木齐市天山区机动车安检机构				
组织机构代码	410575712	报告编号	10001	对比试验时间	2008-11-21
行政区划	新疆乌鲁木齐市天山区	上报时间	2008-11-24	安检机构资格许可证编号	x2003-012
对比试验评价	优				
组织部门	新疆省乌鲁木齐市天山区质监局				
组织部门意见	同意				
参与机构	新疆省乌鲁木齐市天山区质监局				
试验项目	机动车试验				
采用标准	《机动车安全技术检验机构管理规定》				

归档信息

归档号	20081121025	归档时间	2008-11-21

相关材料信息

选择	材料名称	电子附件	备注
	对比试验报告.doc		无

返回

图2-400　查看对比试验信息

在查看界面，只可查看，不可编辑；查看界面增加归档信息栏，归档号和归档时间为自动生成；在历史意见 tab 页中，可以查看各级历史意见，如图2-401所示。

查看对比试验信息 | 历史意见

	审批人员	审批日期	审批意见	审批部门	审批不同意原因
1	王立群	2008-11-23	同意	乌鲁木齐市质监局	
2	王利明	2008-11-26	同意	新疆省质监局	
3	张顺武	2008-11-23	同意	天山区质监局	

图2-401　查看历史意见

在查看界面，点击【返回】按钮，返回列表界面。

2.4.4　监督检查

2.4.4.1　维护监督检查

使用具有"维护安检机构监督检查"角色的用户登录系统后，选择"安检机构管理"菜单下的"监督检查"，点击"监督检查"，可以看到下级菜单"维护监督检查"，如图2-402所示。

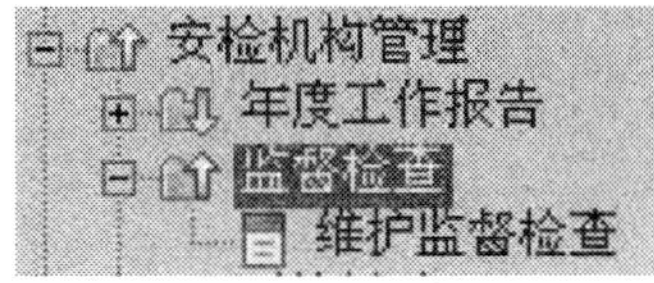

图2-402　维护监督检查菜单

点击“维护监督检查”，进入列表界面，功能按钮有增加、修改、删除、查看、查询，如图2－403所示。

图2－403　维护监督检查列表界面

（1）查询

在列表界面输入查询条件，点击【查询】按钮，进行查询。

（2）增加

在列表界面，点击【增加】按钮，进入增加界面，显示监督检查信息表，功能按钮有保存、返回、提交，如图2－404所示。

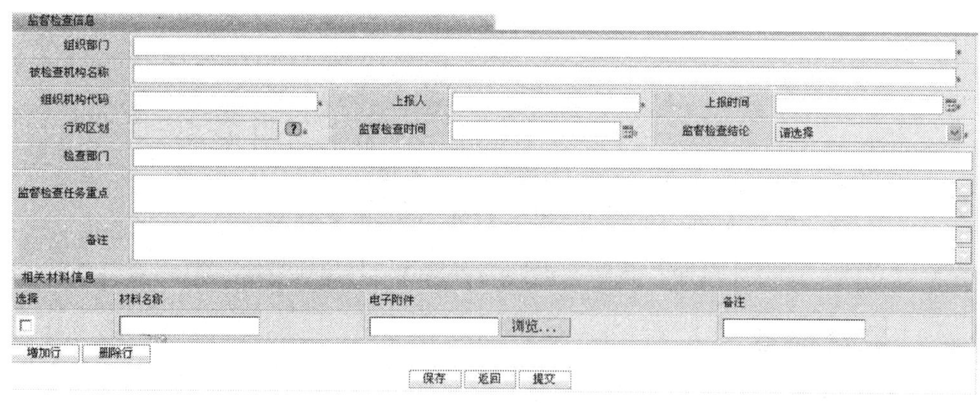

图2－404　增加监督检查信息

在增加界面，输入内容，（其中带＊的是必填项），点击【保存】按钮，内容成功保存，返回列表界面，如图2－405所示。

在增加界面，输入内容，点击【提交】按钮，将安检机构监督检查办结，返回列表界面，列表界面无此记录；点击【返回】，返回列表界面。

（3）修改

在列表界面，选择一条记录，点击【修改】按钮，进入修改界面，功能按钮有保存、提交、返回，如图2－406所示。

图 2－405 监督检查列表界面

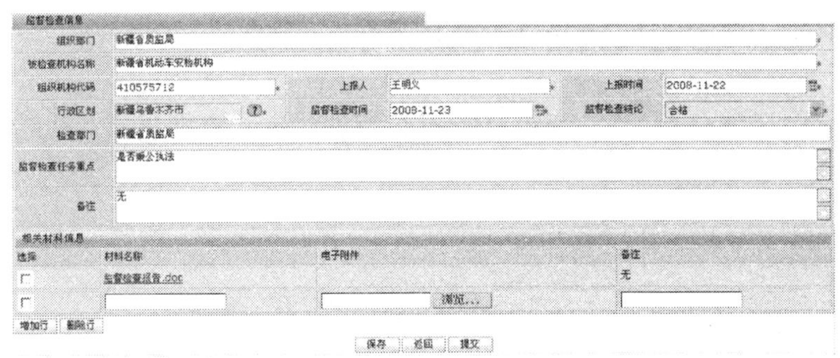

图 2－406 修改监督检查信息界面

在修改界面，修改相关内容（其中带＊的是必填项），点击【保存】按钮，修改内容成功保存，返回列表界面；点击【提交】按钮，将安检机构监督检查办结，返回列表界面，列表界面无此记录；点击【返回】，返回列表界面。

（4）删除

在列表界面，选择一条记录，点击【删除】按钮，弹出系统提示对话框，点击【确定】，则删除记录，点击【取消】，则取消删除操作。

（5）查看

在列表界面，选择一条记录，点击【查看】按钮，进入查看界面，功能按钮有修改、返回，如图 2－407 所示。

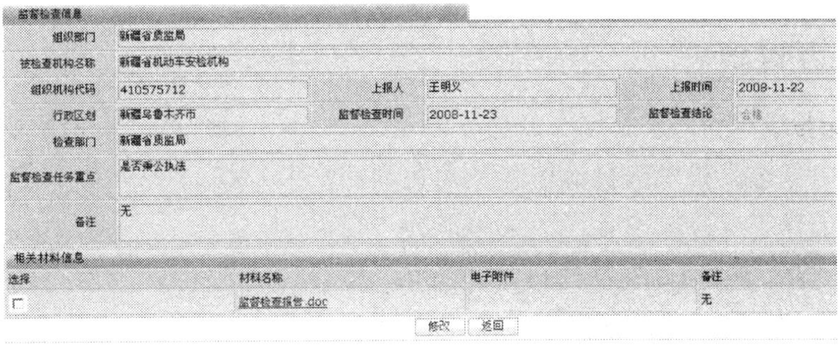

图 2－407 查看监督检查信息界面

注：在查看界面，只可查看，不可编辑。

在查看界面，点击【修改】，进入修改界面，可进行相应的修改；点击【返回】，返回列表界面。

2.4.4.2 查看监督检查

使用具有“查看安检机构监督检查信息”角色的用户登录系统，点击“安检机构管理”菜单下的“监督检查”，可看到下级菜单“查看监督检查”，如图2－408所示。

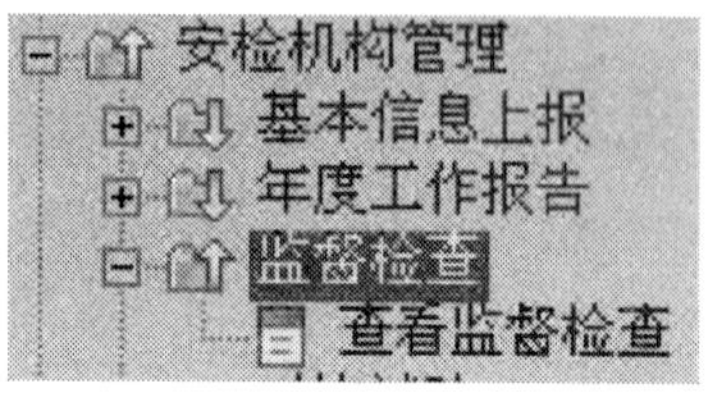

图2－408 查看监督检查菜单

点击“查看监督检查”，进入列表界面，功能按钮有查看、查询。

（1）查询

在列表界面输入查询条件，点击【查询】按钮，进行查询。

（2）查看

在列表界面，选择一条记录，点击【查看】按钮，进入查看界面，功能按钮有返回，如图2－409所示。

监督检查信息

组织部门	新疆省质监局				
被检查机构名称	新疆省机动车安检机构				
组织机构代码	410575712	上报人	王明义	上报时间	2008-11-22
行政区划	新疆乌鲁木齐市	监督检查时间	2008-11-23	监督检查结论	合格
检查部门	新疆省质监局				
监督检查任务重点	是否秉公执法				
备注	无				

归档信息

归档号	20081121002	归档时间	2008-11-21

相关材料信息

选择	材料名称	电子附件	备注
□	监督检查报告.doc		无

返回

图2－409 查看监督检查信息界面

注：在查看界面，只可查看，不可编辑；可以看到系统自动生成的归档号和归档时间。

在查看界面，点击【返回】，返回列表界面。

2.4.5 投诉管理

2.4.5.1 登记投诉

使用具有“登记安检机构投诉信息”角色的用户登录系统后，选择“安检机构管理”菜单下的“投诉管理”，点击“投诉管理”，可以看到下级菜单“新建任务”，如图2－410所示。

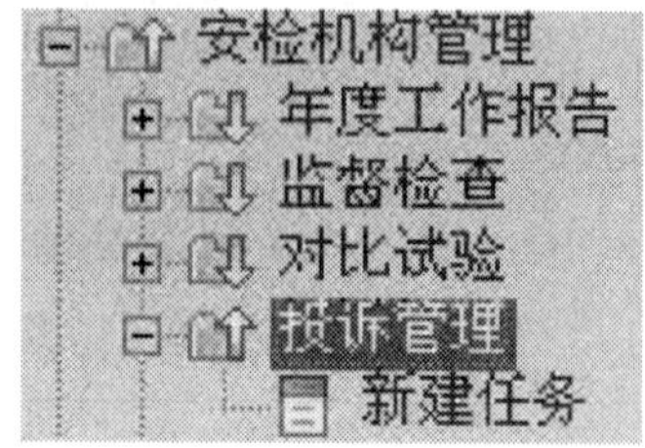

图2－410 新建任务菜单

点击“新建任务”，进入列表界面，功能按钮有增加、修改、删除、查看、查询，如图 2－411 所示。

（1）查询

在列表界面输入查询条件，点击【查询】按钮，进行查询。

（2）增加

在列表界面，点击【增加】按钮，进入增加界面，显示投诉管理信息，功能按钮有保存、返回、提交，如图 2－412 所示。

图 2－411　投诉管理列表界面

投诉管理信息
投诉人姓名 * 联系电话 电子邮箱
联系地址 *
邮编 * 被投诉机构类型 安检机构 被投诉人
被投诉机构 *
组织机构代码 * 投诉日期 行政区划
投诉事项 *
相关材料信息
选择 材料名称 电子附件 备注
浏览...
增加行 删除行
保存 返回 提交

图 2－412　增加投诉管理信息界面

在增加界面，输入内容，（其中带 * 的是必填项），点击【保存】按钮，内容成功保存，返回新建任务列表界面，如图 2－413 所示。

在增加界面，输入内容，点击【提交】按钮，将投诉登记表提交，返回新建任务列表界面，列表界面无此记录；点击【返回】按钮，返回列表界面。

（3）修改

在列表界面，选择一条记录，点击【修改】按钮，进入修改界面，功能按钮有保存、返回、提交，如图2－414所示。

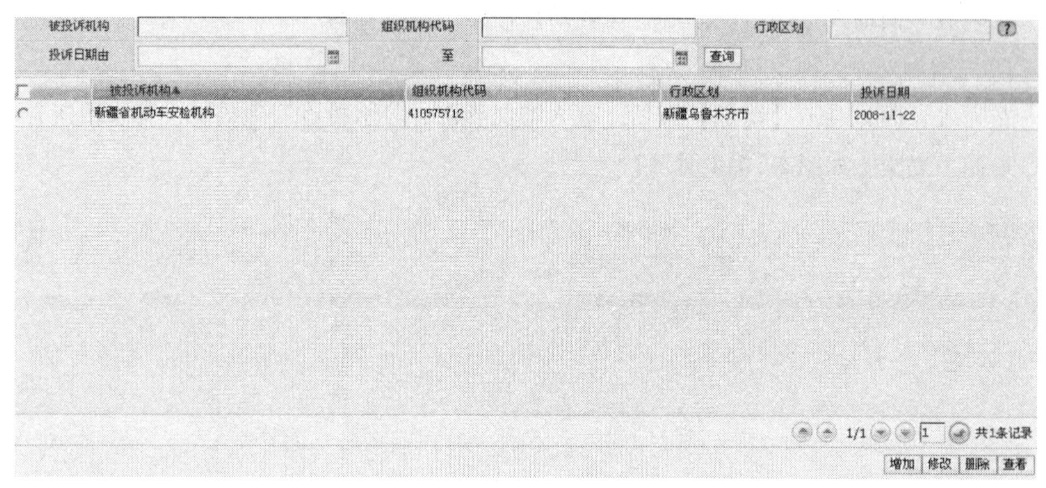

图2－413　投诉管理列表界面

投诉管理信息

投诉人姓名	丁一鸣 *	联系电话	13908983478	电子邮箱	dingyiming@163.com
联系地址	新疆乌鲁木齐民主路67号 *				
邮编	830005 *	被投诉机构类型	请选择	被投诉人	王一凡
被投诉机构	新疆省机动车安检机构 *				
组织机构代码	410575712 *	投诉日期	2008-11-22	行政区划	新疆乌鲁木齐市
投诉事项	徇私舞弊 *				

相关材料信息

选择	材料名称	电子附件	备注
□	投诉材料.doc		无
□		浏览...	

增加行　删除行

保存　返回　提交

图2－414　修改投诉管理信息界面

在修改界面，修改相关内容（其中带＊的是必填项），点击【保存】按钮，修改内容成功保存，返回新建任务列表界面；点击【提交】按钮，将投诉登记表提交，返回新建任务列表界面，列表界面无此记录；点击【返回】按钮，返回列表界面。

（4）删除

在列表界面，选择一条记录，点击【删除】按钮，弹出系统提示对话框，点击【确定】，则删除记录，点击【取消】，则取消删除操作。

（5）查看

在列表界面，选择一条记录，点击【查看】按钮，进入查看界面，功能按钮有修改、返回，如图2－415所示。

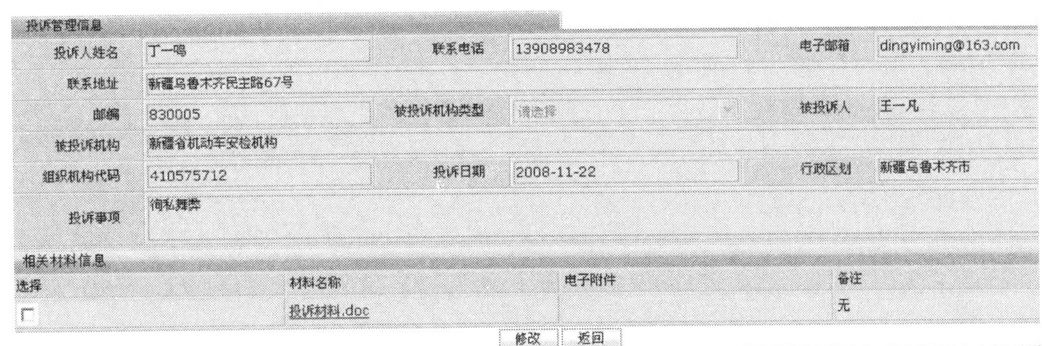

图2－415　查看投诉管理信息界面

注：在查看界面，只可查看，不可编辑。

在查看界面，点击【修改】按钮，进入修改界面，可进行相应的修改；点击【返回】按钮，返回列表界面。

2.4.5.2　受理投诉

使用具有“受理安检机构投诉”角色的用户登录系统后，选择“安检机构管理”菜单下的“投诉管理”，点击“投诉管理”，可以看到下级菜单“待办任务”、“已办任务”，如图2－416所示。

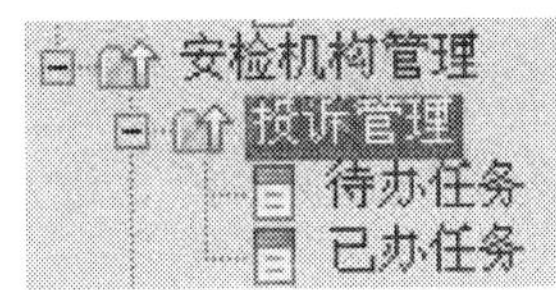

图2－416　受理投诉菜单

（1）待办任务

点击“待办任务”，进入列表界面，功能按钮有处理、查询，如图2－417所示。

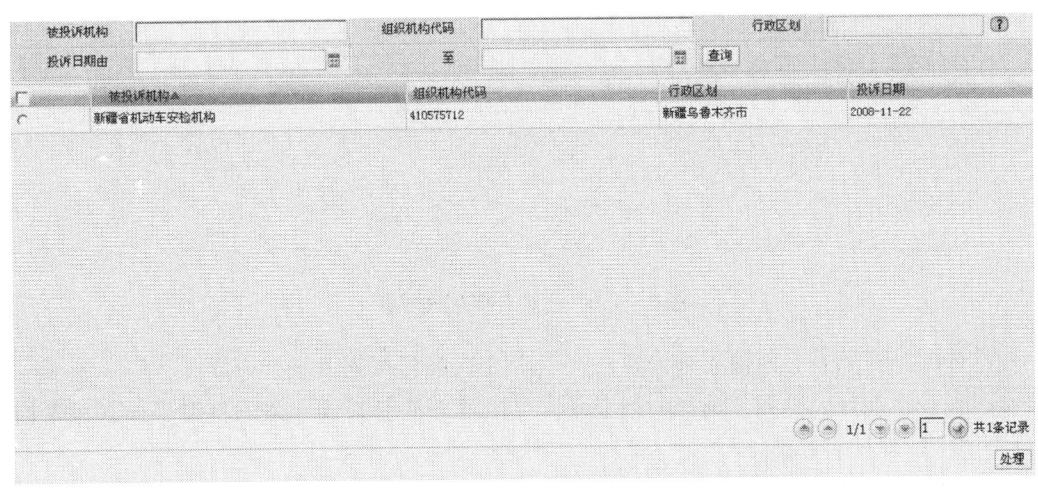

图2－417　待办任务列表界面

1）查询：在列表界面输入查询条件，点击【查询】按钮，进行查询。

2）处理：在列表界面，选择一条记录，点击【处理】按钮，进入处理界面，投诉登记表基本信息不可编辑，增加受理信息栏，可编辑。功能按钮有保存、返回、提交。如图2－418所示。

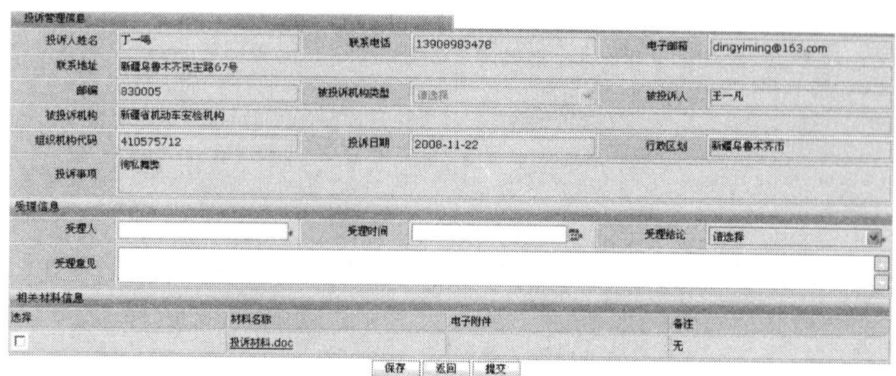

图2-418 受理投诉管理界面

在处理界面，输入受理意见（其中带＊的是必填项），点击【保存】按钮，内容成功保存，返回待办任务列表界面；点击【提交】按钮，将投诉登记表提交至处理环节，返回待办任务列表界面，列表界面无此记录，在“已办任务”中可以看到已提交的记录；点击【返回】按钮，返回列表界面。

（2）已办任务

点击“已办任务”，进入列表界面，功能按钮有查看、查询，如图2-419所示。

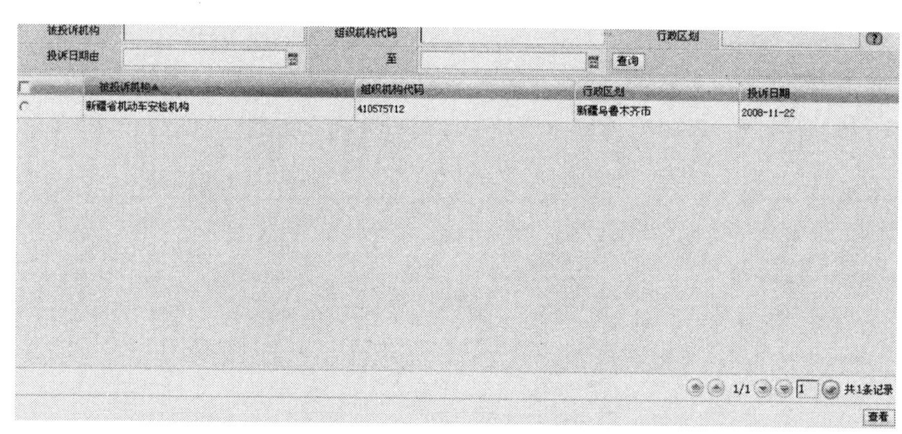

图2-419 已办任务列表界面

1）查询：在列表界面输入查询条件，点击【查询】按钮，进行查询。

2）查看：在列表界面，选择一条记录，点击【查看】按钮，进入查看界面；点击【返回】按钮，返回列表界面。

注：在查看界面，只可查看，不可编辑。

2.4.5.3 处理投诉

使用具有“处理安检机构投诉”角色的用户登录系统后，选择“安检机构管理”菜单下的“投诉管理”，点击“投诉管理”，可以看到下级菜单“待办任务”，如图2-420所示。

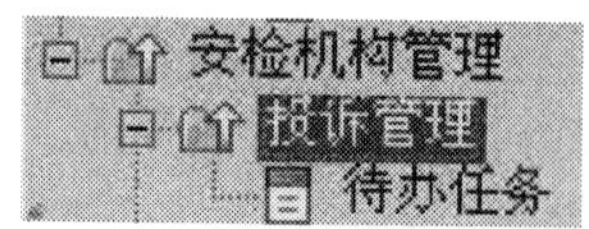

图2-420 处理投诉菜单

点击“待办任务”，进入列表界面，功能按钮有处理、查询，如图 2－421 所示。

图 2－421 待办任务列表界面

1）查询：在列表界面输入查询条件，点击【查询】按钮，进行查询。

2）处理：在列表界面，选择一条记录，点击【处理】按钮，进入处理界面，投诉登记表基本信息和受理信息不可编辑，增加处理结果信息栏，可编辑。功能按钮有保存、办结、返回，如图 2－422 所示。

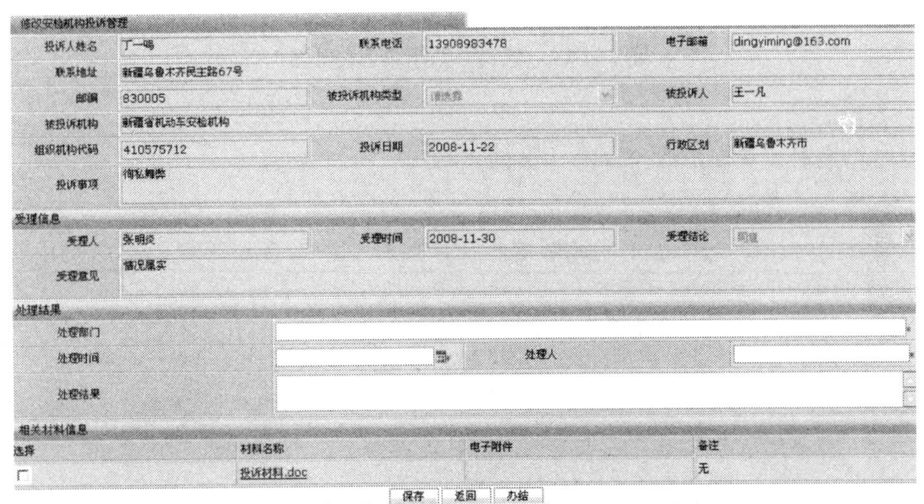

图 2－422 处理投诉管理界面

在处理界面，输入处理结果（其中带＊的是必填项），点击【保存】按钮，内容成功保存，返回待办任务列表界面；点击【办结】按钮，将投诉办结，返回待办任务列表界面，列表界面无此记录，在“查看办结信息”中可查看已办结的记录；点击【返回】按钮，返回列表界面。

2.4.5.4 查看办结信息

使用具有“查看安检机构投诉结果”角色的用户登录系统，点击“安检机构管理”菜单下“投诉管理”，可看到下级菜单“查看办结信息”，如图 2－423 所示。

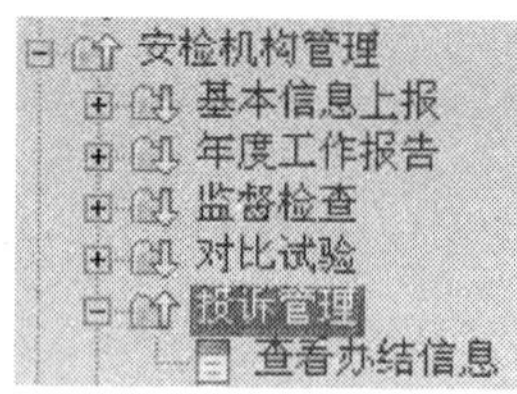

图 2－423　查看办结信息菜单

点击“查看办结信息”，进入列表界面，功能按钮有查看、查询，如图 2－424 所示。

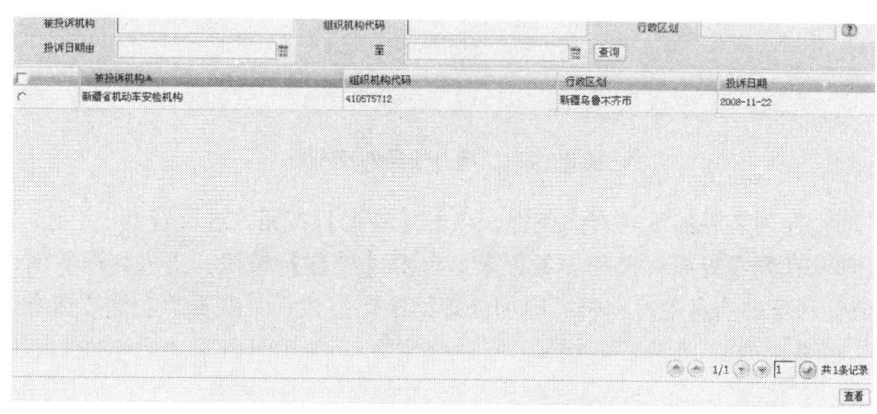

图 2－424　查看办结信息列表界面

（1）查询

在列表界面输入查询条件，点击【查询】按钮，进行查询。

（2）查看

在列表界面，选择一条记录，点击【查看】按钮，进入查看界面，功能按钮有返回，如图 2－425 所示。

查看安检机构投诉管理

投诉人姓名	丁一鸣	联系电话	13908983478	电子邮箱	dingyiming@163.com
联系地址	新疆乌鲁木齐民主路67号				
邮编	830005	被投诉机构类型	请选择	被投诉人	王一凡
被投诉机构	新疆省机动车安检机构				
组织机构代码	410575712	投诉日期	2008-11-22	行政区划	新疆乌鲁木齐市
投诉事项	徇私舞弊				

受理信息

受理人	张明炎	受理时间	2008-11-30	受理结论	同意
受理意见	情况属实				

处理结果

处理部门	新疆省质监局		
处理时间	2008-12-02	处理人	姜明炎
处理结果	记过处分		

归档信息

归档号	20081121003	归档时间	2008-11-21

相关材料信息

选择	材料名称	电子附件	备注
□	投诉材料.doc		无

返回

图 2－425　查看安检机构投诉管理信息

在查看界面，点击【返回】，返回列表界面。

注：在查看界面，只可查看，不可编辑；查看系统自动生成的归档时间和归档号。

2.4.6　监督审查员管理

2.4.6.1　监督审查员申报

（1）新建任务

使用具有“申报监督审查员”角色的用户登录系统后，选择“安检机构管理”菜单下的“审查员管理”，点击“审查员管理”，可以看到下级菜单“新建任务”，如图2－426所示。

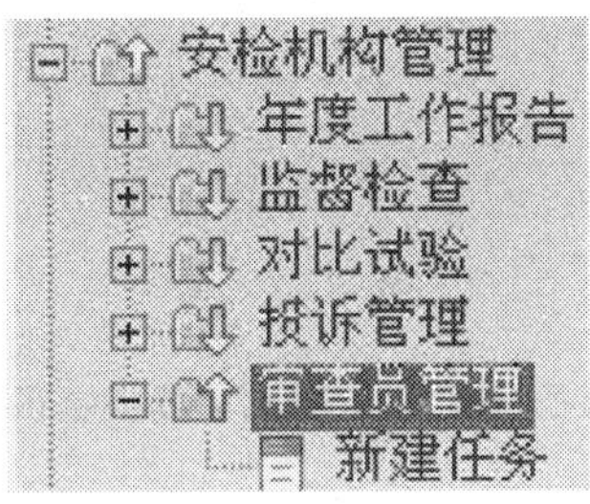

图2－426　新建任务菜单

点击“新建任务”，进入列表界面，功能按钮有增加、修改、删除、查看、查询，如图2－427所示。

图2－427　监督审查员申报列表界面

1）查询：在列表界面输入查询条件，点击【查询】按钮，进行查询。

2）增加：在列表界面，点击【增加】按钮，进入增加界面，显示审查员基本信息表，功能按钮有保存、返回、提交，如图2－428所示。

在增加界面，输入内容，（其中带＊的是必填项），点击【保存】按钮，内容成功保存，返回新建任务列表界面，如图2－429所示。

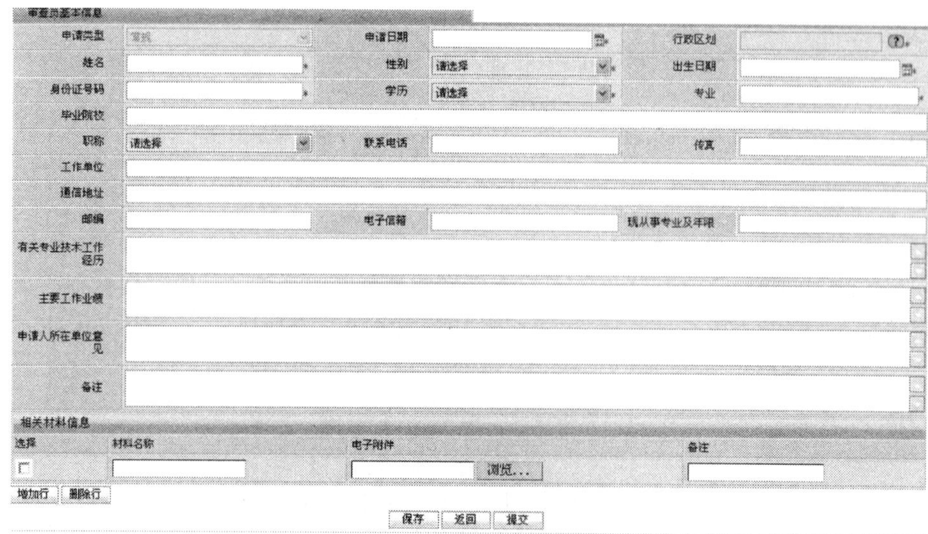

图2-428 增加审查员基本信息界面

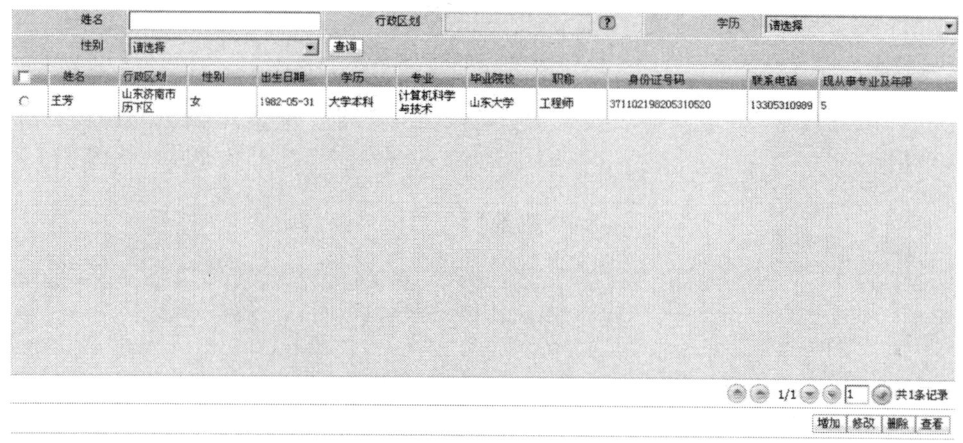

图2-429 监督审查员信息列表界面

在增加界面，输入内容，点击【提交】按钮，将审查员基本信息表提交，返回新建任务列表界面，列表界面无此记录；点击【返回】按钮，返回列表界面。

3）修改：在列表界面，选择一条记录，点击【修改】按钮，进入修改界面，功能按钮有保存、返回、提交，如图2-430所示。

在修改界面，修改相关内容（其中带＊的是必填项），点击【保存】按钮，修改内容成功保存，返回新建任务列表界面；点击【提交】按钮，将审查员基本信息表提交，返回新建任务列表界面，列表界面无此记录；点击【返回】按钮，返回列表界面。

4）删除：在列表界面，选择一条记录，点击【删除】按钮，弹出系统提示对话框，点击【确定】，则删除记录，点击【取消】，则取消删除操作。

5）查看：在列表界面，选择一条记录，点击【查看】按钮，进入查看界面，功能按钮有修改、返回，如图2-431所示。

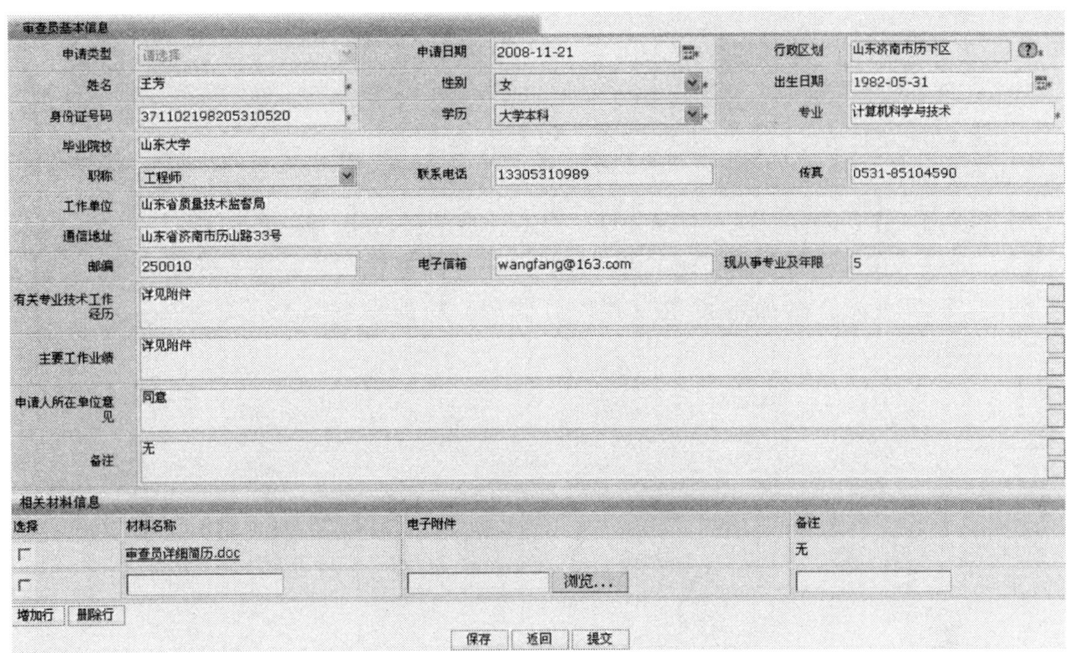

图 2－430　修改审查员基本信息界面

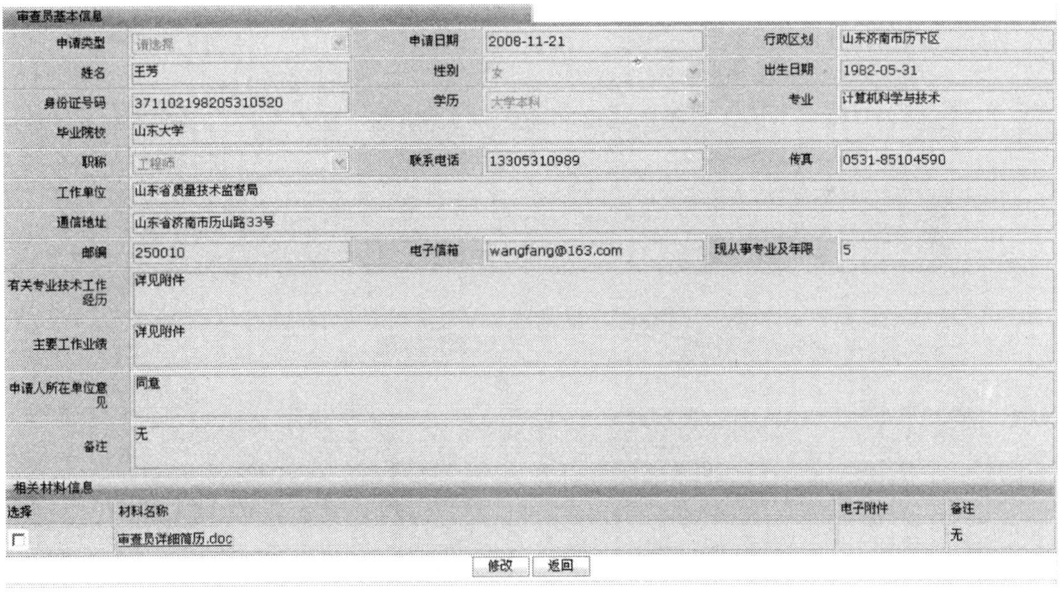

图 2－431　查看审查员基本信息

注：在查看界面，只可查看，不可编辑。

在查看界面，点击【修改】按钮，进入修改界面，可进行相应的修改；点击【返回】按钮，返回列表界面。

2.4.6.2　审批监督审查员

使用具有“审批监督审查员”角色的用户登录系统后，选择“安检机构管理”菜单下的“审查员管理”，点击“审查员管理”，可以看到下级菜单“待办任务”、“已办任务”，如图 2－432 所示。

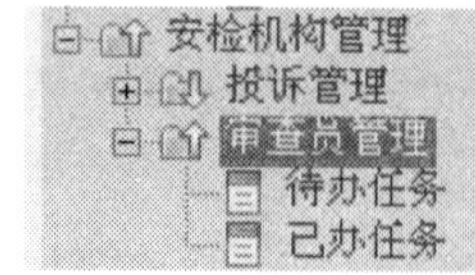

图 2－432　审批监督审查员菜单

(1) 待办任务

点击“待办任务”，进入列表界面，功能按钮有处理、查询，如图 2－433 所示。

1) 查询：在列表界面输入查询条件，点击【查询】按钮，进行查询。

2) 处理：在列表界面，选择一条记录，点击【处理】按钮，进入处理界面，审查员基本信息不可编辑，增加审批信息栏，可编辑。功能按钮有保存、提交、返回，如图 2－434所示。

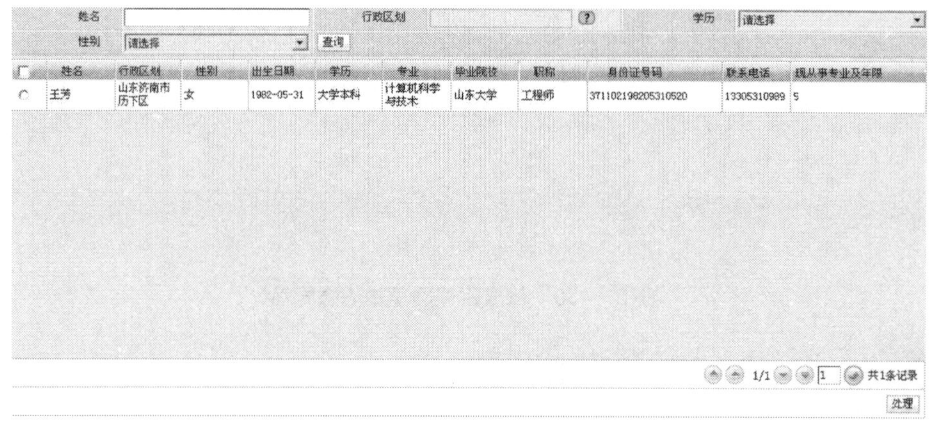

图 2－433　待办任务列表界面

图 2－434　审批审查员信息界面

在处理界面，输入审批意见（其中带＊的是必填项），点击【保存】按钮，内容成功保存，返回待办任务列表界面；点击【提交】按钮，提交至发证环节，返回待办任务列表界面，列表界面无此记录，在“已办任务”中可以看到已提交的记录；点击【返回】按钮，返回列表界面。

（2）已办任务

点击“已办任务”，进入列表界面，功能按钮有查看、查询，如图2－435所示。

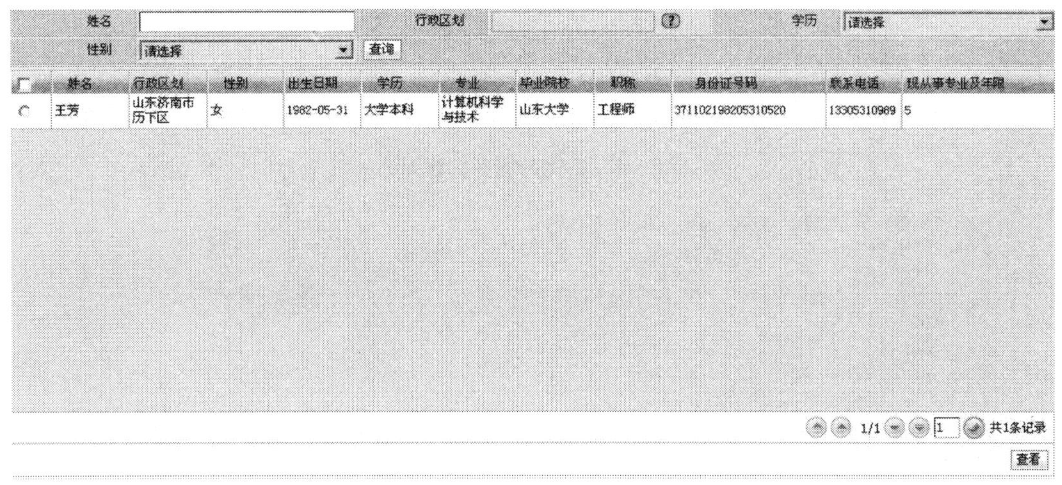

图2－435　已办任务列表界面

1）查询：在列表界面输入查询条件，点击【查询】按钮，进行查询。

2）查看：在列表界面，选择一条记录，点击【查看】按钮，进入查看界面；点击【返回】，返回列表界面。

注：在查看界面，只可查看，不可编辑。

2.4.6.3　监督审查员发证

使用具有“监督审查员发证”角色的用户登录系统后，选择“安检机构管理”菜单下的“审查员管理”，点击“审查员管理”，可以看到下级菜单“待办任务”，如图2－436所示。

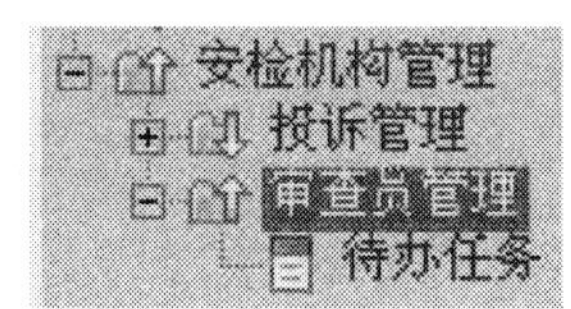

图2－436　监督审查员发证菜单

（1）待办任务

点击“待办任务”，进入列表界面，功能按钮有处理、查询，如图2－437所示。

1）查询：在列表界面输入查询条件，点击【查询】按钮，进行查询。

2）处理：在列表界面，选择一条记录，点击【处理】按钮，进入处理界面，审查员基本信息和审批信息不可编辑，增加证书信息栏，可编辑。功能按钮有保存、返回、办结，如图2－438所示。

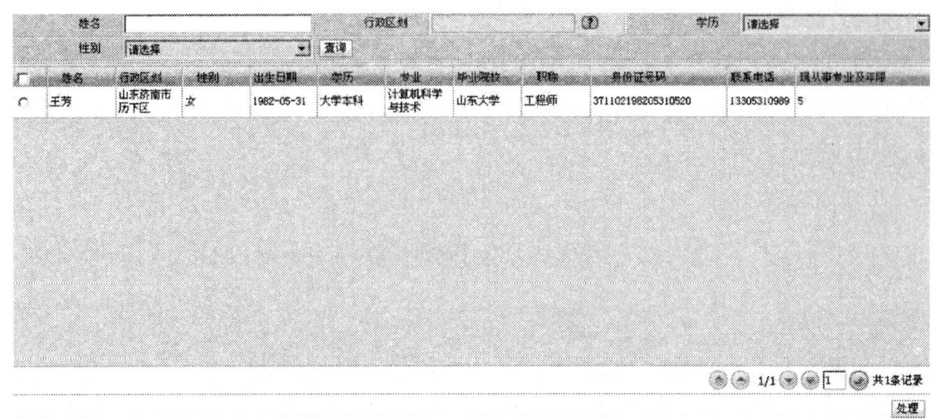

图2-437 待办任务列表界面

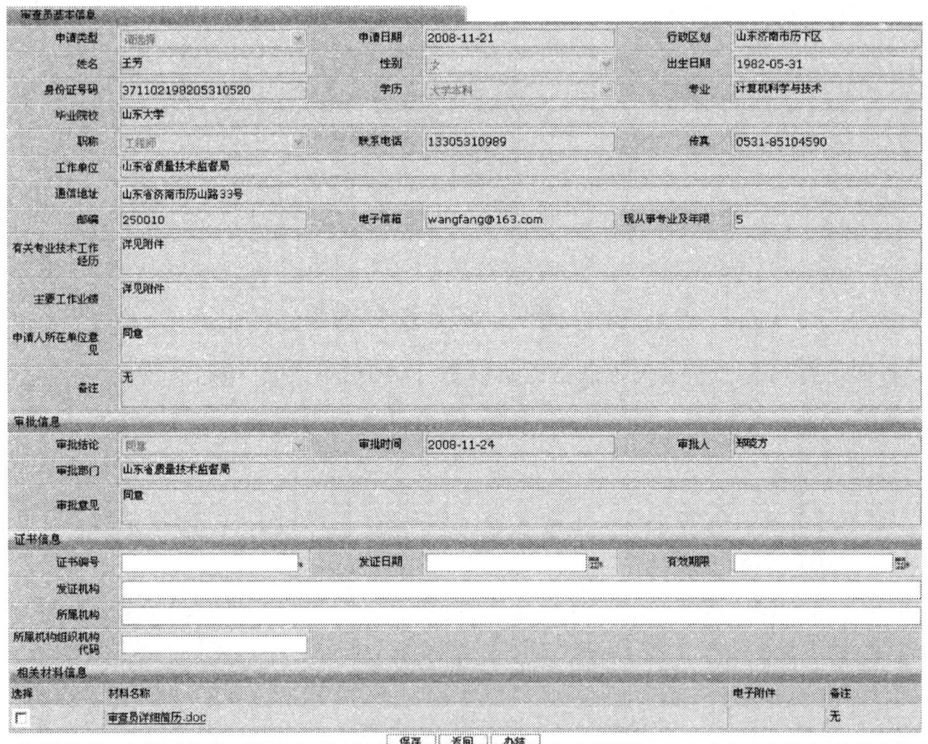

图2-438 监督审查员发证界面

在处理界面，输入证书相关信息（其中带＊的是必填项），点击【保存】按钮，内容成功保存，返回待办任务列表界面；点击【办结】按钮，将流程办结，返回待办任务列表界面，列表界面无此记录，在“查看办结信息”和“监督审查员考核”中可看到已办结的记录；点击【返回】按钮，返回列表界面。

2.4.6.4 查看监督审查员

（1）查看办结信息

使用具有“查看监督审查员”角色的用户登录系统，点击“安检机构管理”菜单下

“审查员管理”菜单下的“查看办结信息”，如图2－439所示。

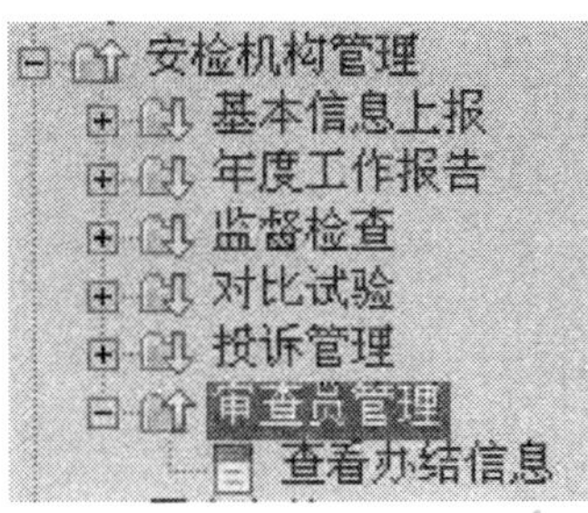

图2－439　查看办结信息菜单

点击“查看办结信息”，进入列表界面，功能按钮有查看、查询，如图2－440所示。

1）查询：在列表界面输入查询条件，点击【查询】按钮，进行查询。

2）查看：在列表界面，选择一条记录，点击【查看】按钮，进入查看界面，功能按钮有返回，如图2－441所示。

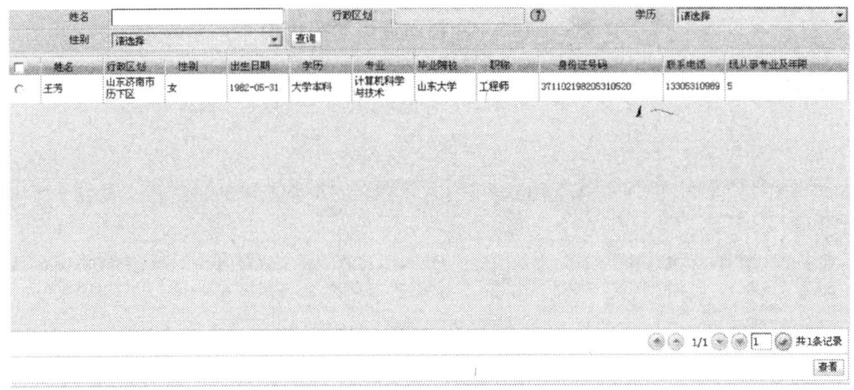

图2－440　查看办结信息列表界面

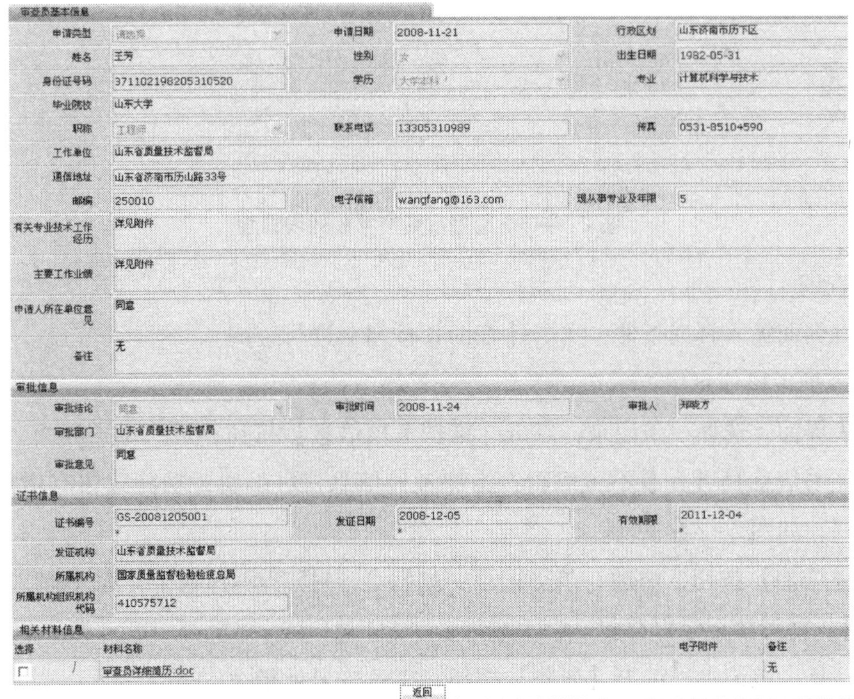

图2－441　查看审查员基本信息界面

注：在查看界面，只可查看，不可编辑。

在查看界面，点击【返回】按钮，返回列表界面。

2.4.6.5 监督审查员考核

使用具有“考核监督审查员”角色的用户登录系统，点击“安检机构管理”菜单下“审查员管理”菜单下的“审查员考核”，如图2－442所示。

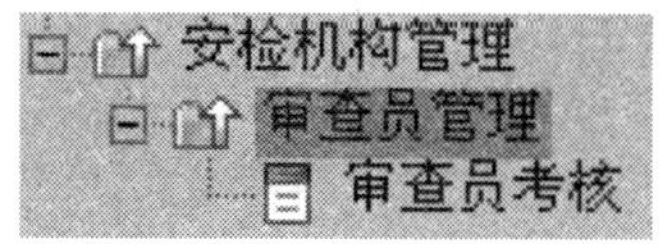

图2－442 监督审查员考核菜单

点击“审查员考核”，进入列表界面，功能按钮有维护考核信息、查询，如图2－443所示。

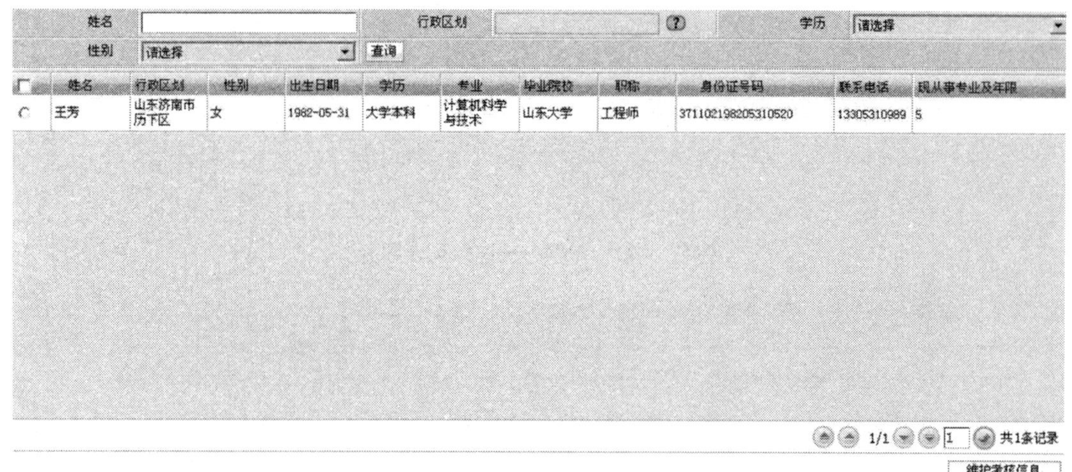

图2－443 监督审查员考核列表界面

（1）查询

在列表界面输入查询条件，点击【查询】按钮，进行查询。

（2）维护考核信息

在列表界面，选择一条记录，点击【维护考核信息】按钮，进入维护界面，审查员基本信息和证书信息只可查看不可编辑，增加考核信息，可编辑，功能按钮有增加、删除、提交、返回，如图2－444所示。

点击【增加】按钮，添加一条空记录，如图2－445所示，在空记录中录入数据，点击【提交】，将考核记录保存。

选择一条考核记录，点击【删除】按钮，将考核记录删除。

审查员基本信息

申请类型	请选择	申请日期	2008-11-21	行政区划	山东济南市历下区
姓名	王芳	性别	女	出生日期	1982-05-31
身份证号码	371102198205310520	学历	大学本科	专业	计算机科学与技术
毕业院校	山东大学				
职称	工程师	联系电话	13305310989	传真	0531-85104590
工作单位	山东省质量技术监督局				
通信地址	山东省济南市历山路33号				
邮编	250010	电子信箱	wangfang@163.com	现从事专业及年限	5
有关专业技术工作经历	详见附件				
主要工作业绩	详见附件				
申请人所在单位意见	同意				
备注	无				

证书信息

证书编号	GS-20081205001	发证日期	2008-12-05	有效期限	2011-12-04
发证机构	山东省质量技术监督局				
所属机构	国家质量监督检验检疫总局				
所属机构组织机构代码	410575712				

考核信息

考核时间▲	考核部门	考核意见	不合格原因	被考核次数	备注

1/1 1 共0条记录

增加 删除 提交

返回

图 2－444　维护考核信息列表界面

图 2－445　维护考核信息界面

2.5 产品质量申诉

2.5.1 受理申诉

使用具有“产品质量申述受理人”角色的用户登录系统，点击“产品质量申诉”菜单，可以看到下级菜单“待办任务”、“已办任务”、“查看信息”，如图2－446所示。

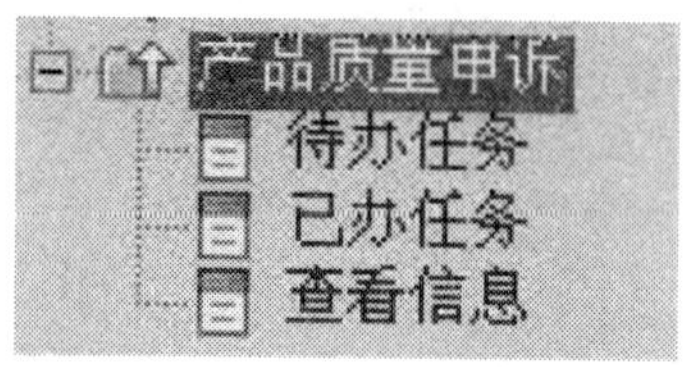

图2－446 受理申诉菜单

2.5.1.1 待办任务

点击“产品质量申诉”菜单下的“待办任务”，进入列表界面，功能按钮有增加、修改、删除、查询，如图2－447所示。

（1）查询

在列表界面输入查询条件，点击【查询】按钮，进行查询。

（2）增加

在列表界面，点击【增加】按钮，进入增加界面，功能按钮有保存、提交、返回，如图2－448所示。

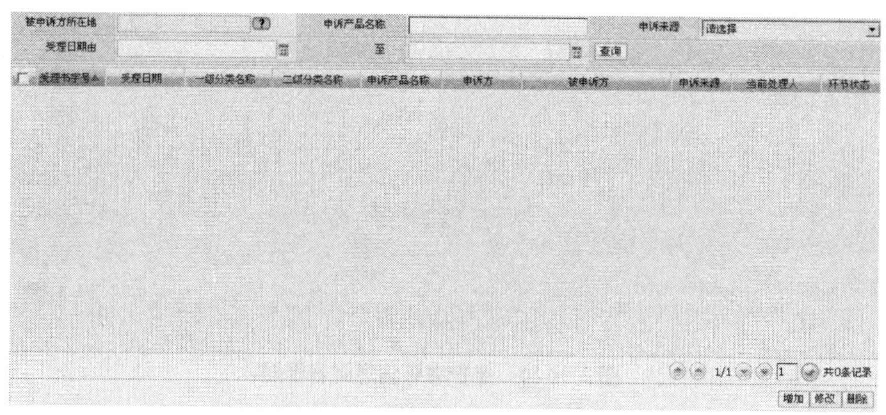

图2－447 待办任务列表界面

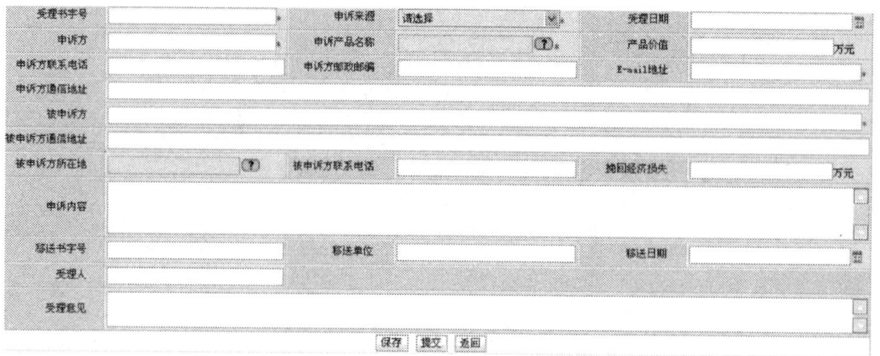

图2－448 增加申诉信息界面

在增加界面，输入基本信息和受理意见（其中带＊的是必填项），点击【保存】按钮，内容成功保存，返回待办任务列表界面，环节状态字段显示“受理”，如图2－449所示。

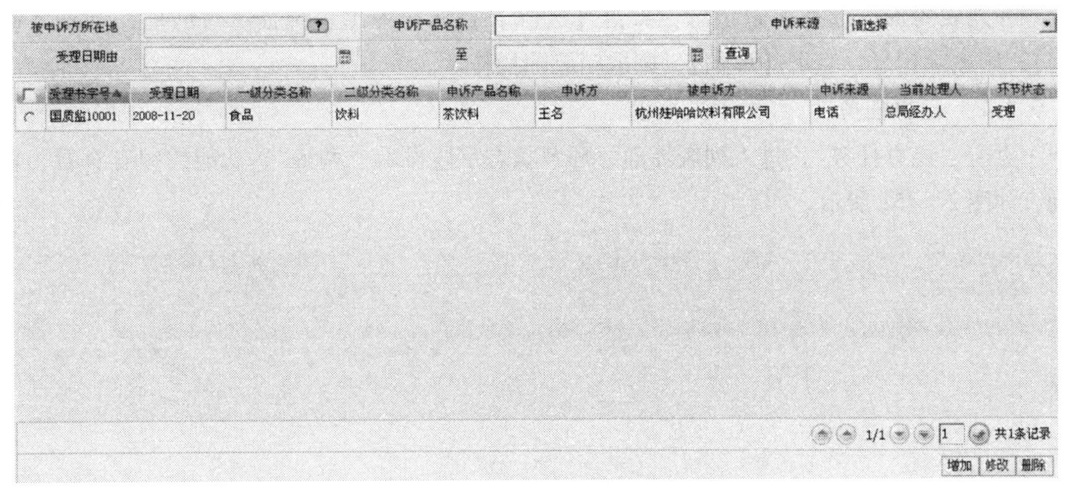

图2－449　待办任务列表界面

在增加界面，输入内容，点击【提交】按钮，弹出选择对话框，选择提交人，点击【确定】，将受理的申诉内容提交，返回待办任务列表界面，待办任务列表界面无此记录，在“已办任务”中可以看到已提交的记录；点击【返回】按钮，返回列表界面。

（3）修改

在列表界面，选择一条记录，点击【修改】按钮，进入修改界面，功能按钮有保存、提交、返回，如图2－450所示。

图2－450　修改申诉信息界面

在修改界面，修改相关内容（其中带＊的是必填项），点击【保存】按钮，修改内容成功保存，返回待办任务列表界面，环节状态字段显示“受理”；点击【提交】按钮，弹出选择对话框，选择提交人，点击【确定】，将受理的申诉内容提交，返回待办任务列表界面，待办任务列表界面无此记录，在“已办任务”中可以看到已提交的记录；点击【返回】按钮，返回列表界面。

（4）删除

在列表界面，选择一条记录，点击【删除】按钮，弹出系统提示对话框，点击【确定】，则删除记录，点击【取消】，则取消删除操作。

2.5.1.2 已办任务

点击“已办任务”，进入列表界面，环节状态字段显示“调解”，功能按钮有查看、查询，如图2-451所示。

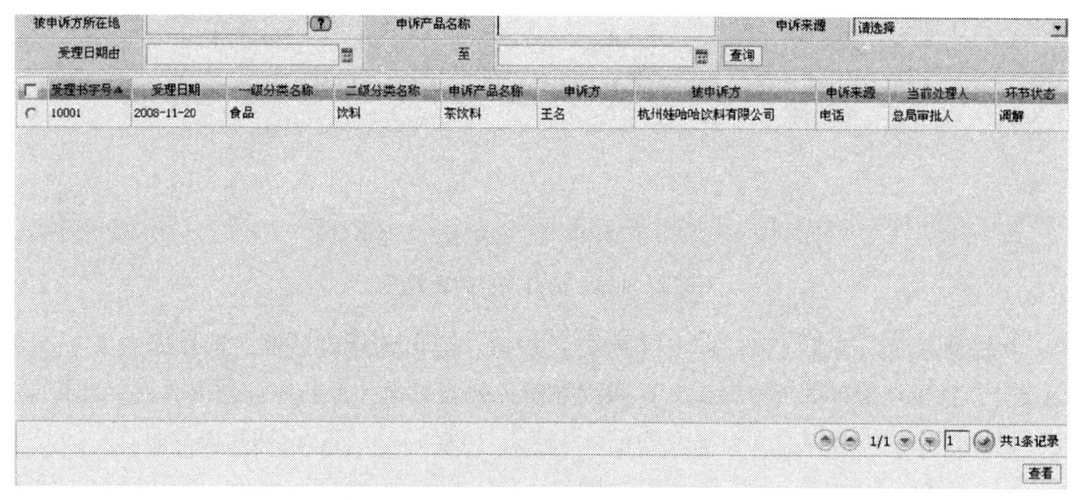

图2-451 已办任务列表界面

（1）查询

在列表界面输入查询条件，点击【查询】按钮，进行查询。

（2）查看

在列表界面，选择一条记录，点击【查看】按钮，进入查看界面；点击【返回】，返回列表界面。

注：在查看界面，只可查看，不可编辑。

2.5.2 调解申诉

使用具有“产品质量申述调解人”角色的用户登录系统，点击“产品质量申诉”菜单，可以看到下级菜单“待办任务”、“查看信息”，如图2-452所示。

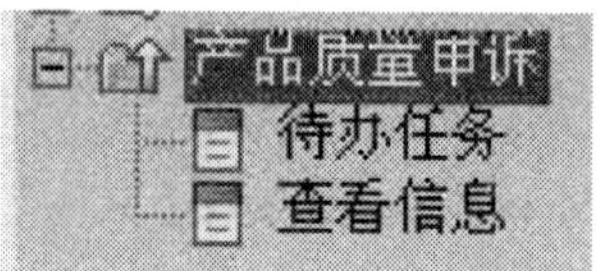

图2-452 调解申诉菜单

2.5.2.1 待办任务

点击“待办任务”，进入列表界面，环节状态字段显示“调解”，功能按钮有修改、查询，如图2-453所示。

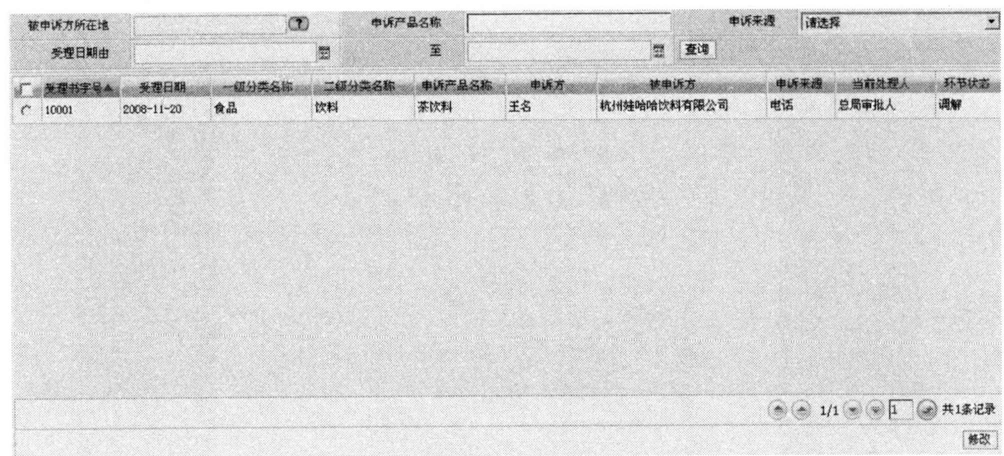

图 2－453　待办任务列表界面

（1）查询

在列表界面输入查询条件，点击【查询】按钮，进行查询。

（2）修改

在列表界面，选择一条记录，点击【修改】按钮，进入修改界面，申诉基本信息可编辑，受理信息不可编辑，增加调解信息，可编辑。功能按钮有保存、办结、争议调解书、返回，如图 2－454 所示。

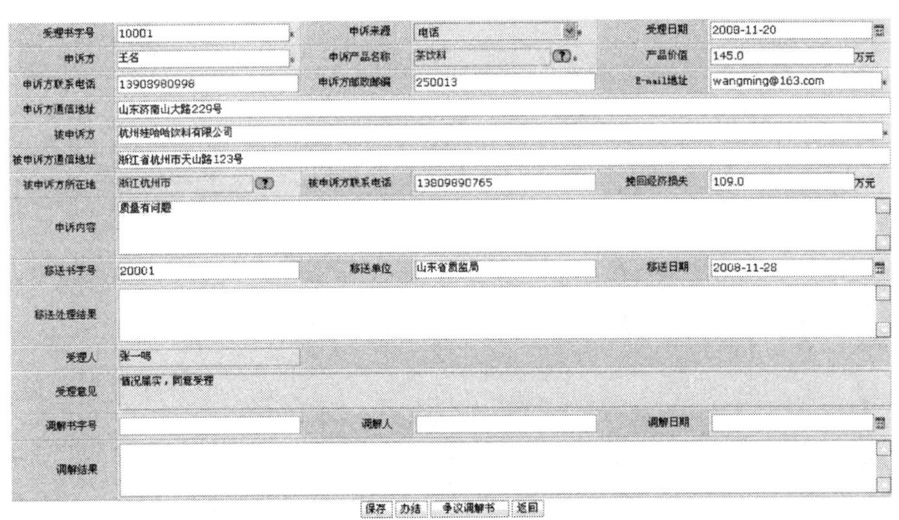

图 2－454　修改申诉信息界面

在修改界面，修改相关内容（其中带＊的是必填项），点击【保存】按钮，内容成功保存，返回待办任务列表界面，状态标志字段显示“调解”；点击【办结】按钮，将产品质量申诉进行办结，返回待办任务列表界面，列表界面无此记录，在“查看信息”中可以看到已办结的记录；点击【返回】按钮，返回待办任务列表界面；点击【争议调解书】按钮，弹出如图 2－455 所示的争议调解书，可进行打印等操作。

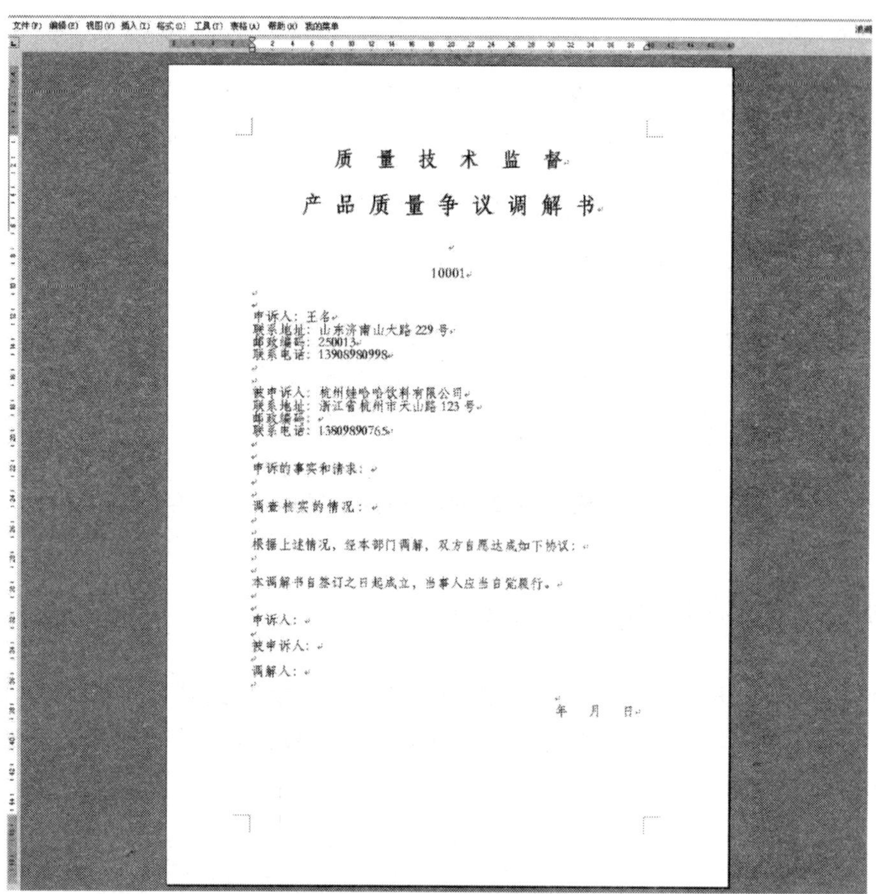

质 量 技 术 监 督

产 品 质 量 争 议 调 解 书

10001

申诉人：王名
联系地址：山东济南山大路229号
邮政编码：250013
联系电话：13908980998

被申诉人：杭州娃哈哈饮料有限公司
联系地址：浙江省杭州市天山路123号
邮政编码：
联系电话：13809890765

申诉的事实和请求：

调查核实的情况：

根据上述情况，经本部门调解，双方自愿达成如下协议：

本调解书自签订之日起成立，当事人应当自觉履行。

申诉人：

被申诉人：

调解人：

年 月 日

图2-455 争议调解书文书

2.5.3 查看信息

使用具有“产品质量申述查看人”角色的用户登录系统，点击“产品质量申诉”菜单下的“查看信息”，进入列表界面，功能按钮有查看、查询，如图2-456所示。

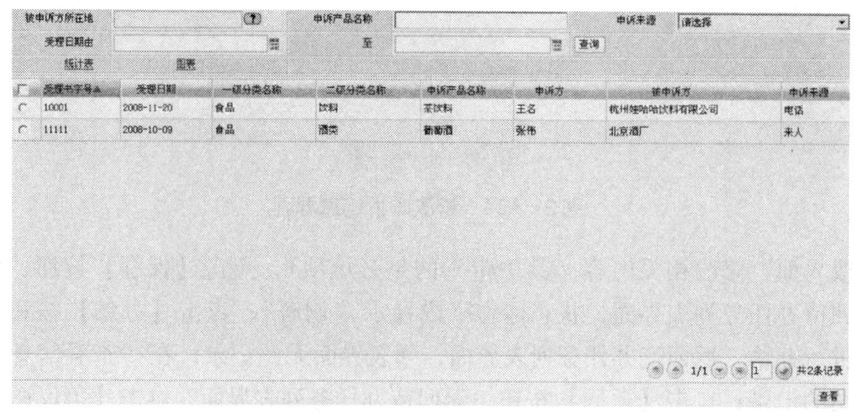

受理书字号	受理日期	一级分类名称	二级分类名称	申诉产品名称	申诉方	被申诉方	申诉来源
10001	2008-11-20	食品	饮料	茶饮料	王名	杭州娃哈哈饮料有限公司	电话
11111	2008-10-09	食品	酒类	葡萄酒	张伟	北京酒厂	来人

图2-456 查看信息列表界面

（1）查询

在列表界面输入查询条件，点击【查询】按钮，进行查询。

（2）查看

在列表界面，选择一条记录，点击【查看】按钮，进入查看界面；在查看界面，点击【返回】，返回列表界面。

注：在查看界面，只可查看，不可编辑。

附录 1

总局权限分配表

表 F1－1　总局权限分配表

业务模块	角色所属级别	角色名称	角色工作说明
工业产品许可证管理	总局	工业产品生产许可证核发管理人	此角色具有查看企业获证情况功能的权限
		日常监督检查结果查看人	此角色具有日常监督检查查询统计功能的权限
		审查工作监督检查经办人	此角色具有开展专项监督检查功能的权限
		审查工作监督检查结果查看人	此角色具有专项监督检查查询统计功能的权限
		审查工作监督检查设置人	此角色具有安排专项监督检查内容功能的权限
		年度监督检查结果查看人	此角色具有年度监督检查查询统计功能的权限
		委托加工备案查看人	此角色具有查看委托加工备案功能的权限
		核查人员管理组织人	此角色具有培训班申请、审查员注册申请、期满换证申请、晋级申请和审查员管理培训、考核功能的权限
		核查人员管理建议人	此角色具有审批培训班审核、审查员注册审核、期满换证审核、晋级审核和审查员管理补领、注销功能的权限
		核查人员查看人	此角色具有查看审查员（包括审查员培训班）的权限
		核查人员管理审核人	此角色具有审查员教师管理、技术专家管理功能的权限
		检验机构管理审核人	此角色具有检验机构审批功能的权限
		检验机构查看人	此角色具有查看检验机构功能的权限
		审查机构管理经办人	此角色具有维护审查机构的权限
		审查机构管理查看人	此角色具有查看审查机构的权限
监督抽查		监督抽查经办人	此角色具有操作编写抽查计划功能的权限
		监督抽查审核人	此角色具有操作审核抽查计划功能的权限
		监督抽查初步审批人	此角色具有操作初步审批抽查计划功能的权限
		监督抽查审批人	此角色具有操作审批抽查计划功能的权限

续表

业务模块	角色所属级别	角色名称	角色工作说明
监督抽查	总局	监督抽查外网质检机构	此角色具有操作质检机构维护抽查计划功能的权限
		监督抽查辅助功能	此角色具有操作辅助功能模块（包括“经费预算、经费决算、任务完成情况、刊登数据、监管信息”子功能）的权限
		监督抽查基础信息	此角色具有操作基础数据模块（包括“产品分类信息、产品信息、企业信息”子功能）的权限
		监督抽查后处理维护	此角色具有操作后处理维护功能的权限
质检机构管理		查看质检机构基本信息	此角色具有查看质检机构基本信息功能的权限
		查看质检机构年度工作报告办结信息	此角色具有查看质检机构年度工作报告功能的权限
		查看质检机构监督检查	此角色具有查看质检机构监督检查功能的权限
		查看质检机构对比试验	此角色具有查看质检机构对比实验功能的权限
		质检机构投诉登记	此角色具有登记质检机构投管理诉功能的权限
		质检机构投诉受理	此角色具有受理质检机构投诉管理功能的权限
		质检机构投诉处理	此角色具有处理质检机构投诉管理功能的权限
		查看质检机构投诉办结信息	此角色具有查看质检机构投诉管理功能的权限
		质检机构报表	此角色具有统计质检机构报表功能的权限
安检机构管理		查看安检机构基本信息	此角色具有查看安检机构基本信息功能的权限
		查看安检机构年度工作报告办结信息	此角色具有查看安检机构年度工作报告功能的权限
		查看安检机构监督检查	此角色具有查看安检机构监督检查功能的权限
		查看安检机构对比试验	此角色具有查看安检机构对比实验功能的权限
		安检机构投诉登记	此角色具有登记安检机构投管理诉功能的权限

续表

业务模块	角色所属级别	角色名称	角色工作说明
安检机构管理	总局	安检机构投诉受理	此角色具有受理安检机构投诉管理功能的权限
		安检机构投诉处理	此角色具有处理安检机构投诉管理功能的权限
		查看安检机构投诉办结信息	此角色具有查看安检机构投诉管理功能的权限
		查看安检机构监督审查员信息	此角色具有查看监督审查员功能的权限
		安检机构监督审查员考核	此角色具有维护查看监督审查员考核功能的权限
		安检机构报表	此角色具有统计安检机构报表功能的权限
产品质量申诉		产品质量申述受理人	此角色具有受理产品质量申诉功能的权限
		产品质量申述调解人	此角色具有调解产品质量申诉功能的权限
		产品质量申述查看人	此角色具有查看产品质量申诉功能的权限

附录 2

省局权限分配表

表 F2－1　总局权限分配表

业务模块	角色所属级别	角色名称	角色工作说明
工业产品许可证管理	省局	工业产品生产许可证核发管理人	此角色具有查看企业获证情况功能的权限
		日常监督检查经办人	此角色具有开展日常监督检查功能的权限
		日常监督检查结果查看人	此角色具有日常监督检查查询统计功能的权限
		日常监督检查设置人	此角色具有安排日常监督检查内容功能的权限
		年度监督检查经办人	此角色具有开展年度监督检查功能的权限
		年度监督检查结果查看人	此角色具有年度监督检查查询统计功能的权限
		年度监督检查设置人	此角色具有安排年度监督检查内容功能的权限
		委托加工备案经办人	此角色具有委托加工备案维护功能的权限
		委托加工备案查看人	此角色具有查看委托加工备案功能的权限
		核查人员管理组织人	此角色具有培训班申请、审查员注册申请、期满换证申请、晋级申请和审查员管理培训、考核功能的权限
		核查人员查看人	此角色具有查看审查员（包括审查员培训班）的权限
		检验机构管理推荐经办人	此角色具有检验机构申请功能的权限
		检验机构查看人	此角色具有查看检验机构功能的权限
监督抽查		监督抽查经办人	此角色具有操作编写抽查计划功能的权限
		监督抽查审核人	此角色具有操作审核抽查计划功能的权限
		监督抽查初步审批人	此角色具有操作初步审批抽查计划功能的权限
		监督抽查审批人	此角色具有操作审批抽查计划功能的权限
		监督抽查外网质检机构	此角色具有操作质检机构维护抽查计划功能的权限

续表

业务模块	角色所属级别	角色名称	角色工作说明
监督抽查	省局	监督抽查辅助功能	此角色具有操作辅助功能模块（包括“经费预算、经费决算、任务完成情况、刊登数据、监管信息”子功能）的权限
		监督抽查基础信息	此角色具有操作基础数据模块（包括“产品分类信息、产品信息、企业信息”子功能）的权限
		监督抽查后处理维护	此角色具有操作后处理维护功能的权限
质检机构管理		质检机构基本信息外网填报	此角色具有维护质检机构基本信息功能的权限（外网机构用户）
		查看质检机构基本信息	此角色具有查看质检机构基本信息功能的权限
		质检机构年度工作报告外网填报	此角色具有维护质检机构年度工作报告功能的权限（外网机构用户）
		质检机构年度工作报告审批	此角色具有审批质检机构年度工作报告功能的权限
		查看质检机构年度工作报告办结信息	此角色具有查看质检机构年度工作报告功能的权限
		维护质检机构监督检查	此角色具有维护质检机构监督检查功能的权限
		查看质检机构监督检查	此角色具有查看质检机构监督检查功能的权限
		质检机构对比实验上报	此角色具有维护质检机构对比实验功能的权限
		质检机构对比实验审批	此角色具有审批质检机构对比实验功能的权限
		查看质检机构对比试验	此角色具有查看质检机构对比实验功能的权限
		质检机构投诉登记	此角色具有登记质检机构投管理诉功能的权限
		质检机构投诉受理	此角色具有受理质检机构投诉管理功能的权限
		质检机构投诉处理	此角色具有处理质检机构投诉管理功能的权限
		查看质检机构投诉办结信息	此角色具有查看质检机构投诉管理功能的权限
安检机构管理		安检机构基本信息外网填报	此角色具有维护安检机构基本信息功能的权限（外网机构用户）
		查看安检机构基本信息	此角色具有查看安检机构基本信息功能的权限

续表

业务模块	角色所属级别	角色名称	角色工作说明
安检机构管理	省局	安检机构年度工作报告外网填报	此角色具有维护安检机构年度工作报告功能的权限（外网机构用户）
		安检机构年度工作报告审批	此角色具有审批安检机构年度工作报告功能的权限
		查看安检机构年度工作报告办结信息	此角色具有查看安检机构年度工作报告功能的权限
		维护安检机构监督检查	此角色具有维护安检机构监督检查功能的权限
		查看安检机构监督检查	此角色具有查看安检机构监督检查功能的权限
		安检机构对比实验上报	此角色具有维护安检机构对比实验功能的权限
		安检机构对比实验审批	此角色具有审批安检机构对比实验功能的权限
		查看安检机构对比试验	此角色具有查看安检机构对比实验功能的权限
		安检机构投诉登记	此角色具有登记安检机构投管理诉功能的权限
		安检机构投诉受理	此角色具有受理安检机构投诉管理功能的权限
		安检机构投诉处理	此角色具有处理安检机构投诉管理功能的权限
		查看安检机构投诉办结信息	此角色具有查看安检机构投诉管理功能的权限
		安检机构监督审查员申报	此角色具有申报监督审查员功能的权限
		安检机构监督审查员审批	此角色具有审批监督审查员功能的权限
		安检机构监督审查员发证	此角色具有维护监督审查员发证信息功能的权限
		查看安检机构监督审查员信息	此角色具有查看监督审查员功能的权限
		安检机构监督审查员考核	此角色具有维护查看监督审查员考核功能的权限

附录3

市局权限分配表

表F3－1　总局权限分配表

业务模块	角色所属级别	角色名称	角色工作说明
工业产品许可证管理	市局	日常监督检查经办人	此角色具有开展日常监督检查功能的权限
		日常监督检查结果查看人	此角色具有日常监督检查查询统计功能的权限
		日常监督检查设置人	此角色具有安排日常监督检查内容功能的权限
		年度监督检查经办人	此角色具有开展年度监督检查功能的权限
		年度监督检查结果查看人	此角色具有年度监督检查查询统计功能的权限
		年度监督检查设置人	此角色具有安排年度监督检查内容功能的权限
		委托加工备案查看人	此角色具有查看委托加工备案功能的权限
监督抽查		监督抽查后处理维护	此角色具有操作后处理维护功能的权限
质检机构管理		质检机构基本信息外网填报	此角色具有维护质检机构基本信息功能的权限（外网机构用户）
		查看质检机构基本信息	此角色具有查看质检机构基本信息功能的权限
		质检机构年度工作报告外网填报	此角色具有维护质检机构年度工作报告功能的权限（外网机构用户）
		质检机构年度工作报告审批	此角色具有审批质检机构年度工作报告功能的权限
		查看质检机构年度工作报告办结信息	此角色具有查看质检机构年度工作报告功能的权限
		维护质检机构监督检查	此角色具有维护质检机构监督检查功能的权限
		查看质检机构监督检查	此角色具有查看质检机构监督检查功能的权限
		质检机构对比实验上报	此角色具有维护质检机构对比实验功能的权限
		质检机构对比实验审批	此角色具有审批质检机构对比实验功能的权限

续表

业务模块	角色所属级别	角色名称	角色工作说明
质检机构管理	市局	查看质检机构对比试验	此角色具有查看质检机构对比实验功能的权限
		质检机构投诉登记	此角色具有登记质检机构投管理诉功能的权限
		质检机构投诉受理	此角色具有受理质检机构投诉管理功能的权限
		质检机构投诉处理	此角色具有处理质检机构投诉管理功能的权限
		查看质检机构投诉办结信息	此角色具有查看质检机构投诉管理功能的权限
安检机构管理		安检机构基本信息外网填报	此角色具有维护安检机构基本信息功能的权限（外网机构用户）
		查看安检机构基本信息	此角色具有查看安检机构基本信息功能的权限
		安检机构年度工作报告外网填报	此角色具有维护安检机构年度工作报告功能的权限（外网机构用户）
		安检机构年度工作报告审批	此角色具有审批安检机构年度工作报告功能的权限
		查看安检机构年度工作报告办结信息	此角色具有查看安检机构年度工作报告功能的权限
		维护安检机构监督检查	此角色具有维护安检机构监督检查功能的权限
		查看安检机构监督检查	此角色具有查看安检机构监督检查功能的权限
		安检机构对比实验上报	此角色具有维护安检机构对比实验功能的权限
		安检机构对比实验审批	此角色具有审批安检机构对比实验功能的权限
		查看安检机构对比试验	此角色具有查看安检机构对比实验功能的权限
		安检机构投诉登记	此角色具有登记安检机构投管理诉功能的权限
		安检机构投诉受理	此角色具有受理安检机构投诉管理功能的权限
		安检机构投诉处理	此角色具有处理安检机构投诉管理功能的权限
		查看安检机构投诉办结信息	此角色具有查看安检机构投诉管理功能的权限

附录 4

区县局全县分配表

表 F4－1　总局权限分配表

业务模块	角色所属级别	角色名称	角色工作说明
工业产品许可证管理	区县局	日常监督检查经办人	此角色具有开展日常监督检查功能的权限
		日常监督检查结果查看人	此角色具有日常监督检查查询统计功能的权限
		日常监督检查设置人	此角色具有安排日常监督检查内容功能的权限
		委托加工备案查看人	此角色具有查看委托加工备案功能的权限
监督抽查		监督抽查后处理维护	此角色具有操作后处理维护功能的权限
质检机构管理		质检机构基本信息外网填报	此角色具有维护质检机构基本信息功能的权限（外网机构用户）
		查看质检机构基本信息	此角色具有查看质检机构基本信息功能的权限
		质检机构年度工作报告外网填报	此角色具有维护质检机构年度工作报告功能的权限（外网机构用户）
		质检机构年度工作报告审批	此角色具有审批质检机构年度工作报告功能的权限
		查看质检机构年度工作报告办结信息	此角色具有查看质检机构年度工作报告功能的权限
		维护质检机构监督检查	此角色具有维护质检机构监督检查功能的权限
		查看质检机构监督检查	此角色具有查看质检机构监督检查功能的权限
		质检机构对比实验上报	此角色具有维护质检机构对比实验功能的权限
		质检机构对比实验审批	此角色具有审批质检机构对比实验功能的权限
		查看质检机构对比试验	此角色具有查看质检机构对比实验功能的权限
		质检机构投诉登记	此角色具有登记质检机构投管理诉功能的权限
		质检机构投诉受理	此角色具有受理质检机构投诉管理功能的权限

续表

业务模块	角色所属级别	角色名称	角色工作说明
质检机构管理	区县局	质检机构投诉处理	此角色具有处理质检机构投诉管理功能的权限
		查看质检机构投诉办结信息	此角色具有查看质检机构投诉管理功能的权限
安检机构管理		安检机构基本信息外网填报	此角色具有维护安检机构基本信息功能的权限（外网机构用户）
		查看安检机构基本信息	此角色具有查看安检机构基本信息功能的权限
		安检机构年度工作报告外网填报	此角色具有维护安检机构年度工作报告功能的权限（外网机构用户）
		安检机构年度工作报告审批	此角色具有审批安检机构年度工作报告功能的权限
		查看安检机构年度工作报告办结信息	此角色具有查看安检机构年度工作报告功能的权限
		维护安检机构监督检查	此角色具有维护安检机构监督检查功能的权限
		查看安检机构监督检查	此角色具有查看安检机构监督检查功能的权限
		安检机构对比实验上报	此角色具有维护安检机构对比实验功能的权限
		安检机构对比实验审批	此角色具有审批安检机构对比实验功能的权限
		查看安检机构对比试验	此角色具有查看安检机构对比实验功能的权限
		安检机构投诉登记	此角色具有登记安检机构投管理诉功能的权限
		安检机构投诉受理	此角色具有受理安检机构投诉管理功能的权限
		安检机构投诉处理	此角色具有处理安检机构投诉管理功能的权限
		查看安检机构投诉办结信息	此角色具有查看安检机构投诉管理功能的权限

山东浪潮检通信息科技有限公司

浪潮检通公司，全称为“山东浪潮检通信息科技有限公司”（简称浪潮）。成立于2010年，由浪潮集团投资，总部设在济南，已在北京、上海、深圳、广州、成都、青岛等地设立了办事处或分支机构。浪潮检通公司是一个充满凝聚力和执行力的集体，团队年轻、有活力，骨干人员有着丰富的检验检疫和质量技术监督行业业务经验。

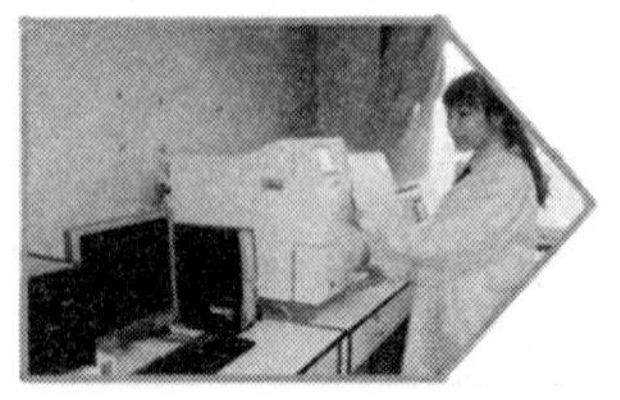

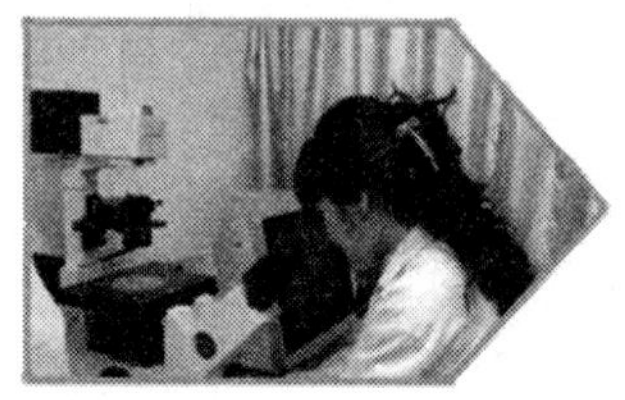

（1）为外贸企业提供信息化应用、业务咨询、业务代理等产品和服务；

（2）为检验检疫、质量技术监督行业提供信息化整体解决方案和服务；

（3）为质检行业政府与企业之间提供业务信息交换解决方案。

一、今日浪潮

今日之浪潮，已是中国领先的计算平台与IT应用解决方案供应商，同时也是中国大型的服务器制造商和服务器解决方案提供商。浪潮集团拥有“浪潮信息”和“浪潮软件”两家国内A股上市公司和在香港联交所创业板上市的浪潮国际有限公司。浪潮5大业务群组涵盖计算机产业、软件产业、智能终端产业、移动通信及半导体产业，用户遍及中国金融、通信、政府、教育、制造业、质检、烟草等行业和政府部门，全方位满足政府与企业信息化需求。

浪潮致力于成为中国领先的云计算解决方案供应商，已经形成涵盖IaaS，PaaS，SaaS 3个层面的整体解决方案服务能力，凭借浪潮高端服务器、海量存储、云操作系统、信息安全技术为客户打造领先的云基础架构，基于浪潮企业、行业、政务信息化软件、终端产品和解决方案，全面支撑企业云、行业云、政务云建设。浪潮还拥有智能终端、移动通信、半导体照明等产业群组，为全球20几个国家和地区提供IT产品和服务，全方位满足政府与企业信息化需求。浪潮集团拥有浪潮信息、浪潮软件、浪潮国际3家上市公司，2010年实现销售收入305亿元人民币，在综合实力、中国自主品牌IT服务商、中国自主品牌软件厂商等排名均位居前列、中国大企业集团竞争力500强第三位，被评为中国云计算创新典范企业。

二、浪潮云计算时代

1. 云计算的概念及定义

云计算是一种商业计算模型，它将计算任务分布在大量计算机构成的资源池上，使用户能够按需获取计算力、存储空间和信息服务。这种资源池称为“云”。“云”是一些可以自我维护和管理的虚拟计算资源，通常是一些大型服务器集群，包括计算服务器、存储服务器和宽带资源等。云计算将计算资源集中起来，并通过专门软件实现自动管理，无需人为参与。用户可以动态申请部分资源，支持各种应用程序的运转，无需为烦琐的细节而烦恼，能够更加专注于自己的业务，有利于提高效率、降低成本和技术创新。

2. 云计算的特点

（1）计算资源按需申请、按量计费（云计算时代：用计算资源和用水用电一样）；

（2）跨资源池动态调整计算资源；

（3）减少计划停机时间；

（4）设备故障系统可自动重启，提高业务连续性；

（5）新服务器“即插即用”；

（6）节省能源。

3. 质检云总体架构

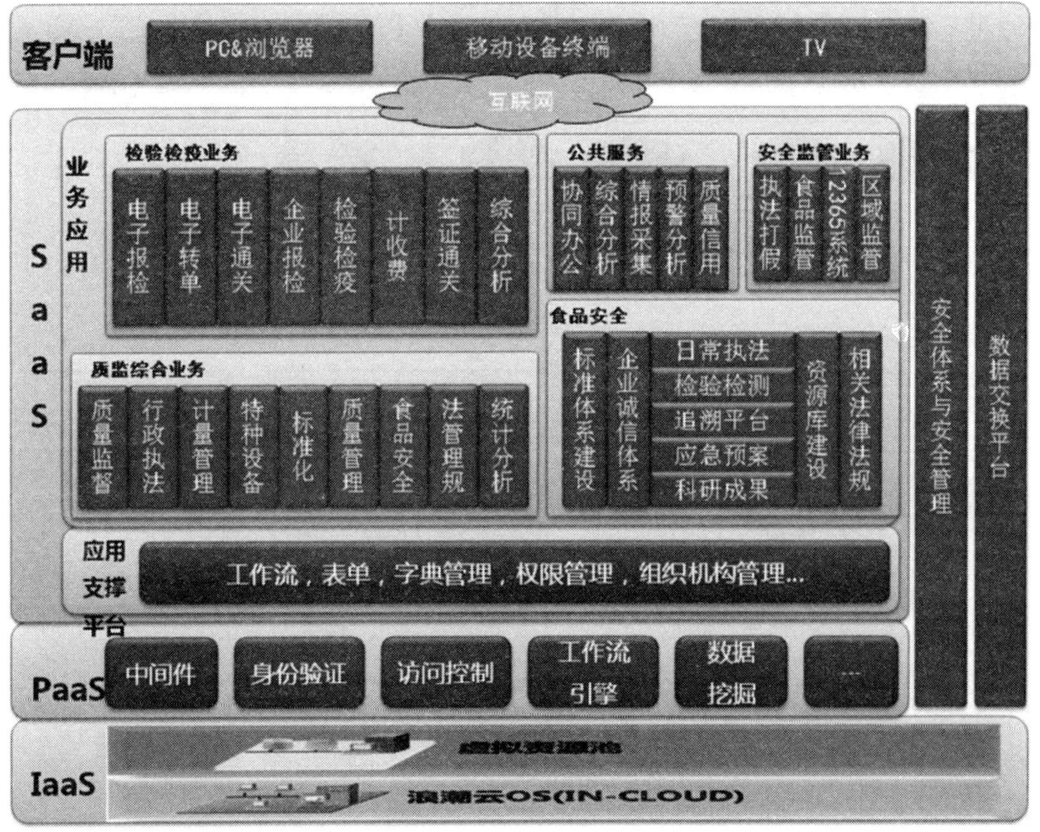

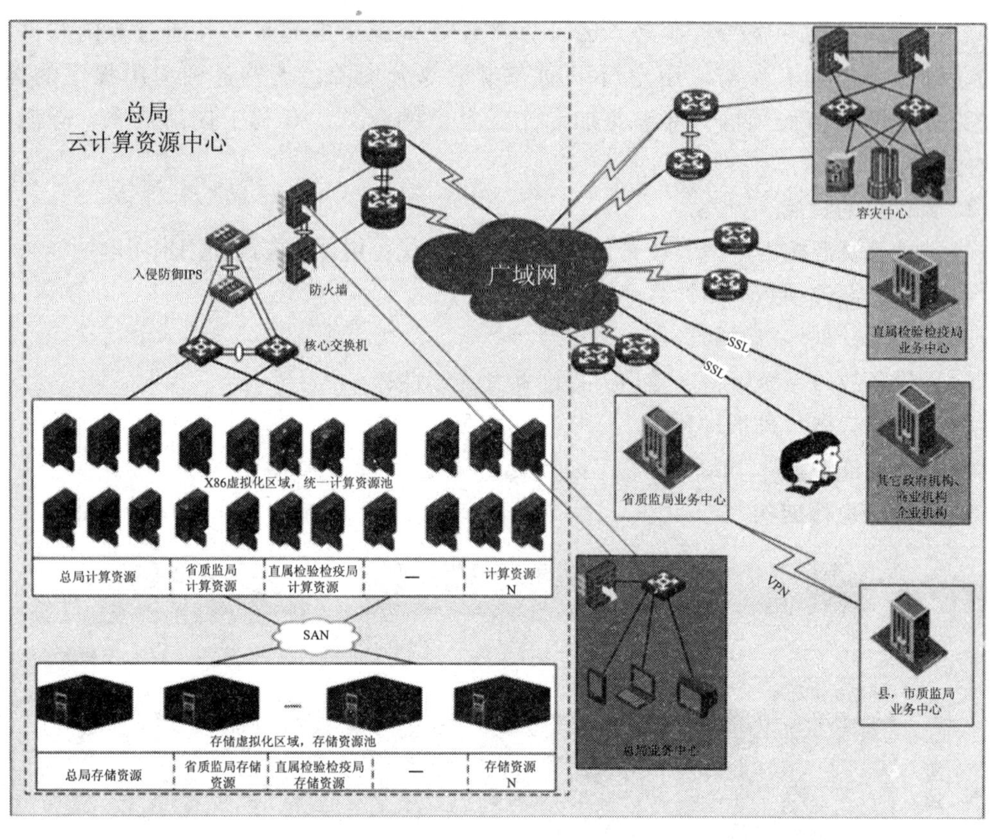
总局
云计算资源中心
入侵防御IPS
防火墙
核心交换机
广域网
容灾中心
直属检验检疫局
业务中心
SSL
SSL
其它政府机构、
商业机构
企业机构
省质监局业务中心
VPN
县，市质监局
业务中心
X86虚拟化区域，统一计算资源池
总局计算资源
省质监局
计算资源
直属检验检疫局
计算资源
—
计算资源
N
SAN
存储虚拟化区域，存储资源池
总局存储资源
省质监局存储
资源
直属检验检疫局
存储资源
—
存储资源
N

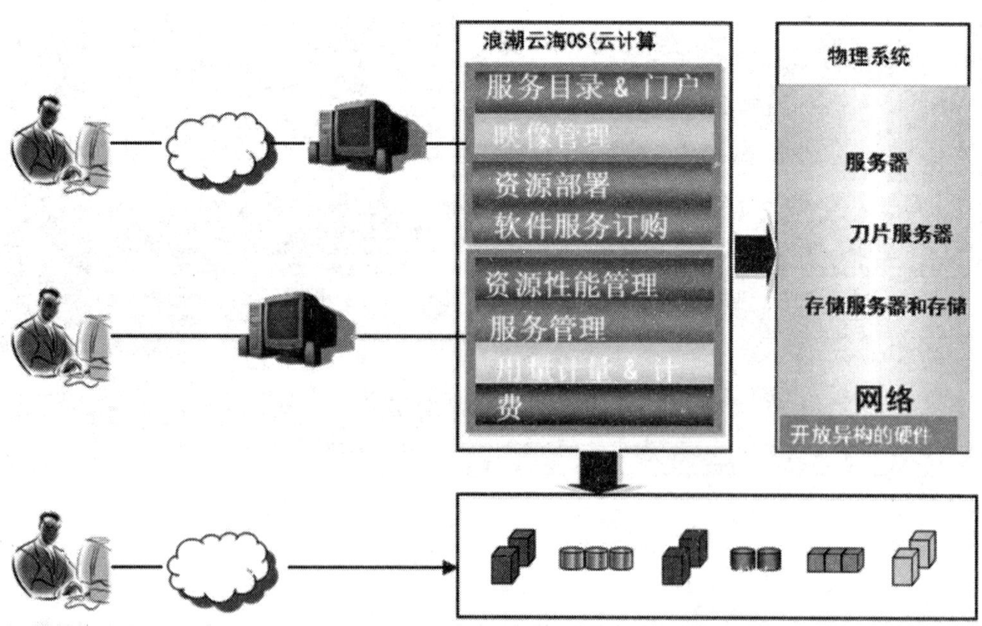
浪潮云海OS（云计算
服务目录 & 门户
映像管理
资源部署
软件服务订购
资源性能管理
服务管理
费
物理系统
服务器
刀片服务器
存储服务器和存储
网络
开放异构的硬件

国际化的浪潮

20世纪80年代，第一台浪潮微机出口美国，浪潮随之开始了国际化的历程。通过和英特尔、微软、IBM、爱立信等国际巨头的合作，浪潮积累了丰富的国际化经验。与此同时，凭借服务外包、通信行业软件、服务器、PC等业务，浪潮迅速走出国门，在美国、日本等国家设立研发中心，为亚洲、欧洲、拉美、非洲等十几个国家和地区提供IT产品和服务，并在委内瑞拉建立贸易合作区和产业基地。浪潮将以更加宽广的胸怀迎接国际化的未来。

浪潮是什么

浪潮是中国最早从事电子信息产业的企业之一 20世纪60年代，浪潮开始生产计算及外围设备和低频大功率电子管，并与1969年制造出中国第一台磁芯测试仪。1970年，中国第一颗人造卫星“东方红1号”就采用了浪潮生产的晶体管作为电子计算元件。

浪潮是中国个人计算机行业的先行者 1983年，浪潮生产出中国第一批个人计算机。1985年，LC－0520A使浪潮成为中国三大微型计算机厂商之一。经过20余年的市场洗礼，作为领先的IT应用解决方案服务商，浪潮成为中国较强影响力的IT企业之一。

浪潮是全球第一台中文寻呼机的研制者 1990年，浪潮开发出全球第一台中文寻呼机，制定了中国人自己的汉字寻呼信息传输标准，并沿用至今。从那时起，浪潮就开始了在通信领域的信息化服务。除移动通信硬件产品外，浪潮更为通信行业提供基础业务运营平台与管理软件，成为各大通信运营商的主力合作伙伴。

浪潮是中国第一台服务器的研制者 1993年，浪潮研发出了中国第一台基于10颗CPU的小型机服务器SMP2000，孙丕恕先生是这次研发的主持者。在接下来的十余年中，浪潮在中国率先开始了服务器的大规模研发与生产，开创了中国的服务器产业。在浪潮的带动下，中国服务器产业打破了国外垄断，迅速崛起。

浪潮是中国最大的服务器整机与服务器应用解决方案提供商 浪潮拥有亚洲最大的柔性服务器生产线。自1996年起，浪潮一直蝉联国产服务器第一品牌。浪潮拥有完整的服务器产品线、满足行业用户数据存储与安全的活性存储系统、领先的信息安全产品等核心IT硬件产品，全方位满足行业用户的个性化需求。

浪潮是中国自主品牌软件领军企业 20世纪80年代，伴随着PC产业的发展，浪潮的软件产业开始起步。经过20余年的洗礼，浪潮目前已成为中国管理软件的领军企业，在企业管理软件、行业管理软件、政务管理软件等领域市场占有率名列前茅。位列自主品牌软件厂商前列。

浪潮是中国行业应用软件开发与服务的先行者 1998年，浪潮开始涉足通信、金融、制造业、烟草等领域的行业应用软件开发，成为中国重大信息系统设计、软件开发、网络工程项目建设的主要承担者。浪潮通信、税务、烟草等行业应用软件实力雄厚。

浪潮是中国集团企业管理软件与分行业ERP的领导厂商 浪潮是中国三大ERP厂商

和财务软件提供商，在中国较早提出集团企业管理模式和分行业 ERP 理念，并成为这两个领域的领导厂商。浪潮在中国高端大中型集团企业财务及管理软件应用和集团财务软件领域，市场占有率长期位居第一。

浪潮是中国较大的税务信息化产品与服务提供商 浪潮集团依靠雄厚的软硬件综合实力，为税务信息化提供从税务业务整合、数据集中到一体化税务解决方案与服务器、PC 等计算平台产品与税控器、税控收款机等终端设备，成为国内唯一能够提供全面税务解决方案与产品的服务商，并始终保持中国税控收款机市场销量前列。

领先的技术源于不断创新

技术创新是浪潮的立业之本。30 多年来，浪潮一直秉承技术创新的理念，才得以屡次在中国信息产业发展的重要历史阶段，以极具前瞻性的技术突破一到中国信息产业的健康发展。从最早的个人计算机、到中国第一台服务器的诞生皆是如此。技术—专利—标准，梯次攀登的创新机制已成为浪潮创新的三部曲。

（1）浪潮是 11 项国家 863 计划项目的承担者；

（2）国家“十一五”“863 计划”信息技术领域重大专项——“浪潮天梭高端容错计算系统研制与应用推广”项目承担单位；

（3）国家首批创新型企业；

（4）国家重点高新技术企业；

（5）国家高技术研究发展计划成果产业化基地；

（6）2001 年开始 863“新型网络服务器课题”，承担中国高端商用计算的发展规划；

（7）国家 863 计划“适合中国国情的 ERP 管理软件系统”课题的承担单位；

（8）国际信息产业部、计委、国税总局、外经贸部审批认定的国家规划布局内的重点软件企业。

浪潮的研究与人才培养机构

（1）浪潮高效能服务器和存储技术国家重点实验室；

（2）浪潮国家级博士后科研工作站；

（3）国家级企业技术中心；

（4）国家级软件评测实验室；

（5）浪潮-微软在线实验室；

（6）浪潮- Intel 技术实验室。